新编高等院校教育类系列教材

教育政策法规与教师职业道德
（第三版）（微课版）

付世秋 吴津钰 编著

清华大学出版社
北京

内 容 简 介

本书由"教育政策法规"和"教师职业道德"两部分构成，全书分为上、下两篇。"教育政策法规"部分系统介绍了教育政策、法规的基础知识和基本理论，反映教育政策、法规理论研究的新进展和新成就；实现教育政策、法规理论研究与实践研究的有机结合；结合教育政策、法规的专题分析，解读现行教育法律。"教师职业道德"部分以世界教育发展的大趋势为宏观背景，以我国教育改革发展为现实环境，借鉴教育学、伦理学等相关学科的基本理论，吸收国内外教师职业的最新研究成果，对教师职业道德进行了较为深刻、系统的阐述。

本书的知识体系清晰合理，逻辑结构严密，理论知识介绍的程度适中，理论与实践案例的结合较为恰当。本书在讲授教育政策法规等理论知识的基础上，深入分析教师职业道德的具体表现和要求，同时，配合案例和课后习题等进行综合梳理，有助于应用型本科人才的培养。

本书配套的电子课件和习题答案可以到 http://www.tupwk.com.cn/downpage 网站下载，也可以通过扫描前言中的二维码获取。扫描前言中的视频二维码可以直接观看教学视频。

本书封面贴有清华大学出版社防伪标签，无标签者不得销售。
版权所有，侵权必究。举报：010-62782989，beiqinquan@tup.tsinghua.edu.cn。

图书在版编目(CIP)数据

教育政策法规与教师职业道德：微课版 / 付世秋，吴津钰编著. —3版. —北京：清华大学出版社，2022.8（2025.1重印）
新编高等院校教育类系列教材
ISBN 978-7-302-61299-5

Ⅰ.①教… Ⅱ.①付… ②吴… Ⅲ.①教育政策—中国—高等学校—教材 ②教育法—中国—高等学校—教材 ③师德—高等学校—教材 Ⅳ.①D922.16②G451.6

中国版本图书馆 CIP 数据核字(2022) 第 122424 号

责任编辑：胡辰浩
封面设计：周晓亮
版式设计：孔祥峰
责任校对：马遥遥
责任印制：宋　林

出版发行：清华大学出版社
　　网　　址：https://www.tup.com.cn, https://www.wqxuetang.com
　　地　　址：北京清华大学学研大厦 A 座　　　　　　邮　编：100084
　　社 总 机：010-83470000　　　　　　　　　　　　邮　购：010-62786544
　　投稿与读者服务：010-62776969，c-service@tup.tsinghua.edu.cn
　　质 量 反 馈：010-62772015，zhiliang@tup.tsinghua.edu.cn

印 装 者：三河市君旺印务有限公司
经　　销：全国新华书店
开　　本：185mm×260mm　　　印　张：18.25　　　字　数：422 千字
版　　次：2016 年 7 月第 1 版　 2022 年 10 月第 3 版　　印　次：2025 年 1 月第17次印刷
定　　价：79.00 元

产品编号：096721-01

PREFACE 前言

百年大计，教育为本；教育大计，教师为本。教师的思想政治素质、法律意识和职业道德水平直接关系到学生的德育工作状况和青少年的健康成长。提高教师师德素养和法律意识，对于国家的教育事业发展具有重大意义。在大量的教育教学实践和研究的基础上，我们编写了《教育政策法规与教师职业道德》这本书。

本书的前两版反响较好，在此背景下我们修订了一些内容，编写了第三版。本书在编写中遵循《关于全面深化新时代教师队伍建设改革的意见》等相关文件精神，希望通过此书让教育类专业学生了解教师职业道德的基本要求、教师职业道德的作用和基本规范，陶冶道德情操，增强教师职业道德意识，养成教师职业道德习惯；指导学生掌握与教师职业活动密切相关的法律知识，树立法律观念，增强法律意识，提升法治素养，成为素质优良的教师。

本书适合用作高等院校教育类专业本科教材，也可以用作高校文科类学生参加教师资格证考试的辅导教材。教师可根据教学对象和授课学时的不同，灵活选择相关内容进行重点教学。

本书在编写过程中，参考了很多同类教材、著作和期刊等，限于篇幅，恕不一一列出，特此说明并致谢。由于受编者水平及其他条件限制，书中难免存在一些不足之处，恳请同行专家及读者指正。我们的电话是010-62796045，邮箱是992116@qq.com。

本书配套的电子课件和习题答案可以到http://www.tupwk.com.cn/downpage网站下载，也可以扫描下方的二维码获取。扫描下方的视频二维码可以直接观看教学视频。

配套资源

教学视频

编 者
2022年4月

CONTENTS 目 录

上篇
教育政策法规

第一章　教育政策、法规概述 ………………………………………………… 2

 第一节　教育政策、法规的内涵与特点 …………………………………… 2
  一、教育政策的概念 ………………………………………………………… 2
  二、教育政策的特点 ………………………………………………………… 3
  三、教育法规的含义 ………………………………………………………… 4
  四、教育法规的基本类型 …………………………………………………… 4
  五、教育法规的基本特征 …………………………………………………… 5

 第二节　教育政策、法规的功能 …………………………………………… 7
  一、保障性功能 ……………………………………………………………… 7
  二、规范性功能 ……………………………………………………………… 7
  三、激励性功能 ……………………………………………………………… 8
  四、制约性功能 ……………………………………………………………… 9
  五、管理性功能 ……………………………………………………………… 9

 第三节　教育政策与教育法规的关系 ……………………………………… 10
  一、教育政策与教育法规的联系 …………………………………………… 10
  二、教育政策与教育法规的区别 …………………………………………… 10
  三、正确处理好实施教育法规与执行教育政策的关系 …………………… 11

第二章　我国教育的基本政策与法规 ………………………………………… 13

 第一节　新时期我国教育基本政策的变革与创新 ………………………… 13
  一、新时期我国教育发展的新指针 ………………………………………… 13
  二、新时期我国教育发展的新规划 ………………………………………… 15

 第二节　《中华人民共和国教育法》概述 ………………………………… 16
  一、《教育法》的立法宗旨和适用范围 …………………………………… 17
  二、《教育法》的立法特点和重要地位 …………………………………… 17
  三、《教育法》的基本内容 ………………………………………………… 18

第三节　《中华人民共和国教师法》概述 ································ 23
　　　　　一、教师的权利和义务 ·· 23
　　　　　二、教师资格制度 ·· 24
　　　　　三、教师的聘任、考核与待遇 ··· 27
　　　　　四、违反《教师法》的法律责任 ······································· 28
　　　第四节　《中华人民共和国未成年人保护法》概述 ···················· 29
　　　　　一、未成年人保护工作应当遵循的原则 ····························· 29
　　　　　二、家庭保护 ·· 30
　　　　　三、学校保护 ·· 30
　　　　　四、社会保护 ·· 31
　　　　　五、网络保护 ·· 32
　　　　　六、政府保护 ·· 33
　　　　　七、司法保护 ·· 33

第三章　我国基础教育的政策与法规 ··· 35
　　　第一节　《中华人民共和国义务教育法》概述 ··························· 35
　　　　　一、立法依据和立法宗旨 ·· 35
　　　　　二、义务教育的概念和特征 ··· 37
　　　　　三、实施素质教育 ··· 38
　　　　　四、义务教育法的实施 ··· 39
　　　第二节　学前教育政策法规 ··· 41
　　　　　一、幼儿园的开办与管理 ·· 41
　　　　　二、幼儿权利保护 ··· 55
　　　　　三、幼儿园教师权益保护 ·· 64
　　　第三节　小学教育政策法规 ··· 84
　　　　　一、小学的权利和责任 ··· 84
　　　　　二、小学生的权益及保护 ·· 97
　　　　　三、小学教师的权益及保护 ·· 105

第四章　我国高等教育的政策与法规 ··· 111
　　　第一节　《中华人民共和国高等教育法》概述 ························· 111
　　　　　一、《中华人民共和国高等教育法》的立法依据和立法宗旨 ·· 111
　　　　　二、《高等教育法》的适用范围 ····································· 112
　　　　　三、《高等教育法》的基本内容 ····································· 112
　　　第二节　新时期高等教育政策、法规的建设与创新 ··················· 117
　　　　　一、新时期高等教育发展面临的新要求 ··························· 117
　　　　　二、新时期高等教育政策、法规的完善 ··························· 119

第五章　其他教育法律法规 ·· 122

第一节　《中华人民共和国职业教育法》概述 ···························· 122
一、《职业教育法》的立法宗旨和立法依据 ······················ 122
二、《职业教育法》的基本内容 ·· 124
三、《职业教育法》的意义 ·· 125

第二节　民办教育法律、法规 ·· 126
一、民办教育概述 ·· 126
二、民办学校的设立 ·· 128
三、民办学校的组织与活动 ·· 130
四、教师与受教育者 ·· 131
五、民办学校的其他规定 ·· 132

第三节　残疾人教育法律制度 ·· 134
一、残疾人教育法律制度概述 ·· 134
二、义务教育 ·· 137
三、职业教育 ·· 138
四、学前教育 ·· 139
五、普通高级中等以上教育及继续教育 ···························· 139
六、其他管理规定 ·· 140

第四节　《中华人民共和国家庭教育促进法》概述 ···················· 142
一、立法宗旨 ·· 142
二、《家庭教育促进法》的基本内容 ·································· 143

下篇
教师职业道德

第六章　教师职业道德概述 ·· 146

第一节　教师职业的产生和历史发展 ·· 146
一、教师职业的概念及产生 ·· 146
二、近代社会的教师职业发展 ·· 148
三、当代社会的教师职业发展 ·· 150

第二节　教师职业道德的含义及历史沿革 ································ 152
一、教师职业道德的含义 ·· 152
二、教师职业道德发展的历史沿革 ···································· 154

第三节　教师职业道德的特点、功能与作用 ···························· 156
一、教师职业道德的特点 ·· 156
二、教师职业道德的功能 ·· 158
三、教师职业道德的作用 ·· 159

第四节 中华民族传统师德 159
    一、传道授业，教书育人 160
    二、因材施教，教学相长 160
    三、以身作则，为人师表 160
    四、学而不厌，诲人不倦 161

第七章 教师职业道德的基本原则 164

第一节 确立教师职业道德基本原则的依据 164
    一、历史依据 164
    二、现实依据 166

第二节 教师职业道德的基本原则 167
    一、教书育人原则 167
    二、为人师表原则 169
    三、依法从教原则 171
    四、教育人道主义原则 174

第三节 遵循当代教师职业道德基本原则的要求 176
    一、深化当代教师职业道德的育人性 176
    二、强化当代教师职业道德的专业性 178
    三、彰显当代教师职业道德的先进性 179
    四、凸显当代教师职业道德的公平性 180

第八章 教师职业道德规范 183

第一节 爱国守法、爱岗敬业 183
    一、爱国守法 183
    二、爱岗敬业 186

第二节 关爱学生、尊重家长 188
    一、关爱学生 189
    二、尊重家长 191

第三节 教书育人、为人师表 194
    一、教书育人 194
    二、为人师表 197

第四节 乐教敬业、严谨笃学 199
    一、乐教敬业 200
    二、严谨笃学 202

第五节 关心集体、团结协作 205
    一、关心集体 206
    二、团结协作 207

第六节 淡泊名利、自尊自律 ……………………………………… 208
　一、淡泊名利 …………………………………………………… 208
　二、自尊自律 …………………………………………………… 209

第九章 教师职业道德范畴 …………………………………………… 212

第一节 教师职业理想 ……………………………………………… 212
　一、教师职业理想的含义 ……………………………………… 212
　二、教师职业理想的作用 ……………………………………… 212
　三、做一个有职业理想的教师 ………………………………… 213

第二节 教师义务 …………………………………………………… 214
　一、教师义务的含义 …………………………………………… 214
　二、教师义务确立的社会基础 ………………………………… 215
　三、教师义务的作用 …………………………………………… 216
　四、教师义务感的培养 ………………………………………… 217

第三节 教师职业良心 ……………………………………………… 218
　一、教师职业良心的含义 ……………………………………… 218
　二、教师职业良心的特点 ……………………………………… 219
　三、教师职业良心的意义 ……………………………………… 220
　四、如何做一名有良心的教师 ………………………………… 220

第四节 教师职业公正 ……………………………………………… 221
　一、教师职业公正的含义 ……………………………………… 221
　二、教师职业公正的特性 ……………………………………… 222
　三、教师职业公正的意义 ……………………………………… 222
　四、如何做一名公正的教师 …………………………………… 224

第五节 教师职业幸福 ……………………………………………… 226
　一、教师职业幸福的含义 ……………………………………… 226
　二、教师的幸福及其特征 ……………………………………… 228
　三、如何做一名幸福的教师 …………………………………… 229

第十章 具体情境中的教师职业道德要求 …………………………… 231

第一节 教学活动中的职业道德要求 ……………………………… 231
　一、教学活动的道德意义 ……………………………………… 231
　二、教学工作中的具体道德要求 ……………………………… 232

第二节 学术研究中的职业道德要求 ……………………………… 234
　一、追求真理，献身科学 ……………………………………… 234
　二、勇于探索，严谨求实 ……………………………………… 235
　三、端正学风，科研诚信 ……………………………………… 235
　四、谦虚谨慎，大胆创新 ……………………………………… 236

第三节 师生关系中的职业道德要求 ················ 236
　　一、师生关系在教育中的意义 ················ 236
　　二、师生关系中的主要道德要求 ················ 237
第四节 家校关系中的职业道德要求 ················ 239
　　一、家校沟通与合作的基础 ················ 239
　　二、家校关系的道德调适 ················ 240
第五节 教师集体中的职业道德要求 ················ 243
　　一、教师集体在教育中的意义 ················ 244
　　二、教师集体关系的道德调节 ················ 245
第六节 学校行政管理工作中的职业道德要求 ················ 247
　　一、学校行政管理工作对师生发展的意义 ················ 247
　　二、学校行政管理伦理化的实现路径 ················ 248

第十一章　教师职业道德修养及高素质专业化教师队伍的建设 ················ 254

第一节 教师道德修养与道德内化 ················ 254
　　一、教师道德修养的含义及特点 ················ 254
　　二、教师道德内化 ················ 257
第二节 教师职业道德修养的内容 ················ 259
　　一、提高道德认识，培养道德情感 ················ 259
　　二、坚定道德信念，磨炼道德意志 ················ 261
　　三、规范道德行为，养成道德习惯 ················ 262
　　四、保持心理健康，克服职业倦怠 ················ 263
　　五、正确进行教师职业生涯规划 ················ 270
第三节 教师提高职业道德修养的原则、途径和方法 ················ 273
　　一、教师提高职业道德修养的原则 ················ 274
　　二、新时期教师提高职业道德修养的途径与方法 ················ 275

参考文献 ················ 279

上篇

教育政策法规

第一章
教育政策、法规概述　　2

第二章
我国教育的基本政策与法规　　13

第三章
我国基础教育的政策与法规　　35

第四章
我国高等教育的政策与法规　　111

第五章
其他教育法律法规　　122

第一章 教育政策、法规概述

·本章学习目标·

了解教育政策、法规的概念，掌握教育政策、法规的特点，理解教育政策、法规的功能，在理解教育政策与教育法规的区别和联系的基础上，能够正确处理教育政策与教育法规的关系。

第一节 教育政策、法规的内涵与特点

一、教育政策的概念

教育政策是国家政策系统的一部分，是国家政策在教育领域的反映，也是一个相对独立的政策子系统。掌握政策的含义是理解教育政策的前提。

(一) 政策

政策的内涵丰富，表现形式多样，不同学者从不同的角度对政策的本质进行了解释和假设，大致可分为三类。第一类认为政策是某种有目的地进行价值分配，以处理问题或实现既定目标的复杂过程。如卡普兰认为政策是一种含有目标、价值与策略的大型计划，哈曼和我国学者孙光等支持这种观点。第二类认为政策是某种行为准则、计划、法规、文件、方案或者措施等，即某种由人们来执行或者遵守的"文本"。如美国学者伍德罗·威尔逊认为政策是由政治家，即由具有立法权者制定的而由行政人员执行的法律和法规，我国学者王福生、林德金、陈振明等都赞同这种对政策的解释。第三类认为政策是一个"动态"的、不断发展变化的、复杂的过程。如詹姆斯·安德森认为政策是一个有目的的活动过程，而这些活动是由一个或者一批行为者，为处理某个问题及其有关事务的有目的的行为过程。

从中外学者对"政策"内涵的界定和解读可以看出，从广义上讲，政策是个人、团体

或政府等为了达到某个目标，实现某种目的所提出的各项有计划的活动的总称。从狭义上讲，政策是政府、政党和其他政治团体等具有公共权力的主体在一定的历史条件下和社会环境中，为了实现其政治、经济、文化、社会、科技、教育等各项发展目标而提出的政治性的行为依据和准则。它是一系列计划、法律、措施、规章、规则、条例、策略和方法的总称。狭义内涵的"政策"等同于"公共政策"，二者具有相同的范畴结构和方法体系。本书所讨论的是狭义的"政策"。

公共政策就其本质而言是一种对人们的行为产生引导与约束作用的价值准则与规范，具备以下三个方面的特点。

第一，正式性与强约束性。正式性是指这种价值准则与规范是由正式组织机构制定与颁布的。强约束性是指这种价值准则与规范比较稳定，对每一成员都具有约束与影响作用，并带有一定的强制性。

第二，由掌握公共权力的机构制定与组织实施。掌握公共权力的机构主要是国家机关，包括立法机关、司法机关和行政机关。

第三，广泛的社会适用性。公共政策具有非常广泛的社会适用性，其社会适用性大小与制定主体密切相关。

(二) 教育政策

教育政策是国家和政党为了实现一定时期的教育目标和任务，通过一定的程序制定的调节教育内外关系的行动依据和准则，表现为教育路线、教育方针、教育战略、教育规划、教育决定、教育法律法规等形式。

二、教育政策的特点

教育政策作为国家总体政策的一部分，除了具备政策的一般性特征，还具有以下几个典型特点。

(一) 政治性与原则性

政治性与原则性是教育政策的根本特征，教育作为一项培养未来社会公民和统治阶级接班人的社会事业，具有鲜明的上层建筑特质。国家和政党制定的教育政策，规定人民应做什么，不应做什么，告诉人民提倡或鼓励什么。

(二) 目的性与可行性

教育政策是人们根据一定的需要而制定出来的，是人们主观意识的体现和主观能动性的产物，具有明确的目的性。明确的目的性是教育政策的基本特征，没有目的性的教育政策是不存在的。同时，要使教育政策的目的变成现实，就要充分考虑教育政策的可行性。因为再好的目的，如果脱离了现实条件，都是难以实现的，是注定要失败的，这就要求我们在制定教育政策时，必须把其目的性和可行性联系起来考虑，使两者有机结合。

(三) 稳定性和可变性

教育政策的制定需要充分考虑社会发展所处历史阶段的各种情况，在一定时期和范围内保持相对的稳定，有利于教育活动正常、稳定地进行。如果教育政策朝令夕改，变化频繁，使人无所适从，教育政策就会失去作为规范和准则的作用，影响民众对教育政策的信任程度和执行政策的坚定性。但随着政治、经济、科技等外部环境和条件的变化，以及教育自身内部的变化，教育政策需要与之相适应，做出相应的调整。

(四) 合法性和权威性

教育政策是党和国家依据宪法的授权，为实现人民的教育意志而制定的教育准则。党和国家行为的合宪性决定了其所颁布的教育政策的合法性，以及由此而具有的权威性。

(五) 系统性和多功能性

教育是相对独立的社会活动，其自身构成一个结构严谨、作用复杂的体系，教育体制政策、教育经费政策、教师政策、教育质量政策共同构成了国家基本的教育政策。同时，任何教育政策都是在与其他政策相互作用的过程中发挥其功能的，其相互支持、相互制约，组成了有关社会发展的整体政策。教育政策是一般政策系统中的一个有机组成部分，同时其自身又组成了一个相对独立的体系，这决定了教育政策必然会牵扯教育事业的方方面面，从而决定了教育政策的功能必定是多方面的，而不是单一零散的。

三、教育法规的含义

教育法规是有关教育方面的法律、条例、规章等规范性文件的总称，也是对人们的教育行为具有法律约束力的行为规则的总和，是现代国家管理教育的基础和基本依据。长期以来，不少教育法学研究者对教育法规的含义做了不尽相同的表述。有的研究者认为，教育法规是"国家机关制定的用以调整教育行政关系的法律规范的总和"；有的研究者认为，"教育法规也就是有关教育行政的法规"；也有的研究者认为，"教育法规是有关教育方面的法律、法令、条例、规章等规范性文件的总称，也是对人们的教育行为具有法律约束力的行为规则的总和"。关于教育法规含义的表述尽管各有不同，但都承认它是集多种形式于一体的法律规范。

四、教育法规的基本类型

教育法规的基本类型包括教育法律、教育条例和教育规章。

(一) 教育法律

教育法律是指国家立法机构依据一定的立法程序制定或认可的有关教育方面的规范性法律，着重指国家权力机关制定或认可的有关教育的成文法。

(二) 教育条例

教育条例是指国家权力机关及行政机关制定或认可的有关教育方面的规范性法律文件，它是为调整特定教育活动中的关系所做出的规定。在我国，全国人民代表大会、国务院、国务院各部委、地方国家行政机关都有权制定和批准有关教育条例。

(三) 教育规章

教育规章是指国家最高行政机关或省、自治区、直辖市的国家权力机关为执行《中华人民共和国宪法》(以下简称《宪法》)等法律，根据国家或本行政区域的具体情况和实际需要，在法定权限内制定的有关教育的专门的规范性文件。教育规章也可以是针对已经颁行的教育法律制定的补充性的实施"办法"或"细则"。

五、教育法规的基本特征

教育法规是国家法规体系中的一个子系统，一般法规所具有的基本特征自然也在教育法规中得以反映。例如，教育法规同样是由国家制定或认可的国家意志，是调整法律关系和规范法律秩序的规则，是以国家强制力保证实施的行为准则，以权利与义务双向规定作为其调整机制。教育法规除具有以上特征外，还具有下列特征。

(一) 遵循教育规律与顺应市场经济要求相结合

在教育法规中确立的相关教育管理体制、办学体制、教育基本制度和原则等，必须符合教育的内在规律，这是教育法规的一个基本特点，也是在教育立法过程中必须遵从的基本要求。同时，我国的教育法规坚持了社会主义方向、原则，并及时汲取了市场经济条件下深化教育改革、发展教育事业的成功做法和经验。如在教育投入上，逐步形成以政府财政拨款为主，辅之以社会各方面集资、捐资办学等多渠道增加教育经费的格局。这样便使遵循社会主义教育的自身规律与推进社会主义市场经济条件下的教育变革有机地结合起来，从而构成我国教育法规的一个突出特点。这样做的最终目的是有效地规范教育活动，引导和促进社会主义市场经济条件下的教育改革和发展。

(二) 系统性与独立性相结合

从法理学上讲，一部完整、成熟的部门法应当具有较强的系统性，从体系框架的形成，到具体法规的出台，都必须通盘考虑，精心谋划，并认真付诸实施。但是，我国教育法制建设起步较晚，与一些发达国家的差距较大，教育立法的任务艰巨，又难毕其功于一役。针对这种情况，我国先有教育单行法规，后才有教育母法，即教育基本法《中华人民共和国教育法》，这就是系统性与独立性相结合的体现，它使教育立法增强了适应社会经济生活需求和促进教育事业发展的能力，快些起步，紧密结合，避免了在开始起步时，因求全、求细、讲究完整而使教育立法滞后。

(三) 原则性与灵活性相结合

这一特征取决于以下因素。一是我国的教育改革是一场革命，它是逐步向前推进的，并不能一步到位。与之相适应的教育法规在重大问题上，如教育改革走向、人才培养规格等，固然要从长计议、深思熟虑，但在一些具体阶段性目标上，又要有一定的灵活性，即教育法规只做原则规定，具体措施等可由党和国家的教育政策来加以细化和规范。二是教育作为一个复杂的系统，涉及广泛的利益关系，面对不同的承受能力，因而只能在协调各方利益、兼顾多方面实际承受能力的基础上进行立法，稳步推进。这样，在某些问题上就既要坚定不移地坚持原则，又要灵活地加以变通处理。中国是个大国，情况复杂，既要坚持法制的统一，又要考虑到不同地区、不同层次的差别，因此需要做更多、更细的工作。如有的法规先由地方制定、实施，然后经过总结提高，再上升为国家的法律；有的则是先制定出全国性的统一规定，然后由地方予以具体化。可以说，教育法规的原则性与灵活性相结合，是与推动经济发展、社会进步及教育改革稳步前进的实际需要相适应的。

(四) 针对性与可操作性相结合

这两者在我国教育法规中是紧密联系在一起的。教育法规是根据教育事业发展的实际需要制定的，是调整教育主体关系、规范教育活动的依据，只有增强其针对性，才能起到这种作用。而这种作用又要求教育法规能够实施，即在实际生活中是可以操作的。因此，我国已制定的教育法规是立足于现实、指向具体行为的，并且越来越要求有很强的针对性。法规条文必须是明确的、具体的，可以作为规范来引导、约束人们的行为。对于情况起了变化的，则应及时废止或修改，以适应新的情况，汲取新的经验，确定新的规则，从而实现教育法规针对性与可操作性的统一。这一特点在一些地方性教育法规中表现得尤为明显。

(五) 立法自主与择优借鉴相结合

世界各国的教育立法经验及其教育法规中的某些内容是十分可贵的成果，它们为我们制定教育法规提供了参照物。尽管由于国情的差异，教育事业的发展会呈现出不同的特点，但是，它运行的基本规律不受国界、地域的限制，特别是我国加入世界贸易组织(以下简称"WTO")后，外国将依据关贸总协定中的有关条款，参与除特殊教育外的我国教育各个领域的办学活动，我国的教育也可以据此进入国际教育市场参与竞争。所以，对我国现行教育法规进行调整，与WTO规则保持一致，并注意学习借鉴别国的教育立法经验及其成果，在实践中加以改造、吸纳，实现相互之间的"接轨"，是教育法制建设方面一项十分迫切的任务。这也是教育法规鲜明地反映时代精神、体现时代特征的必然要求。

当然，这种借鉴是有条件、有选择的，要有自主性，而不是盲目行事、生搬硬套。所以，我国教育法规既符合中国实际，又表现出较高的国际水准，且使当代教育全球化、现代化的趋势在某些教育法规条文中得到一定反映。

第二节 教育政策、法规的功能

教育政策、法规的功能是指教育政策、法规对教育改革和发展所发挥的功效与作用。制定与实施教育的政策和法规，既要着眼于教育改革和发展的需要，也要直接为教育实践服务。任何教育政策、法规的实施，都会给教育实践带来影响。这种影响或有强烈与微弱之分，或有深刻与浅显之别，或有持续与即时之异，无论教育政策、法规的影响有着怎样的不同，都是其功能的显现。

一、保障性功能

所谓保障性功能，是指教育政策、法规客观上起着维护与保障教育事业发展的作用。在现实生活中，人们常说"有了政策、法律的保障"，这反映出人们对政策、法规所有保障性功能的普遍认同与期待。对于教育事业的发展而言，如果没有必要的政策与法律作为保障，那么它的发展就会困难重重，举步维艰。

教育政策、法规的保障性功能主要表现在以下方面。

首先，制定教育政策、法规是为了使教育事业的改革与发展有政策可依，有法律可依。这是由制定政策、法规的基本目的所决定的。为什么要制定教育政策与法规？或者为什么要制定这样或那样的教育政策与法规？这是因为教育实践存在着"政策缺失"或"法律缺失"，有着依凭教育政策、法规的现实需要。教育政策、法规的制定，其本身就意味着为教育事业的改革和发展提供政策与法律上的支持与保障。

其次，实施教育政策、法规是为了保障教育事业能够按照政策、法规所确立的目标，并沿着政策、法规所指引的方向向前发展。无论是宏观的教育政策与法规(如国家教育总政策与教育法)，还是各项具体的教育政策与法规，均带有鲜明的实践性特征。教育政策、法规指向教育实践，教育的实践过程也就成为实践教育政策、法规的过程。教育政策为教育的改革与发展提供坚实的实践保障。

从总体上看，教育政策、法规的保障性功能重点体现在：保障教育事业在社会发展中应有的地位，保障教育改革与发展的明确方向，保护全社会(包括团体和个人)支持教育事业发展的积极性与热情等。保障性功能是教育政策、法规的基本功能。

二、规范性功能

所谓规范性功能，是指教育政策、法规为教育事业的发展提供了某种标准与范式，起着某种规定性的作用。教育政策、法规的规范性功能是由政策、法规本身固有的特点决定的，作为一种政策文本，它提供的是一种行动标准。政策总是带有鲜明的规范性或规定性，它规定了应该做什么或不应该做什么，应该怎样做或不应该怎样做。"夫法者，所以兴功惧暴也；律者，所以定分止争也；令者，所以令人知事也。法律政令者，吏民规矩绳墨也。"在教育事业发展过程中，教育政策、法规的规范性功能是十分重要的。

教育政策、法规的规范性功能主要表现在以下方面。其一，指引作用，即教育政策、法规对人的教育行为起着导向、引路作用。教育政策、法规对人教育行为的指引是一种规范指引，这种指引具有稳定性和连续性的特点。执行教育政策、法规就是按确定的规范行事。其二，评价作用，即教育政策、法规对他人教育行为的评价标准有一定的作用。任何教育政策、法规，当它成为一种行为规范时，这种规范也就具有判断、衡量他人行为标准的作用。人们在执行教育政策、法规时，事实上总是自觉或不自觉地用政策、法规的规范对照自己的行为，或衡量自己的行为，同时也用这种规范对照他人的行为，或衡量他人的行为。例如，当人们在询问某种教育行为是否符合政策、符合法律时，实际上这种询问也就隐含着把教育政策、法规的规范性作为一种评价标准。所以，教育政策、法规的规范性功能也突出地表现为其所具有的评价作用。

三、激励性功能

所谓激励性功能，是指教育政策、法规客观上起着一种激励、鼓舞、促进教育事业不断向前发展的作用。激励性功能是教育政策、法规的力量所在。教育政策、法规是否能真正发挥激励性功能或将激励性功能发挥到何种程度，取决于政策、法规的品质或质量。只有品质优良的政策、法规才能对人与社会的教育行为产生良好的影响。而品质优良的教育政策、法规则应是"符合民意""顺乎民心"，代表人民的教育意志与愿望，真正顺应教育改革与发展的潮流与趋向的。

教育政策、法规的激励性功能首先表现为它能在广泛的层面上得到大众的认同与响应。真正代表人民利益的教育政策、法规必然是最具有激励性功能的。因为这种政策、法规是人们所期盼与渴望的，它往往体现了对传统政策的必要调整与改革，同时又用法律的形式保障人们对教育事业的合理追求。当它得到人们真心实意的拥护时，必然会唤起人们巨大的热情与力量。例如，1977年，我国教育界及时终止"推荐选拔"制度，实施恢复高考政策。这一重大的政策调整顷刻间在全国产生强烈影响，它唤起了无数青年学子追求科学、追求知识的热情，并使国家的人才培养模式迅速步入正常轨道。

教育政策、法规的激励性功能除了表现在它能引起社会大众情感上的共鸣与回应，更重要的是，它能激发人民对于教育政策、法规实施的参与热情。从拥护政策、法规，到积极、自觉地遵守政策、法规，这是政策、法规产生威力的深刻表现。例如，20世纪80年代以来，我国制定了一系列关于基础教育的政策、法规，尤其是颁布了《中华人民共和国义务教育法》，由于这些政策、法规真切地代表着人民群众的根本利益，体现着教育权利与机会的平等，因此其能在最广泛的层面上唤起人们积极参与，有力地保障着我国基础教育的顺利发展。

四、制约性功能

所谓制约性功能,是指教育政策、法规有着限制或禁止某种教育行为的作用。制约性功能所要达到的目标是制约、禁止政策制定者所不希望的行为发生。正如我们在教育政策、法规的规范性功能中所讲到的,教育政策、法规总是含有某种规定性,规定着应该怎样做和不应该怎样做。其中不应该怎样做就是一种制约性,所以制约性功能也可看成规范性功能的一种特有表现。

教育政策、法规的制约性功能首先表现在它以明令禁止的方式限制某种不被允许的教育行为。有的教育政策、法规本身就是一种禁令,如《禁止使用童工的规定》《禁止中小学乱收费的规定》等。这类政策、法规的限制性功能十分明显。在非禁令性的教育政策中,也存在着种种对不被允许的教育行为的限制,这样的实例不胜枚举。教育政策、法规的制约性功能同时表现为立法制约。任何教育法律,其本身均包含着对违反教育法律行为的制约。制定与颁行教育法规,是为了从根本上保障教育事业的发展。教育法律的保障性作用也包含着对阻碍、干扰教育发展的行为的限制与制约。教育法律中对权利与义务的限定、对适用范围的限定、对法律责任的追究等,都鲜明地表现出法律的制约性,因此,教育法律是极具制约性功能的。

五、管理性功能

所谓管理性功能,是指教育政策、法规对教育工作具有管理作用。教育工作离不开教育管理,而教育管理则在很大程度上通过执行教育政策、法规来进行。离开教育政策、法规谈教育管理,或者离开教育管理谈执行教育政策、法规都是不切实际的。教育政策、法规的管理性功能是通过计划、控制、协调等体现的,对教育实践具有十分重要的意义。

首先,教育政策、法规的管理性功能体现在通过政策、法规对教育工作进行规划与部署,以保证教育活动有目的、有秩序地进行,同时也保证教育活动合法地进行。党和国家的宏观教育发展规划与教育计划以文献形式发布,这种文献本身就是政策性文献。

其次,教育政策、法规的管理性功能体现在通过政策、法规对教育活动实施有效的控制。政策控制是指在政策上,对政策制定者所希望发生的行为予以鼓励,以调动与激发人们对于教育的积极性与创造性;对不希望发生的教育行为予以限制,以避免不应该发生的行为发生。法规控制则重在保障教育行为的合法性,并避免不合法的教育行为的发生。教育政策、法规的管理性功能所体现的控制是与前述规范性功能、制约性功能所体现的控制相联系的。

最后,教育政策、法规的管理性功能也体现在通过政策、法规协调教育活动中的各种利益关系,以保证教育活动和谐地进行。管理是一种协调,协调需遵循一定的准则与原则,这种准则与原则突出地表现为政策性与合法性。任何教育政策、法规均涉及利益的调整和利益关系的分配,而在教育实践活动中,利益的冲突与碰撞在所难免。协调好教育活动中各种利益的关系，对于顺利推进教育活动十分重要，而这种协调需要依凭政策、法律，需要有效地发挥政策、法规的功能与作用。以上对教育政策、法规的功能做了一个初步分析，这种分析是从正向的、积极的方面入手的。然而，在不同的社会制度与不同的经济、文化背景下，教育政策、法规的制定会呈现不同的模式与特征。"好"的教育政策、法规可能会产生良好的影响与作用，"不好"的教育政策与法规则会产生消极的影响与作用。所以，教育政策、法规的功能在整体上具有双重性特征，即有正向功能与负向功能之分。认识功能的这种分野，一方面有利于在执行相关政策、法规时尽量趋利避害，放大正面功能，克服负面功能；另一方面则需要更多地反思政策、法规本身，促进政策、法规的完善。

第三节 教育政策与教育法规的关系

一、教育政策与教育法规的联系

现行的教育政策与教育法规在本质上是一致的，具有深刻的内在联系，主要表现在以下几个方面。

(1) 教育政策与教育法规都是国家管理教育的重要手段，都是在教育活动中应当遵循的行为准则与行为依据。

(2) 一般说来，教育法规，尤其是教育法律，建立在教育政策的基础上，成熟稳定的教育政策会被立为教育法律。

(3) 教育政策的实施需要"法"的保障，只有合法化的教育政策才能成为真正可供遵循、实施的政策，同时政策实施的全过程都要依法进行。

二、教育政策与教育法规的区别

教育法规作为一种特殊的行为规范，与教育政策有着明显的区别，主要反映以下几个方面。

(1) 制定的程序不同。教育法规必须严格依照法定程序制定，而教育政策是通过领导机关会议等形式，在充分展开民主讨论、广泛征求意见的基础上，通过集体研究形成的。

(2) 表现形式不同。教育法规制定以后，通常以条文形式出现，它作为法律规范有着特殊的形式，会对法规的适用条件和具体情况、具体行为规则及违反者所应承担的后果做出确切的表述。在语言表达方式上，法规条文一般是直接陈述句，且主谓分明，语义清晰，能让人们一看就明白谁必须做什么，谁不得做什么，谁可以做什么；而教育政策通常以相关组织机关的指示、决议、意见、通知等形式表现出来，其文体格式多样，内容大多体现原则性，突出指导性，富有号召力。

(3) 实施方式不同。教育法规以国家强制力保证实施，它不是可做可不做的行为，而是必须做的行为；也不是可以这样做或可以那样做的行为，而是必须这样做或那样做的行为，这样的实施方式带有强制性。而教育政策的贯彻执行，更依靠宣传教育，依靠思想政治工作，依靠组织的领导干部、工作人员模范带头作用的发挥，其强制力是有一定限度的。

(4) 稳定程度和调整范围不同。教育法规一般是在总结当下国家的教育政策执行情况和经验的基础上，广泛集中群众智慧和意见之后确定下来的，它具有长期性、稳定性，不会随意变动。教育法规一般就教育活动的根本方面和教育的基本关系加以约束、规范，其调整的范围要比教育政策调整的范围小；而教育政策则随着教育工作形势、任务的改变而适时调整、修正，使之完善。教育政策制定的灵活性和及时性还决定了教育政策调整的范围更广泛，它可以及时渗透教育领域的各个方面，发挥其调节、导向作用。

(5) 公布的范围不同。教育法规一经审议通过，必须通过适当方式在全社会公布，让全体公民知晓，以便大家遵守。对于教育法规，公开是原则，不公开是例外。而教育政策不全都在全体公民中公布，有的政策只在一定时期或一定范围内公开。

三、正确处理好实施教育法规与执行教育政策的关系

(一) 制定和实施教育法规应以教育政策作为指导

教育政策不仅指导教育立法的过程，体现在教育法律规范之中，还指导着教育法规的实施。在一些教育法规中，常设有"总则"部分，这部分中某些条文的实质就是政策性的说明，如《中华人民共和国教育法》等教育法规中关于立法宗旨的表述。可见，教育法规的制定往往要以教育政策为依据，教育法规的实施也要以教育政策为指导。

(二) 教育政策的落实应以教育法规作为保障

将教育政策上升为教育法规，成为人们理解和执行教育政策的规范，排除了理解和执行政策中的主观随意性，即不以党和国家行政机关领导人的更换及其个人注意力的转移而受到影响，从而使教育法规以其特有的强制性成为推动教育政策贯彻落实的保障，成为实践教育政策的最强有力手段。中华人民共和国成立70多年来的历史经验证明，将教育政策与法规结合起来加以贯彻、实施，是教育改革与发展的动力与保障。

(三) 推行教育政策不能超越教育法规所规定的范围

尽管教育法规的制定和实施应当以党和国家的教育政策为指导，但这并不意味着教育政策可以随意左右教育法规的制定或超越教育法规规定的范围。在贯彻落实教育政策时，必须自觉维护教育法规的尊严，必须有助于教育法规的实施。目前，我国教育法规尚不完备，在有些方面还存在有政策而无法规的情况，再加上教育上的有些问题无法用教育法规加以规范，遇到这种情况时，要坚持有法依法、无法依政策的原则。在一定的历史时期内，教育政策在对教育事业进行宏观调控方面，仍发挥着十分重要的作用。

在处理教育政策与法规的关系时,应该注意两种倾向:一是片面强调教育政策的主导作用、决定作用;二是片面扩大、夸大教育法规的作用。前者在实践中容易形成重政策、轻法规、以政策性文件取代教育法规的状况,只讲依政策办事,不讲依法办事;后者只讲依法办事,而忽略教育政策在教育活动中的重要作用。这两种倾向都应当注意防范和克服。

·思考与练习·

1. 简述教育政策的特点。
2. 简述教育法规的基本特征。
3. 如何正确处理教育政策与教育法规的关系?

第二章 我国教育的基本政策与法规

· 本章学习目标 ·

了解新时期教育发展的新指针对我国教育事业发展的引领作用，了解新时期我国教育发展新规划，理解《中华人民共和国教育法》的立法宗旨和适用范围，了解《中华人民共和国教育法》的立法特点和重要地位，掌握《中华人民共和国教育法》的基本内容；掌握教师的权利与义务，了解教师资格制度，理解违反《中华人民共和国教师法》的法律责任；掌握未成年人保护工作应当遵循的原则，了解《中华人民共和国未成年人保护法》的基本内容。

第一节 新时期我国教育基本政策的变革与创新

一、新时期我国教育发展的新指针

我国社会主义现代化建设进入全面建成小康社会和实现中华民族伟大复兴中国梦的新时期，在新时期，中国共产党适时确立了引领中国社会发展的新的指导方针，新的指导方针同样引领着教育事业的发展。

(一) 科学发展观对教育事业发展的指引

2003年10月召开的中国共产党第十六届三中全会提出了科学发展观，这为新时期我国社会发展确立了新的指导思想。科学发展观具有丰富深刻的内涵，其完整的表述是：坚持"以人为本"，树立全面、协调、可持续的发展观，促进经济社会和人的全面发展。科学发展观的确立标志着我国治国理念的新变化，也鲜明地体现出我国治国方略的重大创新。

科学发展观是新时期我国教育事业发展的新指针，为教育事业的发展指明了新目标与新方向。科学发展观对教育事业的发展具有的重大指导意义主要表现在以下两个方面。

(1) 确立科学发展观意味着进一步确立教育事业的发展在社会发展中的重要地位。一方面，社会的科学发展包含着教育事业的发展，若没有教育事业的充分发展，社会的科学发展也无从谈起；另一方面，科学发展观的核心是"以人为本"，这进一步凸显了教育发展的重要地位，因为"以人为本"要求不断提高人的素质，提高人的生命与生活质量，这便对教育发展提出了更多、更高的要求。

(2) 科学发展观指引着教育的科学发展。在科学发展观的指引下，新时期教育事业的发展需要牢牢坚持"以人为本"，坚持全面、协调和可持续发展。坚持教育的"以人为本"，需要坚持不懈地将全面提高国民素质作为教育的基本追求，将促进人的全面发展作为教育发展的根本目标。坚持教育的全面发展，重要的是建立起符合我国国情并具有中国特色的终身教育体系。坚持教育的协调发展，特别要努力缩小城乡教育和区域教育发展的差距，实现城乡教育和区域教育的共同发展和均衡发展。坚持教育的可持续发展，要求教育发展既要注重数量发展又要注重质量发展，既要追求效率又要兼顾公平，既要着眼当前又要着眼长远。教育的可持续发展，关键在于培养致力于社会可持续发展的人才。

(二) 全面推进依法治国的方针对教育发展的指引

2014年10月中国共产党第十八届四中全会做出了《中共中央关于全面推进依法治国若干重大问题的决定》，这是中国共产党建设"法治中国"的庄重承诺，是在向国际社会宣告，中国作为全球共同体的一员，有责任、有义务，也有信心建设好法治社会。全面推进依法治国已成为新形势下我国社会发展的根本指导方针，这一方针对教育事业的发展同样具有强烈而鲜明的指导意义。

(1) 全面推进依法治国必然要求全面推进依法治教。依法治国包含依法治教，依法治教是依法治国的重要内容，是依法治国的重要体现。不仅如此，依法治教对推进依法治国也具有重要的价值与作用。因为依法治国通过人来实现，它需要全体国民树立良好的法治观念，形成良好的法治素养，这有赖于教育为此做出努力。此外，由于教育事业的发展在整个社会事业的发展中优先发展，因此它具有特别重要的地位，这也意味着依法治教在依法治国中具有特别重要的地位。对于教育事业本身的发展而言，积累数十年教育发展的经验教训，推进依法治教是推进教育事业健康发展和良性发展的根本保障。

(2) 全面推进依法治教的目标是建设具有中国特色的社会主义教育法治体系。这是遵循全面推进依法治国总目标的要求，因此，要形成完备的教育法律法规体系、高效的教育法治实施体系、严密的教育法治监督体系和有力的教育法治保障体系。全面推进依法治教需要按照"科学立法、严格执法、公正司法、全民守法"的要求，切实加强教育立法，进一步完善教育法律法规体系；要真正使教育事业的发展进入法治化轨道，对违反教育法律的事件公正司法，在全社会形成遵守教育法律法规的风尚。建设具有中国特色的社会主义教育法治体系，也是服务于促进国家教育治理体系和治理能力的现代化，服务于促进国家治理体系和治理能力的现代化。

(三) 习近平新时代中国特色社会主义思想对教育发展的指引

党的十九大报告强调，建设教育强国是中华民族伟大复兴的基础工程，要全面贯彻党的教育方针，落实立德树人根本任务，发展素质教育，推进教育公平，培养德智体美劳全面发展的社会主义建设者和接班人。

在习近平新时代中国特色社会主义思想的指引下，教育战线要继续深化办学体制、管理体制、经费投入体制、考试招生及就业制度等方面的改革，深化学校内部管理制度、人事薪酬制度、教育管理制度等方面的改革，深化人才培养模式、教学内容及方式方法等方面的改革；不断促进教育发展成果更多、更公平地惠及全体人民，以教育公平促进社会公平；把发展教育扶贫作为治本之计，切断贫困代际传递；树立正确的人才观，大力推进素质教育。

二、新时期我国教育发展的新规划

2021年3月，第十三届全国人民代表大会第四次会议通过的《中华人民共和国国民经济和社会发展第十四个五年规划和2035年远景目标纲要》全文发布，其在第四十三章"建设高质量教育体系"中指出：全面贯彻党的教育方针，坚持优先发展教育事业，坚持立德树人，增强学生文明素养、社会责任意识、实践本领，培养德智体美劳全面发展的社会主义建设者和接班人。

(一) 推进基本公共教育均等化

《中华人民共和国国民经济和社会发展第十四个五年规划和2035年远景目标纲要》的第四十三章第一节指出，巩固义务教育基本均衡成果，完善办学标准，推动义务教育优质均衡发展和城乡一体化；加快城镇学校扩容增位，保障农业转移人口随迁子女平等享有基本公共教育服务；改善乡村小规模学校和乡镇寄宿制学校条件，加强乡村教师队伍建设，提高乡村教师素质能力，完善留守儿童关爱体系，巩固义务教育控辍保学成果；巩固提升高中阶段教育普及水平，鼓励高中阶段学校多样化发展，高中阶段教育毛入学率提高到92%以上；规范校外培训；完善普惠性学前教育和特殊教育、专门教育保障机制，学前教育毛入园率提高到90%以上；提高民族地区教育质量和水平，加大国家通用语言文字推广力度。

(二) 增强职业技术教育适应性

《中华人民共和国国民经济和社会发展第十四个五年规划和2035年远景目标纲要》的第四十三章第二节指出，突出职业技术(技工)教育类型特色，深入推进改革创新，优化结构与布局，大力培养技术技能人才；完善职业技术教育国家标准，推行"学历证书+职业技能等级证书"制度；创新办学模式，深化产教融合、校企合作，鼓励企业举办高质量职业技术教育，探索中国特色学徒制；实施现代职业技术教育质量提升计划，建设一批高水平职业技术院校和专业，稳步发展职业本科教育；深化职普融通，实现职业技术教育与普通教育双向互认、纵向流动。

(三) 提高高等教育质量

《中华人民共和国国民经济和社会发展第十四个五年规划和2035年远景目标纲要》的第四十三章第三节指出，推进高等教育分类管理和高等学校综合改革，构建更加多元的高等教育体系，高等教育毛入学率提高到60%；分类建设一流大学和一流学科，支持发展高水平研究型大学；建设高质量本科教育，推进部分普通本科高校向应用型转变；建立学科专业动态调整机制和特色发展引导机制，增强高校学科设置针对性，推进基础学科高层次人才培养模式改革，加快培养理工农医类专业紧缺人才；加强研究生培养管理，提升研究生教育质量，稳步扩大专业学位研究生规模；优化区域高等教育资源布局，推进中西部地区高等教育振兴。

(四) 建设高素质专业化教师队伍

《中华人民共和国国民经济和社会发展第十四个五年规划和2035年远景目标纲要》的第四十三章第四节指出，建立高水平现代教师教育体系，加强师德师风建设，完善教师管理和发展政策体系，提升教师教书育人能力素质；重点建设一批师范教育基地，支持高水平综合大学开展教师教育，健全师范生公费教育制度，推进教育类研究生和公费师范生免试认定教师资格改革；支持高水平工科大学举办职业技术师范专业，建立高等学校、职业学校与行业企业联合培养"双师型"教师机制；深化中小学、幼儿园教师管理综合改革，统筹教师编制配置和跨区调整，推进义务教育教师"县管校聘"管理改革，适当提高中高级教师岗位比例。

(五) 深化教育改革

《中华人民共和国国民经济和社会发展第十四个五年规划和2035年远景目标纲要》的第四十三章第五节指出，深化新时代教育评价改革，建立健全教育评价制度和机制，发展素质教育，更加注重学生爱国情怀、创新精神和健康人格培养；坚持教育公益性原则，加大教育经费投入，改革完善经费使用管理制度，提高经费使用效益；落实和扩大学校办学自主权，完善学校内部治理结构，有序引导社会参与学校治理；深化考试招生综合改革；支持和规范民办教育发展，开展高水平中外合作办学；发挥在线教育优势，完善终身学习体系，建设学习型社会；推进高水平大学开放教育资源，完善注册学习和弹性学习制度，畅通不同类型学习成果的互认和转换渠道。

第二节 《中华人民共和国教育法》概述

《中华人民共和国教育法》(以下简称《教育法》)于1995年3月18日由第八届全国人民代表大会第三次会议通过。根据2009年8月27日第十一届全国人民代表大会常务委员会第十次会议《关于修改部分法律的决定》进行了第一次修正；根据2015年12月27日第十二届全国人民代表大会常务委员会第十八次会议《关于修改〈中华人民共和国教育法〉的决定》进行了第二次修正；根据2021年4月29日第十三届全国人民代表大会常务委员会第二十八次会议《关于修改〈中华人民共和国教育法〉的决定》进行了第三次修正。这是我国教育史上具有里程碑意义的大事。《教育法》的颁行标志着我国已进入全面依法治教的新时期，对我国教育事业的改革和发展，以及物质文明、精神文明建设，具有重大而深远的意义。

一、《教育法》的立法宗旨和适用范围

《教育法》第一条明确揭示了制定和颁行《教育法》是为了发展教育事业，提高全民族的素质，促进社会主义物质文明和精神文明建设。《教育法》的立法宗旨为我国教育的发展指明了方向。我国的教育是社会主义性质的教育，教育的目的是提高全民族的素质，使受教育者成为全面发展的人，从而促进我国的社会主义物质文明和精神文明建设。

《教育法》是调整教育关系的法律规范，它的适用范围包括空间效力范围和时间效力范围两个方面。《教育法》第二条规定，在中华人民共和国境内的各级各类教育，适用本法。这说明《教育法》适用的地域范围仅限国内，仅限具有法人地位的各级各类学校和其他教育机构，以及其中从事教育工作和受教育的人，包括教师、学生、管理人员、教辅人员和其他专业技术人员。这是《教育法》适用范围的一般规定。

二、《教育法》的立法特点和重要地位

《教育法》具有以下几个立法特点。

(1) 全面性和针对性相结合。《教育法》作为教育的基本法，要为其他教育法律、法规提供立法依据，这就要求《教育法》的内容要尽可能全面。我国的《教育法》对应当纳入法律调整范围的重要事项，如教育的性质、地位、方针、基本原则等做了全面的规定，充分体现了教育基本法全面性的特点。《教育法》在全面规范和调整各类教育关系的同时，又针对现阶段教育改革和发展中出现的突出问题，做了有针对性的规定。全面性和针对性相结合，既体现了基本法的要求，也体现了《教育法》的现实性。

(2) 规范性和导向性相结合。《教育法》把中华人民共和国成立以来，特别是改革开放以来我国教育改革和发展的成熟经验，通过法律规范形式固定下来，如教育管理体制中的分级管理，分工负责；学校的法人地位及自主权；以财政拨款为主的多渠道筹措教育经费体制等，巩固了教育改革和发展的成果。同时，《教育法》对符合改革和发展方向，但还有待于进一步实践和探索的问题，如终身教育体系的建立和完善、运用金融和信贷手段支持教育事业的发展等，做出了导向性的规定，通过法律手段来保障和推进教育的改革和发展。

(3) 原则性和可操作性相结合。《教育法》作为教育的根本大法，只能对关系到我国教育改革与发展全局的重大问题，如教育的性质、教育的方针、教育活动的原则等做出原则性的规定，而不可能对具体问题逐一做出规定。但是，原则性过强则不易操作，不易操

作则难以落实。《教育法》在突出原则性的同时，又注意到实施上的可操作性，特别是法律责任部分，明确了违反《教育法》的法律责任、处罚形式、执法机关等，由此体现了《教育法》的可操作性，以保证《教育法》的顺利实施。

《教育法》的颁行是教育立法的重要成就。如果说我们过去的教育工作主要靠政策来调整，靠行政手段来管理的话，那么从《教育法》施行之日起，教育工作就开始转入以法律手段来管理的新时期。《教育法》的颁行，改变了过去我国教育立法是在没有基本法律的前提下，零星立法、单项推进的状况。从此，制定教育方面的单行法规则可以在而且也必须在《教育法》的指导下进行。《教育法》是教育的根本大法，它在我国法律体系和教育法规体系中占有重要地位。《教育法》是我国最高权力机关全国人民代表大会审议通过的基本法，是《宪法》之下国家制定的关于教育的基本法律。《宪法》是制定《教育法》的依据，《宪法》中有关教育的条款具有最高的法律效力，《教育法》不能与其抵触。《教育法》又是一个独立的法律部门，它以教育关系作为调整对象，有着特定的法律关系主体和法律基本原则，并运用相应的处理方式。它与刑法、民法等基本法律相并列，处于同等的法律地位。

《教育法》是国家全面调整各类教育关系，规范我国教育工作的基本法律，在我国教育法规体系中处于"母法"地位，具有最高的法律权威。其他单行教育法规只是调整和规范某一方面的教育关系或某一项教育工作，都是"子法"。这些单行教育法规的制定和实施，都要以《教育法》为依据，不得与《教育法》确立的原则和规范相违背。作为教育法规的"母法"，《教育法》将带动已经出台和即将出台的"子法"，构建完整的教育法律框架，为我国教育改革与发展奠定坚实的法律基础。

三、《教育法》的基本内容

《教育法》涉及面广，内容丰富，对有关教育的全局性重大问题，如我国教育的性质和方针、我国教育的管理体制、我国教育的基本制度、学校及其他教育机构设立的条件、教育关系主体的权利和义务、教育的社会责任、教育的投入渠道和保障机制、教育对外交流与合作的基本原则和主要方式、违反教育法规的法律责任等，都做了全面规定。

(一)《教育法》规定了我国教育的性质和方针

《教育法》在总则中对我国教育的性质、方针和教育活动原则做了法律规定。

《教育法》第三条规定，国家坚持中国共产党的领导，坚持以马克思列宁主义、毛泽东思想、邓小平理论、"三个代表"重要思想、科学发展观、习近平新时代中国特色社会主义思想为指导，遵循宪法确定的基本原则，发展社会主义的教育事业。这就确立了我国教育的社会主义性质。

从我国教育的社会主义性质出发，《教育法》第五条规定了我国的教育方针，即教育必须为社会主义现代化建设服务、为人民服务，必须与生产劳动和社会实践相结合，培养德智体美劳全面发展的社会主义建设者和接班人。教育方针规定了我国教育的目的——培养德、智、体、美、劳等方面全面发展的社会主义建设者和接班人；规定了实现教育目的的途径——教育与生产劳动相结合。

为了全面贯彻教育方针，《教育法》还规定了教育活动应当遵循的基本原则，即对受教育者进行政治思想品德教育的原则；继承和弘扬中华民族优秀的历史文化传统，吸收人类文明发展的一切优秀成果的原则；公民依法享有平等受教育机会的原则；国家帮助少数民族、贫困地区、残疾人等发展教育事业的原则；教育活动必须符合国家和社会公共利益，并实行教育与宗教相分离的原则。这些原则都从不同方面体现了具有中国特色的社会主义教育事业的本质特征。

(二)《教育法》规定了我国教育的管理体制

《教育法》在总则中对我国教育管理体制做出了法律规定，国务院和地方各级人民政府根据分级管理、分工负责的原则，领导和管理教育工作。

《教育法》第十四条和第十五条对教育工作的分级管理、分工负责体制做了如下具体规定：①中等及中等以下教育在国务院领导下，由地方人民政府管理；②高等教育由国务院和省、自治区、直辖市人民政府管理；③由国务院教育行政部门主管全国教育工作，统筹规划、协调管理全国的教育事业；④县级以上地方各级人民政府教育行政部门主管本行政区域内的教育工作。这些规定形成了我国教育管理体制的层级性特征，它要求从国务院到地方各级人民政府，从国家教育行政部门到地方各级教育行政部门，对教育工作的管理依照法定的范围与权限有序进行。教育工作管理不到位或者越位管理，都是一种违法行为。

(三)《教育法》规定了我国教育的基本制度

中华人民共和国成立以来，我国教育制度日益完善，形成一系列基本制度。《教育法》第二章对我国教育的基本制度做了法律规定。

1. 学校教育制度

《教育法》第十七条规定，国家实行学前教育、初等教育、中等教育、高等教育的学校教育制度。我国已初步建立起普通教育和职业教育两种教育，全日制学校、半工半读学校和业余学校三类学校。现在国家正采取切实措施改革教育制度，建立更为科学的学制系统。

2. 义务教育制度

《教育法》第十九条规定，国家实行九年制义务教育制度。适龄儿童、少年有接受义务教育的权利，各级政府应予保障。适龄儿童、少年的父母或者其他监护人及有关社会组织和个人，必须履行法定义务，使适龄儿童、少年接受并完成规定年限的义务教育。

3. 职业教育制度和继续教育制度

《教育法》第二十条规定，国家实行职业教育制度和继续教育制度。职业教育是培养学生从事某种职业或生产劳动所需要的知识和技能的教育，包括职业学校教育、职业培训和职业预备教育。职业教育要求就业的公民必须接受培训。

继续教育是通过业余、脱产或半脱产的途径，对成年人进行的教育。它是学校教育的继续、补充和延伸，是终身教育的组成部分。其主要形式有：扫盲识字班、职工学校、农民学校、夜大学、广播电视教育、函授教育、各种短期培训班、各种知识和技术讲座、自学等，继续教育自行构成从扫盲到高等教育的完整体系。

4. 国家教育考试制度

考试制度是教育基本制度的重要方面。《教育法》第二十一条规定，国家实行国家教育考试制度。国家教育考试由国家批准的实施教育考试的机构承办。国务院教育行政部门确定考试种类，并制定相应的考试规则或条例。

5. 学业证书制度和学位制度

《教育法》第二十二、二十三条规定，国家实行学业证书制度和学位制度。学业证书是指学校及其他教育机构颁发的，证明学生完成学业情况的凭证。它是用人单位衡量持有者知识水平和能力的依据。学业证书有毕业证书、结业证书、肄业证书等。国家承认学历证书持有者的学历，用人单位按照国家规定给予相应的工资福利待遇；国家不承认非学历证书持有者的学历，用人单位视情况确定其工资和福利待遇。学位制度是国家或高等学校以学术水平为衡量标准，通过授予一定称号来表明专门人才知识能力等级的制度。我国的学位分为学士、硕士、博士三个等级。国务院设学位委员会，负责领导全国的学位授予工作。学士学位由国务院授权的高等学校授予；硕士、博士学位由国务院授权的高等学校和科研机构授予。

6. 扫除文盲制度

扫除文盲是一项群众性的工作，党和政府动员各方面力量参与这项工作。《教育法》第二十四条设定了扫盲工作的四类法律义务主体：①各级人民政府；②基层群众性自治组织；③企业事业组织；④特定公民。这四类主体各自负有扫除文盲的法律义务。扫除文盲是提高全民族素质的一个方面，直接影响国家的社会主义现代化建设，因此是一项需要常抓不懈的工作。

7. 教育督导制度和评估制度

《教育法》第二十五条规定，国家实行教育督导制度和学校及其他教育机构教育评估制度。教育督导制度是指教育督导部门依据国家的教育方针、政策和法规对下级教育行政部门和学校进行视察、监督、评价、帮助和指导的行政管理制度。教育督导的基本形式有综合型督导、专项督导、经常性检查等。我国教育督导机构分为国家、省(自治区、直辖市)、地(市、州、盟)、县(区、旗)四级设置。各级教育督导机构设专职和兼职督学。通过教育督导，制止违规行为，帮助和指导下级部门的工作，促进教育事业的发展。

教育评估制度是指根据既定的目的，确定相应的目标，建立科学的指标体系，通过系统的信息收集和定性、定量分析，依据客观的价值标准，对教育系统的功效和工作状态做出评议和估价的制度。教育评估的主要内容包括办学条件、教育质量、管理情况等方面。教育评估可分为目标评估、过程评估和条件评估等，其职能包括鉴定合格、评比优劣和评选先进等。教育评估工作具有明显的导向作用、认定作用、诊断作用和咨询作用。教育评估的实施，有助于调动教育工作者的积极性，形成激励先进、鞭策后进、共同前进的局面。

(四)《教育法》规定了学校及其他教育机构设立的条件

按照《教育法》第二十七条的规定，设立学校和其他教育机构，必须具备一定的条件。这些条件是：要有组织机构和章程；要有合格的教师；要有符合规定标准的教学场所及设施、设备等；要有必备的办学资金和稳定的经费来源。学校及其他教育机构的设立、变更和终止，必须履行法定的手续。

(五)《教育法》规定了教育关系主体的权利和义务

法与权利、义务不可分。《教育法》对各类教育关系主体的权利和义务做了明确的规定。《教育法》第二十九条规定了学校及其他教育机构的基本权利：按照章程自主管理的权利；组织实施教育教学活动的权利；招收学生或者其他受教育者的权利；对受教育者进行学籍管理，实施奖励或者处分的权利；给受教育者颁发相应的学业证书的权利；聘任教师及其他职工，实施奖励或者处分的权利；管理、使用本单位的设施和经费的权利；拒绝任何组织和个人对教育教学活动的非法干涉的权利；法律、法规规定的其他权利。

《教育法》第三十条规定了学校及其他教育机构应当履行的六项义务：遵守法律、法规；贯彻国家的教育方针，执行国家教育教学标准，保证教育教学质量；维护受教育者、教师及其他职工的合法权益；以适当的方式为受教育者及其监护人了解受教育者的学业成绩及其他有关情况提供便利；遵照国家有关规定收取费用并公开收费项目；依法接受监督。

学校及其他教育机构凡具有法人条件、取得法人资格的，依法享有民事权利，并独立承担民事责任。

《教育法》对教师和其他教育工作者的权利和义务做了规定。《教育法》第三十三、三十四条规定，教师享有法律规定的权利，履行法律规定的义务，忠诚于人民的教育事业；国家保护教师的合法权益，改善教师的工作条件和生活条件，提高教师的社会地位。

受教育权是我国公民的一项基本权利。切实保护受教育者的合法权益，是《教育法》的立法宗旨之一。《教育法》第一次较全面地规定了受教育者的基本权利和义务。受教育者的权利包括：参加教育教学计划安排的各项活动，使用教育教学设施、设备、图书资料；按照国家有关规定获得奖学金、贷学金、助学金；在学业成绩和品行上获得公正评价，完成规定的学业后获得相应的学业证书、学位证书；对学校给予的处分不服向有关部门提出申诉，对学校、教师侵犯其人身权、财产权等合法权益，提出申诉或者依法提起诉讼；法律、法规规定的其他权利。

当受教育者的权益受到侵害时，《教育法》给受教育者以申诉权、诉讼权。对犯错误的学生，学校可视情况给予批评教育或纪律处分，但处分要适当。如果受处分者不服，可以向学校或有关部门申诉。如果教师侵犯了受教育者的人身权和财产权，受教育者可依法提起诉讼和申诉。学校和教师应当尊重受教育者的人格，不得体罚学生。对于侮辱人格、体罚、残害儿童造成严重后果的，要追究法律责任。

《教育法》第四十四条规定了受教育者应履行的义务：遵守法律、法规；遵守学生行为规范，尊敬师长，养成良好的思想品德和行为习惯；努力学习，完成规定的学习任务；遵守所在学校或者其他教育机构的管理制度。对于这些义务性规定，受教育者必须严格遵守并执行。

（六）《教育法》规定了教育的社会责任

教育是一种社会活动，它牵动着社会的方方面面，全社会都要负起发展教育的责任。因此，《教育法》列出专章，对社会各方面参与、支持教育的责任和形式做了如下法律规定：社会应当为青少年的身心健康成长创造良好的社会环境；社会应当为学校组织的学生实习、社会实践活动提供帮助和便利；未成年人的父母或者其他监护人应当为其未成年子女或者其他被监护人受教育提供条件，并且配合学校进行教育工作；社会公共文化体育设施应当向青少年敞开大门，实行优待，提供便利；学校要积极组织学生参加社会公益活动，让学生在实践中培养劳动观点和公民意识，提高思想道德水平。

（七）《教育法》规定了教育的投入渠道和保障机制

《教育法》第五十四条对教育投入的体制做了规定，即国家建立以财政拨款为主、其他多种渠道筹措教育经费为辅的体制。

《教育法》对于教育投入规定了"两个提高""三个增长"的原则。第五十五条规定，国家财政性教育经费支出占国民生产总值的比例应当随着国民经济发展和财政收入的增长逐步提高；全国各级财政支出总额中教育经费所占比例应当随着国民经济的发展逐步提高。第五十六条规定，各级人民政府教育财政拨款的增长应当高于财政经常性收入的增长，并使按在校学生人数平均的教育费用逐步增长，保证教师工资和学生人均公用经费逐步增长。

教育经费除国家财政拨款外，还可通过以下途径筹措：鼓励和扶持学校在不影响正常教育教学的前提下开展勤工俭学和社会服务，兴办校办产业；鼓励捐资助学；运用金融信贷手段支持教育事业发展。

（八）《教育法》规定了教育对外交流与合作的基本原则和主要方式

教育对外交流与合作，是我国对外开放政策的重要组成部分。它对于吸收国外的先进科学技术、适用的管理经验及有益文化，具有重要的意义。它是加速培养高级专门人才、开展中外技术交流、增进我国同世界各国人民友谊的重要途径。国家鼓励开展教育对外交流与合作。

为促进教育对外交流合作的健康发展，《教育法》规定了教育对外交流合作的基本原则。《教育法》第六十七条规定，教育对外交流与合作坚持独立自主、平等互利、相互尊重的原则，不得违反中国法律，不得损害国家主权、安全和社会公共利益。

《教育法》规定了教育对外交流合作的重要方式：中国境内公民出国留学、研究、进行学术交流或任教；中国境外个人进入中国境内学校及其他机构学习、研究、进行学术交流或者任教。

实行教育对外交流与合作，必然涉及相关国家的学历、学位问题。《教育法》对学业证书的有效性做了规定，即中国对境外教育机构颁发的学位证书、学历证书及其他学业证书的承认，依照中华人民共和国缔结或者加入的国际条约办理，或者按照国家有关规定办理。

(九)《教育法》规定了违反教育法规的法律责任

《教育法》针对确立的义务和禁止性规范，结合我国实际，规定了相应的法律责任。法律责任的规定，集中体现了立法精神，在整部《教育法》中具有非常重要的地位。《教育法》针对教育实践中经常发生的、普遍存在的、直接影响《教育法》实施的问题做了多项法律责任规定，主要包括：挪用、克扣教育经费的法律责任；乱收费、乱招生的法律责任；在招生工作中徇私舞弊的法律责任；盗用、冒用他人身份，顶替他人取得的入学资格的法律责任；乱发学业证书的法律责任；扰乱学校教学制度，侵占校产的法律责任；造成人员伤亡和重大财产损失的法律责任等。凡违反《教育法》者，根据情节轻重，对其主管人、责任人依法追究其法律责任。

以上是对《教育法》的基本内容所做的概述。《教育法》的颁布与实施，已经对并将继续对我国教育事业的改革与发展发挥强有力的指导与规范作用。

第三节 《中华人民共和国教师法》概述

《中华人民共和国教师法》(以下简称《教师法》)是我国重要的教育人事法律。它以各级各类学校和其他教育机构中履行教学职责的专业人员为适用对象，是中华人民共和国成立以来第一部专门针对从事某一职业的人制定的单行性法律。它的出台为规范教师队伍建设，进一步改革和完善教育人事制度、提高教师待遇、保障教师权益提供了重要的法律依据。《教师资格条例》及《教师资格条例实施办法》为提高教师素质、加强教师队伍建设，提供了重要的法律依据。

一、教师的权利和义务

教师的权利是指教师依照《教师法》规定所享有的权利。根据我国《教师法》第七条的规定，我国教师享有下列权利：①进行教育教学活动，开展教育教学改革和实验；②从事科学研究、学术交流，参加专业的学术团体，在学术活动中充分发表意见；③指导学生的学习和发展，评定学生的品行和学业成绩；④按时获取工资报酬，享受国家规定的福利待遇以及寒暑假期的带薪休假；⑤对学校教育教学、管理工作和教育行政部门的工作提出意见和建议，通过教职工代表大会或者其他形式，参与学校的民主管理；⑥参加进修或者其他方式的培训。

> **案例**
>
> 丰某2017年从某师范学院毕业后分配到某中学,任初一(2)班的班主任、语文老师。在教学中,他不鼓励学生死记硬背,也不采取题海战术,而是重视学生的独立思考能力和综合素质,因而深受学生的喜爱。2019年,他所带的班级参加中考成绩不突出,升学率也不高,于是学校据此做出决定,扣发丰某全年奖金。丰某感到很是不解,为什么国家一再提倡素质教育,要坚决改变以升学率高低为主要指标评估教育成绩优劣、教学水平高低和教师工作好坏的做法,而学校却以升学率较低为由扣发其全年奖金。丰某对学校的处理决定不服,应该怎么办?
>
> 丰某应当向学校所在地的教育行政部门提出申诉。根据《教师法》第三十九条,丰某如对学校扣发其全年奖金的处理决定不服,可向学校所在地的教育行政部门提出申诉。如果教育行政部门在30日内未做出决定,丰某可以其不作为为由,依法向人民法院提起行政诉讼。

教师的义务是指教师依照《教师法》的规定所承担的必须履行的责任。根据《教师法》第八条的规定,教师应当履行下列义务:①遵守宪法、法律和职业道德,为人师表;②贯彻国家的教育方针,遵守规章制度,执行学校的教学计划,履行教师聘约,完成教育教学工作任务;③对学生进行宪法所确定的基本原则的教育和爱国主义、民族团结的教育,法制教育以及思想品德、文化、科学技术教育,组织、带领学生开展有益的社会活动;④关心、爱护全体学生,尊重学生人格,促进学生在品德、智力、体质等方面全面发展;⑤制止有害于学生的行为或者其他侵犯学生合法权益的行为,批评和抵制有害于学生健康成长的现象;⑥不断提高思想政治觉悟和教育教学业务水平。

《教师法》第三十七条规定,教师有下列情形之一的,由所在学校、其他教育机构或者教育行政部门给予行政处分或者解聘:①故意不完成教育教学任务给教育教学工作造成损失的;②体罚学生,经教育不改的;③品行不良、侮辱学生,影响恶劣的。教师有前款第②项、第③项所列情形之一,情节严重,构成犯罪的,依法追究刑事责任。

二、教师资格制度

教师资格制度是一种国家法定的职业许可制度,只有具备法定条件和专业能力,经认定合格的人才可以取得教师资格,从事教师职业。因此,教师资格制度是国家为公民进入教师行业设置的第一道门槛,对保证教师队伍的职业素质具有重要意义。

(一) 教师资格制度的实施与监督

中国公民在各级各类学校和其他教育机构中专门从事教育教学工作,应当具备教师资格。国务院教育行政部门负责全国教师资格制度的组织实施和协调监督工作;县级以上(包括县级)地方人民政府教育行政部门根据《教师资格条例》规定权限负责本地教师资格认定和管理的组织、指导、监督和实施工作。依法受理教师资格认定申请的县级以上地方人民政府教育行政部门，为教师资格认定机构。

(二) 教师资格的分类与适用

教师资格分为：①幼儿园教师资格；②小学教师资格；③初级中学和初级职业学校文化课、专业课教师资格(以下统称初级中学教师资格)；④高级中学教师资格；⑤中等专业学校、技工学校、职业高级中学文化课、专业课教师资格(以下统称中等职业学校教师资格)；⑥中等专业学校、技工学校、职业高级中学实习指导教师资格(以下统称中等职业学校实习指导教师资格)；⑦高等学校教师资格。成人教育的教师资格，按照成人教育的层次，依照上述规定，确定类别。取得教师资格的公民，可以在本级及其以下等级的各类学校和其他教育机构担任教师；但是，取得中等职业学校实习指导教师资格的公民只能在中等专业学校、技工学校、职业高级中学或者初级职业学校担任实习指导教师。高级中学教师资格与中等职业学校教师资格相互通用。

(三) 教师资格条件

中国公民凡遵守宪法和法律，热爱教育事业，具备良好的思想品德，具备《教师法》规定的学历或者经国家教师资格考试合格，有教育教学能力(包括符合国家规定的从事教育教学工作的身体条件)，经认定合格的，可以取得教师资格。取得教师资格应当具备的相应学历是：①取得幼儿园教师资格，应当具备幼儿师范学校毕业及其以上学历；②取得小学教师资格，应当具备中等师范学校毕业及其以上学历；③取得初级中学教师资格和初级职业学校文化课、专业课教师资格，应当具备高等师范专科学校或者其他大学专科毕业及其以上学历；④取得高级中学教师资格和中等专业学校、技工学校、职业高中文化课、专业课教师资格，应当具备高等师范院校本科或者其他大学本科毕业及其以上学历，取得中等专业学校、技工学校和职业高中学生实习指导教师资格应当具备的学历，由国务院教育行政部门规定；⑤取得高等学校教师资格，应当具备研究生或者大学本科毕业学历；⑥取得成人教育教师资格，应当按照成人教育的层次、类别，分别具备高等、中等学校毕业及其以上学历。申请认定中等职业学校实习指导教师资格者应当具备中等职业学校毕业及其以上学历，对于确有特殊技艺者，经省级以上人民政府教育行政部门批准，其学历要求可适当放宽。

申请认定教师资格者的教育教学能力应当符合下列要求：①具备承担教育教学工作所必需的基本素质和能力，具体测试办法和标准由省级教育行政部门制定；②普通话水平应当达到国家语言文字工作委员会颁布的《普通话水平测试等级标准》二级乙等以上标准，少数方言复杂地区的普通话水平应当达到三级甲等以上标准，使用汉语和当地民族语言教学的少数民族自治地区的普通话水平，由省级人民政府教育行政部门规定标准；③具有良好的身体素质和心理素质，无传染疾病，无精神病史，适应教育教学工作的需要，在教师资格认定机构指定的县级以上医院体检合格。

(四) 教师资格考试

不具备《教师法》规定的教师资格学历的公民，申请获得教师资格，应当通过国家举办的或者认可的教师资格考试。教师资格考试科目、标准和考试大纲由国务院教育行政部门审定。教师资格考试试卷的编制、考务工作和考试成绩证明的发放，属于幼儿园、小学、初级中学、高级中学、中等职业学校教师资格考试和中等职业学校实习指导教师资格考试的，由县级以上人民政府教育行政部门组织实施。幼儿园、小学、初级中学、高级中学、中等职业学校的教师资格考试和中等职业学校实习指导教师资格考试，每年进行一次。参加教师资格考试，考试科目全部及格的，发给教师资格考试合格证明；当年考试不及格的科目，可以在下一年度补考；经补考仍有一门或者一门以上科目不及格的，应当重新参加全部考试科目的考试。参加教师资格考试有作弊行为的，其考试成绩作废，三年内不得再次参加教师资格考试。

(五) 教师资格认定

具备《教师法》规定的学历或者经教师资格考试合格的公民，可以依照《教师资格条例》规定申请认定其教师资格。幼儿园、小学和初级中学教师资格，由申请人户籍所在地或者申请人任教学校所在地的县级人民政府教育行政部门认定。高级中学教师资格，由申请人户籍所在地或者申请人任教学校所在地的县级人民政府教育行政部门审查后，报上一级教育行政部门认定。中等职业学校教师资格和中等职业学校实习指导教师资格，由申请人户籍所在地或者申请人任教学校所在地的县级人民政府教育行政部门审查后，报上一级教育行政部门认定或者组织有关部门认定。

申请认定教师资格应当由本人在规定时间提出申请，领取有关资料和表格，提交下列基本材料：①由本人填写的《教师资格认定申请表》一式两份；②身份证原件和复印件；③学历证书原件和复印件；④由教师资格认定机构指定的县级以上医院出具的体格检查合格证明；⑤普通话水平测试等级证书原件和复印件；⑥思想品德情况的鉴定或者证明材料。体检项目由省级人民政府教育行政部门规定，其中必须包含"传染病""精神病史"项目。

申请认定幼儿园和小学教师资格的，参照《中等师范学校招生体检标准》的有关规定执行；申请认定初级中学及其以上教师资格的，参照《高等师范学校招生体检标准》的有关规定执行。普通话水平测试由教育行政部门和语言文字工作机构共同组织实施，对合格者颁发由国务院教育行政部门统一印制的《普通话水平测试等级证书》。申请人思想品德情况的鉴定或者证明材料按照《申请人思想品德鉴定表》要求填写。在职申请人，该表由其工作单位填写；非在职申请人，该表由其户籍所在地街道办事处或者乡级人民政府填写。应届毕业生由毕业学校负责提供鉴定。必要时，有关单位可应教师资格认定机构要求提供更为详细的证明材料。各级各类学校师范教育类专业毕业生可以持毕业证书，向任教学校所在地或户籍所在地教师资格认定机构申请直接认定相应的教师资格。申请认定教师资格者应当按照国家规定缴纳费用，但各级各类学校师范教育类专业毕业生不缴纳认定费用。教师资格认定机构应当及时根据申请人提供的材料进行初步审查。

教师资格认定机构应当组织成立教师资格专家审查委员会。教师资格专家审查委员会根据需要成立若干小组，按照省级教育行政部门制定的办法和标准组织面试、试讲，对申请人的教育教学能力进行考查，提出审查意见，报教师资格认定机构。教师资格认定机构根据教师资格专家审查委员会的审查意见,在受理申请期限终止之日起30个法定工作日内做出是否认定教师资格的结论,并将认定结果通知申请人。符合法定的认定条件者,颁发相应的《教师资格证书》。县级以上地方人民政府教育行政部门按照《教师资格条例》第十三条规定的权限,认定相应的教师资格。在教师资格认定工作中玩忽职守、徇私舞弊,对教师资格认定工作造成损失的,由教育行政部门依法给予行政处分;构成犯罪的,依法追究刑事责任。受到剥夺政治权利或者故意犯罪受到有期徒刑以上刑事处罚的,不能取得教师资格;已经取得教师资格的,丧失教师资格;丧失教师资格的,不能重新取得教师资格,其教师资格证书由县级人民政府教育行政部门收缴。

(六) 教师资格证书管理

教师资格证书作为持证人具备国家认定的教师资格的法定凭证,由国务院教育行政部门统一印制。《教师资格认定申请表》由国务院教育行政部门统一格式。《教师资格证书》和《教师资格认定申请表》由教师资格认定机构按国家规定统一编号,加盖相应的政府教育行政部门公章、钢印后生效。取得教师资格的人员,其《教师资格认定申请表》一份存入本人的人事档案,其余材料由教师资格认定机构归档保存。教师资格认定机构建立教师资格管理数据库。教师资格证书遗失或者损毁影响使用的,由本人向原发证机关报告,申请补发。原发证机关应当在补发的同时收回损毁的教师资格证书。丧失教师资格者,由其工作单位或者户籍所在地相应的县级以上人民政府教育行政部门按教师资格认定权限会同原发证机关办理注销手续,收缴证书,归档备案。丧失教师资格者不得重新申请认定教师资格。按照《教师资格条例》应当被撤销教师资格者,由县级以上人民政府教育行政部门按教师资格认定权限会同原发证机关撤销资格,收缴证书,归档备案。被撤销教师资格者自撤销之日起五年内不得重新取得教师资格。对使用假资格证书的,一经查实,按弄虚作假、骗取教师资格处理,五年内不得申请认定教师资格,由教育行政部门没收假证书。对编造、买卖教师资格证书的,依法追究法律责任。品行不良、侮辱学生、影响恶劣的,由县级以上人民政府教育行政部门撤销其教师资格;被撤销教师资格的,自撤销之日起五年内不得重新申请认定教师资格,其教师资格证书由县级以上人民政府教育行政部门收缴。

> **案 例**
>
> 某中学教师邹某利用课余补课、辅导的机会,多次骚扰女学生,使个别女学生见到邹某就害怕,甚至不敢上学,造成极坏的影响,家长意见很大。区教育局接到家长举报后,在查明基本事实的基础上,根据《中华人民共和国教师法》第三十七条和《教师资格条例》第十九条的规定,做出了撤销邹某的教师资格的行政处罚,并收缴了邹某的教师资格证书。

三、教师的聘任、考核与待遇

教师职务是国家根据各级各类学校的教育教学需要而规定的专业技术工作岗位,取得某一教师职务的人必须具备本专业的业务知识和相应的学术水平，国家对各种教师职务任职条件和任职资格的评审程序做出了具体规定。

(一) 教师的聘任

根据《教师法》第十七条规定，教师的聘任应当遵循双方地位平等的原则，由学校和教师签订聘任合同，明确规定双方的权利、义务和责任。

(二) 教师的考核与待遇

《教师法》第五章专门规定了教师的考核制度。教师考核的内容为政治思想、业务水平、工作态度和工作成绩；考核由教师所在学校进行，教育行政部门指导和监督，考核的原则是"客观、公正、准确"，考核应当听取教师本人、其他教师及学生的意见；考核结果是受聘任教、晋升工资、实施奖励的依据。《教师法》第六章规定了教师工资、津贴、补贴、住房、医疗、退休金等问题，其中明确的原则是，教师的平均工资水平应当不低于或者高于国家公务员的平均工资水平，并逐步提高。教师的医疗同当地国家公务员享受同等待遇。教师退休或者退职后，享受国家规定的退休或者退职待遇。

四、违反《教师法》的法律责任

《教师法》第八章对违反《教师法》的法律责任做了规定，如第三十六条规定，对依法提出申诉、控告、检举的教师进行打击报复的，由其所在单位或者上级机关责令改正；情节严重的，可以根据具体情况给予行政处分。第三十八条规定，地方人民政府对违反本法规定，拖欠教师工资或者侵犯教师其他合法权益的，应当责令其限期改正。第三十九条规定，教师对学校或者其他教育机构侵犯其合法权益的，或者对学校或者其他教育机构做出的处理不服的，可以向教育行政部门提出申诉，教育行政部门应当在接到申诉的三十日内，作出处理。教师认为当地人民政府有关行政部门侵犯其根据本法规定享有的权利的，可以向同级人民政府或者上一级人民政府有关部门提出申诉，同级人民政府或者上一级人民政府有关部门应当做出处理。

> **案例**
>
> 汪某在某中学任教师。2018年4月19日，汪某以对学校做出的学期教师考核不合格、学年考核不合格决定不服为由，将《申请仲裁诉状》等有关材料送区劳动仲裁委员会，并抄送区教育局，要求撤销并纠正学校对他的不正当处理决定，并请求区教育局责成学校补发他2017年年终奖金和辅导津贴，对他人事档案和党员材料进行涂改等而造成的后果和影响要求学校负责。此后，汪某又于2018年5月20日、6月6日两次致信催告教育局要求做出处理，教育局于2018年6月21日以局办公室的名义向汪某做出书面答复，答复了原告所提出的考核问题，但是未对补发奖金和消除因涂改有关材料而造成不良影响一事做出答复。基于此情况，汪某于2018年6月25日向区人民法院提起了行政诉讼。

第四节 《中华人民共和国未成年人保护法》概述

《中华人民共和国未成年人保护法》(以下简称《未成年人保护法》)的颁布,使对未成年人的保护落到了实处。《未成年人保护法》中提到,保护未成年人应当坚持最有利于未成年人的原则,并主要从六个方面规范了对未成年人的保护:①家庭的保护职责;②学校的保护职责;③社会的保护职责;④网络保护的职责;⑤政府保护的职责;⑥对未成年人的司法保护。该法促使社会各个层面都尽到自己的义务,使未成年人的各种合法权益能够得到保障,帮助未成年人能够健康成长。《未成年人保护法》的颁布,使我国对未成年人保护的法律体系更加完备,使未成年人这个数量巨大而又特殊的群体得到了更好的保护。

一、未成年人保护工作应当遵循的原则

(一) 给予未成年人特殊、优先保护

未成年人的生理和心理发育不完全,各方面都很不成熟,自我保护能力很弱,有的甚至缺乏自我保护的能力。因此,社会上有个别违法犯罪分子把侵害对象直接指向未成年人,侵害未成年人合法权益,所以这部分未成年人需要法律给予特殊、优先保护。

(二) 尊重未成年人的人格尊严

未成年人虽然在各方面不成熟,不具备完全民事行为能力,但他们拥有独立的人格,社会和成人应尊重他们的人格尊严。这就要求不仅要把未成年人当成小孩子、子女看待,还要把他们当作平等的主体看待。应摒弃孩子是父母私有财产的旧观念,充分认识到未成年人的生命首先属于自己、属于社会。要培养自尊、自爱、自强、自信的下一代,就必须尊重他们的人格尊严。

(三) 保护未成年人隐私权和个人信息

未成年人享有的私人生活安宁与私人信息秘密依法受到保护,不应被他人非法侵扰、知悉、收集、利用和公开,任何组织和个人不得披露未成年人的个人隐私。

(四) 适应未成年人身心发展的规律和特点

未成年人处于从不成熟到逐渐成熟的过程中。对于他们成长过程中的行为方式,不能用成年人的标准来要求和衡量,应根据他们控制自身能力的特点而因材施教,对他们严而有度、严而有情,这样才能达到教育的预期效果。

(五) 听取未成年人的意见

根据未成年人的年龄和智力发展状况,未成年人的父母或者其他监护人应在与孩子相

处过程中，多听取孩子意见、与孩子协商，并加以合理的教育和引导，这样才能更好地让孩子建立起正确的认知和分辨能力。

(六) 教育与保护相结合

未成年人在发育过程中感情脆弱，辨别是非的能力差，缺乏自我控制和自我保护的意识，但他们表现欲强，模仿能力强，因此其所作所为难免不尽如人意，甚至有悖于常理，更为严重者会造成社会恶果，这些都是未成年人不成熟的表现。对未成年人的培养需要耐心，要通过反复教育达到保护的目的，使他们在成功与挫折、经验与教训中锻炼成长。

二、家庭保护

《未成年人保护法》细化了家庭监护职责，具体列举了未成年人的父母或者其他监护人应当做的十类行为，如为未成年人提供生活、健康、安全等方面的照顾；教育和引导未成年人遵纪守法、勤俭节约，养成良好的思想品德和行为习惯等。同时，还具体列举了未成年人的父母或者其他监护人禁止的十一类行为，如非法送养未成年人或者对未成年人实施家庭暴力；放任未成年人沉迷网络等。此外，该法也指出了加强父母或者其他监护人在保障未成年人安全等方面的监护职责，如为未成年人提供安全的家庭生活环境；采取配备儿童安全座椅、教育未成年人遵守交通规则等措施，防止未成年人受到交通事故的伤害等。

《未成年人保护法》提出了未成年人的父母或者其他监护人的报告义务，如未成年人的父母或者其他监护人发现未成年人身心健康受到侵害、疑似受到侵害或者其他合法权益受到侵犯的，应当及时了解情况并采取保护措施；情况严重的，应当立即向公安、民政、教育等部门报告。该法还指出，父母或者其他监护人不得使未满八周岁或者由于身体、心理原因需要特别照顾的未成年人处于无人看护状态，或者将其交由无民事行为能力、限制民事行为能力、患有严重传染性疾病及其他不适宜的人员临时照护；不得使未满十六周岁未成年人脱离监护单独生活。针对农村留守儿童等群体的监护缺失问题，该法完善了委托照护制度，明确委托照护"应当委托具有照护能力的完全民事行为能力人代为照护"，"听取有表达意愿能力未成年人的意见"，并规定未成年人的父母或者其他监护人应当"与未成年人、被委托人至少每周联系和交流一次"，不得以抢夺、藏匿未成年子女等方式争夺抚养权。

三、学校保护

《未成年人保护法》完善了学校、幼儿园的教育、保育职责并规定，学校不得因家庭、身体、心理、学习能力等情况歧视学生；学校不得违反国家规定开除、变相开除未成年学生；应当对尚未完成义务教育的辍学未成年学生进行登记并劝返复学。同时，该法还规定，学校、幼儿园应当开展勤俭节约、反对浪费、珍惜粮食、文明饮食等宣传教育活动，帮助未成年人树立浪费可耻、节约为荣的意识，养成文明健康、绿色环保的生活习惯；学校不得占用国家法定节假日、休息日及寒暑假期，组织义务教育阶段的未成年学生集体补课，加重其学习负担；幼儿园、校外培训机构不得对学龄前未成年人进行小学课程教育。该法规定了校园安全的保障制度以及突发事件的处置措施：使用校车的学校、幼儿园应当建立健全校车安全管理制度，配备安全管理人员，定期对校车进行安全检查；未成年人在校内、园内或者本校、本园组织的校外、园外活动中发生人身伤害事故的，学校、幼儿园应当立即救护，妥善处理，及时通知未成年人的父母或者其他监护人，并向有关部门报告；学校、幼儿园不得安排未成年人参加商业性活动，不得向未成年人及其父母或者其他监护人推销或者要求其购买指定的商品和服务。《未成年人保护法》规定了学生欺凌的防控与处置措施：对于严重的欺凌行为，学校不得隐瞒，应当及时向公安机关、教育行政部门报告，并配合相关部门依法处理；学校、幼儿园应当建立预防性侵害、性骚扰未成年人工作制度，对于性侵害、性骚扰未成年人等违法犯罪行为，学校、幼儿园不得隐瞒，应当及时向公安机关、教育行政部门报告，并配合相关部门依法处理；学校、幼儿园应当对未成年人开展适合其年龄的性教育，对于遭受性侵害、性骚扰的未成年人，学校、幼儿园应当及时采取相关的保护措施。此外，该法还规定，婴幼儿照护服务机构、早期教育服务机构、校外培训机构、校外托管机构等应当参照《未成年人保护法》中"学校保护"一章的有关规定做好未成年人保护工作。

四、社会保护

《未成年人保护法》规定了城乡基层群众性自治组织的保护责任：居民委员会、村民委员会应当设置专人专岗负责未成年人保护工作；发现被委托人缺乏照护能力、怠于履行照护职责等情况，应当及时向政府有关部门报告，并告知未成年人的父母或者其他监护人。该法还拓展了未成年人的福利范围：爱国主义教育基地、图书馆、青少年宫、儿童活动中心、儿童之家应当对未成年人免费开放；博物馆、纪念馆、科技馆、展览馆、美术馆、文化馆、社区公益性互联网上网服务场所以及影剧院、体育场馆、动物园、植物园、公园等场所，应当按照有关规定对未成年人免费或者优惠开放；国家鼓励爱国主义教育基地、博物馆、科技馆、美术馆等公共场馆开设未成年人专场，为未成年人提供有针对性的服务；国家鼓励国家机关、企业事业单位、部队等开发自身教育资源，设立未成年人开放日，为未成年人主题教育、社会实践、职业体验等提供支持；国家鼓励科研机构和科技类社会组织对未成年人开展科学普及活动；城市公共交通及公路、铁路、水路、航空客运等应当按照有关规定对未成年人实施免费或者优惠票价；国家鼓励大型公共场所、公共交通工具、旅游景区景点等设置母婴室、婴儿护理台及方便幼儿使用的坐便器、洗手台等卫生设施；任何组织或者个人不得违反有关规定，限制未成年人应当享有的照顾或者优惠。该法规定，新闻媒体应当加强未成年人保护方面的宣传，对侵犯未成年人合法权益的行为进行舆论监督；新闻媒体采访报道涉及未成年人事件应当客观、审慎、适度，不得侵犯未成年人的名誉、隐私和其他合法权益。《未成年人保护法》还对净化社会环境提出了更高要求：任何组织或者个人出版、发布、传播的图书、报刊、电影、广播电视节目、舞台艺术作品、音像制品、电子出版物或者网络信息，包含可能影响未成年人身心健康内容的，应当以显著方式做出提示；任何组织或者个人不得刊登、播放、张贴或者散发含有危害未成年人身心健康内容的广告，不得利用校服、教材等发布或者变相发布商业广告；未成年人集中活动的公共场所应当符合国家或者行业安全标准，并采取相应安全保护措施；大型的商场、超市、医院、图书馆、博物馆、科技馆、游乐场、车站、码头、机场、旅游景区景点等场所运营单位应当设置搜寻走失未成年人的安全警报系统；旅馆、宾馆、酒店等住宿经营者接待未成年人入住，或者接待未成年人和成年人共同入住时，应当询问父母或者其他监护人的联系方式、入住人员的身份关系等有关情况，发现有违法犯罪嫌疑的，应当立即向公安机关报告，并及时联系未成年人的父母或者其他监护人；学校、幼儿园周边不得设置烟、酒、彩票销售网点；任何人不得在学校、幼儿园和其他未成年人集中活动的公共场所吸烟、饮酒；营业性娱乐场所、酒吧、互联网上网服务营业场所等不适宜未成年人活动的场所不得招用已满十六周岁的未成年人；任何组织或者个人不得组织未成年人进行危害其身心健康的表演等活动。《未成年人保护法》创设了密切接触未成年人行业的从业查询及禁止制度：密切接触未成年人的单位招聘工作人员时，应当向公安机关、人民检察院查询应聘者是否具有性侵害、虐待、拐卖、暴力伤害等违法犯罪记录；发现其具有前述行为记录的，不得录用。

五、网络保护

《未成年人保护法》规定，国家、社会、学校和家庭应当加强未成年人网络素养宣传教育，保障未成年人在网络空间的合法权益；网信部门应当会同公安、文化和旅游、新闻出版、电影、广播电视等部门根据保护不同年龄阶段未成年人的需要，确定可能影响未成年人身心健康网络信息的种类、范围和判断标准；学校应当合理使用网络开展教学活动，未经学校允许，未成年学生不得将手机等智能终端产品带入课堂，带入学校的应当统一管理；学校发现未成年学生沉迷网络的，应当及时告知其父母或者其他监护人，共同教育引导；未成年人的父母或者其他监护人应当提高网络素养，规范自身使用网络的行为；应当通过在智能终端产品上安装未成年人网络保护软件、选择适合未成年人的服务模式和管理功能等方式，避免未成年人接触危害或者可能影响其身心健康的网络信息，合理安排未成年人使用网络的时间，有效预防未成年人沉迷网络；处理不满十四周岁未成年人个人信息的，应当征得其父母或者其他监护人同意，但法律、行政法规另有规定的除外；国家应当建立统一的未成年人网络游戏电子身份认证系统；网络游戏服务提供者应当按照国家有关规定和标准，对游戏产品进行分类，做出适龄提示，并采取技术措施，不得让未成年人接触不适宜的游戏或者游戏功能，不得在每日二十二时至次日八时向未成年人提供网络游戏服务；网络直播服务提供者不得为未满十六周岁的未成年人提供网络直播发布者账号注册服务；遭受网络欺凌的未成年人及其父母或者其他监护人有权通知网络服务提供者采取删除、屏蔽、断开链接等措施，网络服务提供者接到通知后，应当及时采取必要的措施制止网络欺凌行为，防止信息扩散；网络服务提供者要对用户和信息加强管理，发现违法信息或者侵害未成年人的违法犯罪行为及时采取相应的处置措施等。《未成年人保护法》还针对网络服务提供者不依法履行预防沉迷网络、制止网络欺凌等义务的现象，规定了相应处罚。

六、政府保护

《未成年人保护法》细化了政府及其有关部门的职责：乡镇人民政府和街道办事处应当设立未成年人保护工作站或者指定专门人员，及时办理未成年人相关事务；对于尚未完成义务教育的辍学未成年学生，教育行政部门应当责令父母或者其他监护人将其送入学校接受义务教育；教育行政部门应当加强未成年人的心理健康教育，建立未成年人心理问题的早期发现和及时干预机制。《未成年人保护法》还对国家监护制度做出了详细规定。该法明确了应当由民政部门临时监护的七种情形，包括监护人因自身客观原因或者因发生自然灾害、事故灾难、公共卫生事件等突发事件不能履行监护职责，导致未成年人监护缺失；未成年人遭受监护人严重侵害或者面临人身安全威胁，需要被紧急安置等。临时监护期间，经民政部门评估，监护人重新具备履行监护职责条件的，民政部门可以将未成年人送回监护人抚养。该法还明确了应当由民政部门长期监护的五种情形，包括查明不到未成年人的父母或者其他监护人、人民法院判决撤销监护人资格并指定由民政部门担任监护人等。民政部门进行收养评估后，可以依法将其长期监护的未成年人交由符合条件的申请人收养。收养关系成立后，民政部门与未成年人的监护关系终止。县级以上人民政府应当开通全国统一的未成年人保护热线。国家应当建立性侵害、虐待、拐卖、暴力伤害等违法犯罪人员信息查询系统，向密切接触未成年人的单位提供免费查询服务。

七、司法保护

《未成年人保护法》规定，公安机关、人民检察院、人民法院和司法行政部门应当确定专门机构或者指定专门人员，负责办理涉及未成年人案件；专门机构或者专门人员中，应当有女性工作人员；法律援助机构应当指派熟悉未成年人身心特点的律师为未成年人提供法律援助服务；人民检察院通过行使检察权，对涉及未成年人的诉讼活动等依法进行监督，设立检察机关代为行使诉讼权利制度；未成年人合法权益受到侵犯，相关组织和个人未代为提起诉讼的，人民检察院可以督促、支持其提起诉讼，涉及公共利益的，人民检察院有权提起公益诉讼；未成年人的父母或者其他监护人不依法履行监护职责或者严重侵犯被监护的未成年人合法权益的，人民法院可以根据申请依法做出人身安全保护令或者撤销监护人资格；人民法院开庭审理涉及未成年人案件，未成年被害人、证人一般不出庭作证，必须出庭的，应当采取保护其隐私的技术手段和心理干预等保护措施；公安机关、人民检察院、人民法院办理未成年人遭受性侵害或者严重暴力伤害案件，在询问未成年被害人、证人时，应当采取同步录音录像等措施，尽量一次完成；未成年被害人、证人是女性的，应当由女性工作人员进行询问。

· 思考与练习 ·

1. 简述《教育法》的基本内容。
2. 教师的权利有哪些？
3. 简述未成年人保护工作应当遵循的原则。

第三章 我国基础教育的政策与法规

·本章学习目标·

掌握《中华人民共和国义务教育法》的立法宗旨，理解实施素质教育的意义，了解《中华人民共和国义务教育法》的实施过程；了解幼儿园的开办与管理，掌握幼儿权利保护的一般原则，了解幼儿园教师权益保护的基本内容；掌握小学生的权利与义务，了解学校事故中的侵权责任，掌握小学教师的权利与义务。

第一节 《中华人民共和国义务教育法》概述

《中华人民共和国义务教育法》(以下简称《义务教育法》)于1986年4月12日由第六届全国人民代表大会第四次会议通过。2006年6月29日由第十届全国人民代表大会常务委员会第二十二次会议修订。根据2015年4月24日第十二届全国人民代表大会常务委员会第十四次会议《关于修改〈中华人民共和国义务教育法〉等五部法律的决定》第一次修正，根据2018年12月29日第十三届全国人民代表大会常务委员会第七次会议《关于修改〈中华人民共和国产品质量法〉等五部法律的决定》第二次修正。该法在总则中明确了《义务教育法》的立法宗旨、义务教育的性质和特征，强调了国家的教育方针，规定了政府、学校、家长、社会在实施义务教育中的责任。

一、立法依据和立法宗旨

《义务教育法》第一条规定，为了保障适龄儿童、少年接受义务教育的权利，保证义务教育的实施，提高全民族素质，根据宪法和教育法，制定本法。该项法律条文清楚地阐明了我国义务教育法制定的立法依据和立法宗旨。

(一) 立法依据

1. 《义务教育法》是对宪法规定的落实

《宪法》第四十六条第一款规定，中华人民共和国公民有受教育的权利和义务。《宪法》第十九条第二款规定，国家举办各种学校，普及初等义务教育，发展中等教育、职业教育和高等教育，并且发展学前教育。

《宪法》是国家的根本大法。《宪法》中有关公民受教育的基本权利和义务的规定是《义务教育法》制定的法律依据。

2. 《义务教育法》是对《教育法》规定的落实

《教育法》是发展教育事业的基本法律，我国的各级各类教育均适用该法。《教育法》第九条规定，中华人民共和国公民有受教育的权利和义务；公民不分民族、种族、性别、职业、财产状况、宗教信仰等，依法享有平等的受教育机会。该项规定是制定《义务教育法》的具体法律依据。

(二) 立法宗旨

1. 保障适龄儿童、少年接受义务教育的权利

改革开放以来，我国的综合国力迅速上升，教育事业迅猛发展。但是，从总体上看，我国的基础教育仍然比较薄弱，保障适龄儿童、少年接受义务教育的目标并没有彻底实现。如个别地区普及九年制义务教育尚有困难；一些儿童特别是女童没有接受完九年制义务教育；从事义务教育的教师缺乏应有的培训，不能适应新形势下教育工作的要求；一些地区适龄儿童、少年中途辍学；个别企业招用童工等。存在的这些问题，与我国建设社会主义现代化强国的宏伟目标形成了尖锐的矛盾。《义务教育法》的制定、修改和实施，就是要通过法律手段明确各义务主体的责任，保障适龄儿童、少年的受教育权利，促进教育事业发展，提高全民素质。

2. 保障义务教育的实施

义务教育是国家必须予以保障的公益性事业。义务教育是免费教育，因此，国家必须建立义务教育经费保障机制，保证义务教育的实施。

为保障义务教育的顺利实施，《义务教育法》重点明确义务教育经费保障是各级政府的共同责任，国务院和地方人民政府都是义务教育经费的保障主体，具体由省级政府负责统筹。只要国家、政府、学校、家庭、社会共同努力，一定会推动义务教育事业又好又快地发展。

3. 提高全民族素质

和平与发展是当今时代的主题，国家之间的竞争实质上是以科学技术为先导的综合国力的竞争，归根到底是民族素质的竞争，是教育的竞争。科学技术是第一生产力，而科学技术无论是研发探索还是熟练运用，都是通过高素质的人才去实现的。21世纪是教育世纪已成为全球共识，谁把握了面向21世纪的教育，谁就能在国际竞争中处于战略主动地位。

义务教育在我国人才培养中起基础性作用，是提高全社会现代化、社会文明的基础，是提高民族素质和培养优秀人才的基础工程。我国制定《义务教育法》，用法律形式保障义务教育的发展，这是提高全民族素质、培养人才、推动社会主义现代化建设的伟大战略举措，意义重大，影响深远。

■ 二、义务教育的概念和特征

新修订的《义务教育法》首次对义务教育做了界定，并强调义务教育与其他教育不同的特征。

(一) 义务教育的概念

对于义务教育的概念，《义务教育法》首次从法律的角度予以界定，该法第二条规定，义务教育是国家统一实施的所有适龄儿童、少年必须接受的教育，是国家必须予以保障的公益性事业。对于义务教育概念的理解是：①义务教育是公益性事业；②义务教育是所有适龄儿童、少年必须接受的教育；③义务教育由国家统一实施并且必须予以保障。义务教育的概念强调的是，义务教育是政府为全国全社会提供服务的公共产品，是一种政府行为。

《义务教育法》第二条还规定，国家实行九年义务教育制度。将义务教育的年限确定为九年，符合我国目前的国情。

(二) 义务教育的特征

1. 义务性

义务教育是免费教育，任何适龄儿童、少年都必须接受义务教育。因为义务教育具有义务性，所以政府、家庭、学校、社会都要履行职责。《义务教育法》第五条规定，各级人民政府及其有关部门应当履行本法规定的各项职责，保障适龄儿童、少年接受义务教育的权利；适龄儿童、少年的父母或者其他法定监护人应当依法保证其按时入学接受并完成义务教育；依法实施义务教育的学校应当按照规定标准完成教育教学任务，保证教育教学质量；社会组织和个人应当为适龄儿童、少年接受义务教育创造良好的环境。

2. 权利性

我国宪法将受教育列为公民的基本权利和义务。《义务教育法》的立法宗旨是保障适龄儿童、少年接受义务教育的权利，保证义务教育的实施，提高全民族素质。凡具有我国国籍的适龄儿童、少年依法享有接受义务教育的权利，并履行接受义务教育的义务。任何侵犯公民受教育权利和妨碍公民履行受教育义务的行为，都要承担相应的法律责任。国家、社会、学校、家庭应当积极履行职责，保护适龄儿童、少年的受教育权。

3. 均衡性

《义务教育法》第四条规定，凡具有中华人民共和国国籍的适龄儿童、少年，不分性别、民族、种族、家庭财产状况、宗教信仰等，依法享有平等接受义务教育的权利，并履行接受义务教育的义务。政府要促进义务教育均衡发展，改善薄弱学校的办学条件，保障农村和少数民族地区实施义务教育，保障家庭经济困难的残疾儿童、少年接受义务教育。国家要组织和鼓励经济发达地区支援经济欠发达地区实施义务教育，促进义务教育均衡发展，确保这种平等性落到实处。从维护义务教育的平等性谈均衡性，是《义务教育法》修订后的一大亮点，也是很有针对性的规定。

4. 公共性

义务教育的公共性，国外强调的是世俗性，强调宗教不能控制义务教育。我们国家所强调的义务教育的公共性，主要是指公益性。义务教育是国家强制推行的公共服务，造福于全体人民。实施义务教育的主体是政府，实施义务教育是政府的法定义务。义务教育是公益事业，任何组织和个人都不能利用义务教育营利。

5. 免费性

《义务教育法》第二条规定，实施义务教育，不收学费、杂费。该规定使我国的义务教育终于同国际通行做法接轨，回归了义务教育免费的本质。为使义务教育真正得到贯彻实施，在发展不平衡的我国，该规定具有特殊的意义。

三、实施素质教育

义务教育必须贯彻国家的教育方针，对于如何贯彻国家的教育方针，《义务教育法》强调实施素质教育。

(一) 实施素质教育的表述

教育方针是国家对于发展教育事业的总的指导思想和根本要求。

《宪法》第四十六条规定，国家培养青年、少年、儿童在品德、智力、体质等方面全面发展。

《教育法》第五条规定，教育必须为社会主义现代化建设服务、为人民服务，必须与生产劳动和社会实践相结合，培养德智体美劳全面发展的社会主义建设者和接班人。

依据《宪法》和《教育法》，《义务教育法》根据义务教育的实际需求，规定了如何贯彻国家的教育方针。该法第三条规定，义务教育必须贯彻国家的教育方针，实施素质教育，提高教育质量，使适龄儿童、少年在品德、智力、体质等方面全面发展，为培养有理想、有道德、有文化、有纪律的社会主义建设者和接班人奠定基础。

关于"实施素质教育"，《中共中央国务院关于深化教育改革全面推进素质教育的决定》规定，实施素质教育，就是全面贯彻党的教育方针，以提高国民素质为根本宗旨，以培养学生的创新精神和实践能力为重点，造就"有理想、有道德、有文化、有纪律"的、德智体美劳全面发展的社会主义事业建设者和接班人。

(二) 实施素质教育的意义

《义务教育法》强调实施素质教育，为义务教育发展指明了方向，对新时期义务教育的实施具有重大意义。

《义务教育法》将"实施素质教育"写进法律，这是素质教育第一次由政策上升到法律层面。实施素质教育，以受教育者全面发展为方向，以提高国民素质为根本宗旨，以培养学生的创新精神和实践能力为重点，以造就有理想、有道德、有文化、有纪律的社会主义建设者和接班人为培养目标，充分体现了义务教育在我国人才培养中的重要地位和作用。

四、义务教育法的实施

义务教育法的实施需要明确政府、家长、学校和社会的责任，需要对义务教育的资源进行均衡配置，需要明确管理体制，需要教育督导和社会监督等。

(一) 明确责任

义务教育是一项公益性事业，也是一项政府工程，需要社会各界的支持和配合，承担各自的责任和义务。

1. 政府责任

《义务教育法》第五条第一款规定，各级人民政府及其有关部门应当履行本法规定的各项职责，保障适龄儿童、少年接受义务教育的权利。政府及其有关部门的职责重点在实施义务教育的保障方面，包括教育教学场所保障、师资保障、教育教学保障和经费保障。国家是实施义务教育的主要承担者，在义务教育的步骤制定、制度规划、学校设置、入学管理、经费筹措、师资培养及执法监督等方面，国家负有重要的责任。

2. 家长责任

《义务教育法》第五条第二款规定，适龄儿童、少年的父母或者其他法定监护人应当依法保证其按时入学接受并完成义务教育。该条款规定了适龄儿童、少年的父母或者其他监护人的责任和义务。

3. 学校责任

《义务教育法》第五条第三款规定，依法实施义务教育的学校应当按照规定标准完成教育教学任务，保证教育教学质量。该条款是对学校实施义务教育的责任和义务的规定。学校是开展教育教学工作、具体实施义务教育的主体。义务教育水平和教育质量，与学校的教育教学工作直接相关。

4. 社会责任

《义务教育法》第五条第四款规定，社会组织和个人应当为适龄儿童、少年接受义务教育创造良好的环境。该条款明确了社会组织和个人在实施义务教育中的责任和义务，这里的社会组织主要包括企业、事业单位、社会团体等。

(二) 资源配置

当前义务教育领域的一个突出问题是义务教育发展的不平衡。促进义务教育均衡发展是国务院和县级以上地方人民政府的职责，因此，《义务教育法》第六条规定，国务院和县级以上地方人民政府应当合理配置教育资源，促进义务教育均衡发展，改善薄弱学校的办学条件，并采取措施，保障农村地区、民族地区实施义务教育，保障家庭经济困难的和残疾的适龄儿童、少年接受义务教育；国家组织和鼓励经济发达地区支援经济欠发达地区实施义务教育。

促进义务教育均衡发展，首先，要大力改善薄弱学校的办学条件，县级教育行政部门应当均衡配置本行政区域内的师资力量，组织校长、教师的培训和流动，加强对薄弱学校的建设。其次，要大力保障农村地区、民族地区实施义务教育；再次，要大力保障家庭经济困难的和残疾的适龄儿童、少年接受义务教育。同时，国家应出台各项政策，组织和鼓励经济发达地区支援经济欠发达地区实施义务教育，通过努力，使经济欠发达地区的适龄儿童、少年接受到良好的义务教育。

(三) 管理体制

《义务教育法》第七条第一款规定，义务教育实行国务院领导，省、自治区、直辖市人民政府统筹规划实施，县级人民政府为主管理的体制。这是关于义务教育管理体制的新规定，其进一步明确了地方人民政府的管理职责，省级人民政府统筹经费、县级人民政府为主的管理体制能有效地改善县级人民政府负责义务教育的财政困难局面，从而促进义务教育的发展。

《义务教育法》第七条第二款规定，县级以上人民政府教育行政部门具体负责义务教育实施工作；县级以上人民政府其他有关部门在各自的职责范围内负责义务教育实施工作。该规定明确了县级以上人民政府教育行政部门和其他有关部门负责义务教育实施工作的职责。县级以上人民政府教育行政部门包括国务院、省、市、县教育行政部门，其他有关部门包括计划、财政、人事、劳动等行政部门。

(四) 教育督导

《义务教育法》第八条规定，人民政府教育督导机构对义务教育工作执行法律法规情况、教育教学质量以及义务教育均衡发展状况等进行督导，督导报告向社会公布。该条款是关于义务教育阶段的督导机构、督导内容和督导报告的规定，有利于进一步建立我国督导制度，促进义务教育发展。"人民政府教育督导机构"，明确了教育督导机构隶属于政府。关于义务教育阶段的督导内容，该条款规定了三个方面：①义务教育工作执行法律法规情况；②教育教学质量；③义务教育均衡发展状况。依据本条规定，人民政府教育督导机构实施督导，应当提出督导报告。督导报告向社会公布，要求督导机构应当以公告、文告等适当方式，并且在网络、报刊等方便公众查阅的媒体上发布，加强社会对义务教育工作的监督和对教育督导工作的监督。

(五) 社会监督

义务教育关系到国家和民族的未来，关系到家庭和学生的希望，意义重大，影响深远。为了维护和促进义务教育的发展，《义务教育法》第九条规定，任何社会组织或者个人有权对违反本法的行为向国家机关提出检举或者控告。《义务教育法》进一步规定了责任人引咎辞职制度，发生违反本法的重大事件，妨碍义务教育实施，造成重大社会影响的，负有领导责任的人民政府或者人民政府教育行政部门负责人应当引咎辞职。

(六) 表彰奖励

《义务教育法》第十条规定，对在义务教育实施工作中做出突出贡献的社会组织和个人，各级人民政府及其有关部门按照有关规定给予表彰、奖励。这是《教育法》关于"国家对发展教育事业做出突出贡献的组织和个人，给予奖励"的规定在义务教育领域的具体体现，也是保障义务教育实施的重要法定措施。该条款的实施，能调动社会各界和义务教育工作者的积极性，推动义务教育事业的发展。

第二节　学前教育政策法规

我国实行幼儿教育、初等教育、中等教育、高等教育四级学校教育制度。而"幼儿园"是我国幼儿教育的主要办学形式，也是我国最重要的幼儿教育公共服务机构，其性质与地位决定了在开办与管理幼儿园方面要严格遵循法定程序和要求。

一、幼儿园的开办与管理

(一) 幼儿园的性质与地位

幼儿园的性质是对幼儿园社会属性的界定。幼儿园的地位，就是幼儿园在我国幼儿教育体制和我国整个教育体制中的地位。

1. 幼儿园的性质

《幼儿园教育指导纲要(试行)》总则指出，幼儿园教育是基础教育的重要组成部分，是我国学校教育和终身教育的奠基阶段。《国务院关于当前发展学前教育的若干意见》也提出，学前教育是终身学习的开端，是国民教育体系的重要组成部分，是重要的社会公益事业。幼儿园是为3周岁以上学龄前幼儿实施保育和教育的机构。我国的幼儿园具有以下几个方面的特征。

(1) 幼儿园以3~6岁入小学前年龄段儿童为对象。在条件许可的情况下，也可以适当往下延伸。

(2) 幼儿园对幼儿实施保育和教育。这使得幼儿园不同于其他各级各类学校，即幼儿园既要对幼儿进行全面发展教育，又要注意幼儿安全与卫生保健。幼儿园同时具有教育机构和卫生保健机构的某些特征。

（3）幼儿园实施基础普通教育。幼儿园的基础普通教育，完全不同于其他各种专门的定向培养与教育，也不同于其他阶段的基础普通教育。幼儿园要培养幼儿作为"人"的最基本和最一般的素质。幼儿园教育的目标、任务和内容应该具有启蒙性。幼儿园教育是其他后续教育的基础，要严禁超前教育，小学化，幼儿片面学习、发展与教育现象。

> **案例**
>
> 某市教委《关于进一步规范幼儿园办园行为的通知》明确规定，幼儿园课程设置和教育内容要注意幼儿的健康教育和品德教育，注意对幼儿情感、态度、习惯和能力的培养。杜绝在课程设置上受市场利益驱动的影响和片面迎合家长的要求，灌输知识。严禁使用小学教材或讲授小学一年级内容。不得布置书面家庭作业，不得对幼儿进行任何形式的知识检测和考试，严禁"小学化"倾向。该通知还明确要求，禁止幼儿园以课题、实验研究为名，开展各种形式的违反幼教法法规精神、违背幼儿教育规律和幼儿年龄特点的特长班和实验研究活动。

（4）幼儿园具有教育性和公益性。幼儿园既具有教育性质，又具有福利性质。幼儿园应体现公益性和普惠性。幼儿园既要促进幼儿身心的全面和谐发展，又要在条件许可的情况下，为幼儿家长参加工作和学习提供便利条件，为社区幼儿的学习与发展提供公共服务。

在我国，幼儿教育既是教育事业的一部分，又是儿童公益事业的重要组成部分。幼儿教育具有很强的服务性和福利性。幼儿教育对幼儿家庭、幼儿所在社区、社会和国家都有明显的益处。2010年，《国务院关于当前发展学前教育的若干意见》指出，学前教育是终身学习的开端，是国民教育体系的重要组成部分，是重要的社会公益事业；发展学前教育，必须坚持公益性和普惠性，努力构建覆盖城乡、布局合理的学前教育公共服务体系，保障适龄儿童接受基本的、有质量的学前教育；要大力发展公办幼儿园，提供"广覆盖、保基本"的学前教育公共服务。

2. 幼儿园的地位

在我国幼儿教育体系和整个国民教育体系中，幼儿园教育都具有举足轻重的地位。关于幼儿园的地位，可以从以下三个方面进行把握。

（1）幼儿园是我国最重要的幼儿教育公共服务机构。在我国的幼儿教育系统中，幼儿园是幼儿教育机构的主体部分，幼儿园教育在整个幼儿教育系统中处于核心地位。当然，随着幼儿教育类型和层级的多样化，在正规幼儿教育和非正规幼儿教育之间，已有许多中间过渡性质的幼儿教育。正规、正式幼儿教育与非正规、非正式幼儿教育之间形成了一个连续性的序列。幼儿园虽然是正规和正式的幼儿教育机构的代表，但也出现走向社区、走向家庭的趋势。在幼儿园教育和社区教育之间、幼儿园教育和幼儿家庭教育之间，已出现许多过渡性质的托幼机构。总之，不同类型、不同层次的幼儿教育机构之间的界限越来越模糊，融合的趋势越来越明显。

我国倡导多种形式办学，扩大幼儿教育的公共资源。城乡可以根据地方实际情况开办不同类型的幼儿教育服务。《国务院关于当前发展学前教育的若干意见》指出，城镇小区没有配套幼儿园的，应根据居住区规划和居住人口规模，按照国家有关规定配套建设幼儿园。把扩大普惠性教育资源作为城市幼儿教育发展的着力点，要建好、用好、管理好城市小区配套资源；大力扶持各类幼儿园，发展公办园，积极扶持企事业单位办园、集体办园和普惠性的民办园。而农村地区，要做到乡镇和大村独立建园，小村设分园或联合办园，人口分散地区举办流动幼儿园、季节班等，配备专职巡回的指导教师，逐步完善县、乡、村学前教育网络。

幼儿园是我国最主要的幼儿教育办学形式和办学机构。幼儿园是正规的、定点的幼儿教育机构。当然，我国还有大量非定点的幼儿教育组织，如流动蒙古包幼儿园，许多社区设立的亲子活动中心、母子俱乐部、儿童游戏室、儿童阅览室等非正规、非正式的幼儿教育组织。这些幼儿教育办学形式是我国幼儿教育公共服务体系中不可或缺的组成部分，也属于我国重要的幼儿教育资源。

(2) 幼儿园教育是国民教育体系的重要组成部分。按照《宪法》第十九条的规定，国家举办各种学校，普及初等义务教育，发展中等教育、职业教育和高等教育，并且发展学前教育。幼儿园教育是我国基础教育的第一环节，是我国学校教育体系的始端。

《关于幼儿教育改革与发展的指导意见》指出，幼儿教育是基础教育的重要组成部分，发展幼儿教育对于促进儿童身心全面健康发展，普及义务教育，提高国民整体素质，实现全面建设小康社会的奋斗目标具有重要意义。该文件不仅强调了幼儿教育对幼儿个人的发展价值，还突出了幼儿教育的社会价值，以引起社会的关注和重视。

(3) 幼儿园教育是学校教育体系和终身教育体系的始端。《幼儿园教育指导纲要(试行)》指明，幼儿园教育是基础教育的重要组成部分，是我国学校教育和终身教育的奠基阶段。《国务院关于当前发展学前教育的若干意见》也明确指出，学前教育是终身学习的开端。

(二) 幼儿园的设立

我国坚持"政府主导，社会参与，公办民办并举"的幼儿教育事业发展方针。政府及其职能部门、军队、企事业单位与个人等，都可以创办幼儿园。幼儿园的设立涉及具体的办园基本条件和申请开办幼儿园的程序与手续问题。《国务院关于当前发展学前教育的若干意见》强调，严格执行幼儿园准入制度。各地根据国家基本标准和社会对幼儿保教的不同需求，制定各种类型幼儿园的办园标准，实行分类管理、分类指导。

1. 幼儿园开办的条件

根据《教育法》第二十七条的规定，幼儿园开办需要同时满足以下四个条件。

1) 有组织机构和章程

组织机构是把人力、物力和智力等按一定形式和结构，为实现共同的目标、任务或利益有秩序、有成效地组合起来而开展活动的社会单位。幼儿园组织机构是按幼儿教育目的和程序而组成的相互合作的层级、部门和个人所构成的系统。幼儿园组织机构起着协助幼儿园工作正常开展、促进幼儿园资源合理配置、提高家园合作效率、满足教职工生存与发展需要的作用。公办幼儿园和民办幼儿园通常具有不同的组织机构。幼儿园组织机构的建立要遵循设岗合理、分工协作、权责对等、合理统筹、民主管理等原则。

　　章程是组织、社团经特定的程序制定的关于组织规划和办事规则的法规文书，是一种根本性的规章制度。幼儿园的办园章程不仅要具有一定的规范性与全面性，以供园所内部人员遵守执行，作为园所运行与管理的基本依据，还要能够反映幼儿园的办园理念、办园目标、组织机构、课程设置、卫生保健、经营管理、教师权益、办园监督等基本情况。幼儿园的章程一般分为以下十个章节。

　　第一章，总则，包括明确幼儿园办学遵循的有关法律规定；幼儿园的名称、地址、性质(公办还是民办)和办园宗旨等。

　　第二章，举办者、开办资金和业务范围，包括明确举办者为个体、企业还是集体；开办资金为多少；招生区域范围；举办的层次、学制及办学形式，如三年制的全日制幼儿园。

　　第三章，幼儿园的组织管理体制，包括明确管理制度，如园长负责制；明确管理层的职权，如制订幼儿园的发展规划、业务活动计划、年度财务预算和决算方案等；明确日常会议制度和决议方式；对日常安全、教学、管理活动进行监督的制度等。

　　第四章，法定代表人，即明确幼儿园的法定代表人。

　　第五章，保育与教育管理，即明确幼儿园保教活动要求。

　　第六章，资产管理、教职工招聘制度，包括明确经费来源；与办学水平和教学质量有关的材料、财务状况需要报审批机关备案；办学经费使用要有明确规定；建立财会制度与资产管理制度；明确工作人员的工资和保险、福利待遇等。

　　第七章，幼儿园规章制度，包括明确人事管理、教学管理、教师管理、学生管理、财务管理、安全管理等制度。

　　第八章，幼儿园终止和终止后资产处理，包括明确按照幼儿园终止的条件与程序，向审批机关进行报案，并在登记管理机关、业务主管单位和有关机关的指导下成立清算组织，清理债权债务，处理剩余财产，完成清算工作等规定。

　　第九章，章程的修改程序，即明确幼儿园章程修改的基本步骤和要求。

　　第十章，附则，即明确章程经管理层决议通过的时间、章程生效时间等。

　　总之，幼儿园的组织机构与章程是幼儿园开办的前提条件，也是其内部运营的基础。

2) 有合格的教师

　　幼儿园按照国家相关规定设园长、副园长、教师、卫生保健人员、保育员、炊事员和其他工作人员等岗位，配足配齐教职工。《幼儿园教职工配备标准(暂行)》明确规定，幼儿园教职工包括专任教师、保育员、卫生保健人员、行政人员、教辅人员和工勤人员；幼儿园保教人员包括专任教师和保育员。幼儿园应当按照服务类型、教职工与幼儿及保教人员与幼儿的一定比例配备教职工，满足保教工作的基本需要。

　　全日制幼儿园教职工与幼儿比为1∶5～7，专任保教人员与幼儿比为1∶7～9，半日制幼儿园全园教职工与幼儿比为1∶8～10，专任保教人员与幼儿比为1∶11～13。6个班以下的幼儿园可设园长1名，6~9个班的幼儿园可设不超过两名园长，10个班及以上的幼儿园可设3名园长。幼儿园其他人员，如卫生保健、炊事、财会、安保等人员的配备，可以根据国家和地方相关规定来执行。

3) 有符合规定标准的教学场所及设施、设备等

幼儿园的开办需要满足一定的场地、设施的配备要求，1987年国家颁布的《托儿所、幼儿园建筑设计规范》就对幼儿园的游戏场地、教学和生活用房等做了详细的规定，在此不再赘述。

> **案例**
>
> 某省教育厅下发《小规模幼儿园暂行管理规定(执行)》，其中规定，小规模幼儿园建筑面积在200平方米~900平方米，应有相对独立、安全稳定的园舍场地；户外活动区域应独立设置，并采取有效的防护隔离设施与其他区域分开；区域内应提供活动器械，有一定的绿化面积；利用民用建筑开办的小规模幼儿园，应设在首层，设置不少于两个单独安全出口，疏散通道严格执行消防规定。该省根据本省具体情况设定小规模幼儿园的场地和建筑设施标准，严格遵守了《托儿所、幼儿园建筑设计规范》中的基本要求，对建筑场地的选择与幼儿园出入口和游戏场地布置等做出规定，并对不符合新标准的幼儿园下令整改甚至取缔，保证幼儿园的选址安全，预防安全隐患的发生。

4) 有必备的办学资金和稳定的经费来源

《教育法》第二十七条指出，设立学校及其他教育机构，必须"有必备的办学资金和稳定的经费来源"。幼儿园必须具备一定的资金实力，保证幼儿园能够正常运行，才能予以开办。幼儿园开办以后可继续多方筹资。

> **案例**
>
> 某市下发的《民办学前教育服务点设置标准(试行)》对办学主体、办学场所、办学规模、办学质量、师资水平等都做了具体规定，其中，办学主体可以多元化，可以单独举办，也可以实行多种形式的联合办学。该市政府制定的关于民办幼儿园开办资金不低于50万元的标准，在一定程度上保证了幼儿园正常的资金运转，也有利于幼儿园达到设施配备标准。目前，已有多个省市制定了幼儿园开办的资金门槛，以保障幼儿园具有较雄厚的经济基础。

2. 幼儿园设立的程序

《教育法》第二十八条规定，学校及其他教育机构的设立、变更和终止，应当按照国家有关规定办理审核、批准、注册或者备案手续。也就是说，我国幼儿园的设立需要登记注册，遵循上级管理机构的审批程序和要求。登记注册是主管部门对申请者提交的申请材料进行审核，在一定期限内给予答复并通知申请者的过程。注册的实质是确认申请者所办

教育机构的法律地位和事实。登记注册具有以下多重意义。

(1) 设置门槛，督促幼儿园具备办园条件，保证办园质量。幼儿园登记注册的过程实际上是对幼儿园办学能力与资源的审核过程。国家鼓励多方办学，但并不是办学无法可依，随意办学。举办幼儿园同样需要审核幼儿园举办方的资质和实力。只有在举办方完全具备办园条件的情况下，主管部门才会批准办园；如还没有完全达到举办条件，主管部门会建议缓办或不予批准。

(2) 提醒幼儿园完善内部管理体制，合法经营幼儿园。按照国家相关规定，幼儿园必须具备完善的组织机构和章程，也就是对幼儿园的行政管理、内部规章、人财物等管理要素的组织协调，都需要提前预设。举办者在理顺关系、确定办事原则和规范后才能办园，唯有如此，才能保证幼儿园开园后有序而合法地运行。

(3) 有利于政府及时掌握动态并给予管理和督导，宏观调控辖区内幼儿教育事业的发展。登记注册包含幼儿园备案程序，这有利于当地政府及时了解各级各类幼教机构发展情况；有利于当地政府整体规划，宏观调控当地幼儿教育事业发展；也有利于当地幼儿教育主管部门及时介入，给予幼儿园必要的管理、督导和服务。

幼儿园设立的具体流程如下。

1) 举办者提交办园申请，并附相关材料

按照我国相关文件的规定，申请筹办(设)幼儿园和正式承办幼儿园所需的材料略有不同，如果申请筹办幼儿园，需提交如下材料。

(1) 申办报告，内容主要包括举办者、培养目标、办学规模、办学层次、办学形式、办学条件、内部管理体制、经费筹措与管理使用等。

(2) 举办者的姓名、住址或名称、地址。

(3) 资产来源、资金数额及有效证明文件，并载明产权。

(4) 属捐赠性质的校产需提交捐赠协议，载明捐赠人的姓名、所捐资产的数额、用途和管理方法及相关有效证明文件。

如果申请正式开办幼儿园并招生开学，除了提交以上四个方面的材料，还需提交以下材料。

(1) 筹设情况报告。

(2) 学校章程、首届学校理事会、董事会或者其他决策机构组成人员名单。

(3) 学校资产的有效证明文件。

(4) 园长、教师、财会人员的资格证明文件。

2) 审批机关对办园申请进行审批

幼儿园登记注册的机关应是县级以上人民政府教育行政部门，县级以上教育行政部门要建立幼儿园信息管理系统，对幼儿园实行动态监管。

筹设幼儿园和正式设立幼儿园的审批程序和重点略有不同。如筹办幼儿园，审批机关应当自受理筹设幼儿园的申请之日起三十日内以书面形式做出是否同意的决定，同意筹设的，发给筹设批准书；不同意筹设的，应当说明理由。

如果申请正式设立幼儿园，审批机关应当自受理之日起三个月内以书面形式做出是否批准的决定，并送达申请人。审批机关对批准正式设立的幼儿园发给办学许可证。审批机关对不批准正式设立的，应当说明理由。

正式批准幼儿园设立，审批关注的重点是幼儿园筹办的实际进展、情况及申请筹办时的承诺，与原来的申请书内容是否一致；另外，还要审查幼儿园的现实条件是否完全符合国家和地方的办学要求。为此，教育部门需要会同卫生、消防、公安、城建、民政等行政部门进行实地审核，全面检查与验收，验收合格后才能给予注册，颁发办学许可证。幼儿园必须在取得办学许可证以后才可办学招生。

> **案例**
>
> 正在筹建的某镇某幼儿园竟然已有小朋友在上课了，为了招生，园方还制作假的办学许可证和办学收费许可证，而办学许可证的编号是真的，但属于另外一家幼儿园，两家幼儿园是同一个老板。按照相关规定，幼儿园筹建期间不许招生。其法人代表向记者表示，四证是我们当时复印的时候做错了，我们正在筹建中，这些学生也是从另一所幼儿园转来的，有什么问题。该市教育局民管科的工作人员表示，幼儿园筹建期间不允许招生，制作假的办学许可证更是违法违规行为，将进行严查。其法人代表认为筹建期间就具有了办学招生的资格，不惜用假的办学许可证进行招生，并认为没有犯多大的错，低估了办学许可证的重要性。而作为已经开办过一所幼儿园的举办者，对办园的基本流程应该比较了解，筹建期间进行招生和制作假办学许可证属知法犯法的行为，应受到审批机关的处分，并且该幼儿园应被禁止继续招生。

3) 举办者办理相关登记，正式成立幼儿园

幼儿园举办者取得办学许可证之后，应在规定期限内(一般1个月)到相关部门办理各种登记手续。具体而言，公办和民办幼儿园申办者都需要凭办学许可证办理如下登记手续和办学事务。

(1) 到民政部门或者人事部门登记。一般民办幼儿园到民政部门登记，公办幼儿园到人事部门登记。登记时需交验登记申请书、办学许可证、场所使用权证明、验资报告、拟任法定代表人身份证明、章程六项材料。登记机关应当自收到材料后在规定的工作日内做出准予登记或不予登记的决定。做出不予登记决定的，应当向申请人说明理由；做出准予登记决定的，由民政部门依法核发《民办非企业单位(法人)登记证》，或由人事部门进行人事登记。

(2) 举办者持《办学许可证》和《民办非企业单位(法人)登记证》或分别到地方税务、价格、质量技术监督部门办理《税务登记证》《收费许可证》和《组织机构代码证》，并刻制印章。

(3) 开立银行账户。幼儿园需要法人代表开设独立的银行账户，并保证所有人的收支活动在该账户进行。

总之，幼儿园举办方必须依法办理所有登记注册手续后才能正式宣传和招生，开展保教活动。幼儿园不得伪造、变造、买卖、出租、出借办学许可证。

《国务院关于当前发展学前教育的若干意见》强调，要分类治理、妥善解决无证办园问题。各地要对目前存在的无证办园情况进行全面排查，加强指导，督促整改。整改期间，要保证幼儿正常接受学前教育。经整改达到相应标准的，颁发办园许可证。整改后仍未达到保障幼儿安全、健康等基本要求的，当地政府要依法予以取缔，妥善分流和安置幼儿。

(三) 幼儿园的权利与义务

经过登记注册的合法幼儿园具备法人资格，具有受国家保护的诸多办学活动权利，也必须履行国家规定的相关义务。《教育法》第三十二条规定，学校及其他教育机构具备法人条件的，自批准设立或者登记注册之日起取得法人资格；学校及其他教育机构在民事活动中依法享有民事权利，承担民事责任；学校及其他教育机构中的国有资产属于国家所有；学校及其他教育机构兴办的校办产业独立承担民事责任。

1. 幼儿园的基本权利

幼儿园的权利是指法律所认定的幼儿园可以具有的正当利益、主张、资格、力量或自由。尊重幼儿园的合法权利是对幼儿教育规律的尊重，也是对幼儿园和幼儿教育相对独立性的尊重。幼儿园是社会公共教育机构，幼儿园的权利实际上是国家教育权利的体现；幼儿园又是教育者对受教育者施加教育影响的场所，教师和幼儿之间存在民事关系。

依据《教育法》第二十九条的规定，幼儿园可以行使下列权利。

1) 按照章程自主管理

幼儿园举办者在申办幼儿园时就已明确组织机构与章程。国家对幼儿园办园申请的批准即对幼儿园办园宗旨、原则、组织机构与管理、保教活动等方面规则的全面认可。幼儿园可以依法对园内的人、财、物、保教等方面进行管理。

2) 组织实施教育教学活动

幼儿园有权选择合法教材，有权安排幼儿的一日保教活动，有权选择不同的课程模式和内容，有权综合运作多样化的教育教学方式与方法，有权进行教育教学改革和研究，也有权拒绝任何组织和个人对教育教学活动的非法干涉。

3) 招收学生或者其他受教育者

幼儿园每年秋季招生，平时如有缺额，可随时补招。幼儿园在法定招生规模、体检要求和招生范围内，有自主确定招生条件和程序的权利，可以独立完成幼儿园的招生和编班工作。

4) 对受教育者进行学籍管理，实施奖励或者处分

幼儿学籍管理主要包括两个方面。

一方面，幼儿园要建立幼儿健康卡或档案。《托儿所幼儿园卫生保健工作规范》的"信息收集"部分，特别提出了以下要求。

(1) 托幼机构应当建立健康档案，包括托幼机构工作人员健康合格证、儿童入园(所)健康检查表、儿童健康检查表或手册、儿童转园(所)健康证明。

(2) 托幼机构应当对卫生保健工作进行记录，内容包括出勤、晨午检及全日健康观

察、膳食管理、卫生消毒、营养性疾病、常见病、传染病、伤害和健康教育等记录。

(3) 工作记录和健康档案应当真实、完整、字迹清晰。工作记录应当及时归档，至少保存三年。

(4) 定期对儿童出勤、健康检查、膳食营养、常见病和传染病等进行统计分析，掌握儿童健康及营养状况。

(5) 有条件的托幼机构可应用计算机软件对儿童体格发育评价、膳食营养评估等卫生保健工作进行管理。

另一方面，幼儿园要建立有关幼儿学习与发展的个人档案袋或文件夹，及时观察评价幼儿学习与发展的情况，客观评价幼儿，并依据评价结果调整保教活动，以便促进幼儿的最佳发展。

幼儿学籍管理的内容可以是保教人员的评价、医生的记录，也可以是幼儿的各种作品。《幼儿园教师专业标准(试行)》规定，教师要有效运用观察、谈话、家园联系、作品分析等多种方法，客观、全面地了解和评价幼儿；教师应有效运用评价结果，指导下一步教育活动的开展。

5) 聘任教师及其他职工，实施奖励或者处分

幼儿园有权依据各级幼儿园教师法规和幼儿园内部规章开展人员的聘任工作，为教师营造支持性的环境，依法依规对园内教职工进行人事管理和考核，并实行奖励与惩罚措施。

6) 管理、使用本单位的设施和经费

幼儿园可以在法规许可和幼儿园规章范围内，独立管理、使用幼儿园的经费；健全制度，做到专人负责；将财产分类管理，确定财产取用登记制度；定期检查维修物品等。

幼儿园还具有国家法律、法规规定的教育机构所具有的其他权利。国家保护学校及其他教育机构的合法权益不受侵犯。《教育法》第七十二条指出，结伙斗殴，寻衅滋事，扰乱学校及其他教育机构教育教学秩序或者破坏校舍、场地及其他财产的，由公安机关给予治安管理处罚；构成犯罪的，依法追究刑事责任。侵占学校及其他教育机构的校舍、场地及其他财产的，依法承担民事责任。

2. 幼儿园的基本义务

法律意义上的"义务"是与"权利"既对立又统一的一个概念，指法律对公民或法人必须做出或禁止做出一定行为的约束。教育机构的义务，是法律赋予教育机构必须做出或禁止做出一定行为的约束。《教育法》第三十条对学校及其他教育机构应当履行的义务做了详细规定。

1) 遵守法律、法规

幼儿园作为社会组织，必须服从我国《宪法》和各项法规。《宪法》第五条规定，中华人民共和国实行依法治国，建设社会主义法治国家。国家维护社会主义法制的统一和尊严。一切国家机关和武装力量、各政党和各社会团体、各企业事业组织都必须遵守宪法和法律。一切违反宪法和法律的行为，必须予以追究。

幼儿园作为国家教育事业和公益事业的一部分，必须严格遵守国家的教育法规和福利事业相关法规，服从教育部门和民政部门的管理。幼儿园是对3~6岁儿童实施保育和教育的机构，我国积极发展0~3岁婴幼儿教养，所以幼儿园还必须遵从国家卫生保健部门的相关法规与管理。当然，幼儿园也要遵从其他相关部门的法规。

2) 贯彻国家的教育方针，执行国家教育教学标准，保证教育教学质量

幼儿园作为教育机构具有选择和从事保教活动的权利，但其开展的各项保教活动必须贯彻国家的教育方针，执行我国各项有关幼儿保教活动的一切法规；要大力提高保教质量，为幼儿及其家长、社区提供高质量的教育服务。

3) 维护受教育者、教师及其他职工的合法权益

幼儿园作为幼儿接受保教的社会公共机构，一方面要强化自身的安全管理，做好卫生保健工作，爱护和尊重幼儿，维护幼儿合法权益；另一方面要尽可能让幼儿免除外来干扰，安心、安全地学习、生活。幼儿园也要善待幼儿园教师，为幼儿园教师安心从教和专业化发展提供有利条件，帮助幼儿园教师维护合法权益，提高幼儿园教师的社会地位与声望。

4) 以适当方式为受教育者及其监护人了解受教育者的学业成绩及其他有关情况提供便利

国家要求教育机构为受教育者及其监护人了解受教育者情况提供便利条件。《中华人民共和国教育法》第三十条提出，学校及其他教育机构要以适当方式为受教育者及其监护人了解受教育者的学业成绩及其他有关情况提供便利。

5) 遵照国家有关规定收取费用并公开收费项目

2011年12月31日，国家发展和改革委员会、教育部、财政部联合印发《幼儿园收费管理暂行办法》，要求各级各类幼儿园应按照相关要求收取费用，并对外公开收费项目，不得违规乱收费，而地方政府也根据此条例制定该地区各级各类幼儿园的具体收费管理实施细则。

> **案例**
>
> 　　某省物价局、省教育厅、省财政厅联合出台《幼儿园收费管理实施细则》(以下简称《细则》)，全面规范全省幼儿园收费管理。
> 　　《细则》规定，全省幼儿园收费项目实行省级管理，明确全省统一的幼儿园收费项目，即保育费、教育费、住宿费、代收费、服务性收费。明确各类幼儿园收费的定价形式和收费管理权限，即公办幼儿园保育费、教育费、住宿费实行政府定价；民办幼儿园保育费、教育费、住宿费实行市场调节价，收费标准由幼儿园根据办园成本，结合当地经济发展水平、居民经济承受能力等合理自主确定，报当地价格主管部门备案后执行；严禁幼儿园各种乱收费行为，规定幼儿园在正常教学时间内(除法定节日外)不得以开办实验班、特色班、兴趣班、亲子班、蒙氏班、课后班等或者以其他任何名目另外收取费用。不得收取与幼儿入学挂钩的赞助费、支教费、捐资助学费、建设费、教育成本补偿费等。不得以安全设备升级、配备保育人员为由，向在园儿童收取任何费用。

6) 依法接受监督

依法接受监督即要求幼儿园接受上级各管理机构的检查、督促和督导。幼儿园一般要接受来自教育、卫生、民政、物价等部门的检查和监督。另外，如果是附属幼儿园，还需要接受幼儿园所属机构的管理和监督。

(四) 幼儿园内部管理与岗位职责分工

幼儿园作为一个社会组织，其机构和人员的职责分工直接影响幼儿园的运行，并最终影响幼儿园的生存与发展。

1. 幼儿园管理体制

幼儿园管理体制即幼儿园的组织结构和制度，其核心是内部组织系统的设置、管理层级和各职能部门职权的分配及相互协调。《幼儿园管理条例》第二十三条规定，幼儿园园长负责幼儿园的工作。由此可见，我国实行幼儿园园长负责制，即园长是幼儿园的法人代表和行政负责人，对内全面领导保教工作和行政工作，对全体教职工和幼儿负责；对外代表幼儿园，与幼儿园的行政主管部门、举办者、幼儿家长、社区等进行协调、沟通与合作，处理幼儿园各种外部关系与事务。

在园长的全面领导之下，许多幼儿园配有教学、行政和科研副园长、发展部主任、后勤主任、分园园长等"中层"领导岗位；再辅以各教研组组长和年级组长，共同构成幼儿园的管理层级与结构。各幼儿园对内部各层管理岗位的职责分工各异。

1) 园长的选聘与资格

幼儿园园长应具备五年以上相应教育教学经历和办学、管理能力，国家规定的其他任职条件具体如下。

(1) 应当贯彻国家教育方针，具有良好品德，热爱教育事业，尊重和爱护幼儿，努力学习专业知识和技能，提高文化和专业素养，为人师表，忠于职责，身心健康。

(2) 没有犯罪记录和精神病史。

(3) 应当具有教师资格，具备大专及以上学历，有五年以上幼儿园工作经验和一定的组织管理能力。我国正在研制幼儿园园长标准，许多地方已推行幼儿园园长培训，发放园长资格证，并将之作为园长任命和聘用的条件之一。

2) 园长的主要职责

幼儿园园长全面负责幼儿园内外的各项工作，主要职责如下。

(1) 贯彻执行国家的有关法律、法规、方针、政策和地方的相关规定，负责建立并组织执行幼儿园的各种规章制度。

(2) 负责保育教育、卫生保健、安全保卫工作。

(3) 负责聘任、调配工作人员，指导、检查和评估教师及其他工作人员的工作，并给予奖惩。

(4) 负责工作人员的思想工作，组织业务学习，并为他们的学习、进修、教育研究创造必要的条件。

(5) 关心工作人员的身心健康，维护他们的合法权益，改善他们的工作条件和福利待遇。

(6) 组织管理园舍、设备和经费。

(7) 组织和指导家长工作。

(8) 负责与社区的联系和合作。

2. 幼儿园教师参与民主管理

我国虽然实行幼儿园园长负责制，但幼儿园内部管理要坚持民主集中制原则，幼儿园教职工均有权参与民主管理。《教师法》赋予教师参与学校民主管理的权利，其中第七条第五项规定，教师享有"对学校教育教学、管理工作和教育行政部门的工作提出意见和建议，通过教职工代表大会或者其他形式，参与学校的民主管理"的权利。幼儿园教职工参与民主管理，有利于调动幼儿园教职工对教育教学工作的主动性和积极性，培养他们对幼儿园的归属感和责任意识。其具体措施如下。

1) 设立园务委员会

幼儿园可以设立园务委员会，园务委员会由保教、卫生保健、财会等人员的代表及家长的代表组成。园长任园务委员会主任。园长定期召开园务会议，遇重大问题可临时召集，对规章制度的建立、修改、废除，全园工作计划，工作总结，人员奖惩，财务预算和决算方案，预计其他涉及全院工作的重要问题进行审议。

2) 建立教职工会议制度

我国小型幼儿园如果不设园务委员会，遇到上述重大事项，应由园长召集全体教职工或者教职工代表进行商议。教职工会议集体商议、投票和决策更具民主特征，决策更能集中大家的智慧，反映大多数教职工的利益需求。

3) 发挥基层党组织、工会、共青团、业务小组等的作用

幼儿园基层党组织应当发挥政治核心作用。园长应当充分发挥工会、共青团等其他组织在幼儿园工作中的作用。幼儿园一般设有各种业务小组，如按照年级分组，分为小班组、中班组、大班组等；按照职责分工，分为保教组、卫生保健组、行政组等，其中保教组又可分为健康组、语言组、社会组、科学组和艺术组，行政组可分为勤杂事务组、财务组、膳食组、资料组等。园长可以在宏观调控下，让幼儿园内部的这些"小组织"独立运行，职责具体到组、到人。

4) 教职工个人参与民主管理

幼儿园园长应该允许教职工个人通过各种适当方式发表意见，表达情绪，珍惜教职工参与管理的热情，尊重他们的建议。

3. 成立家长委员会，促进家长参与

2012年2月17日，教育部下发《关于建立中小学幼儿园家长委员会的指导意见》，要求中小学幼儿园必须成立家长委员会，提出建立家长委员会对发挥家长作用，促进家校合作，优化育人环境，建设现代学校制度，具有重大意义。各地教育部门和中小学幼儿园要从办好人民满意的教育的高度，充分认识建立家长委员会的重要意义，把家长委员会作为建设依法办学、自主管理、民主监督、社会参与的现代学校制度的重要内容，作为发挥家长在教育改革发展中积极作用的有效途径，作为构建学校、家庭、社会密切配合的育人体

系的重大举措,以更大的热情、更有效的措施创造更好的条件,大力推进建立家长委员会工作。

家长委员会应在学校的指导下履行职责。其职责包括参与学校管理、参与教育工作,以及沟通学校与家庭。其中,参与学校管理内容如下:对学校工作计划和重要决策,特别是事关学生和家长切身利益的事项提出意见和建议;对学校教育教学和管理工作予以支持,积极配合;对学校开展的教育教学活动进行监督,帮助学校改进工作。

4. 幼儿园内部规章制度

幼儿园内部规章制度是幼儿园内部管理和保教活动规则的综合。幼儿园的内部规章制度一般包括管理制度、各类人员岗位职责与奖惩制度、工作人员一日作息制度、教研制度、幼儿一日生活制度、饮食制度、卫生保健制度、安全制度、财产制度、家园合作制度、幼小衔接制度等。

> **案例**
>
> 某省级示范幼儿园规章制度汇编,具体如下。一是管理篇,包括幼儿园员工职业道德规范、家委会章程、家长在园行为规范、安全管理制度、园车安全管理制度、化学易燃易爆物品管理制度、财务管理制度、请销假制度、工作考核及奖惩制度、年终考核量化积分标准、学习会议制度、财产管理制度、资料管理制度、档案管理制度等。二是保教篇,包括工作制度、教育教学制度、培训制度、教研制度等。三是保健篇,包括一日生活作息制度、全日观察制度、健康检查制度、保健登记统计制度、疾病预防制度、消毒及隔离制度、药品管理制度、幼儿伙食管理制度、安全目标管理责任书、安全防范预案、儿童心理卫生保健预案、意外事故应急预案、预防传染病及突发事件应急方案、预防流行性脑脊髓膜炎应急方案、预防流行性腮腺炎应急方案、预防禽流感应急预案、肥胖幼儿观察及预防措施、一日活动生活常规要求、发展规划评估表、教育活动评价表等。四是人事篇,包括聘用职工管理办法,行政后勤人员岗位工作流程,高、中、初级教师学术水平评议实施细则,招生工作管理办法,教师自我成长档案,教师专业素质标准,新教师考核表,员工年终考核一览表,年终考核评议统计表,年终考核统计(奖金分配)一览表等。

幼儿园各项规章制度的制定与执行一定要做到依法依规、民主公平、科学合理,应让幼儿园各位教职工熟悉幼儿园内部规章,并努力做到依规行事。

5. 教职工的职责分工

幼儿园工作人员的选用是幼儿园人事管理的重要内容。幼儿园不仅要选择合适的分部门、分年级组负责人,还应该考虑各工作人员的岗位职责分配合理,责权利分明。

1) 幼儿园教师的职责

幼儿园教师对本班工作全面负责,主要职责如下。

(1) 观察、了解幼儿,依据《幼儿园教育指导纲要(试行)》和《3~6岁儿童学习与发展指南》，结合本班幼儿的发展水平和兴趣需要，制订和执行教育工作计划，合理安排幼儿一日生活。

(2) 创设良好的教育环境，合理组织教育内容，提供丰富的玩具和游戏材料，开展适宜的教育活动。

(3) 严格执行幼儿园安全、卫生保健制度，指导并配合保育员管理本班幼儿生活，做好卫生保健工作。

(4) 与家长保持经常联系，了解幼儿家庭的教育环境，商讨符合幼儿特点的教育措施，相互配合共同完成教育任务。

(5) 参加业务学习和保育教育研究活动。

(6) 定期总结评估保教工作实效，接受园长的指导和检查。

2) 保育员的职责

幼儿园保育员应当具备高中毕业及以上学历，并受过幼儿保育职业培训。幼儿园保育员的主要职责如下。

(1) 负责本班房舍、设备、环境的清洁卫生和消毒工作。

(2) 在教师指导下，照料和管理幼儿生活，并配合本班教师组织教育活动。

(3) 在卫生保健人员和本班教师指导下，严格执行幼儿园安全、卫生保健制度。

(4) 妥善保管幼儿衣物和本班的设备、用具。

3) 保健人员职责

从事幼儿园卫生保健工作的人员、医师应当取得卫生行政部门颁发的《医师执业证书》，护士应当取得《护士执业证书》，保健人员应当具备高中毕业及以上学历，经过卫生保健专业知识培训。幼儿园卫生保健人员对全园幼儿身体健康负责，其主要职责如下。

(1) 协助园长组织实施有关卫生保健方面的法规、规章和制度，并监督执行。

(2) 负责指导调配幼儿膳食，检查食品、饮水和环境卫生。

(3) 负责晨检和健康观察，做好幼儿营养、生长发育的监测和评价；定期组织幼儿健康体检，做好幼儿健康档案管理。

(4) 与当地卫生保健机构保持密切联系，协助做好疾病防控和计划免疫工作。

(5) 向幼儿园其他教职工和幼儿家长进行卫生保健宣传和指导。

(6) 妥善管理医疗器械、消毒用具和药品。

幼儿园其他人员，如门卫及保安、汽车司机、清洁工、物资保管员、计算机人员、采购员、食堂管理员、食堂主配班人员、食堂保管员等，依据国家和地方相关规定确定岗位职责。

(五) 我国各级政府及其职能部门对幼儿教育的管理

幼儿园作为教育机构，必须接受我国各级政府及其职能部门的管理和督导，也需要接受社会的监督。我国已就各级政府及其职能部门对幼儿教育事业发展的管理职责做出了明确分工。我国坚持实行地方负责，分级管理和有关部门分工负责的幼儿教育管理体制。2003年1月27日，由国务院办公厅转发，教育部、民政部、财政部等共同签署的《关于幼儿教育改革与发展的指导意见》对我国幼儿教育管理体制和政府职责分工做出了非常细致的规定。

1. 各级政府的职责分工

各级人民政府都有维护幼儿园的治安、安全和合法权益，动员和组织家长参与早期教育活动，指导家庭幼儿教育的责任。各级政府具体职责分工如下。

(1) 国家制定有关幼儿教育的法规、方针、政策及发展规划。

(2) 省级和地(市)级人民政府负责本行政区域幼儿教育工作，统筹制定幼儿教育的发展规划，因地制宜地制定相关政策并组织实施，积极扶持农村及老少边穷地区的幼儿教育工作，促进幼儿教育事业的均衡发展。

(3) 县级人民政府负责本行政区域幼儿教育的规划、布局调整、公办幼儿园的建设和各类幼儿园的管理，负责管理幼儿园园长、教师，指导教育教学工作。

(4) 城市街道办事处制订本辖区幼儿教育的发展计划，负责宣传科学育儿知识，指导家庭幼儿教育，提供活动场所、设备和设施，筹措经费，组织志愿者开展义务服务。

(5) 乡(镇)人民政府承担发展农村幼儿教育的责任，负责举办乡(镇)中心幼儿园，筹措经费，改善办园条件，发挥村民自治组织在发展幼儿教育中的作用，开展多种形式的早期教育和对家庭幼儿教育进行指导。

2. 各职能部门的职责分工

我国各级政府及其职能部门对幼儿教育的管理，坚持各级政府统筹，教育部门主管，有关部门协调配合，社区内各类幼儿园和家长共同参与的幼儿教育管理机制。发挥城市社区居委会和农村村民自治组织的作用，综合协调、动员并利用各种社会资源，促进幼儿教育事业健康发展。依据《关于幼儿教育改革与发展的指导意见》和《国务院关于当前发展学前教育的若干意见》，我国各级政府职能部门要完善政策，制定标准，从事管理、教研工作，加强对幼儿教育的监督管理和科学指导，认真贯彻幼儿教育的方针、政策，拟订有关行政法规、重要规章制度和幼儿教育事业发展规划并组织实施。

二、幼儿权利保护

幼儿权利是道德、法律或者习俗所认定的0～6岁儿童应具有的正当利益、主张、资格、力量或自由。但幼儿在四个要素方面，即主张、资格、力量、自由方面都存在有限性或者受到限制。幼儿，包括年龄更大一些的儿童都缺乏足够的权利。幼儿的权利，需要成人意识到，充分理解和尊重，并加以保护。

(一) 幼儿权利的基本内容

幼儿享有生存权、发展权、受保护权、参与权、受教育权等权利。《中华人民共和国未成年人保护法》第三条规定，国家保障未成年人的生存权、发展权、受保护权、参与权等权利。未成年人依法平等地享有各项权利，不因本人及其父母或者其他监护人的民族、种族、性别、户籍、职业、宗教信仰、教育程度、家庭状况、身心健康状况等受到歧视。

1. 幼儿的生存权

生存的权利是首要人权。幼儿享有生命安全和生存保障的权利，以及有尊严地、健康快乐地生活的权利，具体如下。

1) 固有的生命权

生命权可以理解为以自然人的生命安全为内容的权利，包括维护生命安全、排除妨害和请求司法保护。没有生命就没有生活，就没有活生生的人，一切人权就无从谈起，因此，生命权是作为人享受人权的基础。幼儿的生命权是其他权利的前提条件。

幼儿的生命权应该在其胚胎期就已获得。《中华人民共和国母婴保健法》第三十二条提出，严禁采用技术手段对胎儿进行性别鉴定，但医学上确有需要的除外。

2) 最高标准的健康权

《中华人民共和国民法典》第一百一十条规定，自然人享有健康权。按照我国《3~6岁儿童学习与发展指南》的规定，健康是指人在身体、心理和社会适应方面的良好状态。发育良好的身体、愉快的情绪、强健的体质、协调的动作、良好的生活习惯和基本生活能力是幼儿身心健康的重要指标。

健康权是以保护自然人机体生理机能正常运作和功能完善发挥为内容的人格权。健康权包括健康维护权、劳动能力保护权和健康利益支配权。健康权与生命权和身体权密切相关，生命是身体和健康的前提与基础；身体是生命和健康存在的载体；健康则是公民享有生命权和身体权的重要保证，也是公民享有高质量的生命权和身体权的一项重要指标。如果健康受到损伤，则势必对生命权和身体权的行使造成不利影响。

对幼儿健康权的维护，应从父母受孕成功、胎儿形成之时开始。《中华人民共和国母婴保健法》指明，为了保障母亲和婴儿健康，提高出生人口素质，应重视婴儿出生前后的卫生保健工作，包括婚前保健和孕产期保健两方面。

婚前保健服务包括下列内容。①婚前卫生指导：关于性卫生知识、生育知识和遗传病知识的教育。②婚前卫生咨询：对有关婚配、生育保健等问题提供医学意见。③婚前医学检查：对准备结婚的男女双方可能患影响结婚和生育的疾病进行医学检查。

孕产期保健服务包括下列内容。①母婴保健指导：对孕育健康后代及严重遗传性疾病和碘缺乏病等地方病的发病原因、治疗和预防方法提供医学意见。②孕妇、产妇保健：为孕妇、产妇提供卫生、营养、心理等方面的咨询和指导，以及产前定期检查等医疗保健服务。③胎儿保健：为胎儿生长发育进行监护，提供咨询和医学指导。④新生儿保健：为新生儿生长发育、哺乳和护理提供医疗保健服务。

另外，为保障婴儿出生以后的安全卫生，要强化儿童营养膳食、卫生防疫、食品、医疗、儿童物品等方面的安全管理。

3) 充分的生活水准权

幼儿应该具有过上相当质量的生活的权利，而不是勉强维持生命。高质量的生活不仅是物质上的充足，还包括良好的心理与精神环境、道德条件和社会条件。

2. 幼儿的发展权

幼儿一出生就取得了生存与发展的权利。幼儿发展权内涵非常广泛，一般包括姓名权、国籍权、肖像权、名誉权、隐私权、独特的身心权、活动权、休息与闲暇权等。

幼儿具有独特的身心特点与规律，家庭、幼儿园及社会应该尊重幼儿的年龄特点和个体差异，尊重幼儿家庭差异和文化背景的不同，让幼儿拥有快乐的童年和健康的生活。《中华人民共和国未成年人保护法》指出，各项有关保护未成年人的工作都要"适应未成年人身心健康发展的规律和特点"。

3. 幼儿的受保护权

幼儿应受到保护，一是基于其道德和法律上的权利，幼儿拥有与成人一样的尊严和权利；二是因为幼儿的心智和体力较成人弱势，尚处于发育阶段，具有幼稚性、不成熟、未定型的特点。幼儿拥有与成人一样的生存、发展与教育的权利，但幼儿是幼小的人类个体，自身并不具有足够的自我保护和行使权利的知识与能力，其权利的实现有赖于成人社会的保护。幼儿的受保护权表现为成人社会要为幼儿提供安全卫生的生存环境，安全的生存环境包括家庭和社会环境；要禁止对幼儿的任何形式的虐待和忽视，保护幼儿免受经济、精神、药物、色情、贩卖等伤害。

《中华人民共和国宪法》第四十九条规定，婚姻、家庭、母亲和儿童受国家保护。《中华人民共和国未成年人保护法》第六条指出，保护未成年人，是国家机关、武装力量、政党、人民团体、企业事业组织、社会组织、城乡基层群众性自治组织、未成年人的监护人以及其他成年人的共同责任。

4. 幼儿的参与权

幼儿的参与权是幼儿享有对涉及自身的一切事项发表意见的权利。幼儿的参与权在幼儿园表现为幼儿作为生活与学习的主人，可以按照自己的需要如厕和喝水；可以在教师的支持与指导下自主选择游戏活动并自由游戏；可以在保教活动中自主表现、探索和体验，富有创造性和想象力；教师应采纳并满足幼儿合理而正当的需要，等等。幼儿在家庭和社会生活中的参与权表现为表达自由、寻求和获得信息的自由、自主选择生活学习和娱乐的自由，等等。当然，幼儿的参与权不是绝对的，而是有限制的，是在成人支持与指导下的参与权。

5. 幼儿的受教育权

为保障幼儿身心的全面和谐发展，幼儿必须接受一定的教育。幼儿教育可以来自幼儿家庭、幼儿园和社区。我国尚未执行公共幼儿义务教育，应完善幼儿教育公共服务体系，逐步提高幼儿教育的普及率；让幼儿就近入园，接受基本的、有质量保证的幼儿教育；促进幼儿教育公平。

《中华人民共和国宪法》第四十六条规定，中华人民共和国公民有受教育的权利和义务；国家培养青年、少年、儿童在品德、智力、体质等方面全面发展。第十九条指出，国家举办各种学校，普及初等义务教育，发展中等教育、职业教育和高等教育，并且发展学前教育。2010年，《国务院关于当前发展学前教育的若干意见》指出，发展学前教育，必须坚持公益性和普惠性,努力构建覆盖城乡、布局合理的学前教育公共服务体系,保障适龄儿童接受基本的、有质量的学前教育。

(二) 幼儿权利保护的一般原则

幼儿权利保护的一般原则,即所有的幼儿法规必须遵循的基本要求与准则,是关于儿童的一切工作必须贯彻的基本精神。

1. 儿童优先原则

儿童优先原则,即在制定法律法规、政策规划和配置公共资源等方面,优先考虑儿童的利益和需求。在处理涉及儿童的事务中,儿童的利益首先考虑,并确保儿童利益最大化。我国《幼儿园教师专业标准(试行)》第四十三条规定,幼儿园教师应"有效保护幼儿,及时处理幼儿的常见事故,危险情况优先救护幼儿"。这就是儿童优先原则的体现。

"儿童优先"包含以下四层意思。

(1) 在资源分配中,儿童应摆在首要位置。国家和国际社会应该尽一切努力,实现儿童权益保障的最大可能,保障儿童拥有充足的生存与发展资源。在资源有限的情况下,儿童应该被置于首要位置。

(2) 在利益冲突中,兼顾儿童利益。与成人相比,儿童处于弱势,需要成人保护。我们的社会是一个成人主导的社会。在这种情况下,当成人利益与儿童利益相冲突,当长辈与后代在资源占有和使用相冲突的情况下,成人应该考虑人类生存与发展资源的有限性,努力建设环境友好型、资源节约型社会,注意代际公平。

(3) 在危险情况下,首先救护儿童。儿童是成人保护的对象,儿童本身缺乏足够的发现和应对危险的能力,从生存机会最大化和生存机会均等的角度考虑,儿童要优先救助。《中华人民共和国未成年人保护法》第五十六条指出,公共场所发生突发事件时,应当优先救护未成年人。

(4) 实现儿童利益最大化。任何国家、家庭、成人在处理与儿童相关的事务时,均应考虑综合多方资源,尽最大努力和一切可能,充分保障儿童拥有的各种权利。要从儿童身心发展特点和利益出发处理与儿童相关的具体事务。

2. 平等无歧视原则

平等无歧视原则,即创造公平社会环境,确保儿童不因户籍、地域、性别、民族、信仰、受教育状况、身体状况和家庭财产状况受到任何歧视,所有儿童享有平等的权利和机会。儿童在尊严和权利上一律平等,不能因其天然条件,包括其自身和父母的因素而受到任何形式的歧视。平等意味着无歧视,但并不完全等同于无歧视。从内涵上来说,平等比无歧视更加周全,也更积极。

《中华人民共和国未成年人保护法》第三条指出,未成年人依法平等地享有各项权利,不因本人及其父母或者其他监护人的民族、种族、性别、户籍、职业、宗教信仰、教育程度、家庭状况、身心健康状况等受到歧视。

幼儿平等无歧视表现为不论幼儿个人和家庭情况如何,都应受到良好的卫生保健、看护与照料,都应获得充足的学习和发展机会,都能接受基本的、有质量保证的幼儿教育。

对城市流动幼儿、农村留守幼儿、贫困家庭中的幼儿、单亲或非婚生幼儿、残疾幼儿等要给予特别关照。

3. 尊重儿童原则

尊重儿童原则，表现为对儿童各项权利、人格尊严和观点意见的尊重。成人应该尊重儿童的生命权、发展权、受保护权、参与权和受教育权；应该尊重儿童的人格尊严与名誉；应该尊重儿童的合理需要与正当要求，教育与指导要适应儿童的身心发展规律与特点。

《中华人民共和国未成年人保护法》第四条第二款指出，尊重未成年人人格尊严；第四款指出，适应未成年人身心健康发展的规律和特点。《中国儿童发展纲要(2011—2020年)》基本原则部分的第五条原则就是"儿童参与原则"，即鼓励并支持儿童参与家庭、文化和社会生活，创造有利于儿童参与的社会环境，畅通儿童意见表达的渠道，重视、吸收儿童意见。我国《幼儿园教师专业标准(试行)》指出，幼儿园教师要尊重幼儿人格，维护幼儿合法权益，平等对待每一个幼儿。不讽刺、挖苦、歧视幼儿，不体罚或者变相体罚幼儿，信任幼儿，尊重个体差异，主动了解和满足有益于幼儿身心发展的不同需求。《幼儿园教育指导纲要(试行)》"总则"第五条明确规定，幼儿园教育应尊重幼儿的人格和权利，尊重幼儿身心发展的规律和学习特点，以游戏为基本活动，保教并重，关注个别差异，促进每个幼儿富有个性的发展。

4. 教育和保护相结合原则

教育和保护相结合原则，即培养儿童作为权利主体行使权利的能力的同时，要尽一切努力维护儿童的合法权益。儿童是权利的主体，同时也是受保护的对象。保护儿童不仅要让儿童免受伤害，还要让儿童健康快乐地成长起来，将来发展为强大的权利主体。

《中国儿童发展纲要(2011—2020年)》"基本原则"第一条就是"依法保护原则"，指出"在儿童身心发展的全过程，依法保障儿童合法权利，促进儿童全面健康成长"。我国幼儿园教育一贯坚持保教结合、保教并重。

> **案例**
>
> 2019年6月8日下午3点，一名男童突然从小凳子上摔下去，小脸泛白，浑身抽搐，而且一直咬舌头。凭借多年的经验，当班李老师将自己的大拇指伸进孩子嘴里，避免其咬到舌头；吴老师按压孩子的人中穴；任老师及时通知孩子的父母。孩子醒了过来，随后孩子的爸爸赶到，及时将孩子送到医院进行治疗。孩子的妈妈刘女士为此非常感动，她说："几位老师守护、拯救孩子的心让我们感动！"而李老师告诉记者："老师就应该一切为了学生，为了学生的一切，为了一切学生，这也是一个老师应尽的职责。"

5. 多方共担责任原则

多方共担责任原则，即国家、家庭、社会共同保护儿童的权利，共同担当儿童保护的职责与义务。

一方的权利就是另一方的责任与义务。儿童是受保护对象，所以任何儿童权利的确认，都意味着国家、社会、家庭有责任和义务尊重儿童所拥有的各项权利和固有尊严，保障儿童权利的实现。换言之，儿童的权利或利益的实现，有赖于国家、社会和家庭的儿童保护责任与义务的履行状况。《中华人民共和国未成年人保护法》和《中华人民共和国家庭教育法》也提出父母对于子女的抚养、照料和教育有引导之责。

但儿童教养和保护之责的划分，并不是一成不变的。当儿童家庭未能履行相应的责任，儿童受到忽视、虐待或者其他伤害时，社会和国家，乃至国际社会需要及时伸出援助之手，必要时甚至剥夺儿童家庭的亲权，实行国家干预。

总之，无论孩子父母、社会、国家还是国际社会最终如何分配儿童权利保护的责任和义务，都要坚持儿童利益最大化原则，坚持儿童优先，并确保所有行动对儿童而言都是积极而正当的。

不过，儿童、家庭和国家的关系非常复杂。一方面，为了儿童的利益，国家和社会不得不干预一些家庭事务；另一方面，每一个儿童和家庭又有其隐私权和自主权。儿童与其父母、家庭的权利和利益息息相关，但也不乏有冲突的情况。当儿童的家庭陷入困境，如贫穷，国家和社会不得不考虑是单方面支持儿童，还是顺带支持孩子母亲，或者进一步支持儿童的整个家庭。在国家和社会儿童保护资源有限的情况下，资源的目标定位的大小涉及儿童保护资源使用的公平与效率问题。

(三) 幼儿权利保护的主体及其法律责任

我国幼儿权利保护责任主体包括幼儿家庭、托幼机构、社会和司法部门四个方面。幼儿权利保护也就分为幼儿家庭保护、托幼机构保护、社会保护和司法保护四类。下面将分析幼儿家庭、托幼机构、社会和司法这四类幼儿权利保护主体的具体法律责任与义务。

幼儿家庭保护内容涉及家庭环境的创设、家庭看护和照料、父母的亲职教育等方面，具体内容如下。

1. 幼儿家庭保护

(1) 父母或者其他监护人应当创造良好、和睦的家庭环境，依法履行对幼儿的监护职责和抚养义务。

(2) 禁止对幼儿实施家庭暴力，禁止虐待、遗弃幼儿，禁止溺婴和其他残害婴幼儿的行为，不得歧视女性或者有残疾的幼儿。

(3) 父母或者其他监护人应当关注幼儿的生理、心理状况和行为习惯，以身示范，引导幼儿进行有益身心健康的活动。

(4) 父母或者其他监护人应当学习家庭教育知识，正确履行监护职责，抚养、教育幼儿。

(5) 有关国家机关和社会组织应当为幼儿的父母或者其他监护人提供家庭教育指导。

(6) 父母或者其他监护人应当尊重幼儿受教育的权利，使幼儿接受一定的社会公共服务。

(7) 父母因外出务工或者其他原因不能履行对幼儿监护职责的，应当委托有监护能力的其他成年人代为监护。

2. 托幼机构保护

托幼机构保护包括贯彻国家方针政策，尊重幼儿，遵循幼儿身心发展规律，与家长一道做好幼儿安全、卫生和保健工作等，具体内容如下。

(1) 托幼机构应当全面贯彻国家的教育方针，实施素质教育，提高教育质量，促进幼儿身心的全面发展。

(2) 托幼机构应当根据幼儿身心发展的特点，对他们进行社会生活指导和心理健康辅导。

(3) 托幼机构应当与幼儿的父母或者其他监护人互相配合，保证幼儿的睡眠、娱乐和体育锻炼时间，不得加重其学习负担。

(4) 托幼机构教职员工应当平等对待幼儿，尊重幼儿的人格尊严，不得对幼儿实施体罚、变相体罚或者其他侮辱人格尊严的行为。

(5) 托幼机构应当建立安全制度，加强对幼儿的安全教育，采取措施保障幼儿的人身安全。托幼机构不得在危及幼儿人身安全、健康的校舍和其他设施、场所中进行教育教学活动。安排幼儿参加集会、文化娱乐、社会实践等集体活动，应当有利于幼儿的健康成长，防止发生人身安全事故。

(6) 教育行政和其他部门及托幼机构应当根据需要，配备相应设施并进行必要的演练，增强幼儿的自我保护意识和能力。

(7) 托幼机构对幼儿在机构内或者本园组织的园外活动中发生人身伤害事故的，应当及时救护，妥善处理，并及时向有关主管部门报告。

(8) 托幼机构应当尊重幼儿受教育的权利，做好保育、教育工作，促进幼儿在体质、智力、品德等方面和谐发展。

3. 社会保护

社会保护包括来自国家、政府及其职能部门、各种社会团体组织、个人等方面的保护。幼儿包括一般幼儿、特殊幼儿和不幸幼儿三类。社会保护涉及幼儿安全、饮食、卫生、娱乐、学习、发展、教育等各个方面，具体内容如下。

(1) 全社会应当树立尊重、保护、教育幼儿的良好风尚，关心、爱护幼儿，任何组织或个人不得披露幼儿的个人隐私。

(2) 国家鼓励社会团体、企业事业组织及其他组织和个人，开展多种形式有利于幼儿健康成长的社会活动。

(3) 各级人民政府应当保障幼儿受教育的权利，以政府为主导，广泛动员社会参与，保障幼儿接受多种形式的、高质量的教育与服务；地方各级人民政府和有关部门应当积极发展幼儿事业，办好托儿所、幼儿园，支持社会组织和个人依法兴办哺乳室、托儿所、幼儿园。

(4) 各级人民政府和有关部门应当采取多种形式，培养和训练幼儿园、托儿所的保教人员，提高其职业道德素质和业务能力。

(5) 卫生部门和幼儿园应当对幼儿进行卫生保健和营养指导，提供必要的卫生保健条件，做好疾病预防工作。卫生部门应当做好儿童的预防接种工作，国家免疫规划项目的预防接种实行免费；积极防治儿童常见病、多发病，加强对传染病防治工作的监督管理，加强对幼儿园、托儿所卫生保健的业务指导和监督检查。

(6) 爱国主义教育基地、图书馆、儿童活动中心应当对幼儿免费开放；博物馆、纪念馆、科技馆、展览馆、文化馆、影剧院、体育场馆、动物园、公园等场所，应当按照有关规定对幼儿免费或者优惠开放。

(7) 国家鼓励新闻、出版、信息产业、广播、电影、电视、文艺等单位和作家、艺术家、科学家及其他公民，创作或者提供有利于幼儿健康成长的作品。出版、制作和传播专门以幼儿为对象的内容健康的图书、报刊、音像制品、电子出版物及网络信息等，国家给予扶持。

(8) 生产、销售用于幼儿的食品、药品、玩具、用具和游乐设施等，应当符合国家标准或者行业标准，不得有害于幼儿的安全和健康；需要标明注意事项的，应当在显著位置标明。

(9) 幼儿园周边不得设置营业性歌舞娱乐场所、互联网上网服务营业场所等不适宜幼儿活动的场所。

(10) 任何人不得在幼儿园、托儿所的教室、寝室、活动室和其他幼儿集中活动的场所吸烟、喝酒。

(11) 幼儿园、托儿所和公共场所发生突发事件时，应当优先救护幼儿。

(12) 禁止拐卖、绑架、虐待幼儿，禁止对幼儿实施性侵害；禁止胁迫、诱骗、利用幼儿乞讨或者组织幼儿进行有害其身心健康的表演等活动。

(13) 公安机关应当采取有力措施，依法维护幼儿园周边的治安和交通秩序，预防和制止侵害幼儿合法权益的违法犯罪行为；任何组织或者个人不得扰乱教学秩序，不得侵占、破坏幼儿园、托儿所的场地、房屋和设施。

(14) 县级以上人民政府及其民政部门应当根据需要设立救助场所，对流浪乞讨等生活无着的幼儿实施救助，承担临时责任；公安部门或者其他有关部门应当护送流浪乞讨幼儿到救助场所，由救助场所予以救助和妥善照顾，并及时通知其父母或者其他监护人领回。

(15) 对于孤儿、无法查明其父母或其他监护人的及其他生活无着落的幼儿，由民政部门设立的儿童福利机构收留抚养。幼儿救助机构、儿童福利机构及其工作人员应当依法履行职责，不得虐待、歧视幼儿；不得在办理收留抚养工作中牟取利益。

4. 司法保护

公安机关、人民检察院、人民法院及司法行政部门，应当履行职责，在司法活动中保护未成年人的合法权益。

(1) 公安机关、人民检察院、人民法院和司法行政部门办理涉及未成年人案件，应当考虑未成年人身心特点和健康成长的需要，使用未成年人能够理解的语言和表达方式，听取未成年人的意见。对于需要法律援助或者司法救助的未成年人，法律援助机构或者公安机关、人民检察院、人民法院和司法行政部门应当给予帮助，依法为其提供法律援助或者司法救助。

(2) 人民法院审理继承案件，应当依法保护未成年人的继承权和受遗赠权。人民法院审理离婚案件，涉及未成年子女抚养问题的，应当尊重已满八周岁未成年子女的真实意愿，根据双方具体情况，按照最有利于未成年子女的原则依法处理。

(3) 父母或者其他监护人不履行监护职责或者侵害被监护的未成年人的合法权益，经教育不改的，人民法院可以根据有关人员或者有关单位的申请，撤销其监护人的资格，依法另行指定监护人。被撤销监护资格的父母应当依法继续负担抚养费用。

(4) 公安机关、人民检察院、人民法院讯问未成年犯罪嫌疑人、被告人，询问未成年被害人、证人，应当依法通知其法定代理人或者其成年亲属、所在学校的代表等合适成年人到场，并采取适当方式，在适当场所进行，保障未成年人的名誉权、隐私权和其他合法权益。

(四) 幼儿权利保护的基本途径

1. 立法

我国已建立了比较丰富的幼儿权利保护法规。具体包括《中华人民共和国宪法》《中华人民共和国未成年人保护法》《中华人民共和国民法典》《中华人民共和国教育法》《中华人民共和国母婴保健法》等，其他条例包括《关于学前教育深化改革规范发展的若干意见》《中华人民共和国儿童发展纲要(2011—2020年)》和《国家中长期教育改革和发展规划纲要(2010—2020年)》等。有关幼儿卫生保健法规包括《新生儿疾病死亡评审规范(试行)》《中国7岁以下儿童生长发育参照标准》《全国新生儿疾病筛查工作规划》《全国儿童保健工作规范(试行)》《托儿所幼儿园卫生保健管理办法》《新生儿疾病筛查技术规范》《新生儿访视等儿童保健技术规范》《儿童眼及视力保健技术规范》等。出自教育部的法规更关注幼儿园的保教活动及相应的管理工作，如《幼儿园教育指导纲要(试行)》《3～6岁儿童学习与发展指南》《幼儿园保育教育质量评估指南》等。

2. 行政

行政的途径，即我国各级政府及其职能部门针对幼儿所做的相关工作，包括建立管理体系、制订计划、编制财政规划、进行行政督导、提供服务几个方面。

我国涉及幼儿相关事务的行政管理分散在民政部门、卫生部门、教育部门、司法部门、妇联等处，尚无独立的儿童行政管理体制。我国制定了儿童发展规划，如《中国儿童发展纲要(2011—2020年)》；财政投入包括国家对幼儿卫生保健、教育和福利三方面的投入；幼儿保教的行政督导已走向常规化和专业化，由国家督导部门负责，如2012年12月，教育部发布《学前教育督导评估暂行办法》和相关督导检测文件。我国政府通过直接开办儿童卫生保健机构、教育机构和福利机构，动员社会力量参与，通过奖补民办机构等方式扩大儿童社会工作内容范围，为儿童提供优质服务。

3. 社会服务

幼儿权利保护，除了来自幼儿家庭和政府的资源，还有大量资源散布在民间社会，具体包括幼儿亲属、社会组织、集体(村委会或居委会)、单位(主要是父母所在单位)、市场(包括生产者和消费者)等。

我国一贯有"慈幼"传统和大家庭生活的传统，孩子幼年的照料大部分由爷爷奶奶、外公外婆或者其他亲朋好友辅助完成或代为独立完成。现在，中国的社会组织已慢慢发展起来，如在政府协助下成立的中国红十字会、中国少年儿童基金会、宋庆龄基金会等；还有大量民间自发成立的儿童社会工作、儿童福利服务组织。所有这些社会组织是政府与社会沟通、衔接的桥梁与纽带，是政府提供儿童工作与服务的"毛细血管"，也是我国儿童工作的另外"半边天"，是我国儿童工作的重要组成部分。来自儿童所在社区的村(居)委会、儿童父母单位的各种福利，来自儿童消费市场的规范生产与经营等，也都是儿童权利实现的必要保证。

4. 国际合作

国际合作是各国为谋求儿童利益最大化和实现儿童权利保护的公平与一致而采取的联合行动。国际合作保护包括中国政府和民间与国际组织、其他国家和地区政府、国外其他民间组织和个人之间的沟通与合作，如联合国儿童基金会对我国幼儿卫生保健、教育、福利等给予了极大支持。

三、幼儿园教师权益保护

幼儿园教师是幼儿教育的主体，是幼儿教育的具体设计者和实施者。高质量的教育取决于高质量的教师，一个国家和地区的教育水平，从根本上取决于教师队伍的整体素质。当前，我国幼儿教育事业快速发展，只有建设一支师德高尚、业务精良的幼儿园教师队伍，才能实现党的十八大报告提出的"努力办好人民满意的教育"的目标。从这个意义上讲，有关幼儿园教师的法律、法规尤为重要。

(一) 幼儿园教师聘任

《幼儿园教师专业标准(试行)》指出，幼儿园教师是履行幼儿园教育工作职责的专业人员，需要经过严格的培养与培训，具有良好的职业道德，掌握系统的专业知识和专业技能。一般情况下，在其他幼儿教育机构从事教育工作的人员也被视为幼儿园教师。据此，幼儿园教师即在幼儿园及其他幼儿教育机构履行教育工作职责的专业人员。

1. 幼儿园教师含义

《中华人民共和国教师法》第三条规定，教师是履行教育教学职责的专业人员，承担教书育人、培养社会主义事业建设者和接班人、提高民族素质的使命。教师应当忠诚于人民的教育事业。据此，我们可从以下三个方面来理解幼儿园教师的含义。

1) 幼儿园教师是专业人员

这是对幼儿园教师身份的明确规定，也是国家对幼儿园教师职业的一种认可。所谓专业人员，就是专门从事某种专业技术工作的人。1989年，美国学者奥斯汀概括了专门职业的十四项特征，并指出了其中最重要的四项标准：①具有一整套完善的专门知识体系和技能体系作为专业人员从业的依据；②对于证书的颁发标准和从业条件有完善的管理和控制措施；③对于职责范围内的抉择有自主决策的权利；④有相当高的社会声望及经济地位。

2) 幼儿园教师是履行教育教学职责的专业人员

幼儿园工作岗位有很多种，只有直接承担教育教学工作的人，才是幼儿园教师。未履行教学职责的行政管理人员和教学辅助人员，如医务人员、保安、炊事员等，均不属于幼儿园教师。

3) 幼儿园教师是在幼儿园及其他幼儿教育机构从事教育教学工作的人员

《中华人民共和国教师法》第二条规定，本法适用于在各级各类学校和其他教育机构中专门从事教育教学工作的教师。只有在学校或其他教育机构任教的人员才能算真正的教师。如果公民取得了幼儿园教师资格证，但没有去幼儿园或其他幼儿教育机构任教，那他只是可能的幼儿园教师，而不是现实意义上的幼儿园教师。幼儿园教师不仅包括公办幼儿园及其他幼儿教育机构中的教师，也包括民办幼儿园及其他幼儿教育机构中的教师。

2. 幼儿园教师配备

幼儿园教师配备标准是幼儿园办园标准的重要内容。配备合适比例的幼儿园教师才能满足幼儿在园内生活、游戏和学习的需要，才能确保幼儿接受基本的、有质量保证的学前教育，促进幼儿健康成长。2013年教育部公布的《幼儿园教职工配备标准(暂行)》对幼儿园教师配备做出了详细规定。

1) 班级规模和师幼比

适宜的班级规模和师幼比是影响幼儿园班级教育质量的重要因素。根据《幼儿园教职工配备标准(暂行)》的相关要求，幼儿园各年龄组班级规模和专任教师与幼儿的配备比例如表3-1所示。

表3-1　幼儿园各年龄组班级规模和专任教师与幼儿的配备比例

年龄组	班级规模/人	专任教师/人	师幼比
小班(3～4岁)	20～25	2	1∶10～1∶12.5
中班(4～5岁)	25～30	2	1∶12～1∶15
大班(5～6岁)	30～35	2	1∶15～1∶17.5

2) 专任教师的配备

《幼儿园教职工配备标准(暂行)》明确规定，幼儿园应根据服务类型、幼儿年龄和班级规模配备数量适宜的专任教师和保育员，使每位幼儿在一日生活、游戏和学习中都能得到成人适当的照顾、帮助和指导。全日制幼儿园每班配备3名专任教师(或2名专任教师和1名保育员)；半日制幼儿园每班配备2名专任教师，有条件的可配备1名保育员；寄宿制幼儿园一般每班配备3名专任教师和2名保育员。

《幼儿园教职工配备标准(暂行)》还提出，招收特殊需要儿童的幼儿园应根据特殊需要儿童的数量、类型及残疾程度，配备相应的特殊教育教师，并增加保教人员的配备数量。幼儿园应根据当地学前教育发展的实际情况，增设教师岗位类别和数量，满足本园发展和保教工作的需要，并确保在教师进修、支教、病产假等情况下有可供临时顶岗的保教人员。

3. 幼儿园教师选聘

《中华人民共和国教师法》第十七条规定，学校和其他教育机构应当逐步实行教师聘任制。教师的聘任应当遵循双方地位平等的原则，由学校和教师签订聘任合同，明确规定双方的权利、义务和责任。实施教师聘任制的步骤、办法由国务院教育行政部门规定。实行教师聘任制，可以促进教师的合理流动，增强教师的责任感，调动教师工作的积极性，有利于教师队伍的优化。

担任教师职务，必须具备一定的任职条件。教师的任职条件一般包括以下几个方面。

(1) 具备相应的教师资格。

(2) 遵守宪法和其他法律，具有良好的思想政治素质和职业道德，为人师表，教书育人。

(3) 具备相应的教育教学水平、学术水平，具有教育科学理论的基础知识，能全面、熟练地履行职务职责。

(4) 满足学历、学位要求。

(5) 身体健康，能正常工作。

为保障幼儿的生命安全和维持幼儿园正常秩序，有犯罪记录者和精神病史者不得在幼儿园工作。幼儿园及其他幼儿教育机构在选聘幼儿园教师的过程中，应当考虑以下方面。

1) 幼儿园教师资格

教师资格制度是国家对教师实行的一种特定的职业许可制度，是国家对专门从事教育教学工作人员的最基本要求，也是公民获得教师岗位的法定前提条件。为加强幼儿园教师队伍建设，提高幼儿教育师资水平，近年来我国对幼儿园教师资格考试制度进行了改革。根据《国家中长期教育改革和发展规划纲要(2010—2020年)》关于加强教师队伍建设的意见，教育部已于2011年下半年开始在湖北、浙江两个省份开展中小学和幼儿园教师资格考试改造试点工作。此次两省的试点改革，有以下几点改变。

(1) 实行"学历"与"幼儿园教师资格证"分离制度。取消了以往幼儿园教师资格证随毕业证书一起发放的做法，规定2012年8月1日以后入学的所有专科及以上学历的学生，一律需要参加国家的幼儿园教师资格证考试。只有考试合格，身体、师德、任职或学习等符合相关文件要求，才能取得幼儿园教师资格证。中专学历不能参加教师资格证考试，专科及以上学历但不是学前教育专业的参考人员，需要经过专门集中培训才能参加资格证考试。

(2) 国家统一进行资格证考试。如申请幼儿园、小学、初级中学、高级中学、中等职业学校教师资格和中等职业学校实习指导教师资格的人员，必须参加国家教师资格考试。由教育部制定教师专业标准、教师资格考试标准和教师资格考试大纲，并负责命题工作，统一考试时间，规范考试科目，全面考查教师资格申请人的身心素质和教育教学能力。资格证考试包括笔试和面试。幼儿园教师资格考试笔试内容分为综合素质考试和保教知识与能力考试。面试内容包括说课、综合艺术能力展示等。

(3) 教师资格证实行五年一周期的定期注册。在五年之内从事幼儿教育工作、具有360学时的培训记录且每年考核合格方能续签幼儿园教师资格证。

(4) 实行资格证全国联网制度。幼儿园教师资格证全国通用,建立信息库进行网上管理。

(5) 推进新任教师公开招聘制度改革,逐步形成"国标、省考、县聘、校用"的教师准入和管理制度。2013年,此项工作已推广至河北省、上海市、广西壮族自治区、海南省、山东省和四川省。

2) 专业理念与师德

幼儿园教师的专业理念,指幼儿园教师"在理解教育工作本质的基础上形成的关于教育的观念和理性认识"。幼儿园教师应当贯彻国家教育方针,具有良好品德,热爱教育事业,尊重和爱护幼儿,努力学习专业知识和技能,提高文化和专业素养,为人师表,忠于职责,身心健康。《幼儿园教师专业标准(试行)》提出,幼儿园教师应热爱学前教育事业,具有职业理想,践行社会主义核心价值体系,履行教师职业道德规范;关爱幼儿,尊重幼儿人格,富有爱心、责任心、耐心和细心;为人师表,教书育人,自尊自律,做幼儿健康成长的启蒙者和引路人。

具体而言,幼儿园教师专业理念与师德要求包括:贯彻党和国家教育方针政策,遵守教育法律法规;理解幼儿保教工作的意义,热爱幼儿教育事业,具有职业理想和敬业精神;认同幼儿园教师的专业性和独特性,注重自身专业发展;具有良好职业道德修养,为人师表;具有团队合作精神;关爱幼儿,重视幼儿身心健康,将保护幼儿生命安全放在首位;尊重幼儿人格,维护幼儿合法权益,平等对待每一个幼儿;信任幼儿,尊重个体差异,主动了解和满足有益于幼儿身心发展的不同需求;重视生活对幼儿健康成长的重要价值,积极创造条件,让幼儿拥有快乐的幼儿园生活;注重保教结合,培育幼儿良好的意志品质,帮助幼儿形成良好的行为习惯;注重保护幼儿的好奇心,培养幼儿的想象力,发掘幼儿的兴趣爱好;重视环境和游戏对幼儿发展的独特作用,创设富有教育意义的环境氛围,将游戏作为幼儿的主要活动;重视丰富幼儿多方面的直接经验,将探索、交往等实践活动作为幼儿最重要的学习方式;重视自身日常态度言行对幼儿发展的重要影响与作用;重视幼儿园、家庭和社区的合作,综合利用各种资源。

幼儿园教师不得违背职业道德,损害幼儿的身心健康,否则将承担相应的后果甚至法律责任。

3) 专业知识和专业能力

根据《幼儿园教师专业标准(试行)》的要求,幼儿园教师必须具有相应的专业知识和专业能力。幼儿园教师必须具备的专业知识包括幼儿发展知识、幼儿保育和教育知识、通识性知识三个方面。具体而言,幼儿园教师要了解和掌握关于幼儿发展的知识,以维护幼儿的身心健康,促进幼儿健康成长;幼儿园教师要具备一定的幼儿保育和教育知识,熟悉幼儿园教育的目标、任务、内容、要求及基本原则,科学开展幼儿园一日保教活动;幼儿园教师要具有一定的自然科学和人文社会科学知识,了解中国教育基本情况,掌握幼儿各领域教育的特点和基本知识,不断提高自身文化素养,促进教育教学水平的提升。

幼儿园教师应具有环境的创设与利用能力、一日生活的组织与保育能力、游戏活动的支持与引导能力、教育活动的计划与实施能力、激励与评价能力、沟通与合作能力、反思与发展能力等。

4) 幼儿园教师劳动合同

劳动合同是指劳动者与用人单位之间确立劳动关系，明确双方权利和义务的书面协议。幼儿园及其他幼儿教育机构与幼儿园教师依法订立的劳动合同具有法律效力，对聘任双方均有约束力。幼儿园教师必须按劳动合同履行义务，完成合同规定的教育教学任务，幼儿园及其他幼儿教育机构必须按照规定向教师支付报酬，提供教学、科研、进修、学术交流等教师培训与专业发展的条件。

根据《中华人民共和国劳动合同法》(以下简称《劳动合同法》)的相关规定，幼儿园教师与幼儿园或其他幼儿教育机构订立劳动合同时应遵循以下原则。

(1) 合法原则，合法是劳动合同有效的前提条件。所谓的合法，是指劳动合同的形式和内容必须符合法律、法规的规定。首先，劳动合同的形式要合法。依据《劳动合同法》的相关要求，劳动合同需要以书面形式订立，否则用人单位要承担不订立书面合同的法律后果，如《劳动合同法》第八十二条规定，用人单位自用工之日起超过一个月不满一年未与劳动者订立书面劳动合同的，应当向劳动者每月支付二倍的工资。其次，劳动合同的内容要合法。《劳动合同法》第十七条专门规定了劳动合同的九项内容及相关要求，如劳动合同期限、工作时间、劳动报酬、劳动保护等。幼儿园教师与用人单位订立劳动合同时必须遵循以上规定，否则当事人要承担相应的法律责任。

(2) 公平原则，公平原则是指劳动合同的内容应当公平、合理。幼儿园及其他幼儿教育机构与幼儿园教师签订的劳动合同在合法的同时，要注意合同双方责、权、利的统一，对幼儿园教师的责、权、利的要求应适度，满足幼儿园教师的基本权益和我国按劳付酬的用人用工要求。

(3) 平等自愿原则，所谓平等原则，是指劳动者和用人单位在订立劳动合同时法律地位是平等的，没有高低、从属之分。只有地位平等，双方才能自由真实地表达自己的意愿。

(4) 协商一致原则，即幼儿园及其他幼儿教育机构和幼儿园教师要对合同的内容达成一致意见。劳动合同应当是双方意见达成一致的结果，任何一方不能凌驾于另一方之上，不得把自己的意志强加给对方，也不能强迫命令、胁迫对方订立劳动合同。在订立劳动合同时，双方都要仔细研究合同的每项内容，进行充分的沟通和协商，解决分歧，最终达成一致意见。双方只有订立体现双方真实意志的劳动合同，才能忠实地履行合同的约定。

(5) 诚实守信原则，诚实守信原则是指在订立劳动合同时双方要诚实、讲信用，不得有欺诈行为。根据《劳动合同法》第八条规定，用人单位招用劳动者时，应当如实告知劳动者工作内容、工作条件、工作地点、职业危害、安全生产状况、劳动报酬，以及劳动者要求了解的其他情况；用人单位有权了解劳动者与劳动合同直接相关的基本情况，劳动者应当如实说明。现实中，有的幼儿园给幼儿园教师提供的工作条件和待遇与约定的不一样，也有幼儿园教师提供假文凭的情况，这些行为都违反了诚实守信原则。

幼儿园及其他幼儿教育机构自用工之日起即与幼儿园教师建立了劳动关系，应当订立书面劳动合同。劳动合同可以分为以下三类。①固定期限劳动合同，即用人单位与劳动者约定合同终止时间的劳动合同。如果幼儿园教师与幼儿园或其他幼儿教育机构签订的劳动合同中，明确约定了合同终止的时间，则该合同属于固定期限劳动合同。幼儿园教师与幼儿园或其他幼儿教育机构签订的大多都是此类合同。②无固定期限劳动合同，即用人单位与劳动者约定无确定终止时间的劳动合同。有下列情形之一，劳动者提出或者同意续订、订立劳动合同的，除劳动者提出订立固定期限劳动合同外，应当订立无固定期限劳动合同：劳动者在该用人单位连续工作满十年的；用人单位初次实行劳动合同制度或者国有企业改制重新订立劳动合同时，劳动者在该用人单位连续工作满十年且距法定退休年龄不足十年的；连续订立两次固定期限劳动合同，且劳动者胜任本职工作、没有严重违反用人单位规章制度情形的。无固定期限劳动合同在一定程度上医治了劳动合同短期化和空缺化的痛疾，有利于劳动关系的稳定，能更好地保护劳动者的合法权益。但是，无固定期限劳动合同并不等同于"铁饭碗"。③以完成一定工作任务为期限的劳动合同，是指用人单位与劳动者约定以某项工作的完成为合同期限的劳动合同。例如，幼儿园聘请某教师作为年度教学基本功大赛的舞蹈教练，聘期至大赛结束，该合同就属于以完成一定工作任务为期限的劳动合同。

幼儿园教师与幼儿园或其他幼儿教育机构协商一致，可以解除劳动合同。教师要解除劳动合同需提前三十日以书面形式通知幼儿园或其他幼儿教育机构，如果教师还在试用期内，则需提前三日通知用人单位。幼儿园或其他幼儿教育机构有下列情形之一的，幼儿园教师可以解除劳动合同：①未按照劳动合同约定提供劳动保护或者劳动条件的；②未及时足额支付劳动报酬的；③未依法为幼儿园教师缴纳社会保险费的；④用人单位的规章制度违反法律、法规的规定，损害劳动者权益的；⑤以欺骗、胁迫或乘人之危签订劳动合同的；⑥被依法追究刑事责任的。根据《中华人民共和国妇女权益保障法》《劳动合同法》等法律规定，任何单位不得因结婚、怀孕、产假、哺乳等情形，辞退女职工，单方解除劳动合同。在本单位连续工作满十五年，且距法定退休年龄不足五年的幼儿园教师，幼儿园或其他幼儿教育机构也不得随意辞退。

(二) 幼儿园教师工作时间和休息、休假

工作时间与休息、休假是相互依存的，如果工作时间多一点，那么休息、休假时间自然就少一些。幼儿园教师的工作时间和休息、休假必须遵循《劳动合同法》的相关规定。

1. 幼儿园教师的工作时间

根据《劳动合同法》和1995年5月1日发布施行的《国务院关于职工工作时间的规定》，我国目前原则上实行每日工作8小时、每周工作40小时这一标准工时制度。其中，国家机关、事业单位实行统一的工作时间，周六、周日为每周休息日。幼儿园应按照事业单位安排工作时间。

2. 幼儿园教师的休息、休假

国务院《职工带薪年休假条例》第二条规定，机关、团体、企业、事业单位、民办非

企业单位、有雇工的个体工商户等单位的职工连续工作1年以上的，享受带薪年休假(以下简称年休假)；单位应当保证职工享受年休假；职工在年休假期间享受与正常工作期间相同的工资收入。第三条规定，职工累计工作已满1年不满10年的，年休假5天；已满10年不满20年的，年休假10天；已满20年的，年休假15天。国家法定休假日、休息日不计入年休假的假期。

《国务院办公厅关于2022年部分节假日安排的通知》规定，我国法定节假日包括：元旦(3天)、春节(7天)、清明节(3天)、劳动节(5天)、端午节(3天)、中秋节(3天)、国庆节(7天)，共计31天。我国法定节假日具体的放假时间各年略有不同。总之，幼儿园应严格执行国家的节假日放假制度。

《职工带薪年休假条例》第四条规定，如果职工依法享受寒暑假，其休假天数多于年休假天数的，则不享受当年的年休假。《中华人民共和国教师法》第七条第四款规定，教师依法享有寒暑假期的带薪休假的权利。因此，一般情况下幼儿园教师不实行年休假制度，但如果幼儿园应家长之需没有寒暑假，幼儿园教师则可享受年休假。

3. 幼儿园教师的加班

《劳动合同法》第三十一条规定，用人单位应当严格执行劳动定额标准，不得强迫或者变相强迫劳动者加班。用人单位安排加班的，应当按照国家有关规定向劳动者支付加班费。法定的加班是根据用人单位需求的加班，不包括劳动者的自愿加班。

有关加班时间，《中华人民共和国劳动法》第四十一条规定，用人单位由于生产经营需要，经与工会和劳动者协商后可以延长工作时间，一般每日不得超过一小时；因特殊原因需要延长工作时间的，在保障劳动者身体健康的条件下延长工作时间每日不得超过三小时，但是每月不得超过三十六小时。

关于加班工资，《中华人民共和国劳动法》第四十四条规定，有下列情形之一的，用人单位应当按照下列标准支付高于劳动者正常工作时间工资的工资报酬：①安排劳动者延长工作时间的，支付不低于工资的百分之一百五十的工资报酬；②休息日安排劳动者工作又不能安排补休的，支付不低于工资的百分之二百的工资报酬；③法定休假日安排劳动者工作的，支付不低于工资的百分之三百的工资报酬。对于实行标准工时制的劳动者，如果在国家法定休假日加班，单位应当以不低于日工资基数的三倍支付加班工资，而在非国家法定休假日加班，单位当以公休日加班的标准给予其双倍工资。

4. 幼儿园教师依法执教

"依法执教"这一概念最早是在1997年8月7日国家教育委员会和全国教育工会颁布的《中小学教师职业道德规范》中提出的。依法执教是指教师要根据法治原则，严格依照法律规定开展教育教学活动，是教师教育教学权法治化的体现。幼儿园教师依法执教主要体现在以下几个方面。

1) 幼儿园教师的保教活动要符合法律、法规的规定

幼儿园教师要依据《中华人民共和国教育法》《中华人民共和国教师法》《幼儿园工作规程》《幼儿园教育指导纲要(试行)》等法律、法规的要求开展保教活动，活动的目

标、内容、形式等都必须合法，如《中华人民共和国教师法》第七条赋予教师从事教育教学工作的权利，据此规定幼儿园教师在开展具体的教育教学活动时，可以比较自由地选择教育教学内容。但这并不意味着幼儿园教师选择教学内容时不受任何限制，《中华人民共和国教育法》第八条就明确规定"国家实行教育与宗教相分离"。

2) 依法行使教育教学改革权、对幼儿发展评定权等

《中华人民共和国教师法》第七条规定，教师有"开展教育教学改革和实验"的权利。但教师行使这项改革权要受到有关法律的约束，不是想怎么改就可以怎么改。譬如，幼儿园教师进行教学活动改革时就必须遵守2011年12月28日教育部颁发的《关于规范幼儿园保育教育工作防止和纠正"小学化"现象的通知》的相关规定。同样，依据相关规定，幼儿园教师享有评定幼儿发展的权利。这是幼儿园教师开展正常保教活动所必需的，但幼儿园教师在行使此项权利时必须遵守公平、公开、公正的原则，并接受必要的监督和约束。

3) 制止有害于幼儿或其他侵犯幼儿合法权益的行为

依《中华人民共和国民法典》规定，未成年人的父母或其他监护人对未成年人有监护职责。所以，在日常生活中，确保未成年人安全及合法权益的责任主要落在父母或其他监护人身上。但当该未成年人进入学校接受教育时，学校就负有对其确保安全的责任。《中华人民共和国教师法》第八条第五款规定，教师在教育教学过程中有义务"制止有害于学生的行为或者其他侵犯学生合法权益的行为"，该条例对幼儿园教师也不例外。

> **案例**
>
> 　　读幼儿园大班的晶晶跟奶奶一起住，他们家所在的胡同只住了两户人。两天前，邻居家来的客人将一个装有手机和几千元现金的提包落在了停在门口的摩托车上，几分钟后想起来时，提包已经不见了。邻居向派出所报了案，并提出可能是晶晶的奶奶拿走了提包。由于事发当天，晶晶因病没有去幼儿园，留在家里跟奶奶在一起，负责办案的警察便希望通过问晶晶获得线索。不过，警察来到幼儿园要求找晶晶了解情况时，幼儿园园长却拒绝了他们的要求。根据《中华人民共和国未成年人保护法》的儿童优先原则，要求成人或社会做决定时，应考虑到符合儿童的最大权益。《中华人民共和国未成年人保护法》明确规定了家庭、学校和社会对保护未成年人所应承担的各种义务。幼儿园作为保育、教育机构，在保教过程中，除了要求本园教职工应当依法从教，尊重、保护幼儿的各项合法权益外，还应特别注意在保教工作中防范社会上的其他人员(如家长、其他部门的人员等)可能对幼儿合法权益的侵害。因此，幼儿园园长拒绝警察的要求合法。

5. 育龄女性幼儿园教师的休假与劳动保护

幼儿园教师以女性居多，受生理因素和生育影响，育龄妇女可以享受特殊的假期和劳动保护，而当前我国幼儿园教师在女性特殊休假和劳动保护方面存在诸多问题，故需特别强调。

2012年4月18日，国务院颁布的《女职工劳动保护特别规定》第六条提出，女职工在孕期不能适应原劳动的，用人单位应当根据医疗机构的证明，予以减轻劳动量或者安排其他能够适应的劳动。对怀孕7个月以上的女职工，用人单位不得延长劳动时间或者安排夜班劳动，并应当在劳动时间内安排一定的休息时间。怀孕女职工在劳动时间内进行产前检查，所需时间计入劳动时间。该规定第九条指出，对于哺乳未满1周岁婴儿的女职工，用人单位不得延长劳动时间或者安排夜班劳动。用人单位应当在每天的劳动时间内为哺乳期女职工安排1小时哺乳时间；女职工生育多胞胎的，每多哺乳1个婴儿每天增加1小时哺乳时间。该规定第十条建议，女职工比较多的用人单位应当根据女职工的需要，建立女职工卫生室、孕妇休息室、哺乳室等设施，妥善解决女职工在生理卫生、哺乳方面的困难。

> **案例**
>
> 张老师于2016年到某幼儿园任教，工作中一直兢兢业业，深受园领导、同事及幼儿和家长的好评。2019年2月1日，她开始休产假，假期至2019年5月1日止。6月19日，张老师回到幼儿园工作，因孩子尚处于哺乳期，工作时间内需要请假回家哺乳孩子。2019年10月13日，幼儿园领导正式通知张老师，她被幼儿园解雇了，理由是其因为哺乳孩子耽误了幼儿园的教学工作。幼儿园严重违反了《中华人民共和国妇女权益保障法》和《劳动合同法》的相关规定。对于该园的违法行为，张老师可以向当地教育行政部门或其他政府部门进行申诉。

(三) 幼儿园教师工资和社会保险

《中华人民共和国教育法》第三十四条规定，国家保护教师的合法权益，改善教师的工作条件和生活条件，提高教师的社会地位。教师的工作报酬、福利待遇，依照法律、法规的规定办理。工资和社会保险是教师生活的重要保障。

1. 工资与幼儿园教师工资

工资也称为薪酬或薪金，有广义和狭义之分。广义上的工资是指职工的一切劳动报酬，即在劳动关系中，企业、事业、机关、团体等用人单位按照劳动者劳动的数量和质量，以法定方式支付给劳动者的各种形式的物质补偿。这些补偿包括当期支付的工资和延期支付的职工福利等。可见，广义上的工资不仅是职工劳动应得的当期工资，也包括后期支付的各种福利待遇。工资和其他劳动报酬或劳动收入(如农民劳动报酬、个体劳动收入、劳务报酬等)相比具有如下特征。

(1) 工资是职工基于劳动关系所获得的劳动报酬。也就是说，职工所从事的不是独立劳动，而是由用人单位或雇主指定、安排并接受统一管理的劳动，职工完成相应的劳动任务而获得的劳动报酬即为工资。

(2) 工资是用人单位对职工履行劳动义务的一种物质补偿，支付工资是用人单位必须履行的基本义务。

(3) 工资数额的确定必须以劳动法、劳动政策、劳动合同的规定为依据。

(4) 工资必须以法定方式支付，并且应当是持续的、定期的，禁止非法扣除、拖欠职工工资。

幼儿园教师的工资是幼儿园教师通过进行教育教学工作所获得的劳动报酬。工资是幼儿园教师生活的基本物质保障，国家必须保障幼儿园教师按时获取工资报酬，以及正常的晋级增薪，享受国家规定的福利待遇和寒暑假期的带薪休假。《中华人民共和国教师法》第二十五条、第二十六条、第二十七条对教师的工资水平、增薪制度、津贴、补贴等方面做出了原则性的规定。

2. 幼儿园教师工资水平

《中华人民共和国教师法》第二十五条明确规定，教师的平均工资水平应当不低于或者高于国家公务员的平均工资水平，并逐步提高。教师平均工资用法律的形式是难以确定的，因此有必要借助于一个参照标准。教师作为教育教学的专业人员，在确定其劳动报酬和福利待遇标准时，既要考虑教师劳动的特点和社会价值，又要考虑社会经济发展水平及教育事业发展的需要。幼儿园教师的服务对象是身心发展还很不成熟的幼儿，由于其独立生活能力还比较差，因此，幼儿在园一日生活的各个环节都需要教师的支持、帮助和指导。相对于中小学教师而言，幼儿园教师的劳动更为全面、细致、繁重。国家在制定幼儿园教师劳动报酬时必须考虑这些因素。

党中央、国务院历来高度重视教师队伍建设，注重切实保障教师的合法权益和待遇。《国务院关于加强教师队伍建设的意见》和教育部《关于加强幼儿园教师队伍建设的意见》指出，幼儿园教师待遇、地位要不断提高，保障教师工资足额按时发放，公办幼儿园教师执行统一的岗位绩效工资制度，享受规定的工资倾斜政策，企事业单位办、集体办、民办幼儿园教师工资和社会保险由举办者依法保障。

2012年，国务院颁布的《女职工劳动保护特别规定》第五条指出，用人单位不得因女职工怀孕、生育、哺乳降低其工资、予以辞退、与其解除劳动或者聘用合同。

3. 幼儿园教师的晋级增薪制度

《中华人民共和国教师法》第二十五条规定，建立正常晋级增薪制度，具体办法由国务院规定。正常的晋级增薪制度，对于调动广大教师的工作积极性具有十分重要的意义。

晋级增薪要与对幼儿园教师的考核挂钩，幼儿园或其他幼儿教育机构要建立健全教师考核评价制度，完善重师德、重能力、重业绩、重贡献的教师考核评价标准，探索实行幼儿园、幼儿、家长、教师和社会等多方参与的评价办法，引导教师潜心幼儿教育事业。考核应当客观、公正，充分地听取教师本人、其他教师及家长、幼儿的意见。根据对教师工作的评估结果，实行相应的晋级增薪。

幼儿园教师的晋级增薪主要从基本工资、工作补贴和奖金三个方面来体现。基本工资由岗位工资、薪级工资和教龄津贴构成，根据教师本人工作年限、任教年限和所聘专业技术职务确定，随着教师工作年限的增加和专业技术职务的晋升，工资水平也会随之提升。工作补贴根据专业技术职务核定，随着幼儿园教师专业技术职务的提升，相应的工作补贴也随之上涨。奖金则根据办园效益和幼儿园教师的个人工作量、工作业绩等确定并发放。

4. 幼儿园教师的津贴、补贴

津贴是对劳动者在特殊条件下的额外劳动消耗或额外费用支出而支付给劳动者的劳动报酬。补贴是指为了保障劳动者的生活水平不受特殊因素的影响而支付给劳动者的劳动报酬。补贴与劳动者的劳动没有直接联系，发放的主要依据是国家有关政策规定，如物价补贴、边远地区生活补贴等。

《中华人民共和国教师法》第二十六条规定，中小学教师和职业学校教师享受教龄津贴和其他津贴，具体办法由国务院教育行政部门会同有关部门制定。中小学教师包括幼儿园教师，因此本规定也适用于幼儿园教师。幼儿园教师的教龄津贴，是鼓励教师长期安心从事幼儿教育事业的一项措施。幼儿园教师的其他津贴，如特殊教育津贴、园长津贴、教研组长津贴、年级组长津贴、班长津贴等，是对这些岗位的教师多付出劳动的一种补偿性报酬。

《中华人民共和国教师法》第二十七条规定，地方各级人民政府对教师及具有中专以上学历的毕业生到少数民族地区和边远贫困地区从事教育教学工作的，应当予以补贴。这是一种地区补贴，也是国家为促进少数民族地区和边远贫困地区教育发展而采取的一项有力举措。国务院《关于加强教师队伍建设的意见》及教育部《关于加强幼儿园教师队伍建设的意见》均强调，对长期在农村基层和艰苦边远地区工作的教师实行工资倾斜政策；中央在基建投资中安排资金，支持加快建设农村艰苦边远地区学校教师周转宿舍；鼓励地方政府将符合条件的农村教师(也包括农村幼儿园教师)住房纳入当地住房保障范围统筹予以解决。以上政策规定都是国家对幼儿园教师补贴的具体表现。

> **案 例**
>
> 某市政府出台了《关于进一步加强农村幼儿教育工作的意见》，提高农村幼儿园教师待遇。
>
> 该意见要求该市各县(市、区)、各乡(镇)根据国家关于幼儿园人员编制标准，足额配齐农村幼儿园教职员工，并有计划地把农村幼儿园教师逐步纳入全额拨款事业编制。农村民办幼儿园教职员工在职称评定、评优选模等方面享受与其他公办幼儿园的同等待遇。该意见还要求采取个人缴纳、集体补助、政府补贴等方式，为在职村办幼儿园教师办理养老保险。女教师年满55周岁，男教师年满60周岁开始领取养老保险金。同时，各县(市、区)政府要监督保障农村幼儿园教师工资的发放，农村幼儿园教师工资不得低于当地最低工资标准，并要做到按月发放。

5. 民办幼儿园教师的工资及福利待遇

随着民办教育的快速发展，民办幼儿园数量迅猛增长，民办幼儿园教师队伍成了一个不可忽视的群体。《中华人民共和国民办教育促进法》第二十八条规定，民办学校的教师、受教育者与公办学校的教师、受教育者具有同等的法律地位。《国务院关于加强教师队伍建设的意见》多次强调，要建立健全民办学校教师管理相关制度，依法保障和落实民办学校教师在培训、职务(职称)评审、教龄和工龄计算、表彰奖励、社会活动等方面与公办学校教师享有同等权利。据此规定，民办幼儿园应当依法保障教职工的工资、福利待遇，按规定为教师足额缴纳社会保险费和住房公积金。教育主管部门要保障民办幼儿园教职工在业务培训、职务聘任、教龄和工龄计算、表彰奖励、社会活动等方面依法享有与公办幼儿园教职工同等的权利。要确保幼儿园教师同工同酬，不因幼儿园教师是民办还是公办、"在编"还是"不在编"而存在工资水平差异。民办幼儿园及其他幼儿教育机构不得非法拖欠、克扣幼儿园教师工资。

> **案例**
>
> 2019年7月20日上午，某幼儿园10余名老师，由于不满园长陶某克扣工资等原因，停课约2小时。全园老师约30名，当日早晨近一半的人罢课，不上课是为抗议园长陶某无故克扣工资等行为。老师们介绍，她们与园方签有聘用合同，但其中只规定老师的义务，未注明工资数额和奖惩标准。姚老师说，她来此工作逾4个月。面试时，园长陶某说前三个月会依表现发工资，最高不超过7500元，3个月后每月7600元，但在第4个月，陶某未说明原因，仍只发7500元。园长陶某随意克扣教师工资侵害了教师按时获取足额劳动报酬的权利。幼儿园应根据《劳动合同法》《中华人民共和国教育法》《中华人民共和国教师法》等相关规定，重新和教师订立劳动合同，依法明确规定工资数额及相关福利待遇，此前克扣教师的工资应予以补偿。

6. 幼儿园教师"五险一金"

《中华人民共和国社会保险法》赋予公民享受社会保险待遇的合法权益，其第二条规定，国家建立基本养老保险、基本医疗保险、工伤保险、失业保险、生育保险等社会保险制度，保障公民在年老、疾病、工伤、失业、生育等情况下依法从国家和社会获得物质帮助的权利。第四条规定，个人依法享受社会保险待遇，有权监督本单位为其缴费情况。按照社会保险新规，用人单位欠缴社保费或处3倍罚款。

《国务院关于加强教师队伍建设的意见》第十八条强调，要健全教师社会保障制度，按照事业单位改革的总体部署，推进教师养老保障制度改革，按规定为教师缴纳社会保险费及住房公积金。据此规定，幼儿园及其他幼儿教育机构有义务为教师缴纳各项社会保险和住房公积金，以保障幼儿园教师在年老、疾病、工伤、失业及生育等情况下的生活不受影响，并有基本住房保障。

1）养老保险

幼儿园教师应当参加基本养老保险，保险金额应按照本园职工工资额的20%计算，教师个人缴费金额为核定缴费基数的8%。按照国家新的保险法规，单位缴费不足15年的，允许个人缴费到15年，转入新农保或城镇居民养老保险。

2）医疗保险

《中华人民共和国社会保险法》第二十三条明确规定，职工应当参加职工基本医疗保险，由用人单位和职工按照国家规定共同缴纳基本医疗保险费。同时，《国务院关于建立城镇职工基本医疗保险制度的决定》明确规定，用人单位缴费率应控制在职工工资总额的

6%左右，职工缴费率一般为本人工资收入的2%。随着经济发展，用人单位和职工缴费率可做相应调整。

3) 工伤保险

根据《中华人民共和国社会保险法》的相关解释，幼儿园教师应当参加工伤保险，工伤保险费由用人单位缴纳，幼儿园教师本人无须缴纳工伤保险费。国家根据不同行业的工伤风险程度确定行业的差别费率，并根据使用工伤保险基金、工伤发生率等情况在每个行业内确定费率档次。行业差别费率和行业内费率档次由国务院社会保险行政部门制定，报国务院批准后公布施行。

4) 失业保险

失业保险是指国家通过立法强制实行的，由社会集中建立基金，对因失业而暂时中断生活来源的劳动者提供物质帮助的制度。依据《中华人民共和国社会保险法》和《失业保险条例》的相关规定，幼儿园教师应当参加失业保险，保险费由幼儿园教师和幼儿园或其他幼儿教育机构共同承担，其中幼儿园或其他幼儿教育机构按照本单位职工工资总额的2%缴纳失业保险费，幼儿园教师按照本人工资的1%缴纳失业保险费。

5) 生育保险

生育保险是国家通过社会保险立法，对生育职工给予经济、物质等方面帮助的一项社会政策。由于从事幼儿教育工作的教师绝大多数为女性，因此，生育保险对于幼儿园教师具有重要的现实意义。《中华人民共和国社会保险法》第五十三条规定，职工应当参加生育保险，由用人单位按照国家规定缴纳生育保险费，职工不缴纳生育保险费。根据企业职工生育保险试行办法的相关规定，生育保险费的提取比例最高不得超过本单位工资总额的1%。

6) 住房公积金

根据《住房公积金管理条例》的相关规定，住房公积金由职工和用人单位共同缴纳，职工和单位住房公积金的缴存比例均不得低于职工上年度月平均工资的5%；有条件的城市，可以适当提高缴存比例。依据相关规定，幼儿园教师个人缴存的住房公积金和幼儿园或其他幼儿教育机构为其缴存的住房公积金，属于教师个人所有，用于教师购买、建造、翻建、大修自住住房，任何单位和个人不得挪作他用。

为进一步健全农村教师的各项社会保障制度，《国务院关于加强教师队伍建设的意见》明确要求，中央在基建投资中安排资金，支持加快建设农村艰苦边远地区学校教师周转宿舍，鼓励地方政府将符合条件的农村教师住房纳入当地住房保障范围统筹予以解决。

> **案例**
>
> 2018年3月，徐老师应聘到某幼儿园工作。2018年8月16日，该幼儿园才与其签订了聘用合同。直到她2019年8月30日离职，该幼儿园一直都没有按照相关规定给她缴纳社保。另一名在该园任职过的教师李某反映，2018年8月31日，她应聘到这家幼儿园任教，幼儿园负责人总是找理由拒绝给员工缴纳社保，在对该幼儿园的考核制度等种种问题存在不满的情况下，她在合同期满后就离职了。两位教师就缴纳社保问题多次与

幼儿园负责人沟通未果后,向区劳动人事争议仲裁委员会请求帮助。2019年10月29日和11月12日,区劳动人事争议仲裁委员会依据《中华人民共和国社会保险法》和《中华人民共和国劳动法》中的相关规定,要求被申请人为申请人徐老师和李老师分别补缴社会保险。幼儿园拒不履行劳动仲裁决定,理由为:徐、李与该幼儿园签订的聘用合同规定"乙方试用期满后,工作满一年以上,将享有养老保险补贴。满一年后补贴社保的50%,满三年后补贴社保的70%。此社保由园方年底统一购买,乙方自己补足的部分将从每月工资中扣除。如合同期未满,中途离职,离职者不能享受"。根据《中华人民共和国社会保险法》的规定,为职工参保是用人单位的法定义务。该园规定的"乙方试用期满后,工作满一年以上,将享有养老保险补贴"显然是不合法的。另外,根据《中华人民共和国社会保险法》第八十三条的规定,个人与所在用人单位发生社会保险争议的,可以依法申请调解、仲裁,提起诉讼。因此,两位申请人可以向法院申请强制执行。

(四) 幼儿园教师专业发展

幼儿园教师专业发展是基于职务与工作的成长过程,其不仅表现为幼儿园教师内在业务能力的不断增强,还表现为幼儿园教师职称职务的提高、评优评奖和社会地位与待遇的提升。幼儿园教师的专业发展既依赖于教师个人的努力,也依赖于外在客观条件的保障。

1. 幼儿园教师专业发展的制度建设

2012年9月,《国务院关于加强教师队伍建设的意见》颁布,明确提出"要大力提高教师专业化水平",并从五个方面进行规范,其中诸多内容涉及幼儿园教师。下面择其要点进行陈述。

1) 完善幼儿园教师专业发展标准体系

根据各级各类教育的特点,出台幼儿园、小学、中学、职业学校等学校教师专业标准,如2011年12月,教育部颁布《幼儿园教师专业标准(试行)》,这是国家对合格幼儿园教师专业素养的基本要求,也是引领幼儿园教师专业发展的基本准则;制定幼儿园园长、普通中小学校校长、中等职业学校校长专业标准和任职资格标准。为进一步促进幼儿园教师专业发展,提升幼儿园教师"国培计划"培训质量,2012年5月,《"国培计划"课程标准(试行)》正式颁布实施,对"幼儿园教师国家级培训计划"各类项目的培训目标和建议课程设置均做出了详细论述。国家将制定师范类专业认证标准,开展专业认证和评估,规范师范类专业办学,建立教师培养质量评估制度。

2) 提高幼儿园教师培养质量

2011年10月,为落实教育规划纲要,深化教师教育改革,规范和引导教师教育课程与教学,培养造就高素质、专业化教师队伍,教育部颁布了《教师教育课程标准(试行)》。该标准在育人为本、实践取向、终身学习理念的指导下,对幼儿园职前教师教育课程目标与课程设置做出了详细规定。该标准要求根据幼儿园教师专业特点开设儿童发展、幼儿游戏与指导、0~3岁婴儿的保育与教育、幼儿园教育环境创设、师幼互动方法与实践、教师专业发展、音乐技能、舞蹈技能、美术技能等模块课程，并对不同层次类型学校(三年制专科、五年制专科、四年制本科)学生应修学分做出了具体规定；完善学前教育专业师范生招生制度，科学制订招生计划，确保招生培养与幼儿园教师岗位需求有效衔接，实行提前批次录取，选拔乐教、适教的优秀学生攻读学前教育专业；发挥教育部直属师范大学免费师范生教育的示范引领作用，鼓励支持地方结合实际实施免费师范生教育制度，扩大免费师范生学前教育专业招生规模，以满足当前国家对幼儿园教师的需求；扩大学前教育硕士、博士招生规模，培养高层次的幼儿园教师，目前，学前教育专业所培养的学生已涵盖大专、本科、硕士、博士等所有学历层次；创新教师培养模式，建立高等学校与地方政府、幼儿园联合培养教师的新机制，发挥好行业企业在培养"双师型"教师中的作用；加强幼儿园教师养成教育和教育教学能力训练，落实学前教育专业师范生教育实践不少于一学期制度；鼓励综合性大学毕业生从事幼儿园教师工作。

3) 建立幼儿园教师学习培训制度

要求实行五年一周期不少于360学时的教师全员培训制度，推行教师培训学分制度，采取顶岗置换研修、园本研修、远程培训等多种培训模式，大力开展幼儿园教师特别是农村幼儿园教师培训工作；推动信息技术与教师教育深度融合，建设教师网络研修社区和终身学习支持服务体系，促进教师自主学习；继续实施"幼儿园教师国家级培训计划"，进一步完善幼儿园教师培训项目，以更新幼儿园教师教育观念，提升其专业能力。

4) 完善幼儿园教师培养培训体系

《国务院关于当前发展学前教育的若干意见》明确提出，要完善学前教育师资培养培训体系。构建以师范院校为主体、综合大学参与、开放灵活的幼儿园教师教育体系，办好中等幼儿师范学校和高等师范院校学前教育专业，建设一批幼儿师范专科学校，积极探索初中毕业起点五年制学前教育专科学历教师培养模式；推动高等学校设立幼儿园教师发展中心，开展有针对性的教师教学培训，促进教育教学研究，提供多样化教师教学咨询指导服务，并推广教学改革创新成果；依托现有资源，加强幼儿园教师培养培训基地建设，如通过高等学校与幼儿园的合作，建立幼儿园教师发展学校等；推动各地结合实际，规范建设县(区)域教师发展平台。

5) 培养造就高端教育人才

实施幼儿园名师、名园长培养工程，探索幼儿园园长职级制，改进特级教师评选和管理工作等。《教育部关于进一步加强中小学校长培训工作的意见》提出要严格执行新任校长持证上岗制度，新任校长或拟任校长必须参加不少于300学时的任职资格培训；实行五年一周期不少于360学时的在任校长全员培训制度，并规范校长培训证书制度。

2. 幼儿园教师培养培训

《中华人民共和国教师法》第七条第六款专门规定，教师享有"参加进修或者其他方式的培训"的权利。赋予教师这一权利是适应时代发展的需要，也是提高教师专业化水平的必要条件。

1) 幼儿园教师培养培训的责任主体

幼儿园教师培训的责任主体包括各级人民政府、教育行政部门，各级各类幼儿园教师教育培训机构、幼儿园、社会相关部门(如财政部、卫健委等)及幼儿园教师本人。《中华人民共和国教师法》第十九条规定，各级人民政府教育行政部门、学校主管部门和学校应当制定教师培训规划，对教师进行多种形式的思想政治、业务培训。这一规定要求各级政府把组织教师培训作为一项重要工作，切实加强领导，创造有利条件，保障教师培训工作顺利进行。如自2011年以来，由教育部和财政部联合实施了针对中西部农村幼儿园教师和园长的"幼儿园教师国家培训计划"，各省教育行政部门针对幼儿园骨干教师、转岗教师开展了"省培计划"，幼儿园为本园教师开展了园本培训等。《国务院关于当前发展学前教育的若干意见》也强调，要完善幼儿教育师资培养培训体系，提升幼儿园教师培养培训质量，满足幼儿园教师职前职后的多样化的学习和发展需求。当然，接受教育培训既是幼儿园教师享有的权利，又是其必须履行的义务。

2) 幼儿园教师培养培训的内容

要建设一支师德高尚、热爱儿童、业务精良、结构合理的幼儿园教师队伍，幼儿园教师的培训内容就必须包括思想政治和业务培训。思想政治培训内容主要包括中国特色社会主义理论、社会主义核心价值体系、党的基本路线、形势政策及教师职业道德教育等。幼儿园教师的业务培训内容主要包括知识结构的优化、教育观念的更新、保教能力的提升、终身学习与持续发展意识和能力的提高等。与中小学教师不同的是，《幼儿园教师专业标准(试行)》明确提出幼儿园教师应具有相应的艺术欣赏与表现知识、环境创设与利用的能力及游戏活动的支持与引导能力等。因此，幼儿园教师培训内容应当体现其专业特点，如开展幼儿园玩具设计与制作培训、幼儿园艺术教育活动实施的培训、幼儿园游戏活动引导的培训等。通过培训不断提高幼儿园教师的专业素养，造就一支以幼儿为本、师德为先、能力为重、具有终身学习意识和能力的幼儿园教师队伍。

3) 幼儿园教师的培训类型与方式

按照幼儿园教师入职时期划分，幼儿园教师培训分为职前、入职和职后培训；按照幼儿园教师培训承办主体划分，可以分为国家级培训，省、地、县级培训，园本培训等；按照受训对象划分，可以分为幼教管理干部培训、幼儿园园长培训、幼儿园教师培训、幼儿园保健人员培训等；按照培训承接主体划分，可以分为院校培训、基地培训、网络培训等。《国务院关于当前发展学前教育的若干意见》及《国务院关于加强教师队伍建设的意见》均强调要采用多种形式开展幼儿园教师培训工作，如我国"幼儿园教师国家级培训计划"就包括农村幼儿园教师短期集中培训、农村幼儿园"转岗教师"培训和农村幼儿园骨干教师置换脱产研修三类培训项目。要充分利用省域内外高水平师范院校、综合大学、幼儿师范专科学校、幼儿师范学校和教师培训机构，采取集中培训、"送培到县""送教上门"、远程培训等多种方式对农村幼儿园教师进行培训，不断创新幼儿园教师培训模式。

4) 幼儿园教师职务(职称)评审

教师职务是根据学校教学、科研等实际工作需要设置的，有明确职责、任职条件和任期，并具备专门的业务知识和相应的学术技术水平才能负担的专业技术工作岗位。2012年11月，教育部、中央机构编制委员会办公室、财政部、人力资源和社会保障部等发布的《关于加强幼儿园教师队伍建设的意见》指出，要完善幼儿园教师职务(职称)评聘制度；

合理确定幼儿园教师岗位结构比例；完善符合幼儿园教师工作特点的评价标准，重点突出幼儿园教师的师德、工作业绩和保教能力；结合事业发展和人才发展规划，合理确定幼儿园高级、中级、初级岗位之间的结构比例；对长期在农村基层和艰苦边远地区工作的幼儿园教师，在职务(职称)方面实行倾斜政策；确保民办和公办幼儿园教师公平参与职务(职称)评聘；按照有关规定，我国教师职务系列分为高等学校教师职务、中等职业学校教师职务、中学教师职务、小学教师职务和技工学校教师职务多个系列。在我国的教育系统中，幼儿教育没有独立的职称晋升系列，幼儿园教师被纳入中小学教师的职称晋升系列，参照中小学教师职称晋升的专业要求及标准参与评审。教育部《关于深化中小学教师职称制度改革指导意见》明确提出，设置统一的中小学教师职务系列，并增设正高级职称，统一后的中小学教师职称(职务)名称依次为三级教师、二级教师、一级教师、高级教师和正高级教师。自此，幼儿园教师队伍中也将有相当于大学教授级别的教师。

(五) 幼儿园教师劳动争议与法律救济

如前文所述，按照国家相关法规，幼儿园教师享有多项权益，但在现实工作中并不是每位幼儿园教师的每一项权益都能完全得以保障和落实。一旦幼儿园教师权益受损，就会产生劳动争议和法律救济。

1. 劳动争议

劳动争议又称劳动纠纷、劳资争议或劳资纠纷，它是指劳动关系当事人之间因劳动权利和义务问题所发生的争议。

根据争议的性质不同，幼儿园教师与用人单位的劳动争议主要包括权利争议和利益争议。

1) 权利争议

权利争议是指基于法律、集体合同或劳动合同的规定，当事人因主张权利是否存在或有无受到侵害或有无履行合同约定义务等而发生的争议。这种争议是围绕着既得权利的实施而发生的。也就是说，引发争议的权利是法律上早已规定了的，或在集体合同或劳动合同上已经约定好的权利。用人单位剥夺或损害了法律赋予劳动者的权利，或没按集体合同或劳动合同的约定履行自己的义务，由此而引发的劳动争议都属于权利争议。如幼儿园不按规定给教师缴纳社会保险，劳动聘用期结束却不允许教师辞聘等，这些都属于权利争议。由于幼儿园教师多为女性，因此，幼儿园教师与用人单位发生的权利争议有其特定的表现形式，如孕期、产期或哺乳期内被辞退，不为教师缴纳生育保险，安排哺乳期内教师加班等。

> **案例**
>
> 2018年11月底，某幼儿园老师居某与徐某向所在幼儿园提出，按合同规定享受孕妇有关福利，没想到园方竟提出要与她们解除合同。1个月后，园方在园内张贴了开除这两名怀孕教师的公告，并把开除通知送到她们手上。两人不服园方这一决定，向有关部门反映，希望维护自己的合法权益，却屡屡遭拒。无奈之下，她们只好于2019年

4月起诉到区法院。《中华人民共和国母婴保健法》《中华人民共和国劳动法》都明确规定了用人单位不得以结婚、怀孕、产假、哺乳为由，辞退女职工或者单方解除劳动合同。某幼儿园在教师怀孕期间单方解除劳动合同的行为，显然违反了有关法律规定。因此，该园不仅不得以怀孕、产假、哺乳为由辞退两名教师，同时还要依法保障两名教师的相关福利待遇。

2) 利益争议

利益争议一般是指因为确定或变更劳动者的权利和义务而发生的劳动争议，即当事人对将来构成彼此间权利和义务的劳动条件，主张继续保持现有条件或应予以变更而发生的争议。如果说权利争议是对既定权利的争议，那么利益争议就是对有待确定的权利和义务的争议。利益争议一般不会发生在劳动合同的确定中，如果在劳动合同的签订中发生争议，双方便不可能签订劳动合同。所以，利益争议较多发生在劳动关系运行过程中集体合同的订立或变更环节，如幼儿园教师怀孕后被削减工资，工作岗位被调整为保育员或工勤人员等。

《中华人民共和国劳动法》第七十七条规定，用人单位与劳动者发生劳动争议，当事人可以依法申请调解、仲裁、提起诉讼，也可以协商解决。据此规定，我国劳动争议的处理方式主要有以下几种。

(1) 协商，是指劳动争议双方当事人直接接触，以诚相待，通过对话相互理解、让步，最终达成谅解，从而解决劳动争议的一种方式。协商可以贯穿劳动争议处理的任何阶段，劳动争议发生后，只要双方当事人愿意协商解决的，都可以协商解决。协商不是处理劳动争议的必经程序，双方当事人可以不经协商而直接申请调解或向劳动争议仲裁委员会申请仲裁。

(2) 调解，由第三方居中主持，通过疏导、说服，促使当事人双方互相谅解、相互谦让，解决纠纷。第三方对调解协议的达成具有主导作用。

案例

2018年6月1日，郑老师应聘到某私人幼儿园工作，应聘时双方约定，一经录用，幼儿园会签订劳动合同，缴纳"五险一金"，但工作一年后，幼儿园没有跟郑老师签订劳动合同，"五险一金"也没有缴纳。工作13个月后，郑老师与园长协商缴纳保险并签订书面劳动合同，但被拒绝。于是，郑老师辞职，带着幼儿园的法人资格证书复印件等相关证据，到区法院提起诉讼，要求幼儿园支付其从2018年6月至2019年7月的两倍工资，补缴社会保险、医疗保险、工伤保险、生育保险、住房公积金。区法院认为此案可以通过诉前调解解决，于是立即联系了区劳动关系协调委员会办公室，启动了三方协调机制。后经劳动人事争议仲裁委员会的调解，郑老师拿到了幼儿园支付的经济补偿金，双方在劳动争议调解书上签字。

(3) 仲裁，根据性质不同，仲裁可以分为民间仲裁和国家仲裁。在我国，劳动争议仲裁属于国家仲裁，即由法律规定的仲裁机关，以公正的第三人的身份，行使国家仲裁权，对当事人之间的劳动争议依法进行裁决。仲裁与调解虽然都有第三人的参与，但两者的方式是有差异的。在调解方式中，第三人只能通过自己的说服，促成双方当事人达成调解协议，而不能直接强行对双方当事人之间的权利和义务关系做出裁决。而在仲裁方式中，第三人享有仲裁权，即使不能促使双方当事人达成和解协议，也可以直接裁决。

(4) 诉讼，是指人民法院在劳动争议当事人参与下依法对劳动争议进行的裁决。在诉讼过程中，由国家司法机关代表国家行使审判权，对当事人之间的劳动纠纷进行审理并做出裁决。与其他几种方式相比，诉讼更具有权威性。

2. 法律救济

法律救济是指法律关系主体的相关权益受到损害时，特定机关通过一定的程序和途径对其利益进行恢复和补救的一种法律制度。法律救济的最终目的是补救权益受损者的合法权益，这也是法律救济的基本功能。权益受损者才是法律救济的对象，如果法律救济不能保护受损者的合法权益，对其权益损失进行补救，法律救济就失去了存在的意义。教育法律救济是指教育法律关系主体的合法权益受到侵犯并造成损害时，通过法定的程序和途径进行裁决，纠正、制止或矫正侵权行为，使受害者的权利得以恢复，利益得到补救的法律制度。教育法律救济是法律救济制度的重要组成部分。教育法律救济对于保护教育法律关系主体的合法权益，推动我国教育法制建设具有重要意义。

在教育领域中主要运用的法律救济渠道包括教育申诉制度、教育行政复议和教育行政诉讼等。

1) 教育申诉制度

教育申诉制度是指作为教育法律关系主体的个体及教育行政相对人，对学校或其他教育机构及有关政府部门做出的处理不服，或其合法权益受到侵害时，向有关教育行政部门或其他政府部门申诉理由，请求重新做出处理的制度。

根据《中华人民共和国教师法》的相关解释，教师可以提起申诉的问题主要包括以下三个方面。

(1) 教师认为学校或其他教育机构侵犯其合法权益的，可以提出申诉。这里的合法权益主要包括教师在职务聘任、教学科研、工作条件、民主管理、培训进修、考核奖惩、工资福利待遇、退休等各方面的合法权益。只要教师认为自己的合法权益受到损害，就可以提出申诉。

(2) 教师对学校或其他教育机构做出的处理决定不服的，可以提出申诉。在这里需要说明的是，对于学校或其他教育机构做出的处理决定，无论是否侵害了教师的合法权益，只要教师对处理不服，就可以提出申诉。

(3) 教师认为当地人民政府的有关行政部门侵犯其合法权益的，可以提出申诉。被申诉对象不能是人民政府，只能是政府的有关职能部门，如教育行政部门等。

教师申诉的受理机关因被诉对象的不同而有所不同。如果教师是对学校或其他教育机构提出申诉，受理申诉的机关为主管的教育部门；如果教师是对当地人民政府的有关行政部门提出申诉，受理申诉的机关可以是同级人民政府或上一级人民政府对口的行政主管部门。但是，申诉必须向行政机关提出，而不应向行政机关的个人提出。

2) 教育行政复议

教育行政复议是指教育行政相对人认为教育行政机关做出的具体行政行为侵犯了其合法权益，依法向做出该行为的上一级教育行政机关或法律、法规规定的其他行政机关提出申诉，受理行政机关对发生争议的具体行政行为进行复查，并决定是否应给予相对人以救济的法律制度。

与教育申诉制度不同在于，提出教育行政复议的相对人，不仅包括教师、学生这些自然人，还包括其他行政管理相对人，如学校或其他教育机构的法人。教育行政复议具有以下特征。

(1) 教育行政复议是一种特殊的行政行为。教育行政复议是行政机关依法行使职权，解决教育行政纠纷的行政行为，而不是司法机关解决纠纷的诉讼活动。行政管理相对人的申请是教育行政复议的前提条件，有申请才会有教育行政复议。

(2) 教育行政复议的提出以行政机关的具体行政行为为对象。对抽象行政行为不服，则不能申请教育行政复议。

(3) 教育行政复议的申请人只能是教育行政管理相对人，被申请人只能是做出具体行政行为的行政机关。

(4) 除法律有规定的外，教育行政复议决定不是终局决定。一般情况下，教育行政复议实行一级复议制，相对人对复议决定不服，不得再申请复议，但可以依法向人民法院提起行政诉讼。

(5) 教育行政复议案件的审理不适用于调解。调解的基础是双方地位平等，而在教育行政复议中，相对人和行政机关之间的地位并不平等，而且行政机关行使的是国家行政权力，无权自由处分，所以调解在教育行政复议中不能适用。

3) 教育行政诉讼

教育行政诉讼是指公民、法人或其他组织认为行政机关的具体行政行为侵犯了其教育法规所保护的合法权益，而以行政机关为被告提起诉讼。人民法院在双方当事人和其他诉讼参与人的参加下，进行审理做出判决。

教育行政诉讼具有以下特征。

(1) 教育行政诉讼的原告为认为行政机关的具体行政行为侵犯其合法权益的公民、法人或其他组织，被告是做出具体行政行为的行政机关。

(2) 教育行政诉讼必须是行政机关行使职权做出的具体行政行为，而当事人不服的诉讼。教育行政诉讼目的在于判断行政机关的具体行政行为是否合法。

(3) 教育行政诉讼具有救济和监督双重性质。通过诉讼，一是可以保护相对人的合法权益，给予相对人受损的合法权益以救济；二是可以监督行政机关，不滥用职权。

(4) 教育行政诉讼不得用调解作为审理和结案方式。因为行政机关享有公共权力，必须代表公共利益，依法行事。法院如果在审理案件时采取调解的方式，实际上就是对相对人做出让步，让相对人承认侵害合理，这不利于案件的公正审理。

一般来说，人民法院受理教育行政诉讼只需满足两个条件，就可以提起行政诉讼：

①人民法院只受理对行政机关具体行政行为不服的案件；②只要相对人"认为"行政机关和行政机关工作人员的具体行政行为侵犯了其合法权益，就可以提起诉讼。

第三节　小学教育政策法规

一、小学的权利和责任

(一) 小学的法律地位

在不同的法律关系中，小学具有不同的法律地位。在行政法律关系中，小学依法律法规授权对教师和学生实行管理时，是行政主体；在接受政府及行政机关行政管理时，小学是行政相对人；在民法法律关系中，小学是独立的法人。

1) 小学的行政主体地位

对学校行政主体地位的研究是从公立高等学校开始的，最先确认高等学校行政主体地位的是司法判例，即著名的"田永案"。审理此案的北京市海淀区人民法院认为，学校享有根据章程自主管理的权利，行使对受教育者颁发相应的学业证书的权利，学校在行使这些法律授予的权利时，属于法律法规授权组织，具备行政主体资格。随后学界对高等学校的行政主体资格从理论上又进行了探讨，进一步确认了高等学校的行政主体地位。

高等学校具有行政主体地位，那么公立小学是否与高等学校一样也具有行政主体地位呢？目前关于这方面的研究还是空白的。本书认为，教育法赋予学校的权利(虽然是"权利"，但有些"权利"具有"权力"的性质，如学业证书授予权、对教师和学生的奖励处分权)不仅仅是针对大学的，也是针对中小学的。大学和中小学只有人才培养层次的差别，没有法律地位的差别；只有权利范围大小的不同，没有权利性质的不同。大学作为法律法规授权组织，取得行政主体资格，小学也应当具备行政主体资格。

值得注意的是，从当代行政法的实际方法进程看，依授权来判断是否是行政主体的论证方法逐步被削弱，人们更倾向于从实际管理行为出发，审视管理者对被管理者的权利造成何种影响。若管理者对被管理者的重要权利乃至基本权利造成较大影响，而这种管理行为又可获得法律在某种程度上的授权(即使是某种模糊的概括权)，管理者也将被认为是一个行政主体。从目前法律确认的"授权"标准看，它在理论和实践中也被不断放宽，只要一项权能通过规范分析论证为法律授权，基于权利保障的需要，即可将管理者纳入行政主体的范围。从小学的实践权能看，小学虽然不像行政机关那样享有对外的公共管理权力，也不像大学那样拥有更多的办学自主权，但是小学的招生权、学籍管理权、学业证书授予权等，足以对学生的受教育权产生影响。如果小学不具备行政主体资格，小学就不能成为行政诉讼的被告，学生的基本权利就得不到法律救济。因此，小学在行使以上权利时，应当将其纳入行政主体的范围。

赋予小学行政主体地位的意义如下。

(1) 有利于小学独立行使教育管理权，以自己的名义独立行使行政权是行政主体的重要特征。法律赋予包括小学在内的所有学校以章程自主管理，对学生和教师实施奖励和处分，招收学生，对学生进行学籍管理和颁发学业证书的权利，这是所有学校依法享有的基本权利，应该得到充分的落实和尊重。应当看到，现实中的小学与大学相比，小学自主办学的空间还是很小的，许多本应属于小学的权力还掌握在当地教育行政部门手中。但是，我们相信，随着教育管理体制改革的进一步深入和学校办学自主权的进一步落实，会有更多的权力下放到小学校，小学作为行政主体的表征也会越来越明显。

(2) 有利于学生的权利救济。赋予小学行政主体地位不是为了促进小学教育管理行政化，其真实的意图在于更好地保护学生的正当权益。因为在我国行政诉讼中，行政诉讼的主体之一必须是行政主体，如果小学不是行政主体，学生的基本权利受到学校侵害时，学生就缺乏行政诉讼的途径，学校的管理行为也缺乏法律的审查和监督。赋予小学行政主体地位，一方面，要充分尊重和落实小学的办学自主权，认可小学的教育管理权；另一方面，小学的管理也不能游离于司法审查的范围之外，应当接受法律监督和审查，以便更好地保护学生的权益。

2) 小学的行政相对人地位

小学进行教育教学活动时，与其他社会组织一样也受到政府及其他行政机关行政权力的管理，这些机关包括教育行政部门和其他行政部门，如国土资源、人力资源与社会保障、卫生与食品安全、物价等部门。在小学与行政机关的关系中，行政机关是行政主体，小学是行政相对人。行政机关享有行政管理权，小学作为被管理的对象，应当接受行政机关管理，但是小学作为行政相对人，也享有行政参与权、行政受益权与行政保护权。行政参与权是指学校依法参与国家行政管理活动的权利，行政受益权是指学校依法从行政机关的管理活动中获得利益的权利。小学作为行政相对人的权利受到侵害时，可通过行政复议、行政诉讼的途径寻求救济。

3) 小学的法人地位

我国《教育法》赋予了学校法人地位，小学作为法人，同样具有法人的基本内涵和本质特征。

《教育法》第三十二条规定，学校及其他教育机构具备法人条件的，自批准设立或者登记注册之日起取得法人资格。那么小学取得法人资格的条件是什么呢？综合《中华人民共和国民法典》总则编第三章第一节关于法人的一般规定和《教育法》第二十七条规定的学校设立条件，小学成为法人的条件为以下几项。

(1) 依法成立，指依法律规定而成立。首先学校的设立合法，其设立的目的、宗旨要符合国家和社会公共利益的要求。教育尤其是义务教育具有公益性，《教育法》规定，教育活动必须符合国家和社会公共利益，必须与宗教相分离。这是国家设立学校的目的和宗旨，也是合法设立学校的前提条件。

(2) 法人成立的程序合法。《教育法》规定学校法人设立的程序是依批准设立或依登记注册设立，不论是依批准设立还是登记注册设立都履行一定的审批程序。一般来说，公立学校由政府批准设立，私立学校由相关职能部门审批登记注册。不管是何种方式，都需要登记注册取得法人资格证书。

(3) 有组织机构和章程。学校只是一个名称，其组织机构才是实体，学校的意思表示和教育活动是通过其组织机构来完成的，没有组织机构，学校的管理就无法进行，每一所小学都应当有自己的组织机构，如教务部门、学生部门、师资管理部门、总务后勤部门等，这些都是必需的。章程是每一所学校最重要、最基本的制度，每一所小学都必须制定学校的章程。

(4) 有合格的教师。教师是学校的第一资源，学校的教育理念和教育目标需要通过教师去实现，没有好的教师，不可能培养出优秀的学生。合格的教师是教育教学质量的保证。

(5) 有符合规定标准的教学场所及设施、设备，必要的办学资金和稳定的经费来源。学校的教学场所、设施、设备、办学经费等是学校的基本办学条件，没有这些条件，学校的教育教学活动就无法开展。学校的这些基本条件还必须符合规定的标准。目前国家没有统一制定小学办学条件标准，但由于中等及中等以下教育由地方人民政府管理，所以各省市制定了相应的标准，如《山东省普通小学基本办学条件标准(试行)》，该标准规定了学校设置与规划、学校建设用地标准、学校校舍建设标准、学校装备标准、师资配备标准、公用经费标准。这些标准是小学设立并取得法人资格的基本条件。

小学取得法人地位后，它就具有民事权利能力和民事行为能力。

民事权利能力是指法人依法享受民事权利和承担民事义务的资格。小学取得法人资格后，也就取得了享有法律赋予学校的权利和承担义务的资格。小学享有的民事权利包括财产权、人身权。就财产权而言，《教育法》第三十二条规定，学校及其他教育机构中的国有财产属于国家所有。除了国家所有的财产外，小学在自主办学过程中形成的财产归学校所有，同时学校对国家的财产享有管理权、使用权。就人身权而言，凡不以自然人身体或身份为前提的人身权，小学法人可以享有，如名称权、名誉权、受遗赠权等。知识产权具有人身权和财产权的双重性质，以小学名义产生的知识产权归小学所有。小学的民事义务由法律规定或与其他法人、自然人约定，如积极赔偿的义务、履行协议的义务、不侵害他人财产的义务等。

民事行为能力是指法人能以自己的行为取得民事权利和承担民事义务的资格。小学取得民事行为能力的时间和范围与其取得民事权利能力的时间和范围是一致的，即一旦小学取得了民事权利能力，其民事行为能力也随之确定。小学民事行为能力的范围包括：①在法律规定的办学范围内从事教育活动，不得以营利为目的；②切实维护教师和学生的合法权益，不得侵犯教师和学生的人身权和财产权；③履行与教师的聘约及与其他法人的协议。

民事责任能力是指法人对自己侵权行为承担民事责任的能力。小学工作人员在民事活动中，如果以学校名义或其工作人员以学校名义对他人或其他组织的权益造成侵害，学校应当承担民事责任。这里需要强调的是小学工作人员侵权由学校承担责任时，其工作人员的行为必须是职务行为。根据相关规定，法人或者其他工作人员因职务行为或者授权行为发生的诉讼，该法人或其他组织为当事人。《学生伤害事故处理办法》第二十七条规定，因学校教师或者其他工作人员在履行职务中的故意或者重大过失造成的学生伤害事故，学校予以赔偿后，可以向有关责任人员追偿。也就是说，小学教师和其他工作人员在履行职务中的侵权行为，其责任由学校承担，学校承担责任后，学校内部可根据情况向具体的侵权者追究责任。

(二) 小学的权利、义务和法律责任

1. 小学的权利

这里所讨论的小学的权利专指《教育法》赋予小学实施教育管理的权利。《教育法》第二十九条赋予所有学校九项权利，这九项权利也是小学所享有的法定权利，具体可总结归纳为如下几个方面。

1) 依章程自主管理权

学校享有按照章程自主管理的权利。依章程自主管理是学校办学自主权的充分体现。学校章程是学校依法自主办学、实施管理和履行公共职能的基本准则，是学校全面规范学校的办学宗旨、目标任务、内部管理体制和运行机制、各主体的权利和义务等重要事项的规范性文件。章程在学校制度中具有非常重要的地位，有学者认为它是国家法律、法规之"下位法"，应当属于国家法律、法规的范围，是学校之"宪法"，为学校最高行动纲要与基本行为依据。学校依章程自主办学，是学校办学自主权的充分体现，有利于形成学校自主办学、民主管理、科学发展的良性运行机制，有利于提高办学水平和社会效益、培养合格的社会主义建设者和接班人。

目前，教育部制定了《高等学校章程制定暂行办法》，各省市也制定了相应的中小学校章程制定办法或指导意见。从以上办法和意见看，章程的内容包括：①学校名称和校址；②办学宗旨与办学理念，主要规定学校的办学目的、办学规模、培养目标、学校教育的基本原则及发展规划等内容，同时可以结合学校实际，规定校训、校徽、校歌、校庆纪念日等；③学校内部管理机制和运行机制，主要规定校内设立的主要管理机构及其职能和运行方式，具体明确校长的职权、责任及履行职责的方式，党组织在学校中的地位、作用及工作方式，副职领导及主要机构负责人的职责，学校重大事项的决策程序和办法，教职工、学生和家长参与学校民主管理监督的方式和途径等；④教职工管理，主要规定教师和其他教育工作者的来源、聘任或解聘、权利和义务、晋职、奖惩，教师队伍建设的目标和任务等；⑤学生管理，主要规定学生入学及学籍管理、日常管理、权利和义务等；⑥教育教学管理，主要规定教育教学工作的主要内容、实施方式、基本要求等；⑦校产和财务管理，主要规定校产、经费使用和管理的机构、使用程序和原则、教职工福利待遇及分配原则等；⑧需要在学校章程中规定的其他事项；⑨学校章程的修订，主要规定学校章程的修订权限、程序和办法，学校章程的解释权归属和正式实施时间。

2) 教育教学权

教育教学权是指学校组织实施教育教学活动的权利。教育教学权是学校最基本的权利。教育教学活动是学校的基本活动，也是学校最主要的功能。它反映了教育的本质，是

学校法人区别于其他法人的本质特征。教育教学活动的内容体现在确定人才培养的目标、制定人才培养方案、课程设置方案与课程标准、教科书选用及教育教学改革等方面的内容。教育教学权对于大学和小学来说，其权利的范围有所不同，大学的自主程度远大于小学。小学作为实施义务教育的学校，课程设置、课程标准、教科书由国家统一确定。小学的任务就是按照国家的教育方针和教育行政部门颁布的教育教学标准，组织实施具体的教育教学活动，其自主权主要体现在人才培养模式探索、课程进度安排、校本课程开发、教学效果评价、教育教学改革及对学生进行考试、考核等。

3) 招生权

学校有权招收学生或者其他受教育者，自主招生权是学校享有的重要权利。学校有权根据自己的办学宗旨、培养目标、发展规划及实际办学条件和能力，依据国家有关规定进行招生。经教育行政主管部门许可，学校可规定具体的招生办法，自主确定招生人数、录取标准、是否录取等。学校的自主招生权也并非没有限制，招生须保证公平、公正、公开，设置的招生条件不得与法律、法规有抵触，教育行政主管部门监督学校的招生活动。《义务教育法》规定适龄儿童、少年免试入学、就近入学。另外，对于父母或法定监护人在非户籍所在地工作或居住的适龄儿童、少年，可以在该非户籍所在地接受义务教育。

4) 学籍管理和奖励处分权

学校有对受教育者进行学籍管理的权利。不管是大学生还是中小学生，都要取得学籍，学生的学籍是学生的一种在学身份。小学生的学籍管理主要包括入学与报名注册、成绩考核、纪律与考勤、留级、降级、退学、休学与复学、转学等方面的管理。学生进入学校接受教育的同时，也必须接受学校的管理。学籍管理是学校对学生进行有效管理的手段，一方面，有利于提高学校管理水平与教育教学质量；另一方面，可以对学生形成制度上的约束，从而使其有效地接受教育。

学校有对受教育者实施奖励或处分的权利。学校可根据国家有关规定，结合本校实际，制定具体的奖励与处分办法。"奖惩分明"是教育的有效手段，学校实施奖励或处分，也是加强对学生管理的体现，促使学生约束自身行为，但学校对学生的处分必须符合有关教育法规的规定。《义务教育法》第二十七条规定，对于违反学校管理制度的学生，学校应当予以批评教育，不得开除。因此，小学对违纪学生处理的形式主要是批评教育，不得开除其学籍，除非法律有特别的规定。

5) 颁发学业证书权

学校有对受教育者颁发相应的学业证书的权利。国家授权学校对受教育者颁发相应的学业证书，这是由学校代表国家行使学业证书管理职权。学校有权依据国家有关学业证书管理的规定，对经考核成绩合格的受教育者，按其类别颁发毕业证、结业证等学业证书。学校向受教育者颁发相应的学业证书，要遵循公正、公开的原则，并接受主管机关和受教育者的监督。

6) 聘任教师及奖励处分权

学校有聘任教师及其他职工的权利。聘用制是事业单位人事管理的基本制度，也是学校对教师管理的三大基本制度之一。《教师法》第十七条规定，教师的聘任应当遵循双方地位平等的原则，由学校和教师签订聘用合同，明确双方的权利、义务和责任。因此，聘任教师是学校的事务。学校有权在上级管理部门核定的编制范围内，从本校的办学条件、办学需要出发，制定本校教职工的聘任管理办法，自主决定聘任、解聘教师和其他职工。需要指出的是，目前小学聘任教师的权利大部分掌握在当地教育行政部门的手中，有的小学甚至根本没有人事权和聘用权。现在小学招聘教师首先必须经过人事和教育行政部门组织的统一考试，通过考试、公开招聘是对的，但是否一定需要教育行政部门来主持值得商榷。教育法赋予学校依章程自主管理和聘任教师的权利，聘任教师理应由学校全权负责，只不过学校应遵守公开聘任程序，接受行政部门和社会的监督。

学校有对教师及其他职工实施奖励和处分的权利。对教师及其他职工实施奖励、处分是学校维护正常教育教学活动的制度保证。《教师法》《事业单位人事管理条例》等法律、法规对教师实施奖励、处分的具体情形、方式做了相应规定。

7) 管理财产权

学校有管理、使用本单位的设施和经费的权利。学校作为法人，依法享有财产权。学校的财产主要来源于国家的投入和自主办学所得，国家投入的国家资产，所有权归国家，学校享有管理权、使用权。对学校自主办学取得的财产，学校享有所有权、管理权、使用权。学校的财产包括场地、教室、宿舍等教育基本设施，图书资料、实验仪器等教学设备及办学经费。学校对这些财产进行管理和使用，但是学校管理和使用这些财产也应遵守国家有关国有资产管理、教育经费投入的规定，保证国家资产不流失。用于教学、科研的资产，学校不得随意改变使用目的，不得用于抵押或为他人担保。对于财政性教育经费、社会组织和个人的捐赠，学校必须用于教育，不得挪用、克扣。

8) 拒绝非法干涉权

学校有拒绝任何组织和个人对教育教学活动非法干涉的权利。为了保证学校教育教学活动的顺利进行，维护正常的教学秩序，必须对来自行政机关、企业事业单位、社会团体、个人等任何方面的影响教育教学活动正常进行的行为予以阻止。较为常见的非法干涉活动有侵占、破坏学校场地、校舍、财产，向学校违法收取或摊派费用，要求学校从事与其教育教学无关的活动或事务，寻衅滋事、扰乱学校教育教学秩序等。

> **案例**
>
> 2018年5月某天，某中学初一学生黄某因与同学肖某打架，受伤严重，经抢救无效死亡。学校在事件发生后，及时安抚家长，并组织专人处理此事。但死亡学生家长周某、卢某在与学校协商赔偿问题无果的情况下，不顾校方阻拦，私自将学校校门砸开，抬尸进校，并停放在教学楼大厅，致使学校无法上课。经侦查，某检察院以聚众扰乱社会秩序罪将周某、卢某起诉至某法院。法院判决：周某、卢某构成聚众扰乱社会秩序罪，判处有期徒刑一年，缓刑一年。

教育法赋予学校有拒绝任何组织和个人对教育教学活动非法干涉的权利。为了维护学校的这一权利，保证学校正常的教育教学秩序，《教育法》第七十二条规定，结伙斗殴，寻衅滋事，扰乱学校及其他教育机构教育教学秩序或者破坏校舍、场地及其他财产的，由公安机关给予治安管理处罚；构成犯罪的，依法追究刑事责任。《学生伤害事故处理办法》第三十六条规定，受伤害学生的监护人、亲属或者其他有关人员，在事故处理过程中无理取闹、扰乱学校正常教育教学秩序，或者侵犯学校、学校教师或者其他工作人员的合法权益的，学校应当报告公安机关依法处理；造成损失的，可以依法要求赔偿。上述案件中周某、卢某砸开校门，抬尸进校，致使学校无法上课，严重影响了学校教育教学秩序，构成聚众扰乱社会秩序的刑事犯罪，应当承担刑事责任。

9) 法律、法规规定的其他权利

这项权利是一项兜底性规定，指除前述八项权利外，学校还享有现行法律、法规和规章规定的其他权利，同时，还包括将来法规规定的有关权利。学校除了是行政主体地位外，还是行政相对人和法人，学校作为行政相对人的权利和法人的权利分别由有关行政法和民法规定。

《教育法》第二十九条最后一款还规定，国家保护学校及其他教育机构的合法权益不受侵犯。这意味着学校权利是有国家强制力作保障的。

2. 小学的义务

小学的义务是指教育法等法规要求小学应履行的责任。《教育法》第三十条规定的学校及其他教育机构应当履行的六个方面的义务，也是小学应当履行的义务。

1) 遵守法律、法规

《宪法》第五条规定，一切国家机关和武装力量、各政党和各社会团体、各企业事业组织都必须遵守宪法和法律；一切违反宪法和法律的行为，必须予以追究；任何组织或者个人都不得有超越宪法和法律的特权。遵守法律、法规是学校作为一个社会组织所必须遵守的原则，遵守法律、法规是学校开展教育教学活动的前提，也是学校自治权的底线。

2) 贯彻国家的教育方针，执行国家教育教学标准，保证教育教学质量

这一义务是国家实现人才培养目标的重要保障，也是实现各地区教育平等，共同发展现代化高水平教育的关键手段。《教育法》第五条指出我国的教育方针是，教育必须为社会主义现代化建设服务，必须与生产劳动相结合，培养德、智、体、美等方面全面发展的社会主义建设者和接班人。这一方针明确了我国教育的总方向是教育必须为社会主义现代化建设服务，整个教育事业要与国民经济发展的要求相适应，并在教育与生产劳动相结合的内容和方法上不断有新的发展。教育培养目标的重要标准是在德、智、体、美等方面全面发展，我国总的教育培养目标是培养社会主义事业的建设者和接班人。这一要求是从宏观上要求学校建立正确的发展方向与目标。

执行国家教育教学标准则是从微观上实现保证教育教学目标的具体做法。教育部制定印发了《义务教育学校管理标准(试行)》，其目的在于：①制定管理标准是落实规划纲要、提高管理水平的重要举措；②制定管理标准是实现管理育人、构建和谐校园的迫切要求；③制定管理标准是规范办学行为、推进科学治理的现实需要，制定管理标准，基本可以回应解决学校管理"管什么"的问题，为学校依法办学、科学管理提供参考和依据，有利于地方教育部门规范学校办学行为，提高学校管理水平；④制定管理标准是转变政府职能、理顺政校关系的基础。

3) 维护受教育者、教师及其他职工的合法权益

这项义务包括两方面的含义：①要求学校自身不得侵犯受教育者、教师及其职工的合法权益，如不得克扣、拖欠教职工工资，不得拒绝符合入学标准的受教育者入学等；②当其他社会组织和个人侵犯了学校受教育者、教师及其他职工的合法权益时，学校有义务以合法方式，积极协助有关单位查处违法行为的当事人，维护本校成员的合法权益。

4) 以适当方式为受教育者及其监护人了解受教育者的学业成绩及其他有关情况提供便利

学校应以适当方式为受教育者及其监护人了解受教育者的学业成绩及其他有关情况提供便利，这一义务体现了以下几个方面。①学校应让受教育者及其监护人了解的内容是学业成绩和其他有关情况。学业成绩是学生受教育状况的重要体现，同时，学校承担的育人职责，也要求学生德智体美全面发展，除学业成绩外，学生的其他表现如道德、心理等状况也需向监护人告知。②了解的对象除了受教育者本人外，还包括其监护人。一方面，是基于监护人对子女受教育情况的"知情权"；另一方面，中小学教育除在校的教育外，家长与学校的配合合作也十分重要。③学校提供这种便利时应采取适当方式，应考虑保护学生的隐私权、名誉权，避免采取发放排名表、张贴红黑榜等方式。

5) 遵照国家有关规定收取费用并公开收费项目

学校是公益性的社会组织，不以营利为目的，义务教育阶段的办学经费来源于国家财政。《义务教育法》第二条规定，实施义务教育学校不收学费、杂费；国家建立义务教育经费保障机制，保证义务教育制度实施。因此，小学等义务教育学校不得巧立名目乱收费，所有除学费、杂费外的收费项目必须得到主管部门批准，且公开透明。

6) 依法接受监督

法律授权学校行使一定的教育管理权力，有权力就有监督，对学校的监督来源于政府、教育主管部门和社会各界。法律、法规虽然授予了学校办学自主权，但办学自主权并非没有边界，任何没有监管的权力都会导致权力的滥用。因此，学校接受监督，是保障学校在国家教育方针指引下实现国家教育目标的必要措施，也是保护受教育者、教师、教职工合法权益的必要手段。

3. 小学的法律责任

小学的法律责任是指小学违反教育法规的行为所引起的应当由其依法承担的惩罚性的法律后果。学校的法律责任在《教育法》《义务教育法》《未成年人保护法》等法规中做了明确规定，根据上述三部法律的规定，小学需要承担的法律责任包括以下几个方面。

1) 拒绝招收具有接受普通教育能力的特殊儿童入学的法律责任

特殊儿童是指身心发展上有各种缺陷的残疾儿童，我国对残疾儿童的教育非常重视，先后制定了《中华人民共和国残疾人保障法》(以下简称《残疾人保障法》，1990年制定，2018年修订通过)和《中华人民共和国残疾人教育条例》(1994年制定，2017年1月11日国务院第161次常务会议修订通过)。1989年国务院办公厅转发了国家教委等八部委《关于发展特殊教育若干意见》，指出把残疾少年儿童教育切实纳入普及义务教育的工作轨道。各级教育部门要把残疾少年儿童教育同当地实施义务教育工作统一规划，统一领导，

统一部署，统一检查，并提出了"随班就读"(接收虽有一定残疾，但可以在普通班学习的残疾儿童)和在普通班级附设"特教班"(接收在普通班学习困难较大的残疾儿童)两种新形式。根据以上法规，我国对待残疾儿童教育的方法是，较严重的残疾儿童在特教教育学校接受教育，一些肢体残疾、轻度智力残疾的儿童到普通学校随班就读。为此，《义务教育法》第十九条规定，普通学校应当接收具有接受普通教育能力的残疾适龄儿童、少年随班就读，并为其学习、康复提供帮助。学校如果拒绝接收具有接受普通教育能力的儿童入学，则违反了《义务教育法》，也违反了《残疾人保障法》。

2) 分设重点班和非重点班的法律责任

《义务教育法》第二十二条规定，县级以上人民政府及其教育行政部门应当促进学校均衡发展，缩小学校之间办学条件的差距，不得将学校分为重点学校和非重点学校。学校不得分设重点班和非重点班。这是国家促进义务教育均衡发展，实现教育公平的重要举措。作为义务教育学校，在教育活动中要贯彻面向全体学生的原则，不得通过设置重点班的方式搞所谓的"精英教育"。对学生进行区别教学、区别对待，不利于促进全体学生的全面发展，也有悖教育公平，违反义务教育基本原则。因此，对义务教育分重点班和非重点班的行为，是一种违反《义务教育法》的行为。

3) 违反规定开除学生的法律责任

《义务教育法》第二十七条规定，对于违反学校管理制度的学生，学校应当予以批评教育，不得开除。《未成年人保护法》第二十八条规定，学校应当保障未成年学生受教育的权利，不得违反国家规定开除、变相开除未成年学生。

4) 选用未经审定教科书的法律责任

义务教育是由国家统一实施的教育，国家统一制定义务教育课程标准，统一审定教科书。教科书不是一般的书籍，它要根据国家的教育方针和课程标准编写，精选必备的基础知识和基本技能。所以《义务教育法》第三十九条规定，国家实行教科书审定制度。教科书的审定办法由国务院教育行政部门规定。未经审定的教科书，不得出版、选用。学校违反规定，不执行国家课程标准，不使用国家统一审定的教材，就是违反《义务教育法》。这里需要指出的是，现在有些学校为帮助学生了解地方文化，自主开发一些校本课程和教材，这是允许也是应当鼓励的，但前提条件是国家规定的基本课程的教材应当保证学生学习。

5) 违规办学的法律责任

《教育法》第七十五条规定，违反国家有关规定，举办学校或者其他教育机构的，由教育行政部门予以撤销；有违法所得的，没收违法所得；对直接负责的主管人员和其他直接责任人员，依法给予行政处分。现在，企业事业组织、社会团体、其他社会组织及公民个人都可以举办学校，但是必须依法举办，必须符合国家有关规定。这里的"依法"和"国家有关规定"就是《教育法》第二十七条规定的条件，即有组织机构和章程；有合格的教师；有符合规定标准的教学场所及设施、设备等；有必备的办学资金和稳定的经费来源。不管是政府还是社会组织和个人，举办学校都应符合这些条件，并执行法定的审批程序，取得办学许可证。如果违反国家规定举办学校，举办者将承担法律责任。

6) 违规收费的法律责任

义务教育的收费问题一直是政府非常重视和社会特别关注的问题。为了治理义务教育乱收费的现象，让学生家长明明白白地缴费，让社会明明白白地监督，《教育部国家发展改革委财政部关于在全国义务教育阶段学校推行"一费制"收费办法的意见》于2004年发布。"一费制"是指在严格核定杂费、课本和作业本费标准的基础上，一次性向学生收取费用。"一费制"政策的实行对规范学校办学行为，减轻广大群众的负担起到积极作用。2006年修订的《义务教育法》更进一步地规定义务教育不收学费、杂费。那么对于学费、杂费以外，其他应收取的费用，同样需要落实"一费制"，接受社会监督。除此之外，学校不得向学生收取其他费用。《义务教育法》第二十五条规定，学校不得违反国家规定收取费用，不得以向学生推销或者变相推销商品、服务等方式谋取利益。该法第五十六条规定，学校违反国家规定收取费用的，由县级人民政府教育行政部门责令退还所收费用；对直接负责的主管人员和其他直接责任人员依法给予处分。学校以向学生推销或者变相推销商品、服务等方式谋取利益的，由县级人民政府教育行政部门给予通报批评；有违法所得的，没收违法所得；对直接负责的主管人员和其他责任人员，依法给予处分。

7) 侵占、挪用教育经费的法律责任

《义务教育法》第四十九条规定，义务教育经费严格按照预算规定用于义务教育；任何组织和个人不得侵占、挪用义务教育经费。第五十四条规定，侵占、挪用义务教育经费的，由上级人民政府或者上级人民政府教育行政部门、财政部门、价格行政部门和审计机关根据职责分工责令限期改正；情节严重的，对直接负责的主管人员和其他直接责任人员依法给予处分。《教育法》第七十一条第二款规定，违反国家财政制度、财务制度，挪用、克扣教育经费的，由上级机关责令限期归还被挪用、克扣的经费，并对直接负责的主管人员和其他直接责任人员，依法给予处分；构成犯罪的，依法追究刑事责任。这一法律责任的违法主体比较广泛，不仅包括行政机关及其他工作人员，还包括学校的校长及财务人员，有时也可能涉及学校专门项目的负责人。义务教育经费是国家对义务教育的投入，学校必须依法管理好、使用好，对于专项经费要专款专用，不得侵占、挪用，违反规定的要承担行政责任，数量较大、构成犯罪的还要承担刑事责任。

8) 不改造、修缮危险校舍的法律责任

《义务教育法》第十六条规定学校建设，应当符合国家规定的办学标准，适应教育教学需要；应当符合国家规定的选址要求和建设标准，确保学生和教职工安全。《教育法》第七十三条规定，明知校舍或者教育教学设施有危险，而不采取措施，造成人员伤亡或者重大财产损失的，对直接负责的主管人员和其他直接责任人员，依法追究刑事责任。校舍和教育教学设施安全是保证学生安全的重要因素，现实中因校舍和教育教学设施安全隐患导致学生伤害事故的现象时有发生，建设符合国家标准的校舍和设施，及时修缮危房，确保学生和教职工安全是学校应尽的职责。明知校舍或者教育教学设施有危险，而不采取措施，造成人员伤亡或者重大财产损失的，属于过失犯罪，需要承担刑事责任。

> **案例**
>
> 2016年12月7日晚，某市私立A中学下晚自习后，一拥而出的学生们在教学楼昏暗的楼梯间发生了踩踏事故，造成8名学生死亡、多人受伤的重大事故。
>
> 该市人民检察院认为，A中学校长叶某、政教处干事彭某、政教处主任陈某犯教育设施重大安全事故罪，遂将三人公诉至该市人民法院。庭审中，叶某及其辩护人认为，自身履行了职责，踩踏事件属于意外，自己不应承担责任。该市法院审理后认为，三名被告同任校安全领导小组成员，在明知学校教学楼就读学生严重超编，楼梯灯光不符合安全标准的情况下，对于教学楼存在的安全隐患不报告，直接导致了踩踏事件的发生，被告人所提出的无罪辩护理由均不能成立，法院不予采纳。鉴于三名被告人在案发时采取了积极的抢救措施，案发后能积极配合党委、政府及时妥善处理伤亡学生的善后处理工作，且三名被告人一贯表现较好，故依法可对其从轻处罚。2017年4月27日，该市法院一审以教育设施重大安全事故罪分别判处被告人叶某有期徒刑一年六个月；判处彭某、陈某各有期徒刑一年，缓刑一年。

9) 未履行保护未成年人义务的法律责任

保护未成年学生是学校应尽的义务，《未成年人保护法》第三章专门规定了学校保护未成年人的具体内容，如尊重未成年人的受教育权利，不得开除未成年人；尊重未成年人的人格尊严，不得侮辱未成年人人格，不得对未成年人实施体罚和变相体罚；保护未成年人的人身安全等。

根据《未成年人保护法》第一百一十九条、第一百二十九条的规定，学校未尽到保护义务而侵犯未成年人权益，要承担相应的法律责任。

(三) 学校事故及侵权责任

1. 学校事故

学校事故又称学生伤害事故，是指学生在学校学习、生活期间发生的人身损害事故。学校事故包括学校在校内实施的教育教学活动和学校在校外组织的活动中发生的事故。学校在校内、校外组织的教育教学活动非常广泛，凡是以学校名义组织的活动，不管是在校内，还是在校外，若发生学生伤害事故，都属于学校事故。其次，即使不由学校组织，但是事故发生在学校负有管理责任的校舍、场地和其他教育教学设施、生活设施内，也属于学校事故。学校事故属于人身损害。民法中的损害包括人身损害和财产损害，学校事故只包括对学生人身的损害，而且仅限于生命权、身体权、健康权的损害，不包括人身权中其他权利的损害。

2. 学校事故中的侵权责任

侵权责任是指行为人违反法律规定的义务而应承担的法律后果。学校事故中的侵权责任作为民事侵权责任的一种，既具有民事侵权责任的一般特征，又具有自己的特征。

(1) 侵权责任是一种民事责任。学校事故主要是针对生命权、身体权和健康权的伤害，但是造成这些伤害所要承担的法律责任既可能是民事责任，也可能是刑事责任。侵权责任只涉及民事责任。

(2) 侵权责任是一种法定责任。学校事故中的侵权责任都是法规明文规定的，这些规定主要体现在《中华人民共和国民法典》《学生伤害事故处理办法》等法规中。

(3) 侵权责任是一种财产责任。学校事故虽然是一种人身伤害，但是责任承担的方式是损害赔偿，而且这种损害赔偿主要是经费赔偿。

学校事故发生后，加害人如有过错就要承担侵权责任。民事侵权责任的承担方式有很多种，如停止侵害、消除危险、消除影响、恢复名誉、赔礼道歉、赔偿损失等，对于学校事故而言，主要的责任承担方式是赔偿损失，而且是人身损害赔偿。人身损害赔偿主要包括财产损害赔偿和精神损害赔偿。

3. 学校事故中各主体的侵权责任

1) 学校有过错应当承担责任的情形

《学生伤害事故处理办法》第九条规定，因下列情形之一造成的学生伤害事故，学校应当依法承担相应的责任：①学校的校舍、场地、其他公共设施，以及学校提供给学生使用的学具、教育教学和生活设施、设备不符合国家规定的标准，或者有明显不安全因素的；②学校的安全保卫、消防、设施设备管理等安全管理制度有明显疏漏，或者管理混乱，存在重大安全隐患，而未及时采取措施的；③学校向学生提供的药品、食品、饮用水等不符合国家或者行业的有关标准、要求的；④学校组织学生参加教育教学活动或者校外活动，未对学生进行相应的安全教育，并未在可预见的范围内采取必要的安全措施的；⑤学校知道老师或者其他工作人员患有不适宜担任教育教学工作的疾病，但未采取必要措施的；⑥学校违反有关规定，组织或者安排未成年学生从事不宜未成年人参加的劳动、体育运动或者其他活动的；⑦学生有特异体质或者特定疾病，不宜参加某种教育教学活动，学校知道或者应当知道，但未予以必要的注意的；⑧学生在校期间突发疾病或者受到伤害，学校发现，但未根据实际情况及时采取相应措施，导致不良后果加重的；⑨学校教师或者其他工作人员体罚或者变相体罚学生，或者在履行职责过程中违反工作要求、操作流程、职业道德或者其他有关规定的；⑩学校教师或者其他工作人员在负有组织、管理未成年学生的职责期间，发现学生行为具有危险性，但未进行必要的管理、告诫或者制止的；⑪对未成年学生擅自离校等与学生人身安全直接相关的信息，学校发现或者知道，但未及时告知未成年学生的监护人，导致未成年学生因脱离监护人的保护而发生伤害的；⑫学校有未依法履行职责的其他情形的。

另外，《中华人民共和国民法典》第一千一百九十九条规定，无民事行为能力人在幼儿园、学校或者其他教育机构学习、生活期间受到人身损害的，幼儿园、学校或者其他教育机构应当承担责任，但能够证明尽到教育、管理职责的，不承担责任。《中华人民共和国民法典》第一千二百条规定，限制民事行为能力人在学校或者其他教育机构学习、生活期间受到人身损害，学校或者其他教育机构未尽到教育、管理职责的，应当承担责任。以上两条规定说明，对于无民事行为能力人，只要发生人身伤害，法律推定学校承担责任，如果学校认为不应当承担责任，需要举例证明；对于限制行为能力人，学校未尽到教育、管理职责的，应当承担责任，反之如果尽到教育、管理职责的，可以免责或减轻责任。

2) 学校无过错不承担责任的情形

《学生伤害事故处理办法》第十三条规定，下列情形下发生的造成学生人身损害后果的事故，学校行为并无不当的，不承担事故责任；事故责任应当按有关法律法规或者其他有关规定认定：①在学生自行上学、放学、返校、离校途中发生的；②在学生自行外出或者擅自离校期间发生的；③在放学后、节假日或者假期等学校工作时间以外，学生自行滞留学校或者自行到校发生的；④其他在学校管理职责范围外发生的。

3) 学校免责的情形

根据《学生伤害事故处理办法》第十二条规定，因下列情形之一造成的学生伤害事故，学校已履行了相应职责，行为并无不当的，无法律责任：①地震、雷击、台风、洪水等不可抗的自然因素造成的；②来自学校外部的突发性、偶发性侵害造成的；③学生有特异体质、特定疾病或者异常心理状态，学校不知道或者难于知道的；④学生自杀、自伤的；⑤在对抗性或者具有风险性的体育竞赛活动中发生意外伤害的；⑥其他意外因素造成的。

4) 学校承担责任的特殊规定

如果学校教师或者其他工作人员在执行职务过程中对学生造成了伤害，由于教师或其他工作人员的行为是职务行为，其侵权责任由学校承担。《中华人民共和国民法典》第一千一百九十一条就此做了规定，用人单位的工作人员因执行工作任务造成他人损害的，由用人单位承担侵权责任。用人单位承担侵权责任后，可以向有故意或者重大过失的工作人员追偿。对于教师或者其他工作人员在执行职务中因主观故意对学生造成的人身伤害，学校赔偿后，可以向责任人追偿，如《学生伤害事故处理办法》第二十七条规定，因学校教师或者其他工作人员在履行职务中的故意或者重大过失造成的学生伤害事故，学校予以赔偿后，可以向有关责任人员追偿。

5) 学生和未成年学生监护人的侵权责任

《学生伤害事故处理办法》第十条规定，学生或者未成年学生监护人由于过错，有下列情形之一，造成学生伤害事故，应当依法承担相应的责任：①学生违反法律法规的规定，违反社会公共行为准则、学校的规章制度或者纪律，实施按其年龄和认知能力应当知道具有危险或者可能危及他人的行为的；②学生行为具有危险性，学校、教师已经告诫、纠正，但学生不听劝阻、拒不改正的；③学生或者其监护人知道学生有特异体质，或者患有特定疾病，但未告知学校的；④未成年学生的身体状况、行为、情绪等有异常情况，监护人知道或者已被学校告知，但未履行相应监护职责的；⑤学生或者未成年学生监护人有其他过错的。

6) 社会人员的侵权责任

《中华人民共和国民法典》第一千二百零一条规定，无民事行为能力人或者限制民事行为能力人在幼儿园、学校或者其他教育机构学习、生活期间，受到幼儿园、学校或者其他教育机构以外的第三人人身损害的，由第三人承担侵权责任；幼儿园、学校或者其他教育机构未尽到管理职责的，承担相应的补充责任。幼儿园、学校或者其他教育机构承担补充责任后，可以向第三人追偿。《学生伤害事故处理办法》第十一条规定，学校安排学生参加活动，因提供场地、设备、交通工具、食品及其他消费与服务的经营者，或者学校以外的活动组织者的过错造成的学生伤害事故，有过错的当事人应当依法承担相应的责任。

7) 教师或者其他工作人员的侵权责任

《学生伤害事故处理办法》第十四条规定，因学校教师或者其他工作人员与其职务无关的个人行为，或者因学生、教师及其他个人故意实施的违法犯罪行为，造成学生人身损害的，由致害人依法承担相应的责任。

二、小学生的权益及保护

(一) 小学生的法律地位

学生的法律地位是指学生的法律身份或在教育法律关系中的主体资格，小学生作为学生中的特殊群体，既具有所有学生共有的法律地位，同时其作为未成年人，又具有自己特殊的法律地位。小学生的法律地位主要表现在以下三个方面。

首先，小学生是公民。《宪法》第三十三条规定，凡具有中华人民共和国国籍的人都是中华人民共和国公民。小学生作为中国公民，享有宪法等法律赋予中国公民的基本权利，如基本人权、部分政治权利，人身权、财产权、受教育权等，但由于小学生未满18周岁，故不享有选举权和被选举权。

其次，小学生是受教育者。小学生作为受教育者与非义务教育阶段的其他学生具有相同的法律地位。受教育者的法律地位主要由教育法所规定，具体体现在教育法赋予受教育者的相关权利和义务中。

最后，小学生是未成年人。未成年人是指未满18周岁的人，小学生一般都在六七岁至十二三岁之间，都是未成年人。我国法律对未成年人予以特别保护，除了《义务教育法》等法律外，国家还专门制定了《未成年人保护法》和《预防未成年人犯罪法》。

(二) 小学生的权利

小学生兼有多种法律地位，享有多方面的权利。概括起来，小学生的权利主要包括受教育权、人身权、财产权。

1. 受教育权

小学生的受教育权主要由《宪法》《教育法》《义务教育法》等法律规定。

1) 平等接受义务教育权

除了《宪法》和《教育法》赋予公民平等的受教育权外，《义务教育法》也对适龄儿童、少年平等接受义务教育做了具体规定。平等接受义务教育是受宪法保护的每一位适龄儿童、少年都享有的基本权利。理解平等接受义务教育权需把握三点。

(1) 接受义务教育的主体是适龄儿童、少年。根据《义务教育法》规定，适龄儿童、少年接受义务教育的下限年龄一般为6周岁，条件不具备地区为7周岁；特殊情况下，还可以适当延缓。对于适龄儿童、少年的上限年龄，《义务教育法》没有做出明文规定。考虑到义务教育的基础性和义务教育资源的有限性，对接受义务教育的年龄应做一定的限制，对此，《义务教育法》做了间接规定，即接受义务教育的必须是儿童或者少年。

(2) 获得义务教育的机会是平等的。我国义务教育是向所有具有中国国籍的适龄儿童、少年开放的，不管适龄儿童、少年的性别、民族、种族、家庭财产状况、家教信仰如何，都享有平等接受义务教育的机会。对于一些特殊儿童、少年，包括视力残疾、听力残疾和智力残疾的儿童、少年，有严重不良行为的适龄儿童、少年，进行文艺、体育等专业训练的适龄儿童、少年等，国家和社会也应为其提供接受义务教育的机会。

(3) 获得义务教育的质量要大致平等。和其他阶段的教育相比，义务教育有公平性的特点，即义务教育作为一项公共产品，各个实施义务教育的学校提供义务教育的质量应当是相对均衡的。目前，我国义务教育非均衡发展的现象还比较严重，地区之间、城乡之间、学校之间的差距仍然存在，因此，促进义务教育均衡发展，使受教育者获得平等的教育是义务教育发展的艰巨任务。

2) 参加教育教学活动权

参加教育教学活动是学生最重要、最基本的权利，也是学生享有《宪法》赋予其受教育权的集中体现。学生有权参加教学计划安排的各种活动，如课堂教学、讲座、课堂讨论、观摩、实验、见习、实习、测验和考试等，这是学生接受教育和获得知识的基本途径，也是提高人才培养质量的基本保证，任何组织和个人都不得以任何借口非法剥夺学生参加教育教学活动的权利。为了保障学生参加教育教学活动权，《义务教育法》第五条第三款强调，依法实施义务教育的学校应当按照规定标准完成教育教学任务，保证教育教学质量。

3) 使用教学设施设备和图书资料权

学校的教学设施、设备、图书资料是学生接受教育和学校开展教育教学活动的基本条件。学校作为实施教育的机构有义务向学生提供符合国家标准的教育教学设施、教学需要的教学仪器设备，以及必要的图书资料；学生则有权利免费使用这些设施、设备和图书资料。对于不具备基本办学条件的学校和其他办学机构，教育行政机关有权予以取缔。

4) 获得学金权

获得学金权是为了保障学生实现受教育权，让贫困家庭学生获得经济资助和鼓励学生取得优异的学习成绩而设立的。奖学金、贷学金和助学金体现了国家为学生完成学业所提供的物质性帮助，是学生的一项重要权利。奖学金、贷学金和助学金的来源以政府提供为主要渠道，同时学校、企业、社会团体及个人在国家政策鼓励下，也可以对学生提供资助。对于小学生而言，《义务教育法》实施以后，我国义务教育学费、杂费全免，现在基本上不存在贷学金和助学金，但是奖学金在一些地方还是以各种形式予以保证。

5) 获得公正评价权

获得公正评价权由两个方面的具体权利组成：一是学生在就学期间获得公正的学业成绩评价和品行评价的权利；二是学生在完成规定学业后，有获得相应的学业证书的权利。学生在学业成绩和品行上获得公正评价是学生的一项基本权利，学生有权在德、智、体等方面获得按照国家统一标准、一视同仁给出的客观评价，这也是学校应履行的义务，学生的学业成绩和品行评价将会对他们一生的成长产生巨大的影响和作用，特别是在中小学教育阶段，有时甚至与他们以后的升学息息相关。为此，学校和教师应当本着认真负责的精神，科学合理、实事求是、公正公平地对学生进行学业成绩和品行评价。

获得公正评价权还包括获得学业证书的权利。学业证书是学生达到一定学识水平的证明，是学生继续学习的重要依据。为此，国家建立了教育考试制度、教育证书制度等，学生按规定达到一定学识水平可获得相应证书。

6) 申诉诉讼权

申诉诉讼权是学生获得法律救济的权利，包括申诉权和诉讼权两种具体权利，其适用情况有所区别。当学生对学校的处分不服时，可以申诉；当学生认为学校、教师侵犯其人身权、财产权等合法权益时，可以申诉或者提起诉讼。其中，诉讼包括行政诉讼和民事诉讼。

2. 人身权

公民的人身权包括人格权、身份权。人格权又分为物质上的人格权和精神上的人格权，前者包括身体权、健康权、生命权等，后者包括姓名权、肖像权、自由权、名誉权、隐私权、贞操权等。身份权包括配偶权、亲权、荣誉权、知识产权等。小学生作为未成年人，其人身权受到法律的特别保护。法律重点保护的未成年的人身权主要包括以下几个方面。

1) 生命健康权

生命健康权即生命权、身体权和健康权的总称，是公民对自己的生命安全、身体组织完整和生理机能及心理状态的健康所享有的权利。生命、身体、健康是人本身存在的前提，生命健康权是一个公民最基本、最重要的权利。学校中因教师体罚学生、学生间打斗、体育课和其他一些因素可能会导致学生人身伤害事故的发生，对学生的身体健康乃至生命造成损害。2002年教育部颁布的《学生伤害事故处理办法》对学生人身伤害事故的责任、处理、赔偿损失等，做了较为系统的规定。有必要说明的是，《学生伤害事故处理办法》作为教育部制定的一个部门规章，只能用来约束和调整教育领域的内部事务，法院判案时一般只作参考。法庭在审理这类学生伤害事故案件时，更多依据的是《中华人民共和国民法典》中的一些规定。

2) 人格尊严权

人格是人能够作为权利、义务主体的资格，人格又称为人格权，是人身权最基本的内容之一。我国《宪法》第三十八条明确规定，中华人民共和国公民的人格尊严不受侵犯，禁止用任何方法对公民进行侮辱、诽谤和诬告陷害。学生也是公民，其人格尊严权同样受法律的确认和保护。《义务教育法》第二十九条规定，教师应当尊重学生的人格，不得歧视学生，不得对学生实施体罚、变相体罚或者其他侮辱人格尊严的行为，不得侵犯学生的合法权益。在学校，教师侵犯学生人格尊严权的现象主要是由教师批评教育方式不当造成的，如当众羞辱、辱骂学生，给学生起侮辱性绰号等。

3) 隐私权

隐私权是指个人享有的私人生活安宁与私人生活信息依法受到保护，不受他人侵扰、知悉、使用、披露、公开的权利。隐私权的客体是隐私，它是指公民不愿让人了解和介入的事实或活动。这些事实或活动是不违法但又不愿被他人知悉的。凡个人不愿告诉别人或不愿公开的生活秘密，都属于个人隐私，如日记、信件、生理方面的疾病，以及曾经受过的污辱、经历过的痛苦、生活习惯、生活方式、消遣方面的爱好等，还包括学生不愿公开的考试分数。未成年人的隐私权保护尤其应当受到重视。《未成年人保护法》第六十三条规定：任何组织或者个人不得隐匿、毁弃、非法删除未成年人的信件、日记、电子邮件或者其他网络通讯内容。除因国家安全或者追查刑事犯罪依法进行检查的需要；或者无民事行为能力未成年人的父母或者其他监护人代未成年人开拆、查阅；或者紧急情况下为了保护未成年人本人的人身安全。现在，随着法律意识的不断增强，尊重学生隐私的呼声越来越高。学校和教师要从承认和保护学生隐私权的角度，正确处理和协调好学生隐私权与学校、教师管教权的关系。学校和教师在教育、管理学生时，应注意教育方式，保护学生隐私。

> **案例**
>
> 2018年期末考试结束，某县某中学在工商银行办事处和镇政府门口张贴两张"成绩汇报"，除公布了本校部分学生的高分成绩外，还将该4名学生的不理想考分做了公布，引起4名学生及其监护人的不满。一周后，该中学又将此"成绩汇报"上交镇党政办公室。为此，4名学生状告学校侵犯其名誉权，要求其承担相应的民事责任。该县人民法院审理认为：该中学公开张贴"成绩汇报"，虽然是为了吸收生源，主观上无侵害原告名誉权的意思，但在客观上公布了原告不愿公开的成绩，侵犯了原告的隐私权，依法应承担民事责任。据此，该县人民法院做出如下判决："被告在本判决生效后5日内，在同一地点以公告形式向4位原告赔礼道歉，公告内容交法院审核，此公告应保留3天。"

4) 名誉权

名誉是指特定的公民或法人的品行、才能、信誉等人格价值的一种社会评价。所谓名誉权，是指公民和法人依法享有的，要求对自己的名誉给予客观、公正的社会评价，并维护自己的名誉不受他人非法贬低的权利。

法律保护一切公民的名誉权，包括学生这个群体。不论学生的年龄怎样，也不论学生本人是否意识到自己的名誉问题，作为教师在管教学生时，必须明确，不得侮辱、诽谤学生名誉，不得侵犯学生的名誉权。

3. 财产权

财产权是指以实现财产利益为内容，直接体现某种物质利益的权利。对于学生来说，由于他们绝大多数是消费人群，所以他们在学校期间主要涉及的是财产所有权或者使用权。所有权是指所有人对自己的财产依法享有的占有、使用、收益、处分，并禁止他人非法侵犯的权利。对于自然人来讲，所有权可以是原始取得的，如劳动所得、非劳动的合法收入；也可以是继受取得的，如买卖、赠予。学生的财产主要来自父母和其他亲属的赠与，包括各种学习用品、生活用品，也包括监护人交给学生支配的生活费用。学校、教师侵犯学生财产权的行为主要包括损坏学生财物、没收学生财物、乱罚款等。

没收财产是指国家机关依据法律规定，对实施违法犯罪行为的人，没收其财产的一种处罚措施。学校是事业单位，不是国家机关，学生在上学时携带不应当携带的物品，学校是没有法律依据予以没收的。但如果学生所携带的物品影响学生的学习，教师可以暂时收缴、保管。为了维持课堂教学秩序，教师有权利责令学生交出影响学习的玩具等物品，而教师对这些物品仅仅是负保管义务。在对学生的行为进行必要的教育之后，或交还给学生本人，或交给学生的家长。但是，如果学生携带危险物品或者学校明令禁止学生携带的物品，如匕首、刀，以及不宜青少年阅读的书籍等，则另当别论。一旦教师发现危险物品或违禁物品，教师不但有权收缴并交到学校，而且还应当对携带危险物品或违禁物品的学生及其家长进行批评教育，个别的危险物品应当交当地公安部门处理。教师的这种权利是基于学校维护校园公共安全的职责而产生的。

(三) 小学生的义务

一定权利的享有对应一定义务的履行。学生是教育法律关系中的重要主体，享有法律规定的权利，同时为了保证正常的社会秩序和教育教学活动的顺利进行，提高教育教学质量，学生也必须履行相应的义务。

学生的义务可分为两部分：①《宪法》和其他法律赋予每个公民的义务；②学生作为受教育者所应当承担的特殊义务。由于小学生是未成年人，而且还是无行为能力或限制行为能力人，因此，对未成年学生作为公民所应履行的义务不是人们关注的重点，所关注的是小学生作为受教育者所应履行的义务。《教育法》规定学生的义务包括以下方面。

1. 遵守法律的义务

遵守法律、法规是所有公民的义务，小学生也不例外。虽然小学生法律意识还不强，但可以通过学校和家长的引导和教育，让小学生知道一些最基本的法律义务，如不得打架斗殴、辱骂他人，不得盗窃、故意破坏财物，不得索要他人财物等，以养成良好的遵守法律的行为习惯。

2. 养德修行的义务

一个国家的文明程度取决于这个国家的公民素质，而公民素质的形成又需要从小加以培养。对于正在成长的小学生，有必要从小培养其遵守学生行为规范、尊敬师长，使其养成良好的思想品德和行为习惯。国家教育行政机关制定、颁发了《中小学生守则》《小学生日常行为规范》，这些规范集中体现了国家对不同阶段的学生在政治、思想和品德方面的基本要求，应当教育小学生自觉遵守。

3. 努力学习的义务

努力学习，完成规定的学习任务是每个学生应履行的义务，这是学生区别于其他公民的一项特殊义务，是由受教育者的身份和地位所决定的。学生应当以学为主，学生进入学校就意味着其首要任务是学习科学文化知识、完成学业，对于处在义务教育阶段的小学生来说，这一义务带有强制性。"完成规定的学习任务"是指学生在学习期间应当按照相应的教学计划、教学大纲和教师的安排完成规定的学习任务。不同层次和不同类型学校的学生，其学习任务有所不同。学生应当认真对待各项学习任务，认真学习，努力取得优良成绩。

4. 遵守学校管理制度的义务

学校为了保证教育教学工作的顺利进行，需要制定相关的管理制度。作为管理对象的学生，则有义务遵守所在学校的各项管理制度，具体包括：遵守学校的思想政治教育管理制度；遵守学校的教学管理制度；遵守学校的学籍管理制度；遵守学校的体育、卫生、图书仪器、校园管理制度等。

(四) 学生惩戒

惩戒即通过对不合规范行为施以否定性的制裁，从而避免其再次发生，以促进规范行为的产生和巩固。惩戒中的"惩"即惩罚、惩处，是其手段；"戒"即戒除、防止，是其目的。在学生惩戒中，惩和戒是紧密结合在一起的，是通过施罚使学生感到痛苦而戒除其不合规范的行为。

学生惩戒有其存在的合理性。规模化、制度化的教育及其活动需要赋予学校和教师一定的权力来维持学校教育教学活动的正常进行。学生在其走向自律之前，他律是必经途径之一，学生对外在规范的学习与掌握必然不是一帆风顺的，存在着不断试误的过程。学生惩戒，正是学校和教师以社会代言人的身份对学生进行引导与矫正，其存在是必要的、合理的，符合教育活动发展的需要。合理的惩罚制度不仅是合法的，也是必要的。合理的惩罚制度有助于形成学生坚强的性格，能培养学生抵抗诱惑和战胜诱惑的能力。

1. 惩戒的特点

在学校教育教学活动中，学生惩戒具有以下特点。①惩戒主体是特定的，即具有教书育人职责的学校和教师，其他未经法律法规授权的个人和组织不能成为惩戒的主体。只有合法的主体才能行使相应的惩戒权，做出适当的惩戒行为。②惩戒的对象是学生违纪的行为或违反学生行为规范的行为，而不是学生个人或其身体心灵，这是由惩戒的教育性质决定的。惩戒是为了教育学生戒除其不符合社会、学校规范的行为，促进其健康成长，其针对的只能是学生的不良行为而不是学生个人。③惩戒具有制裁和教育的双重性质，其主要目的是教育。学校的职能是教育学生，因此学校和教师所施行的惩戒在本质上是教育性的，其出发点是为了使学生受到教育，而不仅仅是通过施加惩罚使学生感到痛苦和耻辱。④惩戒的范围只针对学生不合规范的行为或不良行为，因此惩戒不包括行政处罚和刑事处罚。行政处罚和刑事处罚是一种法律责任，而惩戒是一种教育措施。

2. 惩戒与体罚

"惩戒"与"体罚"是一对联系紧密的词汇，在实践中经常被人们混用。体罚常指利用各种方式对学生加以惩罚，使其身心感到痛苦，以促使其为避免痛苦而改变错误。在行使形式上，体罚可分为直接体罚和变相体罚。直接体罚是直接以学生的身体为对象，表现为有形暴力形式，如殴打。变相体罚是以侵害学生的身体为内容或给予肉体上的痛苦或极端疲劳，如罚站、罚跪等。体罚作为一种极端的惩戒形式，在教育实践中往往与对学生肆意打骂、伤害和侮辱学生人格联系在一起，一直是有争议的，且受到广泛的批评和谴责。

我国现行教育法律对体罚是明确禁止的。《未成年人保护法》第二十七条规定，学校、幼儿园的教职员工应当尊重未成年人人格尊严，不得对未成年人实施体罚、变相体罚或者其他侮辱人格尊严的行为。《教师法》第三十七条规定，教师体罚学生，情节严重，构成犯罪的，依法追究刑事责任。《义务教育法》第二十九条第二款规定，教师应当尊重学生人格，不得歧视学生，不得对学生实施体罚、变相体罚或者其他侮辱人格尊严的行为，不得侵犯学生合法权益。

体罚和惩戒虽然都以教育学生为目的，但体罚带有主观上的故意，而且会对学生的身体和心理造成损害或痛苦，会直接侵害学生的人身权利。而惩戒则不同，它不存在主观上的恶意，最终目的是纠正学生不合规范的行为，从而避免其再次发生。因此，教育法规只禁止体罚，并不禁止惩戒。

3. 惩戒的形式

惩戒的形式因各国教育传统及观念的不同而有所差异，国外不少国家对学生惩戒的类型有具体的规定，如言语责备、隔离措施、剥夺某种特权、没收、留校、惩戒性转学、警告、停学、开除及体罚等。我国教育法规虽然对学生惩戒没有系统的规定，但从现有的教育法规规定和教育实践看，学生惩戒大致包括为矫治、纪律处分和一般性惩戒措施三种。

1) 矫治

《中华人民共和国预防未成年人犯罪法》规定了对有严重不良行为的未成年人进行矫治的措施，这些措施包括：予以训诫；责令赔礼道歉、赔偿损失；责令具结悔过；责令定期报告活动情况；责令遵守特定的行为规范，不得实施特定行为、接触特定人员或者进入特定场所；责令接受心理辅导、行为矫治；责令参加社会服务活动；责令接受社会观护，由社会组织、有关机构在适当场所对未成年人进行教育、监督和管束；其他适当的矫治教育措施。

2) 纪律处分

《教育法》授予学校对学生实施处分的权利，《普通高等学校学生管理规定》只对高等学校对学生处分的类型做了规定，包括警告、严重警告、记过、留校察看、开除学籍五种。但是义务教育学校对学生的纪律处分有哪些类型，目前并没有统一立法。由于《义务教育法》排除了义务教育学校开除学生的做法，因此一些中小学参照普通高等学校的做法，对学生的纪律处分设定了警告、严重警告、记过、留校察看等类型。

3) 一般性惩戒措施

这里所称的一般性惩戒措施是指除矫治、纪律处分外的惩戒措施。它是各国教育法认可的和我国教育实践中常见的一些惩戒措施，主要包括言语责备、隔离措施、剥夺某种特权、没收、留校等。

(五) 权利救济

权利的赋予和权利的救济如同鸟之双翼，两者同等重要。在教育活动中，学生是弱势群体，其权益受到侵犯的现象经常出现，因此，学生的权利救济是教育法研究和社会关注的重点。从我国现行法律和司法实践看，学生权利救济的途径主要有调解、申诉、行政诉讼、民事诉讼。

1. 调解制度

在我国，调解通常是指在第三方主持下，以国家法律、法规、规章、政策及社会公德为依据，对纠纷双方进行斡旋、劝说，促使他们互相谅解，进行协商，自愿达成协议，消除纷争的活动。调解是在中立第三方的参与下进行的民事纠纷解决活动。如果在没有第三方的情况下，纠纷双方当事人自行和解，则不属于调解的范畴。调解有法院调解、仲裁调解、人民调解、行政调解、民间调解五种。担任调解人的可以是法院、仲裁机构、人民调解委员会、行政机关、社会组织或个人。

学校中发生的民事纠纷大多可采用非诉讼调解的途径加以解决。《学生伤害事故处理办法》肯定了调解制度，发生学生伤害事故，学校与受伤害学生或者学生家长可以通过协商方式解决；双方自愿，可以书面请求主管教育行政机关进行调解。学校与学生双方请求主管教育行政机关进行的调解，属于行政调解。

我国的调解制度中法院调解、仲裁调解、人民调解达成的协议都具有法律效力，民间调解和行政调解达成的协议则不具有法律效力。民间调解和行政调解所达成的协议，双方当事人可以反悔。

2. 学生申诉制度

学生申诉制度是指学生在合法权益受到损害时，依据法律规定，向有关部门提出申诉，请求处理的制度。学生申诉制度与教师申诉制度在特征、程序等方面是一样的，下面就两者的不同之处进行补充。

1) 学生申诉的范围

《教育法》第四十三条规定，受教育者享有下列权利：对学校给予的处分不服，向有关部门提出申诉；对学校、教师侵犯其人身权、财产权等合法权益，提出申诉或者依法提起诉讼。这一规定明示学生申诉的范围包括：学生对学校给予的处分不服的，可以申诉；学生认为学校侵犯其人身权、财产权等合法权益的，可以申诉；学生认为教师侵犯其人身权、财产权等合法权益的，可以申诉。

2) 学生申诉的参加人

(1) 申诉人。学生申诉制度的申诉人，主要包括认为其合法权益受到侵害的学生本人及其监护人。成年学生与未成年学生作为申诉人的情况有所不同。对于成年学生而言，申诉人就是他本人；对于未成年学生而言，其申诉行为由其法定代理人即监护人代为进行或辅助其进行。

(2) 被申诉人。学生申诉制度中的被申诉人，一般是指学生所在的学校、教师及其他工作人员。

(3) 受理机关。一般而言，申诉的受理机关是做出处分或侵权行为的上一级机关，如学生对学校的处分不服，或认为学校侵犯其合法权利，可向学校的上级机关——主管教育行政机关申诉。

3. 行政诉讼制度

《教育法》第四十三条规定，受教育者享有下列权利：对学校、教师侵犯其人身权、财产权等合法权益，提出申诉或者依法提起诉讼。《教育法》的这一规定不仅设定了学生申诉制度，同时也为学生设定了诉讼制度。学生可以提起行政诉讼的事项包括：开除学生；学籍管理中降级、留级和强令学生转学；等等。

4. 民事诉讼制度

学生的民事诉讼是指学生与学校、教师或者学生与学生之间因人身和财产纠纷，向人民法院提起诉讼的制度。

由于民事诉讼是有关人身与财产的纠纷，因此民事诉讼的受案范围主要分为两类：一类是侵害学生人身权引起的纠纷，如教师体罚或变相体罚学生导致的伤害、学校食品安全造成的伤害、学校设施安全导致的学生伤害、教师侮辱学生人格、学校或教师侵犯学生隐私等；另一类是侵害学生财产权引起的纠纷，如学校收取学生学费或其他费用、侵占学生物品、侵犯学生知识产权等纠纷。目前，实践中最为多见的是侵害学生生命权、身体权、健康权、隐私权和侵害学生人格尊严而引起的纠纷。

三、小学教师的权益及保护

(一) 小学教师的法律地位

教师的法律地位是指教师在教育法律关系中的法律身份或主体资格。从法律上讲，小学教师的法律地位与中学教师和大学教师的法律地位是相同的。我国关于教师法律地位的界定，代表性的观点有四种：一是公务员；二是劳动者；三是特别公务员；四是公务劳动者。

在未形成一致意见之前，我们可以从实务的角度对教师的法律地位做简单概括：首先，教师是公民，其法律地位由《宪法》规定；其次，教师是事业单位工作人员，其法律地位由《事业单位人事管理条例》等人事法规规定；最后，教师是教育者，其法律地位由《教育法》《教师法》等教育法规规定。

(二) 小学教师的权利

教师的权利是指法律对教师在履行国家教育教学职务时，必须享有的权利，是得到法律许可和保障的，是不可侵犯和剥夺的。《教育法》第三十三条和第三十四条规定，教师享有法律规定的权利，国家保护教师的合法权益，改善教师的工作条件和生活条件，提高教师的社会地位。《教师法》第七条对教师的权利做了具体规定，这些权利可以总结概括为如下几个方面。

1. 教育教学权

进行教育教学活动，开展教育教学改革和实验，简称教育教学权。这是教师的最基本权利。教师有权依据其所在学校的教学计划、教育工作量等具体要求，结合自身教学特点自主地组织课堂教学；有权依照教学大纲的要求确定其教学内容、进度，不断完善教学内容；有权针对不同的教育教学对象，在教育教学的形式、方法、具体内容等方面进行改革和实验。任何人不得非法剥夺在聘教师行使这一基本权利，而不具备教师资格的人不得享有这项权利。虽取得教师资格，但尚未受聘或已被解聘的人员，此项权利的行使处于停顿状态，待任用时方能行使这一权利。学校及其他教育机构依法解聘教师的，不属于侵犯教师教育教学权利的行为。

2. 科学研究权

从事科学研究，进行学术交流，参加专业的学术团体，在学术活动中发表意见，简称科学研究权，也称学术自由权。这是教师作为专业技术人员所享有的一项基本权利。教师在完成规定的教育教学任务的前提下，有权进行科学研究与技术开发、撰写学术论文、著书立法；有权参加有关的学术交流活动，参加依法成立的学术团体并在其中兼任工作；有权在学术研究中发表自己的学术观点。教师在行使此项权利时，要注意处理好教学与科研的关系，使之相辅相成，更好地提高教育教学质量。

3. 指导评定权

指导学生的学习和发展，评定学生的品行和学业成绩，简称指导评定权。这是与教师在教育教学过程中的主导地位相适应的一项基本权利。教师有权根据教育规律和学生的身心发展特点，因材施教，有针对性地指导学生的学习，并在学生的升学、就业等方面给予指导；有权对学生的思想品德、学习、文体活动、劳动等方面给予客观公正的评价；有权运用正确的指导思想和科学的方式方法，使学生的个性和能力得到充分发展。教师在行使指导评定权时，要注意加强对学生各方面的管理，将关心爱护学生与严格要求相结合，促进学生德、智、体、美等方面全面发展。

4. 获取报酬待遇权

按时获取工资报酬，享受国家规定的福利待遇及寒暑假期的带薪休假，简称获取报酬待遇权。这是教师的基本物质保障权利。教师的工资报酬，一般包括基础工资、职务工资、课时报酬、奖金、教龄津贴、班主任津贴及其他各种津贴在内的工资性收入。福利待遇主要包括教师的医疗、住房、退休等方面的各项待遇和优惠，以及寒暑假期的带薪休假。教师有权要求所在学校及其主管部门根据国家教育法律、教师聘用合同的规定按时、足额地支付工资报酬，有权享受国家规定的福利待遇。要动员全社会力量，采取有效措施，依据法律的规定，切实保障教师这一基本权利的行使。

5. 民主管理权

对学校教育教学、管理工作和教育行政部门的工作提出意见和建议，通过教职工代表大会或者其他形式，参与学校的民主管理，简称民主管理权。这是教师参与教育管理的民主权利，是《宪法》中所规定的"公民对任何国家机关和国家工作人员，有提出批评和建议的权利"的具体体现，有利于调动教师参政议政的自觉性和积极性，发挥教师的主人翁作用，加强对学校和教育行政部门工作的监督。教师有权通过教职工代表大会、工会等组织形式及其他适当方式，参与学校民主管理，讨论学校改革、发展等方面的重大事项，保障自身的民主权利和切身利益，推进学校的民主建设。以教职工代表大会为例，教师的参与管理权体现在以下方面：听取校长的工作报告，讨论学校年度工作计划、发展规划、改革方案、教职工队伍建设等重大问题；讨论职工奖惩办法及其他与教职工有关的基本规章制度；讨论教职工的住房分配及其他有关教职工的一些福利事项；监督学校管理工作。教师在行使民主管理权时，应注意遵循民主集中制的原则，并充分发挥自己对学校、教育行政部门工作的监督作用。

6. 进修培训权

参加进修或者其他方式的培训，简称进修培训权。这是教师享有的继续教育的权利。现代社会和科技的飞速发展，要求教师及时更新知识，不断提高自身素质。教师有权参加进修或其他多种形式的培训，以提高思想政治觉悟和业务水平。教育行政部门、学校及其他教育机构，应采取多种形式，开辟多种渠道，努力为教师的进修培训创造有利条件，切实保障教师权利的实现。《国家中长期教育改革和发展规划纲要(2010—2020)》规定，对教师实行每五年一周期的全员培训制度，现在国家开始实施"国培计划"，这些都是对保护教师进修培训权的具体落实。

案例

陈某是某学校的二级教师，工作十多年了，一直没有参加过进修或其他方式的培训。2018年9月，学校有一次教师进修机会，陈某向学校提出要去进修。学校以没人替他上课为由，不同意他的请求。陈某认为校长故意和自己作对，于是与学校发生了纠纷，经常缺课。学校扣发陈某9月一个月的工资及奖金。陈某认为处理不公，向区教育委员会提出申诉。教师参加进修培训是教师的一项法定权利，学校应当依法给予保护和尊重。按照规定，教师每五年就需要进修一次，这是提高教师教育教学水平的基本保证。教师陈某十多年未进修，学校应当依法给予其进修提高的机会。陈某认为学校的安排不合理，可以向主管教育行政部门提出申诉。但是，陈某经常缺课，则是一种错误的做法，学校对经常缺课的陈某进行扣发工资的处理是合法的。

(三) 小学教师的义务

教师享有法律规定的权利，同时必须履行法律规定的义务。教师的义务是指教师在教育教学活动中依法应当履行的责任。教师必须依法"为"或"不为"一定的行为，这种约束的目的在于促使教师忠实地履行自己的法定义务。《义务教育法》第二十八条、第二十九条规定，教师享有法律规定的权利，履行法律规定的义务，应当为人师表，忠诚于人民的教育事业。教师在教育教学中应当平等对待学生，关注学生的个体差异，因材施教，促进学生的充分发展。教师应当尊重学生的人格，不得歧视学生，不得对学生实施体罚、变相体罚或者其他侮辱人格尊严的行为，不得侵犯学生的合法权益。法律的这些规定，都是教师作为教育者在教育教学中应当履行的基本义务。除此之外，《教师法》第八条还对教师的义务做了具体规定，这些义务可以总结概括为如下几个方面。

1. 遵守宪法、法律和职业道德，为人师表

宪法和法律是国家、社会组织和公民活动的基本行为准则，任何组织和公民都必须遵守，教师也不例外。同时教师作为教育者，承担着教书育人的职责，肩负着培养社会主义事业的建设者和接班人的使命，因此国家对教师提出了比一般公民更高的职业要求，这些职业要求具体体现在教师的职业道德规范中。《中小学教师职业道德规范》规定了中小学教师应当遵守的职业道德规范，包括：爱国守法、敬业奉献、热爱学生、教书育人、为人师表、终身学习。这些职业道德是小学教师必须遵守的。

2. 贯彻国家的教育方针，遵守规章制度，执行学校的教学计划，履行教师聘约，完成教育教学工作任务

教师在教育教学活动中，应当全面贯彻国家关于教育必须为社会主义现代化建设服务，必须与生产劳动相结合，培养德、智、体等方面全面发展的社会主义事业建设者和接班人的方针；自觉遵守教育行政部门和学校及其他教育机构制定的有关教育教学管理的各项规章制度；认真执行学校依据国家规定的教学大纲、教学计划或教学基本要求制订的具体教学计划；严格履行教师聘用合同中约定的教育教学职责，完成规定的教育教学任务，保证教育教学质量。

3. 对学生进行思想政治教育，组织、带领学生开展有益的社会活动

对学生进行宪法所确定的基本原则的教育，爱国主义、民族团结的教育，法制教育，以及思想品德、文化、科学技术教育，组织、带领学生开展有益的社会活动，这是对教师教育教学工作内容方面的全面规范。作为教师，应结合自身教育教学业务特点，将政治思想品德教育贯穿教育教学过程之中。对学生进行政治思想品德教育，不仅是政治思想品德课教师的职责，也是每一位教师的基本义务。教师应当有意识地对学生进行爱国主义教育、民族团结教育、法制教育、文化科学技术教育，弘扬中华民族优良传统，引导学生逐步树立科学的人生观和世界观，教育学生爱祖国、爱人民、爱劳动、爱科学、爱社会主义，把学生培养成为有理想、有道德、有文化、有纪律的社会主义新人。在德育教育的形式和方法上，应注意根据学生身心发展的特点，采用灵活生动的形式，注重实效，反对形式主义。

4. 关心、爱护全体学生，尊重学生人格，促进学生在品德、智力、体质等方面全面发展

《宪法》规定，中华人民共和国公民的人格尊严不受侵犯。由于学生在教育教学活动

中处于受教育者的地位，其人格尊严往往容易受到侵犯。作为教师要关心爱护全体学生，对学生应一视同仁，不因民族、性别、残疾、学习成绩等因素歧视学生，尤其是对有缺点的学生，教师应给予特别关怀，要满腔热情地教育指导，绝不能采取简单粗暴的办法，不能侮辱、歧视学生，不能体罚或变相体罚学生，不能泄露学生隐私。因侮辱学生影响恶劣或体罚学生经教育不改的教师，应依法承担相应的法律责任。

5. 制止有害于学生的行为或者其他侵犯学生合法权益的行为，批评和抵制有害于学生健康成长的现象

小学生属于未成年人，心理等各方面还不够成熟，在对待事情的认识和处理上不一定完全正确，容易受到外界的错误诱导而误入歧途。因此，教师有义务制止有害于学生的行为或者其他侵犯学生合法权益的行为，批评和抵制有害于学生健康成长的现象。

6. 不断提高思想政治觉悟和教育教学业务水平

教育教学工作是一项专业性较强的工作，负担着提高民族素质的使命，这就要求教师具有较高的思想觉悟和业务水平。同时，这也是社会进步和科学技术发展对教师提出的要求。为此，教师应加强学习，调整知识结构，不断提高思想政治觉悟和教育教学业务水平，以适应教育教学的实际需要。

教师的基本权利和义务基于教育活动产生，由教育法律规范所设定，是一种职业特定的法律权利和特定的法律义务。它们之间是对立统一、相互依存的关系，没有无义务的权利，也没有无权利的义务。作为教师，既是权利的享有者，又是义务的承担者，因此其应正确行使自己的权利，严格履行自己的义务。

(四) 教师的惩戒

教师惩戒是指当教师出现违反法律或学校纪律时，由教育行政部门或学校对教师给予不利处分的措施，其中包括对教师的行政处罚、行政处分及与教师聘任(用)有关的人事处理，如解聘等。教师惩戒具有消极和积极两个方面的目的，消极目的主要在于矫正教师的不当行为并表示警告，积极目的则在于维持学校的纪律和有利于教育活动的有序进行，以实现教育目标。

从我国现行法规看，教师惩戒的类型主要有以下三种。

1. 行政处罚

对教师的行政处罚是指教育行政机关对违反教育行政管理秩序的教师予以制裁的行政行为。从现行法规看，对教师行政处罚的种类主要是指撤销教师资格证书。对教师实行行政处罚的机关是县级以下人民政府的教育行政部门。

2. 行政处分

行政处分是实施行政管理的一种手段，由于学校属于事业单位，教师属于事业单位工作人员，所以对教师的管理适用事业单位人事管理的规定。根据《事业单位人事管理条例》，对教师行政处分的种类有：警告、记过、降低岗位等级或者撤职、开除。

3. 人事处理

人事处理的范围较广，涉及人事管理的方方面面，如人事关系确认，聘用合同的履行、解聘，工资报酬等。

《教师法》第三十七条规定，教师有下列情形之一的，由所在学校、其他教育机构或者教育行政部门给予行政处分或者解聘：①故意不完成教育教学任务给教育教学工作造成损失的；②体罚学生，经教育不改的；③品行不良，侮辱学生，影响恶劣的。

《事业单位人事管理条例》第二十八条规定，事业单位工作人员有下列行为之一的，给予处分：损害国家声誉和利益的；失职渎职的；利用工作之便谋取不正当利益的；挥霍、浪费国家资财的；严重违反职业道德、社会公德的；其他严重违反纪律的。

除以上法规对教师惩戒的事由做出规定外，教育行政部门和学校也会根据有关法律规定，结合实现教育目标的需要，制定教师纪律和工作规范，如教育部制定的《中小学教师职业道德规范》，学校制定的内部管理制度，包括教学事故界定与处理办法、考核办法、考勤管理办法等。教师如果违反了教师职业道德，违反了学校的管理制度，都会受到相应的惩戒。

需要指出的是，对教师的惩戒应当遵循程序正当原则，这是保证处分合法性的条件。《事业单位人事管理条例》第三十条规定，给予工作人员处分，应当事实清楚、证据确凿、定性准确、处理恰当、程序合法、手续完备。

(五) 教师的权利救济

教师的权利救济是指当教师受到不利处分或合法权益受到学校或政府有关部门侵害时，通过法定程序和途径请求特定部门裁决纠纷，使教师受到损害的权益获得补救的一种法律制度。教师在受到不利处分或合法权益受到侵害时，应当有适当的途径寻求法律救济。没有救济制度就没有权利，建立和完善教师权利救济制度，是维护教师权益的重要保证。

在我国，权利救济的途径还是比较多的，如调解、申诉、行政复议、行政诉讼、民事诉讼、刑事诉讼、国家赔偿、仲裁等。实践中，教师权利救济常见途径有申诉、行政复议、行政诉讼、人事仲裁等。

· 思考与练习 ·

1. 简述义务教育的特征。
2. 简述实施素质教育的意义。
3. 简述幼儿权利保护的一般原则。
4. 简述小学生的权利与义务。
5. 简述小学教师的权利与义务。

第四章 我国高等教育的政策与法规

> **·本章学习目标·**
>
> 了解《中华人民共和国高等教育法》的立法依据和适用范围，掌握《中华人民共和国高等教育法》立法宗旨，理解《中华人民共和国高等教育法》的基本内容；了解新时期高等教育发展面临的新要求，理解新时期高等教育政策、法规建设的基本内容。

第一节 《中华人民共和国高等教育法》概述

一、《中华人民共和国高等教育法》的立法依据和立法宗旨

《中华人民共和国高等教育法》(以下简称《高等教育法》)制定的法律依据是《宪法》和《教育法》。《宪法》是国家最高权力机关制定的规范性的法律文件，是我国的根本大法，具有至高无上的法律效力。《宪法》中的教育条款是教育法规的最高层次，其他任何形式和类型的教育法规都不得与之相抵触。《教育法》是依据《宪法》制定的调整教育内外部关系的基本法律准则，是"关于教育的宪法"，或者是教育法规的"母法"。

《高等教育法》的立法宗旨主要包括以下三点。

(一) 发展高等教育事业

高等教育是指在完成高级中等教育基础上实施的教育。它担负着培养高级专门人才，繁荣和发展科学、技术和文化，提高全民族思想道德和科学文化水平的任务，在我国社会主义现代化建设中，发挥着极为重要的作用。经过几十年的努力，我国的高等教育事业获得了很大的发展。为了使我国高等教育事业进一步深入有序地健康发展，必须制定《高等教育法》，确定我国高等教育领域的基本制度，全面规范高等教育领域内各行为主体之间的法律关系。

(二) 实施科教兴国战略

科教兴国战略就是要致力于增强国家的科技实力及科技向现实生产力转化的能力，提高全民族科学文化素质，把经济建设转移到依靠科技进步和提高劳动者素质的轨道上来，加速实现国家的繁荣昌盛。实施科教兴国战略，要求全面改革我国的科教体系，建立或改革国家知识创新体系、知识传播体系和知识运用体系。而高等教育兼有知识传播、知识创新、人才培养和知识运用等重要功能，是国家创新体系的重要组成部分。因此，为使高等教育的发展适应实施"科教兴国"战略的要求，必须制定《高等教育法》。在整部法律中，"实施科教兴国"这一宗旨被贯彻始终，成为整部法律的原则和灵魂。

(三) 促进社会主义物质文明建设和精神文明建设

社会主义建设必须依靠教育，这是在我国社会主义建设中总结正反两方面经验教训得出的一条重要结论。合乎规律的、有序实施的高等教育对社会生产力的发展具有巨大作用，同时其也是无可替代的。不仅如此，发展高等教育也是加强社会主义物质文明建设与精神文明建设的重要表现。因此，为了促进社会主义的物质文明建设和精神文明建设，必须制定《高等教育法》。

二、《高等教育法》的适用范围

我国的高等教育，从类型上说包括学历教育和非学历教育；从层次上说包括专科教育、本科教育和研究生教育；从形式上说包括全日制和非全日制教育。总体来说，《高等教育法》的调整范围应包括上述不同类型、不同层次、不同形式的高等教育。《高等教育法》第二条规定，在中华人民共和国境内从事高等教育活动，适用本法。根据这一规定，《高等教育法》的适用范围可概括如下。

(1) 一切在中华人民共和国境内从事高等教育活动的个人。其中，中华人民共和国境外的个人符合我国规定的条件并办理有关手续，进入中国境内高等学校学习、研究，进行学术交流或者任教，也适用本法的有关规定。

(2) 一切在中华人民共和国境内从事高等教育活动的组织。这里包括高等学校、经批准承担研究生教育任务的科学研究机构和其他高等教育机构。"高等学校"指大学、独立设置的学院和高等专科学校，其中包括高等职业学校和成人高等学校。"其他高等教育机构"指除高等学校和经批准承担研究生教育任务的科学研究机构外，从事高等教育活动的组织。

《高等教育法》中有关高等学校的规定适用其他高等教育机构和经批准承担研究生教育任务的科学研究机构，但对高等学校专门适用的规定除外。

三、《高等教育法》的基本内容

《高等教育法》共8章69条，对高等教育的活动原则、高等教育的基本制度、高等学校的设立、高等学校的权利和义务、高等学校的内部管理体制、高等学校的教师、高等学校的学生，以及高等教育投入和条件保障等方面做了具体规定。

(一) 高等教育活动的原则

高等教育活动的原则是在高等教育活动中必须遵循的基本要求和行为准则，它是根据高等教育活动的特点和规律，在高等教育实践的基础上概况出来的。

高等教育应当遵循的原则主要有社会主义方向性原则、教育机会均等原则、社会参与原则、高等学校依法自主办学原则、高等学校依法民主管理原则、学术自由原则、民族性与国际性结合的原则等。

坚持社会主义方向性原则是我国高等教育活动必须遵循的基本原则。其次，高等教育工作必须紧紧围绕国家所提出的培养目标及新时期培养人才的要求进行。《高等教育法》规定，高等教育必须贯彻国家的教育方针，为社会主义现代化建设服务，与生产劳动和社会实践相结合，使受教育者成为德、智、体、美、劳等方面全面发展的社会主义建设者和接班人。显而易见，我们的高等教育是社会主义的高等教育，必须坚持社会主义的办学方向，培养为社会主义现代化服务的人才。

(二) 高等教育的基本制度

高等教育的基本制度规定了高等教育的性质和任务、高等学历教育的学业标准、入学条件和修业年限等。

1. 高等教育的性质和任务

《高等教育法》第五条规定了高等教育的任务是培养具有社会责任感、创新精神和实践能力的高级专门人才，发展科学技术文化，促进社会主义现代化建设。

2. 高等学历教育的学业标准

《高等教育法》第十六条规定高等学历教育应当符合下列学业标准：①专科教育应当使学生掌握本专业必备的基础理论、专门知识，具有从事本专业实际工作和研究工作的初步能力；②本科教育应当使学生比较系统地掌握本学科、专业必需的基础理论、基本知识，掌握本专业必要的基本技能、方法和相关知识，具有从事本专业实际工作和研究工作的初步能力；③硕士研究生教育应当使学生掌握本学科坚实的基础理论、系统的专业知识，掌握相应的技能、方法和相关知识，具有从事本专业实际工作和科学研究工作的能力。博士研究生教育应当使学生掌握本学科坚实宽广的基础理论、系统深入的专业知识、相应的技能和方法，具有独立从事本学科创造性科学研究工作和实际工作的能力。

3. 入学条件和修业年限

我国的高等学历教育分为专科教育、本科教育和研究生教育。《高等教育法》对学历教育的入学条件和修业年限做出了明确的规定。

高级中等教育毕业或具有同等学力的，经考试合格，由实施相应学历教育的高等学校录取，取得专科生或本科生入学资格。专科教育的基本修业年限为二至三年，本科教育的基本修业年限为四至五年。

本科毕业或具有同等学力的，经考试合格，由实施相应学历教育的高等学校或者经批准承担研究生教育任务的科学研究机构录取，取得硕士研究生入学资格。硕士研究生的基本修业年限为二至三年。硕士研究生毕业或具有同等学力的，经考试合格，由实施相应学历教育的高等学校或者经批准承担研究生教育任务的科学研究机构录取，取得博士研究生入学资格。博士研究生的基本修业年限为三至四年。同时，允许特定学科和专业的本科毕业生直接取得博士研究生入学资格，非全日制高等学历教育的修业年限应当适当延长。此外，在修业年限上，高等学校可以根据实际需要，报主管的教育行政部门批准，对学生的修业年限做出调整。

(三) 高等学校的设立

《高等教育法》第三章就设立高等学校的基本要求、基本条件、基本材料、基本程序做出了规定。

1. 高等学校设立的基本要求

《高等教育法》第二十四条规定，设立高等学校，应当符合国家高等教育发展规划，符合国家利益和社会公共利益。这是对高等学校的设立的基本要求。

2. 高等学校设立的基本条件

设立高等学校，除应当具备《教育法》规定的有组织机构和章程，有合格的教师，有符合规定标准的教学场所及设施、设备，有必备的办学资金和稳定的经费来源四个基本条件外，还必须有一些特殊的条件。大学或独立设置的学院还应当具备较强的教学、科学研究力量，较高的教学、科学研究水平和相应规模，能够实施本科及本科以上教育。大学还必须设三个以上国家规定的学科门类为主要学科。

3. 高等学校设立的基本材料

申请设立高等学校，应当向审批机关提交相应的材料。这些材料主要包括：申办报告；可行性论证材料；章程；审批机关依照本法规定要求提供的其他材料。章程应当对以下事项做出规定：学校名称、校址；办学宗旨；办学规模；学科门类的设置；教育形式；内部管理体制；经费来源、财产和财务制度；举办者与学校之间的权利、义务；章程修改程序；其他必须由章程规定的事项。

4. 高等学校设立的基本程序

设立实施本科及以上教育的高等学校，由国务院教育行政部门审批；设立实施专科教育的高等学校，由省、自治区、直辖市人民政府审批，报国务院教育行政部门备案；设立其他高等教育机构，由省、自治区、直辖市人民政府教育行政部门审批。审批设立高等学校和其他高等教育机构应当遵守国家有关规定。

审批设立高等学校，应当委托由专家组成的评议机构评议。高等学校和其他高等教育机构分立、合并、终止，变更名称、类别和其他重要事项，由《高等教育法》二十九条第一款规定的审批机关审批；修改章程，应当根据管理权限，报国务院教育行政部门或者省、自治区、直辖市人民政府教育行政部门核准。

(四) 高等学校的权利和义务

高等学校是面向社会自主办学的法人实体，依法行使办学的自主权是高等学校所具有的组织特征之一，也是保障提高我国高等教育的质量与效益的关键之一。《高等教育法》在明确了高等学校作为办学者所具有的独立于举办者与管理者的法律地位之外，还专门对高等学校享有的权利和须履行的义务做出了规定。

1. 高等学校享有的权利

《高等教育法》规定高等教育学校的办学自主权主要包含招生自主权、学科专业设置和教学自主权、科研开发和社会服务自主权、机构设置与人事分配权、财产管理使用权，以及自主开展国际交流和合作的权利等内容。

2. 高等学校须履行的义务

高等学校在享受权利的同时，必须履行相应的义务。对于高等学校而言，其履行的义务主要包括：①以培养人才为中心，开展教学、科学研究和社会服务，保证教育教学质量达到国家规定的标准；②通过以教师为主体的教职工代表大会等组织形式，依法保障教职工参与民主管理与监督，维护教职工的合法权益；③就其办学水平、教育质量接受教育行政部门和有关组织的监督和评估。此外，高等学校有为教师参加有关进修、开展学术交流提供条件的义务，以及为大学生的学习与就业、大学生参加社会服务和勤工助学等活动提供相应管理的义务。

(五) 高等学校的内部管理体制

高等学校的内部管理体制是高等学校内部的领导的分工、机构设置、管理权限，以及相互关系的根本组织制度。它直接支配着高等学校的管理工作，是一项关乎全局的制度。《高等教育法》明确规定，国家举办的高等学校实行中国共产党高等学校基层委员会领导下的校长负责制，并对党委领导和校长做了明确而具体的分工。

《高等教育法》规定，中国共产党高等学校基层委员会按照中国共产党章程和有关规定统一领导学校工作，支持校长独立地行使职权，中国共产党高等学校基层委员会的领导职责是：执行中国共产党的路线、方针、政策，坚持社会主义办学方向，领导学校的思想政治工作和德育工作，讨论决定学校内部组织机构的设置和内部组织机构负责人的人选，讨论决定学校的改革、发展和基本管理制度等重大事项，保证以培养人才为中心的各项任务的完成。

《高等教育法》对高等学校校长的任职条件做了专门规定，提出应由符合《教育法》所规定的任职条件的公民担任。作为高等学校法定代表人的高等学校校长全面负责本学校的教学、科学研究和其他行政管理工作，行使职权的内容包括：①拟订发展规划，制订具体规章制度和年度工作计划并组织实施；②组织教学活动、科学研究和思想品德教育；③拟订内部组织机构的设置方案，推荐副校长人选，任免内部组织机构的负责人；④聘任与解聘教师及内部其他工作人员，对学生进行学籍管理并实施奖励或者处分；⑤拟订和执行年度经费预算方案，保护和管理校产，维护学校的合法权益；⑥章程规定的其他职权。

当然，校长处理上述事务，应当通过主持校长办公会议或者校务会议进行。

由此可见，《高等教育法》明确而具体地规定了高等学校党委的领导职责和校长的职权，非常有利于在实际工作中更好地坚持和执行党委领导下的校长负责制。实践证明，这种由高校党委会集体领导学校的思想政治工作和德育工作，集体讨论决定关系学校的改革与发展的重大事项，是符合我国国情和我国高等学校实际情况的。高校党委会和校长都要依法履行职责，各司其职，相互配合，按照《高等教育法》的要求，共同管理好学校。

(六) 高等学校的教师

教师是教育关系中一个重要的主体。《教师法》和《教育法》对这一主体的权利和义务做了全面的阐述和规定。此外，《高等教育法》还从高等教育组织的特性出发，规定在高等学校教师中实行教师资格制度、教师职务制度和教师聘任制度，在高等学校教育管理人员中实行教育职员制度，以此促进高等学校人才的流动和竞争，建立合理的高等学校教师制度。

《高等教育法》就取得高等学校教师资格的条件，担任相应教师职务的条件及教师聘任的原则和基本形式做了明确规定。作为高等学校教师，首先必须取得高等学校教师资格。《高等教育法》规定，中国公民凡遵守宪法和法律，热爱教育事业，具有良好的思想品德，具备研究生或者大学本科毕业学历，有相应的教育教学能力，经认定合格，可以取得高等学校教师资格。不具备研究生或者大学本科毕业学历的公民，学有所长，通过国家教师资格考试，经认定合格，也可以取得高等学校教师资格。

取得高等学校教师资格的教师，可担任相应的教师职务。高等学校的教师职务设助教、讲师、副教授、教授四种。高等学校教师担任相应教师职务，除具备教师资格这一最基本的条件外，还应当具备以下基本条件：系统地掌握本学科的基础理论；具备相应职务的教育教学能力和科学研究能力；承担相应职务的课程和规定课时的教学任务。教授和副教授除应当具备以上基本任职条件外，还应当对本学科具有系统而坚实的基础理论和丰富的教学、科学研究经验，教学成绩显著，论文或者著作达到较高水平或者有突出的教学、科学研究成果。这样的规定，将有利于提高高级职称教师的整体素质，促进学术和教育水平的提高。

获得教师职务的教师，将由学校按照教师职务的职责、条件和任期聘任，由高等学校校长和受聘教师遵循"双方平等自愿"的原则，签订聘任合同，实行真正的竞争上岗。高等学校的教师应依法享有教师的权利并履行相应的义务。教师为了应聘到一个"教席"，就必须勤奋努力，不断完善自己，尽量在工作中干出实际成绩。

(七) 高等学校的学生

受教育者是教育关系中又一重要主体。《教育法》对这一主体的权利和义务做了明确阐述，这些规定也同样适用于高等学校的学生。同时，《高等教育法》对高等学校学生的权利和义务做了一系列的补充规定。

高等学校学生除享有《教育法》规定的权利外，还享有以下权利：①在课余时间，可以参加社会服务和勤工助学活动；②可以在校内组织学生团体；③家庭经济困难的学生，可以申请补助或者减免学费。

高等学校学生还应当履行以下义务：①按照国家规定缴纳学费；②获得贷学金及助学金的学生应当履行相应的义务；③参加社会服务和勤工助学活动不得影响学业任务的完成，并接受学校的引导和管理；④学生团体要接受学校的领导和管理。

这些规定，肯定了学生在教育过程中的应有地位，既参照了国际上通行的做法，又考虑了我国的实际情况，是对教育法相关规定的进一步补充。

(八) 高等教育的投入和条件保障

关于高等教育的经费投入，《高等教育法》第六十条规定，高等教育实行以举办者投入为主、受教育者合理分担培养成本、高等学校多种渠道筹措经费的机制。

国务院和省、自治区、直辖市人民政府依照《教育法》第五十六条的规定，保证国家举办的高等教育的经费逐步增长。国家鼓励企业事业组织、社会团体及其他社会组织和个人向高等教育投入。

对于高等教育的条件保障，《高等教育法》规定，高等学校的举办者应当保证稳定的办学经费来源，不得抽回其投入的办学资金。国务院教育行政部门会同国务院其他有关部门根据在校学生年人均教育成本，规定高等学校年经费开支标准和筹措的基本原则，省、自治区、直辖市人民政府教育行政部门会同有关部门制定本行政区域内高等学校年经费开支标准和筹措办法，作为举办者和高等学校筹措办学经费的基本依据。

另外，对于高等学校进口图书资料、教学科研设备及校办产业，国家实行优惠政策。高等学校所办产业、转让知识产权及其他科学技术成果获得的收益，可用于高等学校办学。高等学校收取的学费应当按照国家有关规定管理和使用，其他任何组织和个人不得挪用。高等学校应当依法建立、健全财务管理制度，合理使用、严格管理教育经费，提高教育投资效益，其财务活动应当依法接受监督。

第二节　新时期高等教育政策、法规的建设与创新

进入21世纪后，我国高等教育的发展进入了一个新的阶段，与此相适应的是，新时期高等教育政策、法规的建设在不断加强，并有所创新。

一、新时期高等教育发展面临的新要求

(一) 高等教育进入普及化

世纪之交，高等教育扩招后逐渐满足更多青年乃至从业人员的就学需要，2002年高等教育毛入学率达到15%，跨入国际公认的大众化阶段。党的十八大以来，全面普及九年义务教育、普及高中阶段教育的基础更加稳固，尤其是"十三五"时期经济实力、科技实力、综合国力跃上新的大台阶，为高等教育步入新发展阶段提供了有力支持。当前高等教

育毛入学率达到51.6%，跨入国际公认的普及化阶段。我国正在阔步迈向人力资源强国，彰显了中国特色社会主义教育制度的优越性。同时，进入高等教育普及化阶段后，我们也需要不断提高高等教育的质量。

(二) 高等教育国际化的深度发展

高等教育国际化是指一个国家将本国的高等教育置于世界教育发展的系统中来确定发展的方向，并通过与其他国家开展教育交流与合作，而使本国的高等教育成为世界教育体系的有机组成部分的过程。高等教育国际化的主体是国家，目标是培养具有国际视野的高等教育人才，途径是国家之间的教育交流与合作。可以说，当代各国高等教育的发展，都需要融入国际化的进程。

我国政府于2001年11月10日加入WTO，成为该组织的第143个成员。教育贸易是WTO框架下服务贸易的重要组成部分，因此加入WTO对我国高等教育的国际化影响是很大的。根据WTO的《服务贸易总协定》，教育服务贸易领域涵盖高等教育、中等教育、初等教育、学前教育、继续教育、特殊教育和其他教育中的服务交往，服务提供方式有跨境交付、境外消费、商业存在和自然人流动四种。WTO成员必须对上述四种服务贸易形式做出市场准入和国民待遇方面的承诺。

不同发展水平的国家对教育服务开放做出了不同的承诺。西方发达国家承诺开放的程度比较高，而当时我国作为处于经济转型期的发展中国家，对教育的开放持谨慎态度。从市场准入的限制措施和各国对外开放的承诺来看，我们虽然可以在WTO条款允许的范围内，在许多方面按照自己的意图来设定限制，但其他国家仍可通过各种服务贸易方式介入我国教育市场，我国的高等教育将会在国际化的道路上走向更为广阔的天地。而在高等教育的国际化进程中，教育服务市场的国际竞争将日趋激烈。加入WTO在加速推动我国的经济结构、产业结构和城乡结构变革的同时，社会发展对国际化人才、复合型人才的需求及对某些短缺人才(如金融、软件开发、法律等)的需求将高速增长，人才竞争将更加激烈，这将对我国高等教育的发展观、人才观、办学观，以及高等院校的人才培养模式提出新的挑战。

2013年，国家提出了"一带一路"发展倡议，这是进一步提高我国对外开放水平的重大战略构想，也为进一步推进我国高等教育国际化，深化高等教育领域综合改革、提高教育质量提供了重大战略机遇。

(三) 高等教育质量需要全面提升

在中国特色社会主义教育制度下，我国高等教育担负着提高人才培养质量、提升科学研究水平、增强社会服务能力、传承创新中华文化、增进对外合作交流等多方面的重要使命，在坚持马克思主义在意识形态领域的指导地位、弘扬践行社会主义核心价值观方面发挥重要基地作用。高校还要在国家战略需要，科技创新、关键核心技术攻关、服务区域发展战略等方面做出更大贡献。这些都日益成为衡量高等教育质量的重要指标。

因此，建设高质量教育体系应面向经济社会发展，加快推进"双一流"建设，优化学科专业结构，加强创新型、应用型、技能型人才培养。同时，应加快技术攻关和科技成果转化，推进产学研用一体化；立足服务区域协调发展和新型城镇化需要，振兴中西部高等教育，提升教育服务区域发展战略水平。

二、新时期高等教育政策、法规的完善

(一) 不断推进高等教育法律、法规体系的完善

改革开放以来，我国高等教育之所以能在较短的时间里取得巨大的成绩，既与社会政治、经济的发展要求和人们受高等教育的需求分不开，也与高等教育领域的法律、法规建设密切相连。自从20世纪末我国颁布实施《高等教育法》以来，我国高等教育事业逐渐走上法制化的轨道。但我国高等教育法律、法规建设的任务远未完成，需要进一步推进高等教育法律、法规体系的完善工作。

当前我国的高等教育包括学历教育和非学历教育两种类型，分为专科教育、本科教育和研究生教育三个层次，以及全日制教育和非全日制教育两种形式。这些不同类型、不同层次、不同形式的高等教育，都在《高等教育法》的调整范围之内。为了更好地保障我国高等教育的发展，教育部出台了相应的部门法规。如2000年10月31日第九届全国人民代表大会常务委员会第十八次会议通过的《中华人民共和国国家通用语言文字法》(自2001年1月1日起施行)，有助于规范高等学校的语言文字使用；又如2005年3月4日经部务会议讨论通过的《实施教育行政许可若干规定》(自2005年6月1日起施行)，有助于规范教育行政部门的行政许可行为，推进依法行政。这些部门规章的颁布，丰富了《高等教育法》的内涵。

对于民办高等教育在发展中出现的新情况与新问题，可以通过现行的高等教育领域的法律、法规进行调整，但也迫切需要出台一系列针对民办高等教育的政策与管理细则，以进一步规范民办高等教育中的各种行为主体权利和义务，以及其管理行为，促进民办高等教育的健康有序发展。对此，2003年9月1日起施行《中华人民共和国中外合作办学条例》(中华人民共和国国务院令第372号)，2004年4月1日起施行《中华人民共和国民办教育促进法实施条例》，2007年2月10日起施行《民办高等学校办学管理若干规定》，这些法律、法规的颁布施行，明确了当前我国民办高等教育发展的大政方针，为民办高等教育的发展提供了法律保障。

(二) 加强高等教育质量评估工作，构建我国高等教育质量保障体系

在高等教育进入普及化的新阶段及出现跨境高等教育的情况下，进一步开展高等教育质量评估工作，建立我国高等教育质量保障体系就显得尤为必要和迫切。

高等教育质量保障体系是高等教育评价的深化、结构化和体系化。自20世纪90年代以来，已经形成的高等教育质量保障模式有BS 5750或ISO 9000模式、绩效指标模式、专家管理模式等。BS 5750或ISO 9000质量保障模式源于工商业界，带有"市场化"的烙印，具有一定的外适性，关注教学工程中的所有关键活动，要求能够出示具体的实证指标。

绩效指标模式与BS 5750模式不同的是大学学术性要求的指标已被放到质量保障的主要位置。专家管理模式是在全面质量管理理论的基础上发展起来的，其强调组织成员的全面参与和无私奉献，它从学校设立目标开始，直至促进教师的专业化，又为重新确立目标打下基础，新的质量保障周期又开始，如此螺旋式往复，其特征是发展性，以达到持续保障与改进教育质量为目的。对于这些高等教育质量保障模式，我们要加以分析和借鉴，并结合我国高等教育的实际情况，科学设立高等教育质量保障指标，积极建立符合我国国情的高等教育质量保障体系。

对于跨境高等教育，要积极开展与教育质量保障机构的国际合作，逐步建立跨国教育质量保障体系。为了回应日益增长的要求建立跨境教育质量标准的呼吁和应对全球化的挑战，2004年11月联合国教科文组织(UNESCO)和经济合作与发展组织(OECD)共同起草了一份《高等教育跨境提供质量保障纲要(草案)》。这个草案虽不具有法律强迫性，但无疑对中国有很高的借鉴价值。政府要高度重视WTO框架下对教育输入、输出机构办学质量的监控，不断改进和完善准入质量标准和办学质量标准。政府也要不断改进管理职能，通过建立专门的、独立的、非营利的质量评价中介机构，接受政府的委托开展质量评估和认证工作，从而推动跨境高等教育质量保障取得实质性进展。

(三) 加强对高等教育改革与发展的规划与指导，提高高效协同创新能力

2010年7月29日，中共中央、国务院印发了《国家中长期教育改革和发展规划纲要(2010—2020年)》(以下简称《教育规划纲要》)。对于高等教育的改革与发展，《教育规划纲要》的第七章明确指出，提高质量是高等教育发展的核心任务是建设高等教育强国的基本要求。到2020年，高等教育结构更加合理，特色更加鲜明，人才培养、科学研究和社会服务整体水平全面提升，建成一批国际知名、有特色、高水平的高等学校，若干所大学达到或接近世界一流大学水平，高等教育国际竞争力显著增强。为了提高高等教育人才培养质量，应牢固确立人才培养在高校工作中的中心地位，着力培养信念执着、品德优良、知识丰富、本领过硬的高素质专门人才和拔尖创新人才，全面实施《高等学校本科教学质量与教学改革工程》，严格教学管理，健全教学质量保障体系，改进高校教学评估。同时，应不断优化学科专业、类型、层次结构，促进多学科交叉和融合，重点扩大应用型、复合型、技能型人才培养规模。

《教育规划纲要》鼓励、促进高校办出特色。为此，应建立高校分类体系，实行分类管理。发挥政策指导和资源配置的作用，引导高校合理定位，克服同质化倾向，形成各自的办学理念和风格，在不同层次、不同领域办出特色，争创一流。《教育规划纲要》指出，要加快建设一流大学和一流学科，以重点学科建设为基础，继续实施"985工程"和优势学科创新平台建设，继续实施"211工程"和启动特色重点科目；改进管理模式，引入竞争机制，实行绩效评估，进行动态管理；鼓励学校优势学科面向世界，支持参与和设立国际学术合作组织、国际科学计划，支持与境外高水平教育、科研机构建立联合研发基地；加快世界一流大学和高水平大学的创建步伐，培养一批拔尖创新人才，形成一批世界一流学科，产生一批国际领先的原创性成果，为提升我国综合国力贡献力量。

为了提升高等学校的创新能力，促进高等教育与科技、经济、文化的有机结合，大力支撑创新型国家和人力资源强国建设，2012年国家正式启动了"高等学校创新能力提升计划"(以下简称"2011计划")。"2011计划"是继"211工程"和"985工程"之后在高等教育领域启动的第三项国家工程。"2011计划"是针对21世纪我国高等教育已经进入内涵式发展的新阶段而采取的又一项体现国家意志的重大战略举措。实施"2011计划"，对于大力提升高等学校的创新能力，全面提高高等教育质量，深入实施科教兴国、人才强国战略，都具有十分重要的意义。

　　党的十九大报告提出"加快一流大学和一流学科建设，实现高等教育内涵式发展"。"双一流"战略的实施，标志着中国加快高水平大学重点建设和提升高等教育整体发展水平都站在了一个新起点，迈出了由高等教育大国向高等教育强国转变的重要一步。"内涵式发展"意味着从关注规模、数量往重视结构、提高质量转变，从不平衡往推进公平转变，发展公平而有质量的高等教育已经成为中国高等教育发展的核心任务。

· 思考与练习 ·

1. 简述《高等教育法》的立法宗旨。
2. 简述高等学校的权利与义务。

第五章 其他教育法律法规

· 本章学习目标 ·

理解《中华人民共和国职业教育法》的立法宗旨和立法依据，了解《中华人民共和国职业教育法》的基本内容，掌握《中华人民共和国职业教育法》的意义；掌握民办教育的性质，了解《中华人民共和国民办教育促进法》的基本内容；理解残疾人教育的基本原则，掌握残疾人教育的地位，了解残疾人教育的管理体制；理解家庭教育的概念，掌握《中华人民共和国家庭教育促进法》的基本内容。

第一节 《中华人民共和国职业教育法》概述

1996年5月15日，第八届全国人民代表大会常务委员会第十九次会议审议通过了《中华人民共和国职业教育法》(以下简称《职业教育法》)。2022年4月20日，第十三届全国人民代表大会常务委员会第三十四次会议通过了《中华人民共和国职业教育法》的修订，自2022年5月1日起施行。《职业教育法》是我国教育历史上第一部关于职业教育的法律，它的制定与贯彻执行，对促进我国职业教育的发展，培养高素质的劳动者，推进社会主义现代化建设都具有十分重要的意义。

一、《职业教育法》的立法宗旨和立法依据

(一)《职业教育法》的立法宗旨

1. 推动职业教育高质量发展

职业教育是我国教育事业的重要组成部分，是促进我国经济发展和劳动就业的重要途径，应该受到广泛的关注和高度的重视。然而，我国一直存在着轻视职业技术教育的问题。春秋战国时期我国就已形成重学术轻技术的心理，后来的科举制更是强化了重学术

轻技术的心理。在中国古代的民众看来，读经书、考秀才、考举人，一直到考进士乃至状元，才是莘莘学子所走的正道，即所谓的万般皆下品，唯有读书高；而学习各种技术和技能，则是"旁门左道"，甚至把技能、技巧和技术都称为雕虫小技。直到今天，这种社会心理依然还支配着许多学生及其家长的求学意愿，有许多家长不愿意送子女就读职业技术院校，只是因为子女中考或高考分数太低，出于无奈才进了中职或者高职院校。要大力发展职业教育，就必须改变轻视职业教育的观念，运用法律手段来确认职业教育的重要地位，突出职业教育的重大作用，使职业教育受到应有的关注，引起全国人民的高度重视。

2. 提高劳动者素质和技术技能水平

颁布和实施《职业教育法》，是为了提高广大劳动者的素质，促进社会主义现代化建设。我国是一个人口众多，自然资源相对不足的国家，要把我国建设成为社会主义现代化强国，不能过多地依靠自然资源的开发，更主要的是靠开发人力资源。我国有约14亿人口，是世界上人口最多的国家，从理论上讲具有丰富的人力资源，可以为现代化建设提供更多的劳动者。但是，如果这14亿人口的素质十分低下，那么这14亿人口将成为十分沉重的人口包袱，会是实现现代化道路上的一个巨大障碍。目前，我国各行各业劳动者的素质有待提高。为了把我国建设成为现代化的社会主义国家，实现中华民族的伟大复兴，就必须努力提高我国的人口素质，尤其是各行各业劳动者的素质，否则，我们的强国之梦就会化为泡影。职业教育是提高各行各业劳动者素质的重要途径之一，无论是对作为劳动力后备军的青少年学生进行的职业教育，还是对已经就业的各行各业劳动者进行的职业培训，都能十分有效地提高劳动者的业务素质和道德素质，从而加快社会主义现代化建设的步伐。

3. 促进就业创业

职业教育作为我国教育体系的重要组成部分，是培养技术技能人才、促进就业创业的重要基础。职业教育的突出特点就是职业性，因此，要坚持把促进就业创业作为办学导向，将提高就业质量作为办学标准。要将产业发展的重点和方向作为职业教育的重点和方向，找到职业教育与产业发展的最佳结合点；引导职业教育应围绕市场需求办学，不断提升劳动者就业创业能力；突出技能训练和动手能力培养，改革创新职业教育，满足劳动者提高自身技术技能水平的需求。

(二)《职业教育法》的立法依据

《中华人民共和国宪法》(以下简称《宪法》)是《职业教育法》的立法依据。《宪法》是规定国家的根本任务和根本制度，国家政权的组织，以及公民的基本权利义务等内容的法律，是国家的根本法，具有最高的法律地位、法律权威和法律效力。它是最高的法律依据，我国一切法律、行政法规、地方性法规和规章的内容在法律渊源上都起源于它，所以，根据《宪法》，制定《职业教育法》。

二、《职业教育法》的基本内容

(一) 职业教育的管理机制

职业教育的管理机制是对职业教育进行管理的各种制度所构成的体系。要对职业教育立法,规范职业教育的发展,首先必须明确规定职业教育的管理体制。《职业教育法》的第七条和第八条,对我国职业教育的管理体制进行了十分明确的规定,根据《职业教育法》,我国各级人民政府应当将发展职业教育纳入国民经济和社会发展规划,国务院教育行政部门负责职业教育工作的统筹规划、综合协调、宏观管理。

(二) 职业教育的体系

实施职业教育,必须创建合理的职业教育体系,以此作为运行职业教育的教育实体。根据《职业教育法》,我国的职业教育体系是一个开放的体系,在我国实施职业教育的主要实体是两种教育机构,即职业学校和职业培训机构。职业学校是实施职业教育的主要机构,它也承担职业培训的任务。职业学校教育分为中等和高等职业学校教育两个层次。职业培训机构的主要任务是开展各种类型的职业培训,职业培训根据培训的目的和性质可以分为就业前培训、在职培训、再就业培训及其他职业性培训。

(三) 职业教育机构的创办

根据《职业教育法》的规定,县级以上地方人民政府应当举办或者参与举办发挥骨干和示范作用的职业学校、职业培训机构,对社会力量依法举办的职业学校和职业培训机构给予指导和扶持。任何创办职业教育机构的办学主体所创办的职业学校和职业培训机构,都必须符合《职业教育法》所规定的基本条件。根据《职业教育法》的规定,创办职业学校的基本条件是:有组织机构和章程;有合格的教师和管理人员;有与所实施职业教育相适应、符合规定标准和安全要求的教学及实习实训场所、设施、设备,以及课程体系、教育教学资源等;有必备的办学资金和与办学规模相适应的稳定经费来源。

设立职业培训机构的基本条件是:有组织机构和管理制度;有与培训任务相适应的课程体系、教师或者其他授课人员、管理人员;有与培训任务相适应、符合安全要求的场所、设施、设备;有相应的经费。

(四) 职业教育的教师与受教育者

根据《职业教育法》的规定,国家保障职业教育教师的权利,提高其专业素质与社会地位;国家建立健全职业教育教师培养培训体系;国家制定职业学校教职工配备基本标准。职业学校学生应当遵守法律、法规和学生行为规范,养成良好的职业道德、职业精神和行为习惯,努力学习,完成规定的学习任务,按照要求参加实习实训,掌握技术技能。职业学校学生的合法权益,受法律保护。

(五) 职业教育的保障

根据《职业教育法》的规定,国家优化教育经费支出结构,使职业教育经费投入与职业教育发展需求相适应,鼓励通过多种渠道依法筹集发展职业教育的资金。各级人民政府加大面向农村的职业教育投入,可以将农村科学技术开发、技术推广的经费适当用于农村职业培训。国家鼓励金融机构通过提供金融服务支持发展职业教育;国家鼓励和支持开展职业教育的科学技术研究、教材和教学资源开发,推进职业教育资源跨区域、跨行业、跨部门共建共享;国家逐步建立反映职业教育特点和功能的信息统计和管理体系。

(六) 法律责任

根据《职业教育法》的规定,在职业教育活动中违反《中华人民共和国教育法》《中华人民共和国劳动法》等有关法律规定的,依照有关法律的规定给予处罚。企业未依照《职业教育法》规定对本单位的职工和准备招用的人员实施职业教育、提取和使用职工教育经费的,由有关部门责令改正;拒不改正的,由县级以上人民政府收取其应当承担的职工教育经费,用于职业教育。职业学校、职业培训机构在职业教育活动中违反该法规定的,由教育行政部门或者其他有关部门责令改正;教育教学质量低下或者管理混乱,造成严重后果的,责令暂停招生、限期整顿;逾期不整顿或者经整顿仍达不到要求的,吊销办学许可证或者责令停止办学。接纳职业学校和职业培训机构学生实习的单位违反该法规定,侵害学生休息休假、获得劳动安全卫生保护、参加相关保险、接受职业技能指导等权利的,依法承担相应的法律责任。教育行政部门、人力资源社会保障行政部门或者其他有关部门的工作人员违反该法规定,滥用职权、玩忽职守、徇私舞弊的,依法给予处分;构成犯罪的,依法追究刑事责任。

三、《职业教育法》的意义

(一) 从法律上确认职业教育的地位和作用

职业教育是现代教育的重要组成部分,是工业化、现代化和生产社会化的重要支柱。纵观世界教育发展的历史,有许多发达国家就是通过职业教育加强了教育与现代化生产之间的结合,通过职业教育提高了广大劳动者的素质,从而促进了国家经济的发展和社会的繁荣。但在我们国家,职业教育受到人们普遍重视的程度有待提高,职业教育的作用也没有得到充分发挥。我国封建社会的历史很长,封建时代的重儒家经典、轻实用技术的教育内容,以及重八股、轻技艺的教育方式,使人们形成了难以改变的轻视职业教育的传统观念。如今,职业教育终于迎来了自己的春天,职业教育在我国的教育事业中获得了应有的地位,在社会主义现代化建设中发挥着越来越重要的作用。《职业教育法》明确规定,职业教育是与普通教育具有同等重要地位的教育类型,是国民教育体系和人力资源开发的重要组成部分,是培养多样化人才、传承技术技能、促进就业创业的重要途径。《职业教育法》的这些规定,为我国职业教育地位的确定和作用的发挥提供了坚实的法律基础。

(二) 为职业教育的发展提供了法律保障

1991年10月颁发的《国务院关于大力发展职业技术教育的决定》,1993年2月中共中央、国务院颁发的《中国教育改革和发展纲要》和1999年国务院批转的教育部制订的《面向21世纪教育振兴行动计划》都提出了在发展职业教育的过程中要逐步走上依法执教的道路，如《国务院关于大力发展职业技术教育的决定》就提出，要加强职业技术教育的法规建设，逐步使我国职业技术教育走上依法执教、科学管理的轨道。《职业教育法》第七条规定，各级人民政府应当将发展职业教育纳入国民经济和社会发展规划，与促进就业创业和推动发展方式转变、产业结构调整、技术优化升级等整体部署、统筹实施。《职业教育法》以法律的形式明确规定了各级政府要履行规划和发展职业教育的职责，使我国的职业教育步入依法治教、健康发展的轨道。

(三) 为职业教育的规范化管理提供了良好的法律基础

职业教育的健康发展，需要良好的教育硬件设施和充足的教育经费，同时，还需要一支数量充足、质量优良的教师队伍，但是，要使教育设施和师资队伍发挥作用，还有赖于有效的管理，因此，在发展职业教育的过程中，必须逐步实现科学化管理、规范化管理和现代化管理。《职业教育法》的制定和实施，为职业教育的科学化管理、规范化管理和现代化管理提供了坚实的法律基础。《职业教育法》对职业教育的教育方针、教育内容、教育目的都做出了比较具体的规定，使职业教育的管理能够有法可依、有章可循。在《职业教育法》的其他一些条款中，还对职业教育的层次、职业培训的类型，设立职业学校和职业培训机构的条件、职业教育的证书制度和职业教育经费的筹措与使用，都做了相当明确的规定，通过对这些法律条款的贯彻执行，可以形成良好的制度环境，我国的职业教育将能够实现科学化的管理和规范化的管理。

第二节　民办教育法律、法规

一、民办教育概述

《中华人民共和国民办教育促进法》(以下简称《民办教育促进法》)于2002年12月28日由第九届全国人民代表大会常务委员会第三十一次会议通过，根据2013年6月29日第十二届全国人民代表大会常务委员会第三次会议《关于修改〈中华人民共和国文物保护法〉等十二部法律的决定》第一次修正，根据2016年11月7日第十二届全国人民代表大会常务委员会第二十四次会议《关于修改〈中华人民共和国民办教育促进法〉的决定》第二次修正，根据2018年12月29日第十三届全国人民代表大会常务委员会第七次会议《关于修改〈中华人民共和国劳动法〉等七部法律的决定》第三次修正。《民办教育促进法》在总则中明确了立法依据和立法宗旨，确立了民办教育事业属于公益性事业，是社会主义教育事业的组成部分的性质，强调民办学校应当贯彻教育与宗教相分离的原则。民办学校中的中国共产党基层组织，按照中国共产党章程的规定开展党的活动，加强党的建设，指明民办教育的发展方向。

(一) 民办教育的立法

《民办教育促进法》第一条规定，为实施科教兴国战略，促进民办教育事业的健康发展，维护民办学校和受教育者的合法权益，根据宪法和教育法制定本法。

1. 立法依据

《民办教育促进法》的立法依据是《宪法》和《教育法》。《宪法》第十九条规定，国家鼓励集体经济组织、国家企业事业组织和其他社会力量依照法律规定举办各种教育事业。《教育法》第二十六条规定，国家鼓励企业事业组织、社会团体、其他社会组织及公民个人依法举办学校及其他教育机构。

为了落实《宪法》和《教育法》的相关规定，全国人民代表大会常务委员会制定并通过了《民办教育促进法》。

2. 立法宗旨

(1) 实施科教兴国战略的需要。实施科教兴国战略需要大量人才，民办教育的发展适应了市场对人才的渴求，其培养目标非常明确，即培养市场急需的职业型、应用型人才。民办教育适应市场、讲求实效的灵活机制，能够适应市场经济的需要，有效地促进教育供给的多样化，对实施科教兴国战略起了很大的作用。因此，需要从法律的层面上对其予以确认。

(2) 促进民办教育事业健康发展的需要。经过多年的发展，我国民办教育的办学模式日趋多样化，从幼儿园到大学，从短期培训到正规学历教育，从普通文化教育到职业技术教育，都有民办学校和民办教育机构。为了促进民办教育事业的健康发展，必须制定一部专门的法律来予以保障。《民办教育促进法》总结了我国改革开放以来发展民办教育的有益经验，有针对性地解决了一些民办教育发展长期以来悬而未决的重大问题，用法律的形式巩固了我国教育改革的成果，指明了我国民办教育发展的方向。

(3) 维护民办学校和受教育者合法权益的需要。民办教育在发展过程中并非一帆风顺，常常会受到来自各方面的干扰，民办学校的合法权益会受到不同程度的侵害。民办教育蓬勃兴起，难免鱼龙混杂，以营利为目的的民办学校严重地侵害着学生的合法权益。为了维护民办学校和受教育者的合法权益，通过立法，制定了《民办教育促进法》。

3. 适用范围

《民办教育促进法》第二条规定，国家机构以外的社会组织或者个人，利用非国家财政性经费，面向社会举办学校及其他教育机构的活动，适用本法。本法未做规定的，依照教育法和其他有关教育法律执行。

(二) 民办教育的性质

《民办教育促进法》第三条第一款明确规定，民办教育事业属于公益性事业，是社会主义教育事业的组成部分。

由于民办教育属于公益性事业，是我国教育事业的组成部分，因此，《民办教育促进法》在制定民办教育的方针时规定，国家对民办教育实行积极鼓励、大力支持、正确引导、依法管理的方针。

《民办教育促进法》第三条第三款规定，各级人民政府应当将民办教育事业纳入国民经济和社会发展规划。

由于民办教育是我国教育事业的组成部分，因此，《民办教育促进法》第五条规定，民办学校与公办学校具有同等的法律地位，国家保障民办学校的办学自主权；国家保障民办学校举办者、校长、教职工和受教育者的合法权益。

(三) 民办教育的基本原则

《民办教育促进法》第四条规定，民办学校应当遵守法律、法规，贯彻国家的教育方针，保证教育质量，致力于培养社会主义建设事业的各类人才。

由于民办教育的举办者来自全社会，因此，《民办教育促进法》强调，民办学校应当贯彻教育与宗教相分离的原则，任何组织和个人不得利用宗教进行妨碍国家教育制度的活动。

二、民办学校的设立

对于民办学校的设立，《民办教育促进法》除了强调要依据《教育法》的有关规定外，还根据民办学校的实际情况，做出了一些特殊规定。

(一) 民办学校的设立条件

设立民办学校除了依据《教育法》规定的必须有组织机构和章程，有合格的教师，有符合规定标准的教学场所及设施、设备等，有必备的办学资金和稳定的经费来源外，还必须具备以下条件。

1. 对民办学校办学主体的要求

由于民办学校办学主体很复杂，因此，《民办教育促进法》第十条规定，举办民办学校的社会组织，应当具有法人资格；举办民办学校的个人，应当具有政治权利和完全民事行为能力；民办学校应当具备法人条件。

2. 对民办学校办学条件的要求

由于民办学校的办学经费不够稳定，办学条件参差不齐，因此，《民办教育促进法》第十一条规定，设立民办学校应当符合当地教育发展的需求，具备教育法和其他有关法律、法规规定的条件；民办学校的设置标准参照同级同类公办学校的设置标准执行。

(二) 民办学校的设立程序

由于民办教育的办学层次、办学类别很复杂，因此，《民办教育促进法》在民办学校的设立程序上做了特别规定。

1. 民办学校的审批机关

《民办教育促进法》第十二条规定，举办实施学历教育、学前教育、自学考试助学及其他文化教育的民办学校,由县级以上人民政府教育行政部门按照国家规定的权限审批;举办实施以职业技能为主的职业资格培训、职业技能培训的民办学校,由县级以上人民政府人力资源社会保障行政部门按照国家规定的权限审批,并抄送同级教育行政部门备案。

2. 提交的材料及审批程序

《民办教育促进法》对申请筹设民办学校和申请正式设立民办学校做了区分,明确了各自应该提交的材料和审批程序。

申请筹设民办学校,举办者应当向审批机关提交下列材料:①申办报告,内容应当包括举办者、培养目标、办学规模、办学层次、办学形式、办学条件、内部管理体制、经费筹措与管理使用等;②举办者的姓名、住址或者名称、地址;③资产来源、资金数额及有效证明文件,并载明产权;④属捐赠性质的校产须提交捐赠协议,载明捐赠人的姓名、所捐资产的数额、用途和管理方法及相关有效证明文件。

审批机关应当自受理筹设民办学校的申请之日起三十日内以书面形式做出是否同意的决定。同意筹设的,发给筹设批准书;不同意筹设的,应当说明理由。筹设期不得超过三年;超过三年的,举办者应当重新申报。

申请正式设立民办学校,举办者应当向审批机关提交下列材料:①筹设批准书;②筹设情况报告;③学校章程、首届学校理事会、董事会或者其他决策机构组成人员名单;④学校资产的有效证明文件;⑤校长、教师、财会人员的资格证明文件。具备办学条件,达到设置标准的,可以直接申请正式设立,并应当提交《民办教育促进法》第十三条和第十五条第三、四、五款规定提交的材料。

申请正式设立民办学校的,审批机关应当自受理之日起三个月内以书面形式做出是否批准的决定,并送达申请人;其中申请正式设立民办高等学校的,审批机关也可以自受理之日起六个月内以书面形式做出是否批准的决定,并送达申请人。审批机关对批准正式设立的民办学校发给办学许可证。审批机关对不批准正式设立的,应当说明理由。

3. 登记制度

《民办教育促进法》第十九条强调,民办学校的举办者可以自主选择设立非营利性或者营利性民办学校。但是,不得设立实施义务教育的营利性民办学校。非营利性民办学校的举办者不得取得办学收益,学校的办学结余全部用于办学。营利性民办学校的举办者可以取得办学收益,学校的办学结余依照公司法等有关法律、行政法规的规定处理。民办学校取得办学许可证后,进行法人登记,登记机关应当依法予以办理。

对于提交虚假证明文件或者采取其他欺诈手段隐瞒重要事实骗取办学许可证的,或伪造、变造、买卖、出租、出借办学许可证的,或恶意终止办学、抽逃资金或者挪用办学经费的,《民办教育促进法》第六十二条规定,由县级以上人民政府教育行政部门、人力资源社会保障行政部门或者其他有关部门责令限期改正,并予以警告;有违法所得的,退还所收费用后没收违法所得;情节严重的,责令停止招生、吊销办学许可证;构成犯罪的,依法追究刑事责任。

三、民办学校的组织与活动

民办学校不同于公办学校,其组织和活动有自己的特殊性,因此,《民办教育促进法》有针对性地做了规定。

(一) 民办学校的组织

在民办学校的组织机构中,《民办教育促进法》强调了对民办学校的决策机构和校长的规定。

1. 民办学校的决策机构

对于民办学校的决策机构,《民办教育促进法》第二十条规定,民办学校应当设立学校理事会、董事会或者其他形式的决策机构,并建立相应的监督机制;民办学校的举办者根据学校章程规定的权限和程序参与学校的办学和管理。

对于民办学校决策机构的组成,《民办教育促进法》第二十一条规定,学校理事会或者董事会由举办者或者其代表、校长、教职工代表等人员组成;其中三分之一以上的理事或者董事应当具有五年以上教育教学经验;学校理事会或者董事会由五人以上组成,设理事长或者董事长一人;理事长、理事或者董事长、董事名单报审批机关备案。

对于民办学校决策机构的职权,《民办教育促进法》第二十二条规定,学校理事会或者董事会行使下列职权:①聘任和解聘校长;②修改学校章程和制定学校的规章制度;③制定发展规划,批准年度工作计划;④筹集办学经费,审核预算、决算;⑤决定教职工的编制定额和工资标准;⑥决定学校的分立、合并、终止;⑦决定其他重大事项。其他形式决策机构的职权参照本条规定执行。

《民办教育促进法》第二十三条规定,民办学校的法定代表人由理事长、董事长或者校长担任。

2. 民办学校的校长

对于民办学校校长的条件,《民办教育促进法》第二十四条规定,民办学校参照同级同类公办学校校长任职的条件聘任校长,年龄可以适当放宽。

对于民办学校校长的职权,《民办教育促进法》第二十五条规定,民办学校校长负责学校的教育教学和行政管理工作,行使下列职权:①执行学校理事会、董事会或者其他形式决策机构的决定;②实施发展规划,拟订年度工作计划、财务预算和学校规章制度;③聘任和解聘学校工作人员,实施奖惩;④组织教育教学、科学研究活动,保证教育教学质量;⑤负责学校日常管理工作;⑥学校理事会、董事会或者其他形式决策机构的其他授权。

(二) 民办学校的活动

民办学校的活动很多,《民办教育促进法》有针对性地强调了招生与发证,以及教职工的民主管理和监督。

1. 招生与发证

民办教育最容易出问题的是"一进一出"问题，其中"进"是招生，"出"是毕业。由于一些民办学校不按规定招生，学生没毕业就发文凭，因此，《民办教育促进法》第二十六条规定，民办学校对招收的学生，根据其类别、修业年限、学业成绩，可以根据国家有关规定发给学历证书、结业证书或者培训合格证书；对接受职业技能培训的学生，经备案的职业技能鉴定机构鉴定合格的，可以发给国家职业资格证书。

对于发布虚假招生简章或者广告，骗取钱财的，或非法颁发或者伪造学历证书、结业证书、培训证书、职业资格证书的，或管理混乱严重影响教育教学，产生恶劣社会影响的，《民办教育促进法》第六十二条规定，由县级以上人民政府教育行政部门、人力资源社会保障行政部门或者其他有关部门责令限期改正，并予以警告；有违法所得的，退还所收费用后没收违法所得；情节严重的，责令停止招生、吊销办学许可证；构成犯罪的，依法追究刑事责任。

2. 教职工的民主管理和监督

由于民办学校的管理体制与公办学校不同，决策机构很容易专权，因此，《民办教育促进法》第二十七条强调，民办学校依法通过以教师为主体的教职工代表大会等形式，保障教职工参与民主管理和监督。民办学校的教师和其他工作人员，有权依照工会法，建立工会组织，维护其合法权益。

四、教师与受教育者

尽管民办学校与公办学校的管理体制不同，但由于其都是我国教育事业的组成部分，因此，《民办教育促进法》第二十八条规定，民办学校的教师、受教育者与公办学校的教师、受教育者具有同等的法律地位。

(一) 教师

1. 民办学校教师的聘任

民办学校教师与公办学校教师的法律地位相同，民办学校的教师也必须要有教师资格证。为此《民办教育促进法》第二十九条规定，民办学校聘任的教师，应当具有国家规定的任教资格。民办学校不能聘任没有资格证的教师。

2. 民办学校教师的培训

公办学校的教师必须参加培训，民办学校的教师也必须参加培训，民办学校必须组织教师培训。《民办教育促进法》第三十条规定，民办学校应当对教师进行思想品德教育和业务培训。

3. 民办学校教师的工资、福利待遇

由于民办学校的经费来源与公办学校不同，因此，民办学校教师的工资、福利待遇也与公办学校不同。为了避免民办学校拖欠教师工资，《民办教育促进法》第三十一条规

定，民办学校应当依法保障教职工的工资、福利待遇，并为教职工缴纳社会保险费。

4. 民办学校教职工享有与公办学校教职工同等权利

《民办教育促进法》第三十二条强调，民办学校教职工在业务培训、职务聘任、教龄和工龄计算、表彰奖励、社会活动等方面依法享有与公办学校教职工同等权利。

(二) 受教育者

民办学校的受教育者与公办学校的受教育者具有同等的法律地位，《民办教育促进法》强调了以下两个方面。

1. 民办学校要保障学生的合法权益

《民办教育促进法》第三十三条强调，民办学校依法保障受教育者的合法权益。民办学校按照国家规定建立学籍管理制度，对受教育者实施奖励或者处分。

2. 民办学校学生享有与公办学校学生同等权利

《民办教育促进法》第三十四条规定，民办学校的受教育者在升学、就业、社会优待及参加先进评选等方面享有与同级同类公办学校的受教育者同等权利。

五、民办学校的其他规定

《民办教育促进法》还用了四章内容对民办教育的学校资产与财务管理、管理与监督、扶持与奖励、变更与终止做了规定。限于篇幅，这里仅做简单介绍。

(一) 学校资产与财务管理

1. 学校资产

《民办教育促进法》规定，民办学校应当依法建立财务、会计制度和资产管理制度，并按照国家有关规定设置会计账簿。民办学校对举办者投入民办学校的资产、国有资产、受赠的财产及办学积累，享有法人财产权。民办学校存续期间，所有资产由民办学校依法管理和使用，任何组织和个人不得侵占。任何组织和个人都不得违反法律、法规向民办教育机构收取任何费用。民办学校收取费用的项目和标准根据办学成本、市场需求等因素确定，向社会公示，并接受有关主管部门的监督。非营利性民办学校收费的具体办法，由省、自治区、直辖市人民政府制定；营利性民办学校的收费标准，实行市场调节，由学校自主决定。民办学校收取的费用应当主要用于教育教学活动、改善办学条件和保障教职工待遇。

2. 学校财务管理

《民办教育促进法》规定，民办学校资产的使用和财务管理受审批机关和其他有关部门的监督。民办学校应当在每个会计年度结束时制作财务会计报告，委托会计师事务所依法进行审计，并公布审计结果。

(二) 管理与监督

1. 对民办学校的管理

《民办教育促进法》规定，教育行政部门及有关部门应当对民办学校的教育教学工作、教师培训工作进行指导。教育行政部门及有关部门依法对民办学校实行督导，建立民办学校信息、公示和信用档案制度，促进提高办学质量；组织或者委托社会中介组织评估办学水平和教育质量，并将评估结果向社会公布。

2. 对民办学校的监督

《民办教育促进法》规定，民办学校的招生简章和广告，应当报审批机关备案。民办学校侵犯受教育者的合法权益，受教育者及其亲属有权向教育行政部门和其他有关部门申诉，有关部门应当及时予以处理。

(三) 扶持与奖励

1. 对民办学校的奖励

《民办教育促进法》规定，县级以上各级人民政府可以设立专项资金，用于资助民办学校的发展，奖励和表彰有突出贡献的集体和个人。

2. 对民办学校的扶持

《民办教育促进法》规定，县级以上各级人民政府可以采取购买服务、助学贷款、奖助学金和出租、转让闲置的国有资产等措施对民办学校予以扶持；对非营利性民办学校还可以采取政府补贴、基金奖励、捐资激励等扶持措施。民办学校享受国家规定的税收优惠政策，其中，非营利性民办学校享受与公办学校同等的税收优惠政策。民办学校依照国家有关法律、法规，可以接受公民、法人或者其他组织的捐赠。国家对向民办学校捐赠财产的公民、法人或者其他组织按照有关规定给予税收优惠，并予以表彰。国家鼓励金融机构运用信贷手段，支持民办教育事业的发展。人民政府委托民办学校承担义务教育任务，应当按照委托协议拨付相应的教育经费。新建、扩建非营利性民办学校，人民政府应当按照与公办学校同等原则，以划拨等方式给予用地优惠。新建、扩建营利性民办学校，人民政府应当按照国家规定供给土地。教育用地不得用于其他用途。国家采取措施，支持和鼓励社会组织和个人到少数民族地区、边远贫困地区举办民办学校，发展教育事业。

(四) 变更与终止

1. 民办学校的变更

《民办教育促进法》规定，民办学校的分立、合并，在进行财务清算后，由学校理事会或者董事会报审批机关批准。申请分立、合并民办学校的，审批机关应当自受理之日起三个月内以书面形式答复；其中申请分立、合并民办高等学校的，审批机关也可以自受理之日起六个月内以书面形式答复。民办学校举办者的变更，须由举办者提出，在进行财务清算后，经学校理事会或者董事会同意，报审批机关核准。民办学校名称、层次、类别的变更，由学校理事会或者董事会报审批机关批准。申请变更为其他民办学校，审批机关应当自受理之日起三个月内以书面形式答复；其中申请变更为民办高等学校的，审批机关也可以自受理之日起六个月内以书面形式答复。

2. 民办学校的终止

《民办教育促进法》规定，民办学校有下列情形之一的，应当终止：①根据学校章程规定要求终止，并经审批机关批准的；②被吊销办学许可证的；③因资不抵债无法继续办学的。民办学校终止时，应当妥善安置在校学生。实施义务教育的民办学校终止时，审批机关应当协助学校安排学生继续就学。民办学校终止时，应当依法进行财务清算。民办学校自己要求终止的，由民办学校组织清算；被审批机关依法撤销的，由审批机关组织清算；因资不抵债无法继续办学而被终止的，由人民法院组织清算。

对民办学校的财产按照下列顺序清偿：①应退受教育者学费、杂费和其他费用；②应发教职工的工资及应缴纳的社会保险费用；③偿还其他债务。非营利性民办学校清偿上述债务后的剩余财产继续用于其他非营利性学校办学；营利性民办学校清偿上述债务后的剩余财产，依照公司法的有关规定处理。终止的民办学校，由审批机关收回办学许可证和销毁印章，并注销登记。

第三节　残疾人教育法律制度

残疾人教育是指对视力、听力语言、智力、肢体有残疾的人实施的教育。残疾人教育是促进残疾人全面发展、帮助残疾人更好地融入社会的基本途径。《中华人民共和国残疾人教育条例》(以下简称《残疾人教育条例》)是我国第一部有关残疾人教育的专项法规，它的颁布实施，将从法律上进一步保障我国残疾人平等受教育的权利，促进残疾人教育事业的发展。《残疾人教育条例》共有九章，除了总则和附则两章外，在分则的第二章至第五章分别对残疾人的义务教育、职业教育、学前教育、普通高级中等以上教育及继续教育做了规范；第六章至第八章则对残疾人教育的教师、条件保障及法律责任做了规范。

一、残疾人教育法律制度概述

《残疾人教育条例》通过1994年8月23日中华人民共和国国务院令第161号发布，根据2011年1月8日《国务院关于废止和修改部分行政法规的决定》修订，于2017年1月11日由国务院第161次常务会议修订通过。《残疾人教育条例》在总则中明确了立法宗旨，强调了残疾人教育的地位，规定了发展残疾人教育的方针和残疾人教育的方式，指出了残疾人教育需要全社会的参与。

(一) 立法宗旨

《残疾人教育条例》第一条明确说明，为了保障残疾人受教育的权利，发展残疾人教育事业，根据《中华人民共和国教育法》和《中华人民共和国残疾人保障法》，制定本条例。

1. 立法依据

《残疾人教育条例》立法的依据是《中华人民共和国残疾人保障法》(以下简称《残疾人保障法》)，而《残疾人保障法》的立法依据是《宪法》。《宪法》是国家的根本大法，《残疾人保障法》是普通法，《残疾人教育条例》是行政法规。我国对残疾人教育权的保护从上到下形成了一个系列。

2. 立法宗旨

(1) 保障残疾人受教育权利的需要。残疾人作为公民，同样享有《宪法》赋予的受教育的权利。《残疾人保障法》明确规定，国家保障残疾人享有平等接受教育的权利。该法用一章的篇幅对残疾人教育做了规定，落实《残疾人保障法》关于残疾人受教育权的保障，必须制定具体的落实措施，《残疾人教育条例》应运而生。

(2) 发展残疾人教育事业的需要。残疾人教育事业经过多年的发展，尤其是1991年5月15日《残疾人保障法》施行以后，残疾人教育事业发展迅速，但是我国的残疾人中接受过系统文化教育和职业培训的比例并不是很高。为了加快发展残疾人教育事业，也为了促使残疾人教育事业有序发展，制定了这一专门的法规。

(二) 残疾人教育的基本原则

《残疾人教育条例》第二条规定，国家保障残疾人享有平等接受教育的权利，禁止任何基于残疾的教育歧视。残疾人教育应当贯彻国家的教育方针，并根据残疾人的身心特性和需要，全面提高其素质，为残疾人平等地参与社会生活创造条件。残疾人教育是指对视力、听力语言、智力有残疾的人和有多重残疾的人实施的教育。残疾人的身心和需要有其特殊性，因此，在贯彻国家的教育方针时需要运用特殊的教学手段和方法，对有特殊需求的人实施教育，即实施由学校、专门机构或部门提供的把教学、心理、社会、医学及护理等手段结合起来的教育。因此，残疾人教育又称特殊教育。

(三) 残疾人教育的地位

1. 残疾人教育的地位

《残疾人教育条例》第三条第一款明确规定，残疾人教育是国家教育事业的组成部分。由于残疾人教育是促进残疾人全面发展、帮助残疾人更好地融入社会的基本途径，因此，《残疾人教育条例》把残疾人教育定位于国家教育事业的组成部分。

2. 发展残疾人教育的方针

《残疾人教育条例》第三条第二款规定了发展残疾人教育事业的方针，即发展残疾人教育事业，实行普及与提高相结合、以普及为重点的方针，保障义务教育，着重发展职业教育，积极开展学前教育，逐步发展高级中等以上教育。

普及，就是要普及残疾适龄儿童、少年义务教育，尽可能让所有的适龄残疾儿童、少年入学，接受完整的九年义务教育，从根本上提高残疾人的文化素质。同时，要大力发展残疾人职业教育和培训，最大限度地满足广大残疾青少年学习职业技术的需求，为他们走向社会、求职就业创造条件。这也是绝大多数残疾人的渴望和迫切要求。普及九年义务教育,大力开展职业教育和培训,是残疾人教育工作的重点。

提高,就是要逐步发展残疾人的普通高级中等以上教育。完成九年义务教育后的残疾人还有继续学习和深造的需求,因此,根据残疾人接受教育的需求和国家经济社会发展的实际水平,还需要逐步发展残疾人的普通高级中等以上教育。

3. 残疾人教育的方式

《残疾人教育条例》第三条第三款规定了残疾人教育的方式,即残疾人教育应当提高教育质量,积极推进融合教育,根据残疾人的残疾类别和接受能力,采取普通教育方式或者特殊教育方式,优先采取普通教育方式。

普通教育方式是指普通教育机构对具有接受普通教育能力的残疾人实施教育。普通幼儿教育机构应当接收能适应其生活的残疾幼儿;普通小学、初中,必须招收能适应其学习生活的残疾儿童、少年入学;普通高中、中专学校、技工学校和高等院校,必须招收符合国家规定的录取标准的残疾考生入学,不得因其残疾而拒绝招收。法律强调要充分发挥普通教育机构在实施残疾人教育中的作用。

特殊教育方式是指残疾幼儿教育机构、普通幼儿教育机构附设的残疾儿童班、特教学校的学前班、残疾儿童福利机构、残疾儿童家庭,对残疾儿童实施学前教育。初级中等以下特教学校和普通学校附设的特教班,对不具有接受普通教育能力的残疾儿童、少年实施义务教育。高中以上特教学校、普通学校附设的特教班,对符合条件的残疾人实施高级中等以上文化教育、职业技术教育。

(四) 残疾人教育的管理体制

由于残疾人教育是国家教育事业的组成部分,因此,《残疾人教育条例》做了一系列保障残疾人教育地位的规定。

1. 政府的职责

要加快发展残疾人教育事业,首先政府要把残疾人教育事业纳入经济社会发展规划,列入议事日程。

《残疾人教育条例》第四条规定,县级以上人民政府应当加强对残疾人教育事业的领导,将残疾人教育纳入教育事业发展规划,统筹安排实施,合理配置资源,保障残疾人教育经费投入,改善办学条件。第五条规定,国务院教育行政部门主管全国的残疾人教育工作,统筹规划、协调管理全国的残疾人教育事业;国务院其他有关部门在国务院规定的职责范围内负责有关的残疾人教育工作。县级以上地方人民政府教育行政部门主管本行政区域内的残疾人教育工作;县级以上地方人民政府其他有关部门在各自的职责范围内负责有关的残疾人教育工作。

2. 残联的职责

《残疾人教育条例》第六条规定,中国残疾人联合会及其地方组织应当积极促进和开展残疾人教育工作。

3. 教育机构的职责

《残疾人教育条例》第七条规定了教育机构的职责,学前教育机构、各级各类学校及其他教育机构应当依照本条例及国家有关法律、法规的规定，实施残疾人教育；对符合法律、法规规定条件的残疾人申请入学，不得拒绝招收。

4. 家庭的职责

《残疾人教育条例》第八条规定，残疾人家庭应当帮助残疾人接受教育。

5. 社会各界的职责

《残疾人教育条例》第九条强调，社会各界应当关心和支持残疾人教育事业。

残疾人教育的地位确立后，我国残疾人教育事业蓬勃发展，目前已经基本形成以教育部门为主，民政部门、卫生部门、残联和社会力量做补充的特殊教育办学渠道，学前教育、基础教育、中等教育、高等教育构成了残疾人教育体系。

二、义务教育

残疾适龄儿童、少年必须接受义务教育，鉴于残疾适龄儿童、少年的身心特点和需求，《残疾人教育条例》有针对性地做了一些规定。

(一) 政府和父母的职责

1. 政府的职责

作为中央政府，国务院在《残疾人教育条例》第十二条强调，各级人民政府应当依法履行职责，保障适龄残疾儿童、少年接受义务教育的权利。县级以上人民政府对实施义务教育的工作进行监督、指导、检查，应当包括对残疾儿童、少年实施义务教育工作的监督、指导、检查。

2. 父母的职责

父母不能因为子女残疾就将子女留在家里，为此《残疾人教育条例》第十三条规定，适龄残疾儿童、少年的父母或者其他监护人，应当依法保证其残疾子女或者被监护人入学接受并完成义务教育。

(二) 入学年龄和入学学校

1. 入学年龄

关于入学年龄，《残疾人教育条例》第十四条规定，残疾儿童、少年接受义务教育的入学年龄和年限，应当与当地儿童、少年接受义务教育的入学年龄和年限相同；必要时，其入学年龄和在校年龄可以适当提高。

2. 入学学校

《残疾人教育条例》第十七条规定，适龄残疾儿童、少年能够适应普通学校学习生活、接受普通教育的，依照《中华人民共和国义务教育法》的规定就近到普通学校入学接受义务教育。适龄残疾儿童、少年能够接受普通教育，但是学习生活需要特别支持的，根据身体状况就近到县级人民政府教育行政部门在一定区域内指定的具备相应资源、条件的普通学校入学接受义务教育。适龄残疾儿童、少年不能接受普通教育的，由县级人民政府教育行政部门统筹安排进入特殊教育学校接受义务教育。适龄残疾儿童、少年需要专人护理，不能到学校就读的，由县级人民政府教育行政部门统筹安排，通过提供送教上门或者远程教育等方式实施义务教育，并纳入学籍管理。

(三) 教育教学内容和方法

1. 义务教育的教学内容和方法

《残疾人教育条例》第二十四条对适龄残疾儿童、少年进行义务教育的教学内容与教学方法做了规定，残疾儿童、少年特殊教育学校(班)应当坚持思想教育、文化教育、劳动技能教育与身心补偿相结合，并根据学生残疾状况和补偿程度，实施分类教学；必要时，应当听取残疾学生父母或者其他监护人的意见，制订符合残疾学生身心特性和需要的个别化教育计划，实施个别教学。

2. 课程计划和教学大纲

在课程计划、教学大纲和教材方面，《残疾人教育条例》第二十五条规定，残疾儿童、少年特殊教育学校(班)的课程设置方案、课程标准和教材，应当适合残疾儿童、少年的身心特性和需要。残疾儿童、少年特殊教育学校(班)的课程设置方案、课程标准由国务院教育行政部门制定；教材由省级以上人民政府教育行政部门按照国家有关规定审定。

三、职业教育

对残疾学生进行职业教育，有助于他们更好地融入社会，自强自立。《职业教育法》强调要建立健全职业教育体系。

(一) 教育管理

对于残疾人职业教育的重点，《残疾人教育条例》第二十七条明确规定，残疾人职业教育应当大力发展中等职业教育，加快发展高等职业教育，积极开展以实用技术为主的中期、短期培训，以提高就业能力为主，培养技术技能人才，并加强对残疾学生的就业指导。

(二) 教育体系

1. 残疾人职业教育体系的构成

对于残疾人职业教育体系，《残疾人教育条例》第二十八条明确规定，残疾人职业教育由普通职业教育机构和特殊职业教育机构实施，以普通职业教育机构为主。县级以上地方人民政府应当根据需要，合理设置特殊职业教育机构，改善办学条件，扩大残疾人中等职业学校招生规模。

2. 以普通职业教育机构为主体

在残疾人职业教育体系的两个组成部分中，法律明确规定以普通职业教育机构为主体，因此，普通职业教育机构应该接受残疾人入学。针对普通职业教育机构拒收残疾人的现状，《残疾人教育条例》第二十九条强调，普通职业学校不得拒绝招收符合国家规定的录取标准的残疾人入学，普通职业培训机构应当积极招收残疾人入学。县级以上地方人民政府应当采取措施，鼓励和支持普通职业教育机构积极招收残疾学生。

3. 残疾人职业教育机构要办好实习基地

《残疾人教育条例》第三十条强调，实施残疾人职业教育的学校和培训机构，应当根据社会需要和残疾人的身心特性合理设置专业，并与企业合作设立实习实训基地，或者根据教学需要和条件办好实习基地。

四、学前教育

《残疾人教育条例》在学前教育一章中明确了学前教育的机构、学前教育的原则，强调了对残疾幼儿的早期发现、早期康复和早期教育问题。

(一) 教育机构

《残疾人教育条例》第三十一条规定，各级人民政府应当积极采取措施，逐步提高残疾幼儿接受学前教育的比例。县级人民政府及其教育行政部门、民政部门等有关部门应当支持普通幼儿园创造条件招收残疾幼儿；支持特殊教育学校和具备办学条件的残疾儿童福利机构、残疾儿童康复机构等实施学前教育。

(二) 教育原则

《残疾人教育条例》第三十二条规定，残疾幼儿的教育应当与保育、康复结合实施。

(三) 早期教育

《残疾人教育条例》第三十三条规定，卫生保健机构、残疾幼儿的学前教育机构、儿童福利机构和家庭，应当注重对残疾幼儿的早期发现、早期康复和早期教育。卫生保健机构、残疾幼儿的学前教育机构、残疾儿童康复机构应当就残疾幼儿的早期发现、早期康复和早期教育为残疾幼儿家庭提供咨询、指导。

五、普通高级中等以上教育及继续教育

完成义务教育的残疾人要继续学习，国家应该创造条件，予以支持，为此《残疾人教育条例》做了下面一些规定。

(一) 录取工作

针对普通高级中等以上学校拒收残疾人入学的现象，《残疾人教育条例》第三十四条规定，普通高级中等学校、高等院校、继续教育机构应当招收符合国家规定的录取标准的

残疾考生入学，不得因其残疾而拒绝招收。

(二) 教育形式

对于残疾人的继续学习，《残疾人教育条例》规定了几种方式。

(1) 设区的市级以上地方人民政府可以根据实际情况举办实施高级中等以上教育的特殊教育学校，支持高等学校设置特殊教育学院或者相关专业，提高残疾人的受教育水平。

(2) 县级以上人民政府教育行政部门以及其他有关部门、学校应当充分利用现代信息技术，以远程教育等方式为残疾人接受成人高等教育、高等教育自学考试等提供便利和帮助，根据实际情况开设适合残疾人学习的专业、课程，采取灵活开放的教学和管理模式，支持残疾人顺利完成学业。

(3) 残疾人所在单位应当对本单位的残疾人开展文化知识教育和技术培训。

(4) 扫除文盲教育应当包括对年满15周岁以上的未丧失学习能力的文盲、半文盲残疾人实施的扫盲教育。

(5) 国家、社会鼓励和帮助残疾人自学成才。

六、其他管理规定

对于残疾人教育的师资、残疾人教育的物质条件保障，以及对从事残疾人教育工作人员的奖励与处罚，《残疾人教育条例》都做了规定。

(一) 教师

1. 鼓励教师终身从教

《残疾人教育条例》第四十条规定，县级以上人民政府应当重视从事残疾人教育的教师培养、培训工作，并采取措施逐步提高他们的地位和待遇，改善他们的工作环境和条件，鼓励教师终身从事残疾人教育事业。县级以上人民政府可以采取免费教育、学费减免、助学贷款代偿等措施，鼓励具备条件的高等学校毕业生到特殊教育学校或者其他特殊教育机构任教。第四十一条规定，从事残疾人教育的教师，应当热爱残疾人教育事业，具有社会主义的人道主义精神，尊重和关爱残疾学生，并掌握残疾人教育的专业知识和技能。

2. 落实教师管理制度

1) 教师资格管理

《残疾人教育条例》第四十二条规定，专门从事残疾人教育工作的教师(以下称特殊教育教师)应当依照《中华人民共和国教师法》的规定取得教师资格；特殊教育专业毕业或者经省、自治区、直辖市人民政府教育行政部门组织的特殊教育专业培训并考核合格。从事听力残疾人教育的特殊教育教师应当达到国家规定的手语等级标准，从事视力残疾人教育的特殊教育教师应当达到国家规定的盲文等级标准。

2) 教师编制管理

《残疾人教育条例》第四十三条规定，省、自治区、直辖市人民政府可以根据残疾人教育发展的需求，结合当地实际为特殊教育学校和指定招收残疾学生的普通学校制定教职工编制标准。县级以上地方人民政府教育行政部门应当会同其他有关部门，在核定的编制总额内，为特殊教育学校配备承担教学、康复等工作的特殊教育教师和相关专业人员；在指定招收残疾学生的普通学校设置特殊教育教师等专职岗位。

3) 教师培养制度

《残疾人教育条例》第四十四条规定，国务院教育行政部门和省、自治区、直辖市人民政府应当根据残疾人教育发展的需要有计划地举办特殊教育师范院校，支持普通师范院校和综合性院校设置相关院系或者专业，培养特殊教育教师。普通师范院校和综合性院校的师范专业应当设置特殊教育课程，使学生掌握必要的特殊教育的基本知识和技能，以适应对随班就读的残疾学生的教育教学需要。

4) 教师培训制度

《残疾人教育条例》第四十五条规定，县级以上地方人民政府教育行政部门应当将特殊教育教师的培训纳入教师培训计划，以多种形式组织在职特殊教育教师进修提高专业水平；在普通教师培训中增加一定比例的特殊教育内容和相关知识，提高普通教师的特殊教育能力。

5) 教育津贴及其他待遇

《残疾人教育条例》第四十六条规定，特殊教育教师和其他从事特殊教育的相关专业人员根据国家有关规定享受特殊岗位补助津贴及其他待遇；普通学校的教师承担残疾学生随班就读教学、管理工作的，应当将其承担的残疾学生教学、管理工作纳入其绩效考核内容，并作为核定工资待遇和职务评聘的重要依据。县级以上人民政府教育行政部门、人力资源社会保障部门在职务评聘、培训进修、表彰奖励等方面，应当为特殊教育教师制定优惠政策、提供专门机会。

(二) 物质条件保障

1. 政府筹措经费

《残疾人教育条例》第四十七条规定，省、自治区、直辖市人民政府应当根据残疾人教育的特殊情况，依据国务院有关行政主管部门的指导性标准，制定本行政区域内特殊教育学校的建设标准、经费开支标准、教学仪器设备配备标准等。义务教育阶段普通学校招收残疾学生，县级人民政府财政部门及教育行政部门应当按照特殊教育学校生均预算内公用经费标准足额拨付费用。第四十八条规定，各级人民政府应当按照有关规定安排残疾人教育经费，并将所需经费纳入本级政府预算。县级以上人民政府根据需要可以设立专项补助款，用于发展残疾人教育。地方各级人民政府用于义务教育的财政拨款和征收的教育费附加，应当有一定比例用于发展残疾儿童、少年义务教育。地方各级人民政府可以按照有关规定将依法征收的残疾人就业保障金用于特殊教育学校开展各种残疾人职业教育。

2. 鼓励捐资助学

《残疾人教育条例》第五十三条规定，国家鼓励社会力量举办特殊教育机构或者捐资助学；鼓励和支持民办学校或者其他教育机构招收残疾学生。县级以上地方人民政府及其有关部门对民办特殊教育机构、招收残疾学生的民办学校，应当按照国家有关规定予以支持。

3. 教育机构的建设

《残疾人教育条例》第四十九条规定，县级以上地方人民政府应当根据残疾人教育发展的需要统筹规划、合理布局，设置特殊教育学校，并按照国家有关规定配备必要的残疾人教育教学、康复评估和康复训练等仪器设备。特殊教育学校的设置，由教育行政部门按照国家有关规定审批。第五十四条规定，国家鼓励开展残疾人教育的科学研究，组织和扶持盲文、手语的研究和应用，支持特殊教育教材的编写和出版。第五十五条规定，县级以上人民政府及其有关部门应当采取优惠政策和措施，支持研究、生产残疾人教育教学专用仪器设备、教具、学具、软件及其他辅助用品，扶持特殊教育机构兴办和发展福利企业和辅助性就业机构。

(三) 法律责任

《残疾人教育条例》第五十六条规定，地方各级人民政府及其有关部门违反本条例规定，未履行残疾人教育相关职责的，由上一级人民政府或者其有关部门责令限期改正；情节严重的，予以通报批评，并对直接负责的主管人员和其他直接责任人员依法给予处分。第五十七条规定，学前教育机构、学校、其他教育机构及其工作人员违反本条例规定，有下列情形之一的，由其主管行政部门责令改正，对直接负责的主管人员和其他直接责任人员依法给予处分；构成违反治安管理行为的，由公安机关依法给予治安管理处罚；构成犯罪的，依法追究刑事责任：①拒绝招收符合法律、法规规定条件的残疾学生入学的；②歧视、侮辱、体罚残疾学生，或者放任对残疾学生的歧视言行，对残疾学生造成身心伤害的；③未按照国家有关规定对经济困难的残疾学生减免学费或者其他费用的。

第四节 《中华人民共和国家庭教育促进法》概述

2021年10月23日，第十三届全国人民代表大会常务委员会第三十一次会议通过了《中华人民共和国家庭教育促进法》(以下简称《家庭教育促进法》)，《家庭教育促进法》于2022年1月1日起施行。家庭教育是教育的开端，关乎未成年人的健康成长和家庭的幸福安宁，也关乎国家发展、民族进步、社会稳定。《家庭教育促进法》的实施对于大力弘扬中华民族家庭美德，促进未成年人健康成长和全面发展具有重要意义。

一、立法宗旨

《家庭教育促进法》第一条明确说明，为了发扬中华民族重视家庭教育的优良传统，引导全社会注重家庭、家教、家风，增进家庭幸福与社会和谐，培养德智体美劳全面发展的社会主义建设者和接班人，制定本法。

二、《家庭教育促进法》的基本内容

(一) 家庭教育的概念

《家庭教育促进法》第二条明确规定，家庭教育是指父母或者其他监护人对未成年人实施的道德品质、身体素质、生活技能、文化修养、行为习惯等方面的培育、引导和影响。

(二) 父母或者其他监护人负责实施家庭教育，承担家庭教育的主体责任

父母或者其他监护人的责任包括：①遵循未成年人成长规律，树立正确的家庭教育理念；②应当与中小学校、幼儿园婴幼儿照护服务机构、社区密切配合，积极参加家庭教育指导和实践活动；③父母分居或者离异，应当相互配合履行家庭教育责任，任何一方不得拒绝或者怠于履行；④依法委托他人照护未成年人，应当定期了解未成年人学习、生活情况和心理状况，与被委托人共同履行家庭教育责任；⑤合理安排未成年人的学习、休息、娱乐和体育锻炼时间；等等。

(三) 家庭教育的内容和方式

《家庭教育促进法》中关于家庭教育的内容主要包括：①培养中华民族共同体意识和家国情怀；②培养良好社会公德、家庭美德和个人品德；③培养科学探索精神和创新意识；④培养良好学习习惯和行为习惯；⑤培养自我保护意识和能力；⑥培养热爱劳动的观念等。关于家庭教育的方式主要包括：加强亲子陪伴，发挥父母双方的作用，言传身教，尊重差异，平等交流；等等。

(四) 家庭教育的工作机制

家庭教育通过立法变为国事，需要建立一套工作机制进行推动，这种机制包括如下两个方面。一是各级人民政府指导家庭教育工作，县级以上人民政府妇女儿童工作机构组织、协调、指导、督促有关部门做好家庭教育工作；教育行政部门、妇女联合会按照职责分工承担家庭教育的日常事务；精神文明建设部门和公安、民政等有关部门在各自职责范围内做好家庭教育工作。二是司法机关、群团组织、基层群众自治组织结合自身工作，支持家庭教育工作。

(五) 国家支持家庭教育的举措

《家庭教育促进法》关于国家支持家庭教育的举措主要包括：①县级以上人民政府制定家庭教育工作专项规划，将家庭教育指导服务纳入城乡公共服务体系和政府购买服务目录，将相关经费列入财政预算；②国务院组织有关部门制定全国家庭教育指导大纲，省级人民政府或者有条件的设区的市级人民政府组织有关部门编写家庭教育指导读本，并制定相应的家庭教育工作规范；③省级以上人民政府统筹建设家庭教育信息化共享服务平台，县级以上人民政府确定家庭教育指导机构，组织建立家庭教育指导服务专业队伍，开展家

庭教育服务工作，并对家庭教育存在一定困难的家庭，特别是留守未成年人和困境未成年人家庭，提供有针对性的家庭教育服务；④民政部门的婚姻登记机构、收养登记机构、儿童福利机构、未成年人救助保护机构等结合自身工作，提供家庭教育指导；⑤国家机关、企事业单位、群团组织、社会组织将家风建设纳入单位文化建设，支持职工参加家庭教育活动；⑥鼓励高等院校开设家庭教育课程，培养家庭教育专业人才，支持自然人、法人和非法人组织为家庭教育事业进行捐赠或者提供志愿服务，可以依法设立非营利性的家庭教育服务机构，对在家庭教育工作中有突出贡献的组织和个人按规定给予奖励等。

(六) 学校等社会力量对家庭教育的协同任务

学校和家庭配合是做好家庭教育的关键，其他社会力量的协助是家庭教育取得更好成效的保障。因此，《家庭教育促进法》关于学校等社会力量对家庭教育的协同任务的规定主要包括如下两个方面。一是学校配合，中小学校、幼儿园要将家庭教育指导服务纳入工作计划和教师业务培训的内容；中小学校、幼儿园可以建立家长学校，组织公益性家庭教育指导服务和实践活动；中小学校发现未成年学生违反校纪校规，要及时制止管教，并告知其父母或者其他监护人，且为父母或者其他监护人提供有针对性的家庭教育指导服务等。二是社会力量协助，居民委员会、村民委员会可以设立社区家长学校或者家庭教育指导服务站点；婴幼儿照护服务机构、早期教育服务机构、医疗保健机构根据自身的工作，宣传家庭教育知识，提供家庭教育指导服务；图书馆、文化馆等公共文化服务机构和广播、电视等新闻媒体，传播科学的家庭教育理念，推动家庭教育服务和实践活动等。

(七) 国家机关、国家工作人员带头做好家庭教育工作

为发挥国家机关、国家工作人员的表率作用，《家庭教育促进法》专门规定，国家工作人员应当带头树立良好家风，履行家庭教育责任。国家机关、企业事业单位、群团组织、社会组织应当将家风建设纳入单位文化建设，支持职工参加相关的家庭教育服务活动。

· 思考与练习 ·

1. 简述《职业教育法》的意义。
2. 简述《民办教育促进法》的立法宗旨。
3. 简述发展残疾人教育的方针。
4. 简述《家庭教育促进法》中关于家庭教育的内容。

下篇

教师职业道德

第六章
教师职业道德概述 — **146**

第七章
教师职业道德的基本原则 — **164**

第八章
教师职业道德规范 — **183**

第九章
教师职业道德范畴 — **212**

第十章
具体情境中的教师职业道德要求 — **231**

第十一章
教师职业道德修养及高素质专业化教师队伍的建设 — **254**

第六章 教师职业道德概述

·本章学习目标·

了解教师职业的产生和历史发展；理解教师职业道德的含义及历史沿革；掌握教师职业道德的特点、功能与作用；理解中华民族传统师德。

第一节 教师职业的产生和历史发展

一、教师职业的概念及产生

(一) 教师职业的概念

提及"教师"一词，大家并不陌生。"古之学者必有师。师者，所以传道授业解惑也。"这是韩愈在其《师说》中对"教师"概念的界定。教师一词有两重含义，它既指一种社会角色，又指这一角色的承担者。广义的教师是泛指传授知识、经验的人；狭义的教师是指受过专门教育和训练，并在教育(学校)中担任教育、教学工作的人。教育由教育者、受教育者及教育措施三大要素构成，作为教育者的教师是教育活动的主导者，没有教育者，教育活动就不能展开，学习者就不能得到有效的指导。"教"与"师"原为两个词。《说文解字》上说："教，上所施下所效也。从攴从孝。"在甲骨文、金文中，"教"字像一人手持鞭棒教一小儿学卦爻之状，表示长辈对下辈的督责，是教化、训诲之义。由于"教"是传授知识的主要手段，因此，人们逐渐把"教"和"师"合起来，统称为"教师"。"教师"一词最早见于《学记》中："教师者所以学为君也。"口语中的"老师"一词，原为宋元时期对"小学"教师的称谓。金代元好问《示侄孙伯安》诗云："伯安入小学，颖悟非凡儿。属句有凤性，说字惊老师。"可见，"老师"最初指年老资深的学者，后专指学生对教师的尊称，一直沿用至今。在我国，历代教师的称谓复杂多变,但通称为"师"。在古代,"师"最早与军队有关。西周立国之初,为了加强军队统治力量,统治者便开办学校,培养贵族子弟。这些贵族子弟在学校主要学习射箭、驾驶等军事技能,而后才学习文化知识。因此,西周初期的学校教师都由高级军官担任,因其职名未变,人们称他们为"师"或"师氏"。随着社会进步和文化教育事业的发展,文官任教现象逐渐增多,"师"便成为社会上一部分人的职业。

教师职业是人类历史上既古老悠久而又神圣、崇高的职业。它以育人为中心,具有极大的社会意义。它的产生建立在人类教育活动的基础上,由社会生产力发展所决定,以社会分工的出现为前提。作为一种专门的职业,教师有着严格的专业化要求,其中教师职业道德是核心要求。由于教师职业劳动的特殊性,教师职业道德呈现出严格性、自觉性、示范性、深远性、时代性的特点,发挥着极其重要的认识、教育、调节和促进功能。与此同时,"教师"的概念也随着教育和教师职业的发展而变化,教师概念本身体现着教师的身份、地位、职责和功能。

中国历史上还有很多对教师的别称,也含有尊敬之意。古时贵族子弟有师有保,教师统称"师保"。晋代有师和友在诸王左右陪侍辅导,故教师别称"师友"。汉以后历代在"棱"或"学"中传播经学的教师称"经师"。汉代掌管宗室子弟训导的官员称为"宗师",讲授武事或讲解经籍的教师谓"讲师"。"太保"为辅导太子的官,也称太师、太傅,是太子的教师。自先秦以来对国学教师的称呼为"博士",唐宋时进一步有"律学""算学""书学""博士"之分,另外还有"师资""教习""教授""学政""学官""监学""祭酒"等。

(二) 教师职业的产生

教育起源于人类社会产生之初,源自人类生产劳动和社会生活的需要。中华文明源远流长,早在原始社会,教育活动就已萌芽。原始社会的教育活动不是专门的社会活动,是在生产劳动和社会生活中进行的。教育者大多是一些部落、氏族的首领和德高望重、经验丰富的老人等。教育形式多为口传心授、言传身教,教育内容涉及生产劳动、宗教活动等诸多方面。我国古籍在这方面有大量记载,如燧人氏"教民钻木取火",有巢氏"教民构木为巢",伏羲氏"教民以猎",神农氏"制耒耜,教民农耕",后稷"教民稼穑",嫘祖发明养蚕制衣,仓颉造字等。这些古代人类教育活动是教师职业产生的社会基础。

进入奴隶社会以后,伴随着生产力的发展、劳动力的进一步分工、阶级的产生及文字的出现,学校应运而生,诞生了"学在官府""官师合一"的教育制度。因此,有学识的"政府官吏"自然成为学校里的教师,以吏为师、师吏合一相当普遍。这种政教合一、官师一体的体制不仅在中国的奴隶社会得以发展,还在中国长期的封建集权的社会制度下基本得到了保留。

可见,古代社会都主要"以吏为师",教书只是他们的"副业",教师没有成为一种独立的社会职业。古代教师的养成也是一个自然养成的过程,缺乏专门的教师训练,教师的培养主要通过教师自我修炼,以及官方有意识地选拔、征辟等。

教师学成之后，自己承担起教书育人的责任，自觉扮演教师这一角色。这一时期的教师任用具有较大的随意性，没有形成专门化的教师任用制度。当然，在古代，我国私学也得到了一定的发展，部分私学教师以教书为谋生手段，但这部分教师多半是在讲学授徒中培植力量、等待时机东山再起的读书人，或是为官多年、到年龄退休回家的官员，教师只是官吏仕途升转中的一站，真正意义上的教师职业并未产生。

二、近代社会的教师职业发展

18世纪60年代，第一次工业革命开始，人类社会发展进入工业经济时代，这也标志着人类近代社会的开始。这个时期的生产技术方式表现为"资本+技术+劳动力"的特征。这一特征对劳动力的要求相对较高，不仅表现在劳动构成中脑力劳动的比例提高了，而且在劳动力发挥作用的过程中，对劳动的熟练程度也有了特别的要求，需要教育者快速地将科学技术传授给受教育者，客观上要求大批社会成员专门从事教育教学活动，这促使教师成了以传递知识为生的"工人"。

而如今高度发达的社会生产力要求社会提供更高素质的人力资源，因此，促使培养人才的教师职业得到了世界各国的普遍重视，教育成为推动社会进步和国家富强的重要手段。社会生产力的发展有利于促进教育投入的增加，有利于促进教育手段、教育内容、教育方法、教育制度等的现代化，也有利于促进教师职业活动进一步向专业化方向发展。

同时，学科的精细化使人们掌握某一学科知识的难度越来越大，学科知识的发展要求教师只有通过长时间的学习才能教学，教师不能自如地游走于各学科的教学工作之中，只能以某一学科教学作为自己的谋生手段。从此，这部分人从教育教学中获取收入，并以此为生存手段，职业教师应运而生，教师从此获得了独立的职业身份，这种身份包括制度规定的教师的职业角色、从业要求，以及制度赋予教师的经济地位、政治地位、文化地位的综合，还包括教师受人尊重程度及人们在价值预设的支配下建构的对教师职业的期望和追求。

(一) 师范教育的产生与发展

专门培养教师的机构——师范学校最早出现在欧洲。1681年，拉萨尔(LaSalle)在法国兰斯创办一个教师培训机构。此后，1695年，弗兰克(A. H. Francke)在哈勒(Halle)创立"教师院"，这是德国历史上师范学校的雏形。这些早期的师资培训机构发展水平低，学习时间短。18世纪60年代，英国率先开始工业革命，为了满足经济和科学技术发展的需要，英国大力发展初等义务教育，而初等义务教育的普及需要大规模的教师。为了加快师资培养的步伐，英国实行"导生制"。该制度选拔学习较好、年龄较大的学生作为导生，接受为期三个月的训练，然后由这些"导生"将从教师那里学到的知识转教给其他学生。1840年，英国开始兴办师范学校，建立了正规的教师教育制度。

我国的师范教育始于清末盛宣怀创立的南洋公学师范馆。1902年，清廷洋务派创办了高等师范——京师大学堂师范馆，标志着我国高等师范教育正式诞生。同年，《钦定学堂章程》正式规定了师范教育体系，其中关于高等师范教育阶段的要求是，高等学堂应附设师范学堂一所，以造就各处中学堂教员。1904年年初，仿照日本模式制定的《奏定学堂章程》(即癸卯学制)对师范教育章程进行了修订，该学制明确规定师范教育分为优等师范学堂和初级师范学堂，把附设于京师大学堂的优级师范科改为独立设置的优级师范学堂，并规定"优级师范学堂，京师及各省城宜各设一所"。1912年1月1日，师范教育力图改变以日本为师的取向，探求多元发展。蔡元培先生任第一任教育总长，制定了《壬子癸丑学制》，规定了师范教育分师范学校和高等师范学校，实际上相当于清末学制的初级师范学堂和优级师范学堂。同年，教育部将全国划分为六个高等师范区，每个师范区设一所高等师范学校，每所高等师范学校校长除管理本校校务外，还要视察该地区的中等教育，协助本地区教育行政机关办好中等教育，这一切加速了中国师范教育近代化进程。

第一次世界大战以后，欧美国家兴起"新教育"与"进步主义教育"运动，很快掀起了一场全球性的教育改革，而这项改革运动也触动了中国教育的心脏。美国教育家杜威、孟禄等人陆续访华，大批留美学生回国，使美国的教育思想和教育体制对中国的师范教育产生了深刻影响。1922年，教育部制定了《学校系统改革案》(即壬戌学制)，一改独立设置的师范教育体制，授予普通大学中等教育师资教育权，出现了"高师改大"和"师中合并"运动。

中华人民共和国成立后，由于特定的国际国内环境，师范教育的发展模式主要表现在：①每一大行政区至少建立一所健全的师范学院，各省和大城市应设置健全的师范专科学校或师范学院；②原独立设置的师范学院应加以整顿巩固，充实文理科的各系；③设在综合性大学内的教育学院，应逐渐独立设置，并增设数理科系；④大学文学院中的教育系应逐渐归并于师范学院；⑤以个别大学的文理学院为基础，成立独立的师范学院。由此，我国高等师范院校均为独立设置，大体上形成了"定向型"教师教育体系。

(二) 教师任用制度化

教师任用制度化包括教师资格认证制度化和教师任用方式制度化。工业革命以后，各国为了适应基础教育对教师的需求，设置了专门机构培养师资。为了促使师范教育培养合格的职业教师，许多国家颁布了关于师范教育的法令，对诸如中等师范学校的设置、师资训练、教师资格证书制度及教师地位、待遇等都做了规定。1825年，美国俄亥俄州开始推行教师资格证书制度，资格证书包括普通教师资格证书和特殊教师资格证书，由州确定一般要求和最低标准，具体规定则由地方学区来制定，然后以此标准对教师进行考核，通过者由教育主管部门颁发合格证书。1833年，法国颁布《基佐法案》，规定教师必须接受职业训练，通过国家考试获得国家颁发的证书方可从教。之后，法国于1861年首次以法令形式建立小学教师能力证书制度。

我国的教师资格认证始于清末，1904年的《奏定任用教员章程》规定，各级各类学堂的教师分为正教员和副教员两类，要取得学堂正副教员的职位，必须具备相应的学历和资格。

中华人民共和国成立后，百废待兴，要想提高劳动人民的文化水平，需要大力发展教育，而发展教育就需要大量的教师，因此师范毕业生供不应求。而此时对师资的需求主要是数量上的满足，不需要也不可能对教师进行专业资格认证，然而，这并不等于对教师职务没有任何要求。根据职务的相关规定，教师任职条件除了满足政治上的要求和教师职业道德要求外，在取得上一级职务时，需要有低一级职务的任职时间和工作业绩要求。此外，不同类型和等级学校的任职条件不尽相同，如高校教师除了学历要求以外，更为重要的是科研能力；而中小学教师的任职条件不仅包括学历要求和低一级职务的工作年限，对教学效果和教学能力也有相应的要求。

在教师任用方式上，大多数国家居民获得教师资格并不意味着得到一份教师工作，而是要经过教师劳动力市场竞争，才可获得被录用为教师的机会。在美国，中小学由地方教育委员会领导，学区的重大决策，如人事任免等，均由地方教育委员会最后做出决定。我国正式教师任用制度始于清末民初，清末的教师是由地方教育行政部门分配师范学堂毕业生到学校任教的；民国初期，初等和高等学校教员由县署委派；从1929年起，教师聘用实行校长聘请制，由校长选聘合格教师，报呈县教育局备案。1934年对聘请制再行改革，由校长提名并填写教员简历表报请主管机关批准，并实行聘用期，期限一般为一学期，可连聘连任。遇有触犯刑律、成绩不佳、精神患疾、旷废职务、行为不检、嗜好不良者等情况，则不予聘任或解聘。中华人民共和国成立后，由于教师是国家干部，因此教师任用直接采取任命制，即教育行政部门和组织人事部门根据学校情况和师范生毕业规模，编制用人计划；按行政区域将师范毕业生向学校委派，教育部门对师范院校的毕业生实行优生优分，好的学生一般被派往大中城市和好的学校，边远艰苦地区实行行政指令性安排，体现哪里来哪里去生源地原则，高校教师多选留优秀毕业生留校任教。这种教师任命方式权力高度集中，用人单位和师范毕业生均无自主权，教师职业较为稳定，符合教师干部身份的特殊要求，在一定程度上，确保教师为我国社会主义建设培养大批人才，相对保证了全国基础教育适度平衡发展。

三、当代社会的教师职业发展

当代社会教师是培养人的专业人员，因此，教师身份、培养及任用都发生了深刻的变化。

（一）专业化教师

如果说近现代社会是以科学技术代替和减轻人类的体力劳动，那么当代社会则是以人工智能代替和减轻人的脑力劳动。社会生产的主要方式表现为"人工智能+资本"，知识产品和智力产品（智力劳动者）在社会产品中占主要地位。社会实践的重心从开发大自然转为开发人类自己，于是要求大量知识劳动者生产、传播和应用知识，创新能力成了信息化经济对劳动者的根本要求，具有创新能力的劳动者可游离于不同的工作之间。因此，培养创新型的知识劳动者成了当代教育的基本使命，而创新型知识劳动者不是简单地授予知识，它需要在专业人才的指引下"转识成慧"。这就使得教师不再是传递经验的重复性职业者，而是能够"转识成慧"的创造性专业工作者，能及时处理各种非均衡状态，拥有较高的配置能力。因此，教师专业化成了时代的必然要求，时代赋予了教师"教育专家"的身份。

我国从20世纪80年代后期开始加大教师专业化教育制度的改革。1985年发布的《中共中央关于教育体制改革的决定》把解决中小学师资问题纳入教育改革与发展的重点，提出将中小学教师的专业发展作为教育改革的一项重要举措。1986年，国家统计局和标准局颁布的《中华人民共和国标准职业分类与代码》把教师列入"专业技术人员"类别。1993年通过的《中华人民共和国教师法》第三条规定，教师是履行教育教学职责的专业人员。为了促使教师专业化，确保教师的专业人员地位，我国实施教师资格制度。2000年，教育部发布《教师资格条例》实施办法，进一步规范和推动教师专业发展，教师专业性得以彰显。《国家中长期教育改革和发展规划纲要(2010—2020年)》明确指出，教师是一种专业人员，要求严格教师资质，提升教师素质，努力造就一支师德高尚、业务精湛、结构合理、充满活力的高素质专业化教师队伍。2018年1月，《关于全面深化新时代教师队伍建设改革的意见》中指出，教师承担着传播知识、传播思想、传播真理的历史使命，肩负着塑造灵魂、塑造生命、塑造人的时代重任，是教育发展的第一资源，是国家富强、民族振兴、人民幸福的重要基石。

(二) 教师任用专业化

教师任用的专业化主要涉及教师资格认证的专业化和教师聘用的制度化。教师资格认证制度是保证教师教育专业化和教师专业化的重要措施，是对教师资格的认可和法律保护，保证了教师资格的合法地位，包括资格认证条件、认证方式和资格证的时效性等方面。

首先，在认证条件方面，当前各个国家对申请人的资格要求不尽相同，但都强调学历要求。美国对教师的学历要求较高，有的州甚至要求教师必须获得教育硕士学位，并完成规定的必修课程，如此之后方能申请教师资格证书。英国是最早实现教师资格认证的国家之一，根据英国教育行政部门相关规定，合格教师，尤其是初等教育教师，必须成功地读完英国大学或全国学位授予委员会经教育和科学大臣批准的作为师资培训的教育学士学位(BED)课程或研究生教育证书(PGCE)课程，这样的学生才具备申请教师资格的条件。2015年，我国教师资格证考试改革打破教师资格证终身制，实行全国统考，不再区分师范生与非师范生。获取教师资格证需通过笔试、面试及试教等多个环节测试，测试合格者由相关部门颁发教师资格证书，持有教师资格证书者才能具有教师资格。

在教师聘用方面，当前世界上绝大多数国家的教师任用都实行聘任制度，即聘任双方在平等自愿的前提下，由学校或者教育行政部门根据教育教学岗位设置，聘请有资格的公民担任相应教师职务的一项教师任用制度。我国《教育法》规定，国家实行教师聘任制度。《教师法》第十七条规定，学校和其他教育机构应当逐步实行教师聘任制。教师的聘任应当遵循双方地位平等的原则，由学校和教师签订聘任合同，明确规定双方的权利、义务和责任。这使我国教师任用进一步制度化和规范化。教师聘任制打破了我国教师任用的终身制，有利于教师的合理流动，改变了教师队伍的人才分布和结构不合理现象，实现人尽其才，才尽其用。同时其也有利于形成平等、公开、公正的竞争环境，调动教师从事教育教学和科学研究的积极性，保证教师队伍朝着高素质的建设方向发展。

第二节　教师职业道德的含义及历史沿革

一、教师职业道德的含义

不同于其他职业，教师职业是一种关注心灵和生命成长的职业，是一种以"育人为本"为中心的职业，是建立在人格发展基础上传承社会文明的职业。教师职业道德是教师职业素质的根本核心，决定着教师职业活动的过程、目标和效果。为了说明什么是教师职业道德，有必要先了解什么是道德和职业道德。

(一) 道德及职业道德的含义

1. 道德的含义

"道德"一词，在我国文化典籍中含义广泛。从词源上说，最初"道"与"德"分开使用。"道"一词，最早见于《诗经》："周道如砥，其直如矢。"这里的"道"，即道路之意。"德"一词的历史起源已难考定，但据考古发现，西周大盂鼎铭文内已铸有"德"字，多指德行、品德之意。据《释名·释言语》解释："德，得也，得事宜也。"又据《说文》解释："德，外得于人，内得于己也。"其指处理好人与社会的关系，对人对己都有好处。春秋时期的老子著有《道德经》一书，分为《道经》和《德经》。该书中之"道"，意指天地的本原、规律。"德"则通"得"，指基于道而有的天地万物的本性，也指德行、品德。

最早把"道德"二字连用的是战国末期的荀子。他曾说："故学至乎礼而止矣，夫是之谓道德之极。"意思是一切都按礼而行，就达到了道德的最高境界。

在西方古代文化中，"道德"(morality) 一词起源于拉丁语的"mores"，意为风俗和习惯，也有规范规则、行为品质和善恶评价等含义。

今天，我们认为道德是由一定社会经济关系所决定的特殊意识形态，是以善恶评价为标准，依靠社会舆论、传统习惯和内心信念所维持的，调整人与人之间，以及个人与社会之间关系的行为规范的总和。

(1) 道德的核心内容是个人与社会之间的关系。道德关注的核心是如何正确处理个人与社会之间的关系。道德以规范、规则的形式，表达社会的外在客观要求，内化为个体信仰、观念、品行，对个人的思想行为加以规范和约束，以维持社会运转和个人生存，促进社会和个人共生互利。道德具有历史继承性和相对独立性。

(2) 道德的调节手段是社会舆论、传统习惯和内心信念。与法律手段相比，道德手段是一种弹性调节，带有不确定性和灵活性。其中，当社会舆论、传统习惯与内心信念相抵触时，内心信念往往会起决定作用。

(3) 道德的评价标准是善恶。凡是有利于社会发展进步的，我们视之为善，凡是阻碍社会发展进步的，我们视之为恶。但是，善恶标准具有相对性和历史性，在阶级社会里还具有阶级性。

(4) 道德既是一种社会规范，又是一种将个体观念、品质、修养、境界作为调节个人和社会关系的社会规范的总和。道德是复杂的、具体的、多元的，但是，每个社会往往会形成那个时代的核心价值规范体系。道德在个体身上则往往表现为道德观念、道德品质、道德修养和道德境界。

当今社会，人们生产、生活活动主要涉及社会公共生活、职业生活、家庭生活三大领域，相应地，道德可以划分为社会公共道德、职业道德、家庭道德三种类别。下面着重介绍什么是职业道德。

2. 职业道德的含义

职业道德是社会道德的重要组成部分，是一定社会的道德原则和规范在职业行为和职业关系中的特殊表现，是从业人员在职业活动中应该遵循的道德规范，以及应当具备的道德观念、道德情操和道德品质。其具体包括职业观念、职业情感、职业理想、职业技能、职业纪律和良心、作风等方面内容。

职业道德一般具有以下特征。

(1) 在调整对象和范围上具有明显的专业性或特定性。职业道德是同人们的职业生活实践相联系的，往往只对从事某种特定职业的人起调节作用。例如，专门意义上的"救死扶伤"的道德只适用于医生职业，"诲人不倦"的要求主要适用于教师。

(2) 在具体内容和结构上具有一定的继承性和稳定性，如教师行业"为人师表""以身立教"等道德规范都有较长的历史，从古到今，其要求基本一致。

(3) 在规范形式和方法上具有明显的灵活性和多样性。职业道德既有比较正式的规章制度，也有非正式的口号及标语，以及习惯、习俗等。各行业往往可以从本行业的具体实际出发，制定反映职业道德具体内容的制度和要求。

(4) 在不良后果的处理上具有一定程度的强制性或惩罚性。违反职业纪律通常会受到相应的处罚，如批评、警告、罚款、撤职、解聘等，严重的会触犯刑律，受到法律制裁。

总之，作为主要调节从业者和他人之间关系的职业道德，在今天具有不同于以往社会职业道德的特点，是我国社会主义精神文明建设的重要组成部分。

(二) 教师职业道德的内涵与构成

1. 教师职业道德的内涵

所谓教师职业道德，是指教师和一切教育工作者在从事教育活动中必须遵守的道德规范和行为准则,以及与之相对应的道德观念、情操和品质,是教师从业之德,是一定社会或阶级对教师这一行业者的道德要求。它是调整教师与学生、教师与教师、教师与集体、教师与社会之间相互关系的行为准则。

教师职业不同于其他职业,它的劳动对象是人,所从事的是教育人的工作。教师对学生的形象和教育并不仅仅局限在课堂上,教师日常生活中的一言一行都会对学生产生影响,都是一种教育。因此,要承担起"人类灵魂工程师"的神圣职责,教师应对自身的道德、人格要有更高的要求。教师不仅要在教育工作中做到严于律己、表里如一、言行一致、遵守师德,还要在日常生活中遵守家庭美德和社会公德,在各个方面做到以身作则、率先垂范。因此,从广义上讲,教师师德还包括对教师个人道德的全面要求。

2. 教师职业道德的构成

教师职业道德主要由教师职业道德原则、教师职业道德规范、教师职业道德范畴、教师职业道德修养等内容构成。教师职业道德原则主要包括育人为先原则、乐教勤业原则、人格示范原则等。教师职业道德规范具体包括爱国守法、爱岗敬业、关爱学生、教书育人、为人师表、终身学习六大内容。教师职业道德范畴具体包括教师职业义务、教师职业良心、教师职业幸福、教师职业荣誉、教师职业公正等具体内容。这些因素从不同方面反映出教师职业道德的特定本质和规律,同时又互相配合,加上教师职业道德修养与教师职业道德评价,构成一个较为丰富的教师职业道德结构体系。

二、教师职业道德发展的历史沿革

(一) 教师职业道德的萌芽

教师职业道德是随着教师这一特殊职业的发展而发展的。在原始社会早期,由于生产力水平低下,整个社会处于物质匮乏的阶段,不存在剩余的劳动产品,因而也就无法为脑力劳动者(包括教师)提供物质生活的基础,"教师"这一职业也就无法产生。直到原始社会末期和奴隶制社会早期,随着生产力水平的不断提高,整个社会有了足以供给脑力劳动者的剩余产品,才逐渐产生了专门从事教师工作的独特群体,教师这一职业才真正开始萌生,而用于约束教师行为的一些模糊的道德规范也逐渐发展起来。这可以视为教师职业道德的萌芽期。

(二) 古代教师职业道德的发展

从公元前21世纪夏朝建立开始,在夏、商、周三个朝代长达一千多年的奴隶制社会中,教师职业道德获得了较快发展。在这一时期,中国逐渐产生了比较成熟的官学体系,学校教育服从于奴隶主贵族的统治,实行"官师合一""政教合一"的教育制度。于是,教师职业与贵族身份走向了"合二为一",教师的职业道德与奴隶主贵族的道德要求也走向了"合二为一"。因此,这一时期的教师职业道德呈现出强烈的奴隶主专制统治的政治色彩。

春秋战国时期，随着官学的衰败和私学的兴起，所谓"天子失官，学在四夷"，官府逐渐失去了对教育的垄断控制，而以孔子、荀子、孟子、墨子等为代表的一批教育家、思想家纷纷兴办私学，并且基于自身的教育实践总结出了一套教师道德规范体系，在很大程度上奠定了教师职业光辉道德形象的基础。孔子要求教师"学而不厌，诲人不倦""不愤不启，不悱不发"等，并且要求教师有高尚的道德情怀，做到"不义而高且贵，于我如浮云"。孟子把从事教师工作看作人生的三大乐事之一，所谓"得天下英才而教育之，三乐也"。荀子把教师工作放在了一个非常崇高的位置，所谓"天地君亲师"。荀子认为，教师是社会的道德典范，教师通过自身的人格和德行传递社会礼制和道德观念，所谓"礼者，所以正身也；师者，所以正礼也"。

汉武帝"罢黜百家，独尊儒术"以后，直至明清时期，教师职业道德与儒家伦理实现了全方位的融合，儒家伦理成为教师职业道德的伦理基础。董仲舒提出，教师的道德在于"化民成性"，教师要不断提升自己的道德修养，从而成为整个社会的道德榜样，对民众起到道德教化的作用。唐代的韩愈对教师职业道德的发展也起到了重要作用，他在《师说》中提出了教师职业工作的三个基本要求：传道、授业和解惑。而所谓"传道"，其实主要就是传递儒家的道德理念(韩愈称之为"道统")。韩愈认为，为了传递儒家道统，教师必须不断提升自身的道德修养，做到"以身立教"，最终实现对学生及民众的道德教化。

宋代和明代时期理学及心学大师对师德的理解与阐述，也为教师职业道德的发展做出了重要贡献。宋代理学大师朱熹所拟订的《白鹿洞书院揭示》是我国古代关于教师道德规范比较完整的阐述，朱熹在其中提出了忠信、修身、博学、慎思、明辨、笃行等思想主张，强调教师要做到知行合一，以崇高的道德修养来实现道德教化。这对后世的师德规范研究奠定了重要的基础。而明代心学大家王阳明也认为教师先要明德修身，"明人者先自明"，通过提升自身的道德修养和道德境界，更好地培养学生的道德品质。

(三) 近现代教师职业道德的发展

近代中国的教师职业道德一方面深受传统儒家伦理和传统师德观念的影响，另一方面也逐渐学习和借鉴了西方的伦理观念和师德观念。康有为提倡"新学"，反对旧学，主张改革传统的教育模式、教师观念及课程设置，开办新式学堂，推动了人们对教师职业道德的新理解。梁启超则发表了《变法通议·论师范》的文章，提出要对教师的知识素养和道德素养进行专门培训，以此来获得新式教育所需要的新式师资，最终完成变法图强的目标。

民国时期，一批伟大的教育家用自身的道德人格践履着教师职业道德，促进了教师职业道德在近代中国的发展。蔡元培先生兢兢业业从事教育工作，坚守教育的理想和信念，成为教师的典范。蔡元培先生认为，一个小学教员在社会上的位置最重要，其责任比总统还大些。因此，小学教师将以自身的人格和品行全面影响学生的发展。陶行知先生终生献身人民教育事业，"捧着一颗心来，不带半根草去"，以自身的道德榜样为师德增辉添彩。他们共同促进了教师职业道德在近代中国的发展。

(四) 当代教师职业道德的发展

改革开放以后，通过几代人的共同努力，我国出台了多个师德规范文件极大地促进了教师职业道德体系的发展。

(1) 2018年1月，《关于全面深化新时代教师队伍建设改革的意见》中指出，应弘扬高尚师德，健全师德建设长效机制，推动师德建设常态化长效化，创新师德教育，完善师德规范，引导广大教师以德立身、以德立学、以德施教、以德育德，坚持教书与育人相统一、言传与身教相统一、潜心问道与关注社会相统一、学术自由与学术规范相统一，争做"四有"好教师，全心全意做学生锤炼品格、学习知识、创新思维、奉献祖国的引路人。

(2) 2018年11月，为深入贯彻习近平新时代中国特色社会主义思想和党的十九大精神，深入贯彻落实全国教育大会精神，扎实推进《关于全面深化新时代教师队伍建设改革的意见》的实施，进一步加强师德师风建设，教育部研究制定了《新时代高校教师职业行为十项准则》《新时代中小学教师职业行为十项准则》《新时代幼儿园教师职业行为十项准则》，明确了新时代教师职业规范，划定了基本底线，深化了师德师风建设。

(3) 2018年11月，教育部制定印发了《关于高校教师师德失范行为处理的指导意见》和《幼儿园教师违反职业道德行为处理办法》，修订了《中小学教师违反职业道德行为处理办法》，对违反师德行为的认定、查处等做出了具体规定，明确了学校的主体责任及师德师风建设失职失责情形，建立了违规行为的受理处理机制和责任追究机制。

总而言之，当前我国教师职业道德体系正在不断发展和完善，我国正着力加强教师职业道德建设，构建了覆盖大中小学及幼儿园的完整教师职业道德建设制度体系，突出全员、全方位、全过程教师职业道德的养成。教师职业道德的内容越来越科学合理，层次越来越清晰明了，这既有利于加深教师对职业道德的理解，又有利于增进职业道德对教师职业的规范和引导作用。

第三节　教师职业道德的特点、功能与作用

教师职业道德的特点是由教师职业劳动的特点所决定的。教师在劳动目的、劳动对象、劳动手段、劳动过程、劳动结果上呈现出特殊性，其具体表现为以下五个方面：教师的劳动目的具有社会性和责任性；教师的劳动对象具有能动性和多样性；教师的劳动手段具有规范性和创造性；教师的劳动过程具有复杂性和自觉性；教师的劳动成果具有集体性和长期性。

一、教师职业道德的特点

作为一种职业道德，教师职业道德有着与其他职业道德共同的特征。教师职业道德是在教师的劳动过程中产生和发展起来的，它是教师处理和调节教育活动中人与人之间关系的特殊道德要求。而鉴于教师劳动的特殊性，教师职业道德相应地呈现出如下特点。

(一) 教师职业道德标准具有高度的严格性

教师的任务主要是对学生的人格加以影响和培养,帮助他们塑造高尚的灵魂,而不是简单地从外部去"雕琢"对象,这就对教师职业道德提出了高标准、全方位的要求。教师职业道德标准的严格性具体体现在以下几个方面。

首先,社会对教师职业道德要求的高层次性。教师职业具有直接的社会影响性,影响着人类社会的发展,几乎没有哪个职业比它更受社会公众的关注。特别是我国自古就有尊师重教的优良传统,人们不仅对教师的社会期望值很高,而且对教师的道德要求更高。

其次,社会对教师职业道德要求的全面性。这包括劳动目标起点高,劳动时间、空间上的全面投入及在内容规定上的全面性,涉及职业理想、职业态度、职业责任、职业技能、职业规范、职业良心、职业作风、职业情操等诸多方面的要求。

(二) 教师职业道德意识具有强烈的自觉性

基于教师责任的重大及教师劳动的特殊性,教师职业道德对教师自觉性的要求较高,教师个人基于教育信仰和理念,往往对自身也有较高的自觉要求。教育是一个使教育者和受教育者都变得更完善的职业,而且,只有当教育者自觉地完善自己时,才能更有利于学生的完善与发展。由于教师劳动的个人性质和自由性,某种意义上,教师的劳动表现出"良心活"的特点。

(三) 教师职业道德行为具有独特的示范性

这一特征是由教师劳动手段的示范性和学生的向师性、模仿性决定的。教师职业道德特别强调行为的示范性,它不仅是教师自身行为的规范和准则,而且对教育培养学生具有十分重要的作用。教师发挥着"以身立教"的突出作用,宛如一本"立体教科书",以自身行为的独特示范完成着教师职责。

(四) 教师职业道德影响具有潜在的深远性

教师职业道德的影响深入学生心灵,不仅影响学生的今天,而且影响学生的明天,甚至一辈子,使学生终生难忘。这种影响具有潜在性,它所产生的效果,不一定立竿见影,往往具有迟效性和后显性。教师职业道德的影响还具有广泛性,它不仅作用于每一个学生,而且会通过学生影响家庭。在现代社会,普及义务教育已是世界性潮流,每个人都要受到教师的培养,师德的作用也越来越大。

(五) 教师职业道德内容具有鲜明的时代性

教师职业道德有自己的发展历史和独特内容,体现着人类的智慧和文明。在我国,教师职业道德的内容首先继承了优良的文化传统和优秀的师德遗产,如以身作则、诲人不倦、循循善诱、因材施教、为师重德等,涉及教师责任、教师职业良心等范畴。中国传统教师道德具有自己的特点,如强调个体道德服从整体道德,并在此基础上对教师提出综合的道德要求,重在启发内心自觉。教师职业道德在内容上要与时俱进,不断反映时代的要求。

> **案例**
>
> 　　霍懋征是我国当代著名教育家，全国首批特级教师，是"爱的教育"的倡导者和实践者，是我国高学历人才从事小学教育的先行者。从教60多年来，她为国家培养了大批优秀人才，为我国的教育事业做出了卓越贡献。在北京师范大学读书时，她是品学兼优的高才生，1943年毕业后她放弃了留北京师范大学任教的机会，毅然到北师大第二附属小学(现北京第二实验小学)任教，终身从事小学教育事业，曾经担任过数学教师、语文教师、班主任、副校长。其间，面对多个上级部门和单位的调动要求，她都婉言谢绝，从没有离开过她的学生和教室。1998年退休后，霍懋征仍心系教育。为传授教学经验、传递最新的教改信息，她先后到新疆、甘肃等多个省份讲学、上示范课，把多年积累的教育教学宝贵经验毫无保留地奉献给人民。

二、教师职业道德的功能

教师职业道德的功能主要包括以下内容。

(一) 认识功能

教师职业道德规定了教师处理个人利益与集体利益和社会利益的道德原则；指明了教师在教育活动中应遵守的规范和要求，引导教师在教育过程中正确选择自己的行为；调节了教师在教学过程中的各种关系、矛盾和言行，保证教育工作顺利开展和教育任务顺利完成。通过学习和实践教师职业道德，教师可以明确什么是应当做的，什么是可以做的，什么是不能做的，了解教师职业的权利和义务。

(二) 调节功能

所谓调节功能，是指教师职业道德通过教育、评价、沟通等方式和途径，指导和纠正教师个人与他人、个人与社会交往关系中的行为，协调教育过程中的各种关系，解决各种矛盾，激发教师的积极性和创造性，顺利完成教育教学任务。

这种调节表现为外部调节和内部调节两种。外部调节主要借助于师德规范的外在要求，以及社会舆论和风俗习惯的调节手段来进行。内部调节则更主要靠教师的内心信念和道德良心来进行。如康德所说，"头顶的星空"和"心中的道德律"是神圣而令人赞叹和敬畏的。

(三) 教育功能

所谓教育功能，是指通过师德原则、规范的学习和引导，运用说理感化、评价、激励、榜样示范来教育教师正确认识和对待自己所从事的职业，正确认识自己，善待他人，正确地认识对他人、对社会应尽的责任和义务，以此形成教师的道德信念、风范和判断能力，支配自己的行为，塑造教师的人格，从而提高教师的精神境界和师德水平，强化教师的事业心、责任感。

(四) 促进功能

职业道德对教师个人具有重要意义。它体现了一定社会或阶级对教师职业行为的基本要求，是教师个体职业工作的精神动力。它既是一种外部的激励，又是教师的自我激励，还是教师职业行为的精神基础和内在动力。

职业道德对教师职业具有重要意义。它是教师职业的核心，有利于促进整个教师行业的发展和教师队伍整体素质的提高，也有利于提升教师职业的地位和作用。

三、教师职业道德的作用

教师职业道德的作用主要表现在如下几个方面。

(一) 促进教师职业专业化

师德是教师区别于其他职业的根本标志，是教师职业的特殊要求。教师职业对从业者有着高标准、全方位的道德要求，教师应将师德视为从业的核心资质和必要条件，视为教师专业素质的首要条件。教师职业道德的确立促进了教师职业的日益专业化。

(二) 促进师生生命成长和人格完善

教育活动的特殊性在于它是人与人的精神传递和心灵互动，是教育者与被教育者互相的感应和交流，是心灵对心灵的呼唤。正如一位哲学家所说："教育意味着一棵树摇动另一棵树，一朵云推动另一朵云，一个灵魂唤醒另一个灵魂。""爱在彼此存在中实现。一个真实的自我和另一个真实的自我在彼此互爱中联系起来。这样，一切事物才能在存在的光辉中敞亮。"

(三) 促进社会文明传承和发展

师德是社会文明传承发展的根基。在教育活动中，教师的德行素养体现着社会文明的要求，并经过教育活动向学生传递着社会文明的火种。学生在学习中不断创造性地吸收着历史的经验和社会的文明，并产生新的智慧和文明。师德本身就是文明的体现，同时又是文明催生的土壤。没有师德，就没有真正社会意义上的教育活动，就没有高超的教育技艺，就不能培养出社会文明的继承者和创造者。

第四节 中华民族传统师德

中华民族素以文明古国、礼仪之邦著称，历来就重视师德修养。教师道德在教育实践活动中产生、发展，又经过一代又一代教师薪火相传，生生不息，逐渐积淀为中华民族传统的教师道德。中华民族传统师德是指中华民族历史上教师群体所体现的作为教师的职业品质和职业道德，以及在他们身上凝结而成的相对稳定的人格精神。由于时代的影响，传统师德既有精华又有糟粕。经过近现代社会发展潮流的洗涤，其中的精华部分得到继承，并作为中华民族的优秀传统师德被弘扬，最终成为社会主义师德的重要内容。

一、传道授业，教书育人

历代教育家，将教育看成人生的最大快乐。孟子曾说"得天下英才而教育之，三乐也"，认为教育是人生三大乐事之一。唐朝教育家韩愈强调了孟子的观点，明确提出"师者，所以传道授业解惑也"。其中，传道是目的，是方向；授业和解惑是传道展开的过程和手段。三者有主有次，前后有序，职责分明。纵观中外教育发展历史，教师的任务不外乎这三个方面，只是由于历史的发展，传道、授业、解惑的内容有所不同罢了。

现代著名教育家陶行知认为，教师应该把教书育人放在第一位，千教万教教人求真。"求真"是教师职业道德的真谛，也是教师职业道德的目标，它强调教师要教人学会做人，求"真知"，做"真人"。

二、因材施教，教学相长

孔子曾说："三人行，必有我师焉。"孔子不仅是这样说的，也是这样做的。韩愈认为，只要闻道在先，术业有专长者，皆可为人师。学生向教师学习道和业，但不能盲从教师。他号召人们既效法孔子"三人行，必有我师焉"的虚心精神，又学习社会大众相互为师的方法，以矫正当时士大夫中存在的耻学于师、耻于为师的不良风气，从而形成人们交互为师、教学相长的新风气。他强调师生关系可以互相转化，这对维护教师绝对权威的封建师道尊严是一种否定。这种含有辩证法因素和民主平等的师生观，在当时乃至今天都是正确的。

明朝的王守仁提倡教师应循循善诱，要注意因材施教。他批评不顾学生身心特点、束缚和压抑学生发展的教师，反对教师"待若囚徒"般地处罚学生。他认为，教师授业应教学生以真知，注重培养知行合一，使学生学业成绩不断提高。

清末改良派领袖康有为是19世纪末向西方寻求真理的先驱人物。作为启蒙思想家的康有为，在教育上最大的贡献就是对中小学教师提出了不同层次的要求。他认为小学生正处在发育生长期，易受外界环境的影响，缺乏自理能力，需要有教师的照顾和关怀，这就要求小学教师不仅应具备良好的德行学问，还应有慈母般的情怀；中学生特别是初中生意识还不成熟，自立性、持久性、沉着和自制力等还不如成人，常常出现有始无终、忽冷忽热、不守纪律的行为，更需要德才兼备的教师加以指导。

三、以身作则，为人师表

教师是学生获取知识的导师和引路人，学生应尊敬教师。教师的言行，教师的知识见解、治学态度，以及他们的精神境界、信仰和品行，都会对学生产生潜移默化的作用。因此，以身作则，为人师表，是历代教育家所推崇的师德传统。

千百年来，孔子被尊称为"至圣先师""万世师表"。孔子要求教师以身作则，为人师表，做到身教重于言教。言教在说理，以提高道德认识；身教在示范，以实际指导行为方法。教师身教的示范，对学生有重大感化作用，因此身教比言教更为重要。

孟子认为，当你的行动未得到对方相应的反应时，就应当首先反躬自问，从自己身上找原因，对自己提出更高的要求。同时，面对超过自己的人，不能怨恨，也同样应当反躬自问，从自身找原因。总之，凡事须严于律己，时时反思。

朱熹认为，教师首要的道德准则是做到"明人伦"。他要求教师率先示范，并引导学生由士而进圣人。朱熹在《白鹿洞书院教条》中就明确提出了"修身之要"，即"修身、处事、接物"之要，是处处按孔孟之道要求的。他主张的"立志""居敬""存养""省察"等，目的是要求师生做到"己所不欲，勿施于人"。他主张做事、为人和求学必须"立志"，明确目的，树立信心，平时必须反省言行，端正做人的态度。这些都值得借鉴。

蔡元培先生认为，师范的"范"就是模范，可为人的榜样。自己的行为要做别人的模范，所以师范生的行为最要紧，而模范不是短时间能成就的，需要慢慢地养成。他提出教师必须达到以下标准：①"积学"，即学术水平高；②"热心"，即对教育事业怀有热情和责任心；③"用功"，即有进取创新精神。

"学高为师，身正为范"也是陶行知的一句名言。他指出作为一名合格教师，除了要有扎实的专业知识、较高的文化水平，更重要的是有良好的道德素养。他主张教师要以身作则，以不倦的教诲，循循善诱，培养学生良好的道德情操。

四、学而不厌，诲人不倦

"学而不厌，诲人不倦"最初是由孔子提出的，他认为这是教师应有的道德品质，后来经过各朝各代教育家的实践和发展，成为我国重要的师德传统。

学是教的基础，教师只有学好才能教好。在师德修养方面，孔子明确要求教师要有"学而不厌，诲人不倦"的良好品德，要以教为业、以教为乐。朱熹也认为，教师要传授知识，培养学生的知、情、意、行，就必须具有广博的知识才能、丰富的文化修养、健全高尚的人格，做到学而不厌，诲人不倦，只有这样，才能成为一名热爱学生、献身教育的优秀教师。

学而不厌是诲人不倦的前提和基础。所谓"学而不厌"，至少有三层含义。

(1) 在学习内容上要不厌其"博"。儒家提出"君子不器"，就是要求一个优秀教师，不能像器具那样，只有某一方面用途，作为一个优秀的教师必须"博学""博习""重学问，贵扩充"。

(2) 在学习目的上要"务本"。儒家认为，教师是"大任"在肩，因此要学好"大道""大理""至道"，即学好高深至极的根本道理。只有如此，才能成为"大智、大仁、大勇"者，从而培养出"治国平天下"的英才。

(3) 在学习态度上要勤奋。儒家认为，一个教师要真正学到一点东西，必须勇于吃大苦、耐大劳，养成不畏艰苦、终身学习的可贵品质。孔子的"韦编三绝"，孟子的"源泉混混，不舍昼夜"，荀子的"锲而不舍"，董仲舒的"三年不窥园"，韩愈的"业精于勤"，等等，其实强调的都是同一道理。

以上几种传统师德，仅仅是中华民族优秀师德传统中的一部分。中华民族优秀的师德传统本身是一笔巨大的财富，有着几千年的丰厚积淀，博大精深、辉煌灿烂，为历代教育家们所弘扬，至今仍有其存在价值。

著名教育家蔡元培先生非常重视教师职业道德修养。他认为，要使学生养成健全的人格，教师必须具备谦虚、正直、爱国、爱生和知识渊博等品德，具有自由、平等、博爱之思想。无产阶级革命家、教育家徐特立认为，作为一名教师，要立足人民，急人民之所急，忧民族之所忧，以振兴中华为己任。徐劳认为，培养后一代来救国救民是他唯一的任务，他不仅要求教师将自己的工作与国家的命运、前途联系起来，他自己更是心忧天下、舍家兴学、民智开启的模范。陶行知认为，教师在教化民众、改造社会方面起着举足轻重的作用。他要求教师要敢于为真理献身，敢于为民族的教育事业献身，他一生都在追求真理、维护真理，为祖国的教育事业鞠躬尽瘁、死而后已。

伴随着新时代的来临，今天的教育家们继承传统，立足未来，对当代教师职业道德提出了许多新的观点。著名学者叶澜认为，教师应具备与时代精神相通的教育理念，并以此作为自己专业行为的基本理性支点。未来中小学教师的教育理念，主要是在认识基础教育的未来性、生命性和社会性的基础上，形成新的教育观、学生观和教育活动观。

当代教育名家、中国工程院院士徐匡迪认为，教师的人格力量来自学术水平与道德情操的完美统一。这种力量表现在三个方面：健康的价值观，高尚的道德情操，走在时代前列的学识。其中正确的世界观、人生观和价值观，又是为人师表、垂范师德的基础。

全国师德标兵林崇德认为，"爱"仅仅是其"师爱"内涵的一半，其另一半则是"严"。没有严就谈不上真正的爱，因此爱必须严。对学生的"严"，首先是"做人"上的严格要求。

著名学者、"新教育实验"发起人朱永新认为，一个理想的教师，必须具有远大的理想，不断地给自己提出追求的目标，同时又要有激情。而教师关爱学生，一个很重要的表现就是相信每个孩子。每个孩子都具有巨大的潜能，而且每个孩子的潜能是不一样的。只有独具慧眼，发现每个孩子身上的潜能，鼓励孩子去不断地自主探索，才能使他们的才华得到淋漓尽致的发挥。

作为绵延数千年的文明礼仪之邦，中华民族拥有广博庞大、精深缜密的传统师德资源。这些宝贵的资源既需要我们在理论和实践两个层面上承接前流、吸纳百川，又要求我们与时俱进、开拓创新。我们要按照社会主义现代化建设发展的需要，批判地继承、借鉴古今师德中一切有价值的东西，经过消化、吸收、改造、创新，建构适合我国社会主义现代化要求的师德体系。

· 思考与练习 ·

1. 教师职业的产生条件和意义是什么？
2. 结合教师劳动的特点，谈谈教师职业道德有哪些特点。
3. 教师职业道德的功能和作用是什么？

第七章 教师职业道德的基本原则

· 本章学习目标 ·

了解确立教师职业道德基本原则的依据；掌握教师职业道德的基本原则；理解遵循当代教师职业道德基本原则的要求。

第一节 确立教师职业道德基本原则的依据

确立当代教师职业道德基本原则，不是随意的，而是凭借深刻的历史依据、现实依据，总结党和国家根据古今中外长期教育教学活动的基本经验及教育理论归纳出来的。

一、历史依据

当代教师职业道德基本原则，是中国传统道德尤其是传统师德发展的结果。中国历史上的教育家、思想家，重视教育，重视师德，形成了颇具特色的师德规范和原则，经过成百上千年的教育实践及理论积淀，影响着世世代代的中国人。

(一) 教师必须育人为先

古语讲过，"师也者，教之以事而喻诸德者也"，意思是说，教师不仅要教人学习技能，还要培育人成为道德楷模。孔子认为，教育可以"博学于文，约之以礼，亦可以弗畔矣夫"，即人们通过广泛学习，以礼约束自己，就不会离经叛道了。教育、教师、师德，古已有之。孔子从教四十年，教育弟子三千，其中贤人七十二，故被后世尊称为"至圣先师"，这也包含了对其从教、育人的肯定与敬仰。孟子说："得天下英才而教育之，三乐也。"荀子认为教育能教化育人，可以补救刑与法的不足。范仲淹则指出办教育及培养人的重要性。及至近代，孙中山先生也认为，教之有道，则人才济济，风俗丕丕，而国以强，否则反此。教书育人是教师的首要责任，教书育人必须以德育为先，这是从古至今人们普遍认同的价值理念。钱穆先生指出，中国之知识教育以德性教育为基本，亦以德性教育为归宿。

(二) 教师应当注重术业专攻

教师应当不断加强自身品德修养，提高学问水平，这样才能修己安人。教师要给学生传道、授业、解惑，其前提是教师必须具备深厚的专业造诣，能以真才实学和真知灼见传授知识。有成就的学者和教育家都具有勤奋好学的良好习惯和优良品质。孔子十分好学，"十室之邑，必有忠信如丘者焉，不如丘之好学也"。他追求学问"发愤忘食，乐以忘忧，不知老之将至云尔"，从中体会学习的乐趣，并感受获得知识的愉悦，这也是他能够为师的重要原因。韩愈在《进学解》中指出，业精于勤，荒于嬉；行成于思，毁于随。学业要有成就，就要做到勤学勤思，否则就会荒废毁弃。朱熹曾说："博学，谓天地万物之理，修己治人之方，皆所当学。"清代章学诚认为："学必求其心得，业必贵于专精。"同时，古人还强调学习要积极实践，做到知行合一。荀子认为："不登高山，不知天之高也；不临深溪，不知地之厚也。"

(三) 教师应当率先示范

才智卓越、知识渊博、品行高尚的人才能为人师。俗话说，学高为师，身正为范。西汉韩婴也说："智如泉源，行可以为表仪者，人师也。"德行高尚、才学兼备是为师的先决条件。教师之所以为师，必定是他在德行、知识或技能等方面有过人之处，能做到正人先正己、率先垂范、身体力行。孔子以高尚的德行、深邃的思想和渊博的学问为师，学生颜渊评价孔子道："仰之弥高，钻之弥坚。瞻之在前，忽焉在后。"意思是，老师的学问和仁德高深莫测，坚不可破，似乎在前面，忽然又觉得在后面。教师应当为人师表，率先垂范，言传身教。"其身正，不令而行；其身不正，虽令不从。""古者言之不出，耻躬之不逮也。"汉代扬雄说："师者，人之模范也。"西汉董仲舒说："善为师者，既美其道，又慎其行。"明代李贽认为："动人以言者，其感不深；动人以行者，其应必速。"陶行知先生主张教师"一言、一行、一举、一动，都要修养到不愧为人之师的地步"。教师的示范作用，会影响整个教育过程及学生的成长成才。好的示范作用，才能促使学生热爱学习，完善人格，具有社会责任感与担当意识，成为国家和社会需要的栋梁之材。

(四) 教师应当兼顾公平

教师心系天下并致力于实现教育公平。孔子首倡并践行平民化的教育理念，他对前来求教的弟子都很热情，凡"自行束脩以上，吾未尝无诲焉"，不论年龄、出身、个性都倾心教之，如从监狱中释放出来的公冶长。孔子还非常注意因材施教。在《论语·先进》篇中，他将其弟子按其特长分为德行、言语、政事、文学四类。教师不论学生资质如何，都应当用心去教。教师应做到"诲人不倦""循循善诱"。宋朝朱熹认为教师要尊重学生，不应盲目惩罚学生，以避免压制他们的创新能力与积极性。教师只有关心学生作为人的尊严感，才能使学生通过学习而受到教育。教师应当在教育中关注到学生的尊严感，不应过分强调教师的威严与惩戒，不应歧视学生，应当在公平的教育环境中，让学生快乐学习，接受教育，收获成长。中国历史上的这些师德规范和原则，一方面成为我们今天确立当代教师职业道德基本原则的历史依据，另一方面对于提高新时期人民教师的道德修养，恪守师德标准，都有十分重大的意义。

二、现实依据

伴随经济发展、政治进步、文化繁荣和社会转型，在多元价值观和道德观的冲击下，教师的职业道德受到了极大的挑战，存在着一些有悖于职业道德的现象，一些违背职业道德的事件时有披露，给教师这个神圣的职业和社会的风气带来了不良影响。这些现状成为确立当代教师职业道德基本原则的现实依据。

（一）确立当代教师职业道德基本原则，克服不良师风

个别教师"重教书轻育人"，严重影响职业道德建设。教育大计，教师为本。在人类社会发展的历史进程中，教师是人类灿烂文化的传递者，发挥着理论创新、知识传承、教化民众的重大作用。教师在享有赞誉的同时，也被赋予了神圣的使命，教书育人是教师肩负着的重大责任。然而，个别教师认为教师的职责是上好课即可，育人不是分内职责。这就导致个别教师缺乏教书育人的爱心、真心，平时与学生沟通较少，对学生不够了解，对学生的关心关爱不多，不能针对学生的个体差异进行教育引导，不能把育人放在教育教学工作中。

（二）完善教师职业道德规范体系刻不容缓

改革开放以来，特别是最近十余年来，教师职业道德规范取得了显著成绩，但同时我们也应该看到，教师职业道德规范依然不够完备，这与教师职业道德基本原则的确立有很大关系。2008年，教育部修订了《中小学教师职业道德规范》，部分省份教育主管部门也陆续制定出台了贴近教师情况、贴近学校实际、贴近社会要求的高等学校、职业院校教师职业道德规范等。但是，比较而言，这些教师职业道德规范还没有形成体系，它和相关法律法规还没有形成辩证统一的关系，致使个别教师不能很好地处理职业道德规范与法律规定的关系。因此，制定和完善翔实具体、操作性强、便于考核和评定教师职业道德的具体规范，健全和完善一套完整、科学、有效、与时俱进的教师职业道德评价体系，对于教师发挥教书育人、强化专业、彰显先进、凸显公平作用，以及不断推进师德建设有着极其重大的意义。

为深入贯彻习近平新时代中国特色社会主义思想和党的十九大精神，深入贯彻落实全国教育大会精神，扎实推进《中共中央国务院关于全面深化新时代教师队伍建设改革的意见》的实施，进一步加强师德师风建设，教育部于2018年研究制定了《新时代高校教师职业行为十项准则》《新时代中小学教师职业行为十项准则》《新时代幼儿园教师职业行为十项准则》。

2018年，教育部还制定了《幼儿园教师违反职业道德行为处理办法》，对2014年印发的《中小学教师违反职业道德行为处理办法》进行了修订，出台了《教育部关于高校教师师德失范行为处理的指导意见》。

第二节　教师职业道德的基本原则

教师在教育实践活动中，必须遵循一定的道德原则，以调整教育实践过程中的各种关系，保证教育实践活动的正常进行。教师职业道德原则作为对教师行为的基本要求和评价标准，在教师职业道德体系中居于主导地位。在教育实践活动过程中，教师特别要遵循教书育人、为人师表、依法从教和教育人道主义原则。

一、教书育人原则

教书育人是教师的天职。教师必须遵循教育规律，实施素质教育；循循善诱，诲人不倦，因材施教；培养学生良好品行，激发学生创新精神，促进学生全面发展。

(一) 教书育人原则的确立依据

1. 教书育人是教师的基本职责

任何时代，教育的根本任务都是培养特定社会、特定时代所需要的人才。尽管对人才的要求，在不同社会、不同时代有许多不同之处，但也有共同的内容。一般说来，不论在哪个社会、哪个时代，对人才的培养都具有两方面的要求：一是要有德，二是要有才。要有德，就是要具备所处社会和时代所要求的思想意识和道德品质，要有对社会负责、对他人负责的态度，既要有个人的奋斗精神、奉献精神和牺牲精神，又要有集体意识、整体意识和团队精神。要有才，就是要具备所处社会和时代所需要的才能，既包括自然科学知识，又包括社会科学知识；既包括劳动能力、一般的操作技能，又包括管理能力；既包括知识的运用能力，又包括创新能力。教育的目的和任务规定了教师既要教书，又要育人，教书育人是教师的基本职责。教师职业活动的这一特点决定了应把教书育人作为教师职业道德的原则。

2. 教书育人是遵循教学规律的要求

教书育人原则是依据教学过程的客观规律确立的。首先，教学的过程必然就是育人的过程。教师的主要任务是教学，教学过程是教书和育人紧密结合的过程，教书和育人二者不可分割。任何课程的教学过程都必然渗透思想道德教育的因素，只不过有的课程多一些或明显一些，有的课程少一些或隐蔽一些，有的教师做得较为自觉，有的教师不够自觉。当然，不同的社会、不同的时代、不同的课程、不同的教师，在不同的条件下，存在用什么样的思想观点和道德原则去育人的区别，存在用什么样的具体方式去育人的区别，存在着育人结果的差别。教师应当自觉地把教书和育人结合起来，应注意知识传授和思想道德教育二者的有机结合，应注意探索符合实际的、有效的、具体的结合方式。

其次，教好书要求育好人，育好人是教好书的保证。教学过程是学生的认识过程，一方面，要求教师运用适宜的教学方式、方法和手段，依据认识规律，提高教学效果，帮助学生掌握知识；另一方面，要求学生发挥主观能动性，充分挖掘自己的潜力。学生具备崇高的理想、良好的品德和正确的方法，有利于潜力的发挥，有助于学习效果的提高。良好的思想道德素质和个性心理品质作为非智力因素，对一个人潜能的发挥和成才影响重大。热爱祖国、热爱人民，有强烈的责任感和进取心，有坚强的意志，诚实、守信、自信，能吃苦耐劳，可以增强学生的心理调节能力、行为控制能力、生活自理能力、社会协调能力和挫折承受能力。这些能力不仅可以保证学生在校期间的学习，而且有利于学生一生的发展。因此，教师应自觉地在教学过程中结合知识传授对学生进行思想品德教育，进行人生观和价值观教育。

3. 教书育人是培养有中国特色社会主义人才的要求

为了推进有中国特色的社会主义事业的发展，学校教育必须培养成千上万有社会主义思想觉悟、有社会主义道德品质的各类人才。教师的职业活动必须围绕这一目的，既教书，又育人；在向学生传授科学文化知识的同时，又自觉地对学生进行理想教育、品德教育，帮助学生掌握和运用马克思主义的立场、观点和方法。如果教师只教书，不育人，只管传授知识，不问学生的思想政治方向，不注意学生道德品质的修养，不按建设中国特色社会主义的需要进行教育活动，那就是失职。

(二) 贯彻教书育人原则的要求

1. 坚持全面培养的教育理念

根据社会主义的教育目的，教师不仅要向学生传授知识，开发其智力，培养其多方面的能力，还要注意组织学生开展有益的文化娱乐活动和体育活动，活跃气氛，锻炼身体，提高身心健康水平。教师更要注意帮助学生提高思想觉悟水平，形成正确的世界观和人生观，培养良好的道德品质，养成良好的行为习惯，从而促进学生的全面发展。

2. 遵循教书育人的科学规律

学生的成长是有其自身规律的，要教好书、育好人，就必须遵循教育规律。现实生活中大量的事实证明，教育方法极为重要，如果方法不当，其结果往往事倍功半，甚至事与愿违。正确的方法、好的方法就是符合规律的方法。教育规律是由诸多规律构成的规律体系，教育活动应遵循多种规律，如学生的生理运动规律、心理运动规律、思维运动规律，以及各门学科的学习规律。要遵循规律就要认识规律，就要积极探索、努力学习。不同地区、不同学校、不同专业、不同年龄、不同生活阅历的学生有着不同的特点，每个学生都有自己的个性特征。要遵循规律，就要从学生的实际出发，运用适宜的方法，促进学生的健康成长。

3. 提高教师自身素质

教师自身的素质直接影响教书育人的效果。教师应当努力学习，不断提高自己的综合素质，以适应教书育人的需要。教师要努力学习科学文化知识，拓宽知识面，深入研究问题，这是教好书的知识保证；教师要努力提高思想政治觉悟，形成良好的道德品质，这是育好人的政治思想理论和道德品质保证；教师要努力学习和研究教育理论，掌握教育教学规律，这是教好书、育好人的方法保证。教师要努力学习教育学、心理学和教学法等基本理论知识，注意研究学生的生理、心理特征和思想、学习状况，注意分析各种环境因素对学生成长的影响，探索教育教学规律。在当前改革深化，开放扩大，科学技术迅猛发展，社会经济关系、社会观念快速变化，不同价值观念冲撞，社会矛盾极为复杂的情况下，学生遇到的问题、存在的困惑多样而复杂。学生的困惑往往也是教师的困惑，教师更需注重自身的学习和研究。

> **案例**
>
> 教师重要，就在于教师的工作是塑造灵魂、塑造生命、塑造人的工作。一个人遇到好老师是人生的幸运，一个学校拥有好老师是学校的光荣，一个民族源不断涌现出一批又一批好老师则是民族的希望。国家繁荣、民族振兴、教育发展，需要我们大力培养造就一支师德高尚、业务精湛、结构合理、充满活力的高素质专业化教师队伍，需要涌现一大批好老师。
>
> ——习近平总书记同北京师范大学师生代表座谈时的讲话

二、为人师表原则

为人师表是指教师用自己的言行做出榜样，成为学生效法的楷模。

(一) 为人师表原则的确立依据

1. 为人师表是完成教育根本任务的要求

为人师表作为教师职业道德原则，是由教育的根本任务决定的。教育的根本任务是教书育人。教书可以通过多种教学手段进行，但主要通过语言传授。育人虽然必须通过多种手段进行，但其主要方式是教师用自己的言行来影响学生。道德品质的养成是一个长期的、复杂的实践过程，教师的言行会对学生产生经常性的、直接性的、长期的、潜移默化的影响。学生在校学习，除了向书本学习之外，主要是向教师学习，他们不仅学习教师传授的知识，学习教师运用的学习方法、研究方法和表述方法，也学习教师的思想品德、行为举止等。虽然青少年学生思想品质和个性心理品质已初步成形，具有一定的稳定性和行为判断能力，但还具有较强的可塑性，他们的判断能力和选择能力还不够强，周围环境对他们的影响还很大。教师和学生的接触较为频繁、密切，其行为举止仍对学生有较大影响。

2. 为人师表是教师职业劳动特点的要求

教师的职业劳动需要教师在学生中享有较高的威信，具有较高的威信是教师成功进行教育教学活动的必要条件。一般说来，教师的威信越高，其教育教学的效果就越好。教师的威信是建立在多方面条件之上的，最基本的是要有高尚的道德品质和精湛的业务能力。如果教师的业务水平不高，则难以得到学生的佩服和尊敬，学生的专业学习也就难以取得很好的效果。而一个缺乏道德修养的教师，则根本不可能得到学生的敬佩，这不仅影响教书的效果，更影响育人的效果。每个教师都必须严格要求自己，处处以身作则，以正确的思想、高尚的道德、良好的品格感染学生、熏陶学生、影响学生。教师威信的高低对教育活动能否成功地进行影响极大，而威信又来源于教师的以身作则。因此，古今中外的教育家都把为人师表作为教师职业的基本要求来加以倡导。

3. 为人师表是整个社会对教师的要求

青少年学生是国家、民族和社会主义事业的希望所在。教师职业活动的任务就是教书育人，就是培养年轻一代。培养年轻一代的工作是一个全社会性的、庞大复杂的系统工程，学校教育工程则是这个庞大系统工程中的核心工程，而教师则是学校教育工程中的劳动者主体。这就决定了教师工作的重要性，也就决定了整个社会对教师工作的关注。为人师表是完成教育根本任务的要求，是教师职业劳动特点的要求，也是整个社会对教师的要求。

(二) 贯彻为人师表原则的要求

1. 坚持对自己高标准、严要求

对自己高标准、严要求是为人师表的基础。教师在教育实践中，为了做好学生的表率，必须在各方面以较高的标准要求自己，必须严于律己，严格遵守各种法规，严格遵守各方面的道德规范。教师如果只是满足于不求有功，但求无过，只求过得去，不求过得硬，那就有可能误人子弟，造成不良后果。教师严格要求自己，必须从小事做起，从大处着眼，从小处着手，积小德成大德。要严格要求自己，教师就必须虚心听取别人的意见，特别是听取学生的意见，对自己可能存在的缺点和错误有则改之，无则加勉。要严格要求自己，教师应该多在教育实践中向先进教师取经学习，在书本中汲取教育理论的科学营养，在与学生的交流中寻求教学相长，对自己高标准、严要求，以期获得为人师表的资本。

2. 坚持以身作则、身教重于言教

坚持以身作则，就是要求教师以自身的行为对学生起榜样示范作用。人们常说，榜样的力量是无穷的。教师的榜样示范作用，是教育的重要方法，是培养学生成长的重要途径。教育实践证明，如果教师善于以身作则，用自己的好思想、好品格、好作风为学生树立学习的榜样，就能对学生产生巨大的积极影响；如果教师不能以身作则，则会对学生产生巨大的消极影响。

要坚持身教重于言教，就必然要求教师把身教置于特别重要的地位。无声的身教胜于有声的言教，这是长期教育实践得出的结论。学生从教师的行为举止中可以直接获得实实在在的感受，获得对言教的印证，从而增加教育的说服力和感染力，增强教育的效果。

3. 坚持言行一致、表里如一

言行一致、表里如一是一种光明磊落的作风，是一种美德。教师要通过自己的人格去感动学生。教师只有言行一致、表里如一，才能对学生产生潜移默化的良好影响，产生积极的作用。教师如果言行不一、表里不一，说的是一套，做的是另一套，当面是一套，背

后又是一套,那么只会给学生树立反面典型,结果必然是"其身虽存则其教已废"。

4. 坚持以身立教、德识统一

教师的社会角色要求教师必须坚持以身立教、德识统一。教师既要教书,又要育人,两者不可偏废。一方面,教师教学生做人做事,首先自己应会做人做事;教师教学生为人之道,首先应自己行为人之道。另一方面,教师要以真才实学去传授知识、传授真理。教师应具有坚实的基础知识、精深的专业知识和广博的边缘学科知识;教师还应懂得教育规律,具有良好的教学方法和技能。为此,教师必须刻苦钻研业务,严谨治学。而这些又向学生展示了教师认真负责的工作态度和严谨治学的品格,使教师成为学生学习的榜样。从这个意义上说,教书本身就是育人。遵循为人师表原则,应贯穿教育教学的各过程之中。

> **案例**
>
> **人格的力量——张伯苓先生以身作则戒烟**
>
> 我国著名教育家张伯苓1919年之后相继创办南开大学、南开女中、南开小学。他十分注意对学生进行文明礼貌教育,并且身体力行,为人师表。有一次,他发现有个学生手指被烟熏黄了,便严肃地劝告那个学生:"烟对身体有害,要戒掉它。"没想到那个学生有点不服气,俏皮地说:"那您吸烟就对身体没有害处吗?"张伯苓面对学生的质问,歉意地笑了笑,立即唤同事将自己所有的烟全部取来,当众销毁,还折断了自己用了多年的心爱的烟袋杆,并诚恳地说:"从此以后,我与诸同学共同戒烟。"果然,从那以后,他再也不吸烟了。

三、依法从教原则

依法从教的内涵为热爱祖国,热爱人民,拥护中国共产党领导,拥护社会主义;全面贯彻国家教育方针,自觉遵守教育法律法规,依法履行教师职责权利;不得有违背党和国家方针政策的言行。

(一) 依法从教原则的确立依据

1. 依法从教是在教育领域贯彻依法治国原则的要求

依法治国是中国共产党领导人民治理国家的基本方略。依法治国就是广大人民群众在中国共产党的领导下,依照法律规定,通过各种途径和形式管理国家事务,管理经济、文化事业,管理社会事务,保证国家各项工作都依法进行。依法治国是发展社会主义市场经济的客观需要,是社会主义民主制度的基本保证,是社会主义文明的重要标志,是维护社会稳定、构建和谐社会、国家长治久安的重要保证。教育既是国家的文化事业,又对其他国家事务、社会事务及各项事业的发展具有极大影响。依法治教、依法从教既是依法治国基本方略在教育领域中的贯彻,又是落实依法治国基本方略的必要保障。一方面,依法治国包含着依法治教，对于教师来说，依法从教是依法治国的题中之义，是依法治国方略在教育教学过程中的展开；另一方面，依法治国要通过人来贯彻，只有依法治教、依法从教，才能培养出具有较高知法、懂法、守法和执法素质的公民。依法治教、依法从教是依法治国的必然要求。

2. 依法从教是教师职业道德原则的重要内容和贯彻保证

教育的任务是培养人才。在现代社会，人才应具有一定的法律知识，应具有较强的法治观念，应能自觉地遵纪守法。法律是社会道德的底线，是社会和谐的基本保证。教师要为人师表，就要做遵纪守法的榜样。教育公正要靠依法治教、依法从教来维护，法律公正是教育公正的基准之一，以法律法规为准绳是教育公正原则贯彻的基本保证。教师要用法律法规来规范自己的从教行为。教师在教育教学活动中，要尊重和维护法律赋予学生的权利。

3. 依法从教是正确处理教育领域各种社会关系的要求

在教育教学活动过程中，教师既要处理好师生之间的关系、教师之间的关系、教师与学校管理部门或其他部门工作人员之间的关系、教师与学生家长之间的关系，又要处理好教师与其他相关人员之间的关系。教师不仅要处理好教育教学过程中的各种人际关系，还要处理好与教育教学活动有间接联系的复杂多样的人际关系。要处理好这些关系，一定要依法办事，特别是在涉及对学生问题的处理时，任何处理方式、任何处理手段都必须在法律允许的范围内。随着科学技术的进步，社会生产力水平的提高，经济社会的全面发展，特别是伴随着经济和政治体制改革而来的整个社会的急速变化，人们所面临的社会关系日益复杂多样，人们的道德价值观念也日趋复杂多样，价值标准呈多样化、多层次化。教育领域也是这样。因此，按照传统的标准，运用传统的方式，采取传统的手段，不仅很难处理好各种关系，而且稍有不慎就会导致矛盾的激化，甚至酿成严重的后果。

4. 依法从教具有极为重要的现实意义

依法从教原则的现实意义主要表现在以下几方面。

(1) 依法从教是完善社会主义市场经济的需要。市场经济的运行要规范有序，就要有法律的保障。这不仅要制定较为完善的、与市场经济相适应的法律体系，还需要各市场主体对法律法规进行较为普遍的自觉遵守。不论是培养专业法律人才，还是培养具有较高法律素质的非法律专业人才，教育教学活动都起着重要作用。

(2) 依法从教是构建和谐社会，促进经济、社会全面发展的需要。和谐社会必然是规范有序的社会，需要有法律的保障。现实社会是一个多元化社会，社会阶层在增加和变动，不同阶层之间存在着复杂的利益矛盾和利益冲突。现实社会中的每个人，都有其各自的特殊利益，往往具有多重角色，不同的角色具有不同的行为准则，不同人之间有利益冲突，同一个人的行为中也会有角色冲突。这些矛盾的缓和或解决单靠一般意义上的道德协调是不行的，还要借助法律的规范。这就要求学校，特别是高校在法律的制定、法律人才的培养、学生法律素质的普遍提高和法律知识的宣传方面做出更大的贡献，发挥更大的作用。

(3) 依法从教具有特别重要的意义。新型的社会应是法治社会，应当具有较为健全的、合理的法律体系；新型社会的公民应当普遍具有较高的法律素质。因此，教育部门、教师负有特别重要的普法责任。教育观念和教育管理制度正在发生巨大的变革，依法从教既是变革的重要内容，又是变革稳定有序进行的保证。教师应探索依法治教、依法从教的途径，积极推动这一进程。

(二) 贯彻依法从教原则的要求

1. 教师要做遵规守法的模范，为学生做好榜样

作为一个公民，教师在各个场合都必须把自己的行为约束在宪法和法律法规限定的范围内。一方面，教师享有法律赋予的权利，应积极地维护自己的权利；另一方面，教师又必须履行应尽的法律义务。教师在处理或协调各方面关系时必须遵守法律法规，当某些问题的处理面临着不同价值判断、不同道德标准的矛盾时，教师必须以法律法规为问题的处理标准。教师与学生、同事、管理人员、教辅人员、学生家长及其他人员之间，都可能发生一些矛盾，对矛盾如何解决往往各持己见，在这种情况下，如果不以法律法规为共同的标准，矛盾是无法解决的。教师应在教育教学过程中和社会生活中，用自己的行为影响学生。作为一名教师，必须严格遵守《教师法》中要求的遵守宪法、法律和职业道德，为人师表，贯彻国家的教育方针，遵守规章制度，执行学校的教学计划，履行教师聘约，完成教育教学工作任务。

2. 教师应当尊重和维护法律赋予学生的各项权利

教师特别要注意维护学生受教育的权利，以及教育教学过程中所涉及的学生的各项权利。教师应当不断提高思想政治觉悟和教育教学业务水平，以保证学生能获得较好的教育，从而贯彻国家的教育方针，完成教育教学工作任务。教师要关心、爱护全体学生，尊重学生人格，促进学生在品德、智力、体质等方面全面发展。教师要特别注意在学生管理过程中对学生权利的尊重和维护。一方面，要改变在长期家长制社会传统中形成的狭隘的师道尊严观念，特别是要改变那种要求学生对教师绝对服从的意识。教师要尊重学生的人格，特别要尊重学生的隐私。教师不能对学生个人的行为选择做出违反法律、法规的束缚。另一方面，管理学生又是教师的法律义务。教师必须制止有害于学生的行为或者其他侵犯学生合法权益的行为，批评和抵制有害于学生健康成长的现象。对学生的管理决不能放松，更不能放弃，而应坚持和改进或改善。教师应从实际出发，从理论上或实践上对学生管理工作做较为深入的探索。教师要转变管理观念，要适应新的管理体制，要运用新的管理方式和手段。新观念、新体制、新方式和新手段正处在探索和形成的过程之中，教师要以积极的态度投入这个过程，这是教师应尽的义务。

3. 教师要积极参与法治社会建设

建立法治社会，要有公正的、便于操作的法律法规，要有配套的、健全的法律法规体系。作为教师，必须关注社会现实问题，深入分析其原因，探寻解决问题的方法，探讨法律手段的合理运用，积极参与法律法规的制定和修改。在我国社会急速转型的过程中，

原有法律法规体系已不适应新的社会条件,需要大量修改。由于社会关系发生了巨大的变化,更需要有新的法律法规来加以调节,如没有较为健全的、与现实社会关系相适应的法律法规体系,改革的深化和社会各项事业的全面发展就会受到严重阻碍,这些都需要教师的积极参与。

四、教育人道主义原则

1. 教育人道主义原则的基本内容

1) 现代教育应体现尊重人权的精神

人权原则的确立对现代教育产生了重要影响。随着现代人权观的形成和广泛传播,人权观念正成为人们解决教育问题的一个重要原则。教育应体现尊重人权的精神,这是现代教育的基本信念之一。

具体来说,教育尊重人权,一是要保障受教育者的教育权利,二是要尊重和保护一般的人权。

教育尊重人权的另一层含义是尊重和保护师生的一般权利。现代人权观确认每个人都有生存、发展的多种权利,诸如人身权利、人格权利、政治权利、经济权利等。在教育中,师生的一般人权也得到法律保证。教育是否尊重和保护师生的一般人权,是教育文明与否的重要标志。教育尊重和保护教育者的一般人权,随着人权得到法律的确认,在原则上已得到认同。至于对学生的一般人权的尊重,进展则相对较慢。直到20世纪,儿童的权利才得到广泛承认。陶行知十分关心儿童的人权问题,强调:"我们应该承认儿童的人权……我们要解决儿童痛苦、增进儿童福利,首先要尊重儿童的人权。"

2) 应努力促进个人全面发展

除应体现尊重人权(教育权、一般人权)的精神外,教育人道主义原则的另一现实内容是教育应坚持个人全面发展的价值取向,努力促进个人全面发展。教育人道主义的各种探索多突出个人、个性的全面发展,这有其必然性和进步性。现代人的发展,虽有依赖物的一面,但也有其独立性、主体性。现代教育提高人的价值、促进人的解放,主要是提高人的主体性和独立性,凸显个人发展。

总之,现代教育应追求并努力促进个人全面发展,这是教育人道主义原则的一个重要现实要求。它要求现代教育尊重个人发展的内在需要和客观规律,尊重人的个性和自主性,尊重人的整体性和真实性,从而生动、活泼、有效地满足个人身心发展的整体要求,促进个人全面提高素质,形成完整的个性。

2. 教育人道主义确立的客观依据

1) 教育人道主义是社会主义人道主义在教育领域、教育过程中的贯彻

社会主义人道主义要求尊重每个人,关心每个人,这当然包括在教育领域和教育过程中,人们互相尊重、互相关心。从逻辑上说,社会主义人道主义是调节社会主义社会人与

人之间关系的一条基本道德原则,是社会主义人道主义原则的一般表现;教育人道主义是调节教育领域、教育过程中人与人之间关系的一项基本道德原则,是人道主义原则在教育领域、教育过程中的特殊表现。坚持教育人道主义原则,是社会主义人道主义原则在教育领域、教育过程中的贯彻、表现和具体化。

2) 教育人道主义是处理教育活动过程中特殊人际关系的要求

在教育活动的过程中,作为教育主体的教师处于主导者地位。在教师和学生的关系中,以及教师和其他教育活动参与者的关系中,仅以一般的道德原则和道德规范来加以调节还不够,还必须加上适合教师特殊角色身份的一些道德规范。教育人道主义原则是教师完成教育任务、实现教育目标必须遵守的职业道德原则。从教育实践看,一方面,作为知识、技能与道德品质的传播者和灌输者,在教育教学过程中,教师对于学生来说往往是居高临下的;另一方面,在调节教育过程中的人际关系时,教师必须高度尊重学生的人格,教师对学生必须有强烈的平等意识。教育人道主义作为一种道德原则与道德规范,是人道主义要求与这种教育过程特殊要求的结合。在教育活动中,教师与学生之间的关系是最重要的一种人际关系。如果教师运用教育人道主义原则来调节师生关系,就能对学生的人格与行为产生积极的影响,就可以促进师生关系的健康发展,就可以促进学生之间关系的健康发展,为完成教育任务、实现教育目标提供人际关系保证。同时,教师在教育活动过程中遵循教育人道主义原则,可以促进学生人道主义品质的养成。培养学生的社会主义人道主义品质既是学校教育的重要任务,又是整个社会道德建设的重要任务。在教育活动中,教师还必须处理好与其他教育参与者的关系。只有运用教育人道主义原则来调节,才能处理好各方面的关系,从而保证教育任务的完成和教育目标的实现。

3) 教育人道主义在教师职业道德体系中居于特殊地位

教育人道主义渗透于教育活动过程的一切道德规范中,具有广泛的约束力和普遍的导向性。教师在教育教学过程中要遵循教书育人原则,就要向学生传播社会主义人道主义思想,培养学生社会主义人道主义品格。教师在教育教学过程中要遵循以身作则原则,用自己的好思想、好品格、好作风影响学生,这就包括用社会主义人道主义思想、社会主义人道主义品格影响学生。社会主义人道主义品格影响着教师的作风,且社会主义人道主义品格通过多种作风体现出来。教师在教育教学过程中要遵循教育公正原则,坚持真理、办事公道、一视同仁、尊重学生,这些都是社会主义人道主义的要求,是教师人道主义品格的表现。只有遵循教育人道主义原则,才能切实做到教育公正。教育人道主义要求尊重学生的权利,促进学生的全面发展。尊重学生的各项权利,是教育教学实践过程中学生主体地位的保证,有利于学生个性的发展,有利于创造性人才的培养,使教育教学活动更能适应或满足经济社会发展对人才的需要。教师对学生权利的尊重和维护,有利于校园和谐,有利于社会和谐,有利于学生和谐人格的养成,有利于学生的心理健康,同时,也有利于教师自己的身心和谐,维护教师自己的身心健康。教师职业道德规范作为一个庞大的体系,内容极为丰富,但无论是调节师生关系的规范、调节教师与教师之间关系的规范、调节教学过程和科研过程中人们关系的规范,还是调节社会服务过程中人们关系的规范,都渗透着教育人道主义要求。教育人道主义在教师职业道德体系中居于特别重要的地位，应当把教育人道主义确立为教师职业道德的一条基本原则。

3. 贯彻教育人道主义原则的具体要求

教育人道主义是所有教育工作者必须共同遵守的基本道德原则。教育人道主义原则对教师的要求主要表现在尊重学生方面。教师应把学生视为与自己在人格上完全平等并具有自身个性特征的人来对待，不能因为学生在某些方面与自己差距较大而轻视他们，忽略其价值。教师对学生的尊重和理解要建立在平等的基础之上，没有平等也就没有尊重和理解。

教师在同不尊重学生、侵犯学生正当权益的思想和行为做斗争时，要注意对有错误言行的学生、教师和其他教育活动参与者予以尊重和关心，要坚持实事求是，从实际出发，运用适宜的方式、方法和手段，通过适当的途径有效地解决问题。

第三节　遵循当代教师职业道德基本原则的要求

教书育人，塑造灵魂；桃李不言，下自成蹊。加强和改进当代教师职业道德建设，应该严格遵循以上基本原则，而要遵循上述基本原则，就需要做到以下四方面。

一、深化当代教师职业道德的育人性

教育的目的不仅仅是教授科学知识，更是培育道德健全的人才。所以，遵循教师职业道德基本原则，最重要的是不断深化教师职业道德的育人性，使其向更深的阶段发展。

1. 树立人民教师教书育人的理想信念

习近平总书记指出，正确理想信念是教书育人、播种未来的指路明灯。教育事业是牵系国家社会、惠及子孙的千秋功业，是社会发展、文明进步、国富民强的奠基石，是国家保证投入、家庭倾其所有来全力保障的浩大工程。因此，人民教师的教育教学既是一种职责，更是一种事业。在当代，教师既要坚定自己的职业理想，做好本职工作，又要把教育教学工作与社会主义建设结合起来，与人民的教育事业结合起来，与祖国的前途命运结合起来，为我国的人才强国战略和科教兴国战略做贡献，为办好人民满意的教育做贡献。

2. 加强人民教师教书育人的道德修养

教师行为修养的好坏是师德高下的外在表现，是能否取得社会认可，能否让家长放心、学生信任的重要因素。教师的行为修养会直接影响所教学生的人格和个性的形成及发展。要加强人民教师自身的师德修养，包括其人格魅力、知识、能力，以及教学艺术及风格等；要全面提高人民教师的人格魅力和教学综合能力，使其在教育科研、教育实践能力和教育实际技能方面展现高超的教学智慧，达到深化育人性基本原则的要求。具体而言，

教师必须要养成文明的行为习惯,要保持仪表仪态的端庄,表现出良好的精神面貌,给学生树立良好的榜样。因此,加强人民教师的道德行为修养,要求人民教师应该做到形象庄重潇洒,为人沉稳朴实,处事大方,待人热情有礼,更要对学生和蔼可亲,从而达到以修为育人。

3. 加强人民教师教书育人的严谨治学能力

教师的严谨治学能力,是人民教师遵循育人性原则的基础和保障。严谨治学是当代教师职业道德的基础,也是起码的要求。一个工作不认真、治学不严谨的教师是配不上"人民教师"这样神圣而光荣的称号的,更称不上"师德高尚"。严谨治学不仅是对学生负责,对家长负责,对教育负责,更是对社会负责,对国家和民族负责。教育要以就业为导向,培养的人才要符合市场的需要,这对教师提出了更高的要求。这就要求教师既要有扎实的理论功底,又要有很强的专业技能。因此,教师必须协调好理论与实践的关系,做到以理论指导实践,以实践升华理论。教学和科研是教师的主要任务,教师应注重科研创新能力的提高,将科研创新活动有机地融入教学过程,实现教学和科研的相互促进,共同提高。教学工作是一门科学,也是一门艺术,只有尽心尽力,精益求精,才能把教学工作做好,才能无愧于教师的光荣称号,才能不辜负党和人民的重托。严谨治学不仅体现在人民教师认真负责、刻苦钻研的工作态度和聚精会神、精益求精的敬业精神上,而且更体现在教师教育思想和教育观念的不断更新上。严谨治学要求教师必须摆脱传统教育思想和教育观念的束缚,不断探索和创新,不断地刻苦钻研,孜孜以求,奋发图强。教师能在严谨治学的过程中,体验成功的快乐,享受收获的幸福,进而提高对教育教学工作的热情,加深对教育事业的热爱,而这又会反过来促使教师更加珍惜其职业,更加认真对待其工作,更加关爱呵护其学生,实现科学育人。

4. 加强人民教师教书育人的关爱学生能力

人民教师关爱学生,是人民教师遵循育人性原则的主要标志和目的所在。"爱生如子"正是高尚师德的具体写照,是师德高尚的基本要求,也是教师职业道德之魂。要教育好学生,就离不开对学生真挚的爱护。只有给予学生真挚的爱护,让每一个学生都真切地感受到、体会到这种爱护,他们才会拥有一颗爱人之心。一个对学生态度冷漠、不够关爱学生的教师称不上"师德高尚"。作为教师,要学会关心、关注和关爱每一位学生,关心其生活,关注其学习,关爱其情感,做到既关爱"先进生",也关爱"后进生"。关爱一个学生就等于塑造一个学生,而厌弃一个学生无异于毁掉一个学生。教师还要循循善诱,谆谆教诲。一个没有高尚师德的教师,很难对学生有发自肺腑的真诚关爱,也很难有废寝忘食工作的责任意识和敬业精神。教师要和学生平等相处,热爱学生是建立民主、平等、和谐的师生关系的基础。人民教师应在关爱学生的基础上严格要求学生,在严格要求学生的过程中关爱学生,做到严爱结合,严中有爱,爱中有严,爱得得体,严得有理,爱得有方,严得有度。

> **案例**
>
> 张桂梅同志是践行习近平总书记关于教育的重要论述特别是"四有"好老师要求的榜样。她为了不让一名女孩因贫困失学，坚持家访11年，遍访贫困家庭1300多户，行程十余万公里。她长期带病工作，超量的付出透支了本就羸弱的身体，但换来了女子高中学生的好成绩。她不遗余力地践行着"只要我还有一口气，就要站在讲台上"的诺言，用实际行动铺就贫困学子用知识改变命运的圆梦之路。多年来她一直住在学生宿舍，和孩子们同吃同住，陪伴学生学习生活。她在教书育人岗位上为贫困地区教育事业做出了重要贡献，在她身上充分体现了人民教师潜心育人的敬业精神和立德树人的使命担当。

二、强化当代教师职业道德的专业性

加强当代教师职业道德建设，强化教师职业道德的专业性是重点。教师的专业素质会直接影响学生的素质教育，也会影响整个民族的素质。加强和提高人民教师队伍的素质，是当代教育战线重要而迫切的任务。对人民教师进行专业化的培养，不仅要深化教育改革，更要加大投入力度。增强教师职业道德的专业性，应做到以下几点。

1. 切实加强德育专业学科建设

德育专业学科目前包括哲学中的伦理学、教育学中的德育及马克思主义理论学科中的思想政治教育专业等，德育专业学科的建设主要应该抓好三个方面的工作。①加强社会主义市场经济条件下教师职业道德变化的调查研究，找出影响师德变化的主要社会因素，提出对策。德育专业学科建设的理论研究和实证研究，都要形成相对稳定的研究方向。②进一步制定和完善各级各类师德规范及考核评价体系。师范生教育要强化"思想政治理论课"，尤其是"思想品德修养和法律基础"等课程的功效，还要开设"教师职业道德修养"等课程；要加强师德教学改革和思想政治教育方法研究；要遵循教育教学规律，研究当代学生的成长和成才规律，用科学发展的眼光来分析和解决学生的思想困惑。③加强德育学科学位点建设，就是要做好德育专业本科生研究生的培养工作，明确本科生和研究生培养方案的原则、目标及课程安排。在办好相关学科专业基础上，提高德育学士、硕士、博士的专业化水平。

2. 切实加强教师岗前培训

教师上岗前，应该组织教师参加系统的专业化岗前培训，学习相关的教育教学技能及师德规范等。在培训学习中，应严格学习纪律，强化实践环节，养成良好的习惯。通过系统的专业化教育教学技能培训及师德规范学习，再经过严格而又全面的考核，考核合格者，被授予教师资格证书，方可从事教育教学工作。考核不合格者必须重新接受培训学习，经过再次培训学习仍旧不合格的，不予发放教师资格证书，不能从事教育教学工作。通过这样的办法，引导即将走上讲台的人民教师顺利完成角色的转变，正确认识教师职业的专业性、特殊性，明确师德的要求，树立教师的职业道德意识，努力提高自身的师德水平，深刻领会教书育人的真正含义。

3. 切实深化教师博学意识

作为一名教师，应首先是一个终身不辍的"学"者，拥有广博的学识，这也是教师职业道德要求的一项基本内容。在越来越注重知识学习的当今社会，传统的教师角色面临着巨大挑战，如果不抱有终身学习的坚定态度并付诸行动，如果不广泛涉猎、深入探究、不断更新知识储备，教师有限的知识信息量将逐渐被掏空。实践证明，知识渊博的教师往往更容易赢得学生的信赖和爱戴，因为教师丰富的知识不仅能提高学生的精神境界，而且能激发他们的求知欲。如果一名教师不能完整、全面地掌握专业知识，就不能成为一名优秀的教师。教师既要在横向上不断拓展知识面，尽可能多地了解本专业以外的知识，争取做到"博"，又要在纵向上深挖专业理论，不断探索，进而达到"渊"，这才是对教师专业发展的最好诠释。

4. 切实加强教师在岗进修

教师的素质并非全部与生俱来，而是在实践中不断培养和提高的。要切实提高教师的素质，学校应该在实践中加强对于教师的在岗培训，努力提高人民教师的业务素质和教学科研水平，提高人民教师掌握运用现代化教学手段的能力和水平，培养一批既有扎实的理论知识，又有丰富的实践经验的教师。学校要根据教师专业定向和教师梯队建设的要求，制定规划和目标，在理论知识培训的基础上侧重专业技能的培训；还要制定教师脱产学习进修的奖励措施，每年都选派部分优秀骨干教师脱产攻读学位，鼓励青年教师以委培、定向等形式攻读研究生学位。同时加强与高校的有关合作，共同培养师资，选派教师出国进修，并有计划地选派教师参与经营与管理、社会调查、挂职锻炼等社会实践活动。

三、彰显当代教师职业道德的先进性

为人师表不仅是教师的神圣天职，也是当代教师职业道德的重要体现。加强师德建设，要旗帜鲜明地彰显师德的先进性，应做到以下几点。

1. 提升人民教师的社会地位

习近平总书记在全国教育大会上指出，全党全社会要弘扬尊师重教的社会风尚，努力提高教师政治地位、社会地位、职业地位，让广大教师享有应有的社会声望，在教书育人岗位上为党和人民事业作出新的更大的贡献。教育是关乎人类未来的神圣事业。教师决定了教育的质量和教育的未来。因此对教育怀有一份敬畏之心，才会更加对教师深怀一份尊重之情。随着社会的发展、时代的进步，人们对于教师的态度和要求也相应发生了巨大的变化与提升，国家、社会，乃至教育本身对教师的素质提出了更高、更多的要求。要提高师德层次，就要不断强化社会主义核心价值体系的教育，提升全民的社会公德、职业道德、家庭美德、个人品德的层次。要严格要求教师树立正确的师德观、教育观、人才观及成绩观；也要让全社会尊师重教，让国家、社会、学校都来支持教师，关心教师，支持教育，关心教育。党和国家要求不仅要在经济上保证教师的生存与发展，更要在政治上保证教师的地位。只有这样，才能真正地实现教师社会地位的提升，也只有在教师社会地位得到真正提升的前提下，才能最大限度地彰显师德的先进性。

2. 树立人民教师的示范形象

当今教师的榜样示范作用对学生的影响不可忽视，这是教师先进性的重要体现。教师要身体力行地为学生树立好学善学的榜样形象，从而影响学生，塑造学生的道德人格。教师的责任不仅在于给学生传授知识，而且在于教会学生做人，教师崇高的道德品质，是推动学生追求高尚的重要力量，教师的道德表率是学生道德塑造的基础。由于教师这一职业活动对象的特殊性，教师必须加强个人修养，当好以身作则的示范者。学生正处于思想、情感、性格等发展尚未成熟稳固的阶段，易受外界影响，普遍乐于接受教师的指导，愿意观察和模仿教师的言行，并以教师为表率。所以，作为教师，应该时时为人师表，处处以身作则，事事率先垂范，用美好的心灵熏陶学生，用高尚的人格影响学生，用纯洁的品行感染学生。凡是要求学生做到的，教师首先应该做到，给学生树立榜样。教师在学生心目中，是知识的源泉，是智慧的化身，是道德的典范，是人格的楷模，是行动的榜样，是先进思想文化的传播者，是漫漫人生征程的引路人，其一言一行、一举一动都对学生产生潜移默化的影响。教师要强化修身意识，严格要求自己，还要有崇高的道德情操，坚定的理想信念，顽强的意志品质，并以自己高尚的品格、言行去影响学生。

3. 坚持终身学习，发扬与时俱进的创新精神

在现代社会，广大教师"要崇尚科学精神，树立终身学习理念，如饥似渴地学习新知识、新技能、新技术，拓宽知识视野，更新知识结构，不断提高教学质量和教书育人本领"。人民教师要不断学习，提高学识，转变观念，增长才干，同时要在遵守教育教学规律的基础上，积极改革，勇于创新，不断进取。唯有此，才能彰显并始终保持教师师德的先进性。

四、凸显当代教师职业道德的公平性

构建社会主义和谐社会，促进教育公平，是遵循当代教师职业道德基本原则的又一要求。要促进教育公平，党和国家除了在推进社会公平的过程中，要加大力度，注重解决教育不公平的各种问题外，还要致力于树立教师师德的公平性。遵循师德的基本原则，凸显师德公平性，必须做好以下几点。

1. 爱岗敬业

爱岗敬业体现了人民教师从事教育事业光荣的使命感和强烈的责任感。"爱岗"是一种对所从事事业的全身心投入，是一种对人生价值的不懈追求，是一种为理想而拼搏奋斗的不竭动力。教师要以正确的态度对待自己的职业，努力培养对所从事工作的幸福感、荣誉感和责任感。一个人只有热爱自己的职业和岗位，才会全身心地融入其中，在教书育人的岗位上，应刻苦钻研，潜心施教，忠诚于人民的教育事业，在平凡的岗位上做出不平凡

的业绩。"敬业"就是热爱教育事业，献身教育事业。对于人民教师来说，敬业就是满怀对党和国家教育事业，以及学生成长成才的历史使命感和社会责任感，对自己所从事的工作具有强烈的献身精神。事业心来源于责任感，作为人民教师，要不辞辛苦，不怕劳累，勤勤恳恳，兢兢业业。因此，要成为一名师德高尚的人民教师，就必须识大体、顾大局，不为金钱、权力、地位、名誉及其他利益所动，抵制各种外界的诱惑，工作中高标准，生活中低要求，充分践行教师师德的公平性，从而保障教育的公平性。

2. 转变教师教育理念

所谓"公平"，并不是一味无差异地对待每一位学生；所谓"差异"，更不是"不公平"。学生是学习的主人，是发展的主体。人民教师应立足于学生的成长，着眼于学生的未来。学习成绩与创造力无明显联系，学习成绩并不是衡量一个学生成功与否的标准，更不是衡量一名教师成功与否的标准。教师要把学生的个体多样性、差异性看作一种有价值的东西，在教师的眼中不应该有"差生"，有的只能是"差异"。针对学生主体的差异性，教师要因材施教，实现适合学生本人的个性化发展，这才是真正的教育公平、师德公平。

3. 坚定教师职业信仰

重教、爱教、专心致志地教，是作为人民教师所必须具有的坚定的职业信仰。信仰是个体精神世界的支柱，是自身行动的指南。科学的、正确的信仰引导人们走向正确的人生道路，非科学的、错误的信仰则相反。教师只有坚定教育信仰，才能做到真正地热爱学生，真诚地关爱学生，平等对待每一位学生，才能够对教育事业始终充满激情。树立科学的、正确的教师职业信仰，是教师从事教育事业所必备的职业道德素质。教育是一个系统工程，教师在教育活动中，常常会遇到许多难以想象的困难和问题，缺乏职业信仰的教师，会将这些困难和问题带到自己的教育教学活动中，这样不仅影响教师的教育教学效果，而且影响师生关系，甚至影响学生的人格发展。教师只有发自内心地关爱每一个学生，教育每一个学生，才能真正做到既教书又育人，才能体现真正的教育公平。

4. 建立健全教师选聘机制、教育队伍工作机制、政策保障机制

(1) 建立健全教师选聘机制，根据教师队伍的优化要求，严把入口关。把师德考核放在第一位，保持这支队伍的生机，增强这支队伍的活力。

(2) 建立健全教育队伍工作机制，包括激励机制、约束机制、强化机制和竞争机制，明确各自的职责和工作目标。鼓励、奖励和宣传推广先进典型事迹，惩罚批评玩忽职守者。

(3) 建立健全政策保障机制，采取有效措施，完善教师队伍的专业职务的设置，解决好教师职务聘任问题，鼓励支持教师安心工作。组织教师参加社会实践，挂职锻炼，学习考察，不断提高教师的工作能力和业务水平。要在政治上、工作上、生活上关心教师，在政策和待遇方面给予其适当的倾斜。建立健全监督、激励和教育机制，完善相关的各项保证机制正常运行的措施，更需要坚决的执行力。一方面要建立卓有成效的师德监督体系，完善现有的教学督导制度；另一方面要抓好多维度的师德教育工作，各管理部门要充分发

挥作用，定期表彰优秀教师，树立榜样，建立有效的激励机制，使教师在合理的外部影响下逐渐形成内化于心的师德规范，从而使师德的内涵被广大教师认可和接受。

5. 完善师德考核评价机制

师德的考核评价机制具有导向、鉴定、激励的作用，及时有效的师德考核评价机制可以促使教师认识到自身的缺点或不足，督促教师适时积极地改正问题，调整和强化自己的教学，不断提高和完善自身的素质，监督教师公平地对待每一位学生。完善师德的考核评价机制，具有如下几点要求。

(1) 要建立明确的考核评价内容和标准。对师德的考核评价不仅要注重教师的教学能力和效果，而且要把师德的考核评价作为首要尺度，实行师德一票否决制，把对教师的素质考核评价作为提高人民教师素质和确保教育公平的有效方法，使教师在评价中不断地提高和完善自身素质。

(2) 要将学校考核评价、同行考核评价与学生及家长考核评价紧密结合起来。要做好对师德的考核评价不能只靠单方面的学校考核评价，这样无法真正发挥教师评价机制的作用，无法真正做到教育公平。要将学校评价、同行评价与学生及家长评价有效结合，建立全方位的评价体系，凸显师德的公平性。

(3) 要注意把握考核评价的时效性。平时要注意做好对于教师的定性评价、定量评价、稳定性评价、过程性评价及发展性评价的结合，使师德评价真正为教育公平及师德公平服务。

· 思考与练习 ·

1. 如何理解教师职业道德原则在教师职业道德中的地位？
2. 阐述教师职业道德基本原则的内容。

第八章　教师职业道德规范

・本章学习目标・

掌握教师职业道德规范：爱国守法、爱岗敬业；关爱学生、尊重家长；教书育人、为人师表；乐教敬业、严谨笃学；关心集体、团结协作；淡泊名利、自尊自律。

第一节　爱国守法、爱岗敬业

2008年9月1日颁布的新的《中小学教师职业道德规范》(简称新《规范》)是中华人民共和国成立以来，国家正式颁布的第四个中小学教师职业道德规范。新《规范》内容为：爱国守法、爱岗敬业、关爱学生、教书育人、为人师表、终身学习。这六条基本内容体现了教师职业特点对师德的本质要求和时代特征，"爱"和"责任"是贯穿其中的核心和灵魂。新《规范》成为新时期人民教师的行业性要求，具有广泛性、针对性和现实性。

一、爱国守法

(一) 爱国守法是教师职业的基本要求

爱国是一个公民的起码道德。一个人，不管属于哪个民族，也不管政府立场和宗教信仰如何，都承担着热爱祖国、报效国家的责任和义务。爱国是中华民族的优良传统。中国儒家传统文化强调"舍生取义"，即为了国家利益，为了捍卫国家主权，不惜牺牲个人生命。回顾中国历史，正是在这种真挚爱国热情的激励下，无数中华儿女不惜抛头颅、洒热血、前仆后继、英勇斗争，挽救民族于危亡之中，书写了波澜壮阔的历史画卷。现代社会中，我国各族人民在抗击四川汶川特大地震、成功举办北京奥运会和残奥会、抵御国际金融危机、圆满举行中华人民共和国成立70周年庆典中，表现出极大的爱国热情，民族凝聚力空前高涨。

爱国主义是全体公民最广泛、最基本的认同基础，是中华民族精神的核心，也是中国特色社会主义核心价值体系的一个重要方面。坚持以爱国主义为核心的民族精神和"以热爱祖国为荣，以背离祖国为耻"的社会主义荣辱观是社会主义核心价值体系中不可或缺的一部分。

爱国是教师的政治使命和社会责任。教师应该把自己的教育使命与国家和民族的生存发展结合起来，将爱国主义教育渗透于教育教学实践中，为国家和民族的生存与发展培养出热爱祖国、热爱中华民族，具有社会责任感和使命感的中国公民。

> 国家是大家的，爱国是每个人的本分。我觉得凡是脚站在中国的土地，嘴吃中国五谷，身穿中国衣服的，无论男女老少，都应当爱国。
>
> ——陶行知

守法是公民的基本行为准则，也是我国实施"依法治国"方略的必然要求。要实现社会主义法治国家的目标，需要每个成员知法守法，用法律来规范自己的行为，不做法律禁止的事情。教师只有做到依法执教，才能更好地为国家培养依法治国的人才，才能迅速提高全民族的法律意识。

守法是依法执教的重要内容。依法执教的重点是各个教育部门都要按照法定的权利和义务来治理教育，依法指挥、组织、管理、实施、监督、参与教育活动。为此，教师在从教过程中要认真地学法、知法、懂法和守法，依法行使教书育人的权利，履行法定的教育义务和责任，规范执行国家的法律法规和路线、方针、政策。

(二) 爱国守法的基本内涵

爱国守法包括两方面含义：爱国和守法。

爱国的基本要求应当包括三个方面：①牢固树立中华民族和国家利益至上的意识，自觉维护祖国的独立、统一、尊严和利益；②为把中国建设成为富强、民主、文明的社会主义国家做力所能及的贡献；③在教育教学中，积极实施爱国主义教育。守法不仅仅是法律层面的要求，也是道德层面的要求。

守法强调教师要自觉地学法、懂法，同时在教育教学中，严格遵守《中华人民共和国宪法》和教育法律法规，使自己的教育教学活动合法、规范，做到依法执教。

爱国守法包含着两种角色要求：①中华人民共和国的每一位公民都必须自觉履行公民应尽的权利和义务；②人民教师必须认真贯彻我国的教育方针，遵守教育法律法规，依法履行教育职责和权利。

爱国守法对教师提出了两个层面的职业要求：①广泛要求，即每一名教师都要自觉做到热爱祖国，热爱人民，拥护中国共产党领导，拥护社会主义，全面贯彻国家教育方针，自觉遵守国家法律法规，依法履行教师职责；②底线性要求，即教师不得有违背党和国家路线、方针、政策的言行。

(三) 爱国守法的践行要求

1. 做爱国守法的模范

爱国主义精神是中华民族的优良传统和崇高的思想境界，是道德情操的最高体现。振兴民族的希望在教育，振兴教育的希望在教师。人民教师是历史文化的传承者，是我国社会主义事业的建设者，也是未来社会主义事业接班人的培育者，这一历史责任要求教师要具有强烈的爱国情感和民族责任感，严格遵守法律法规，恪守社会公德，自觉做到知法、守法、护法，不仅成为爱国守法的公民，而且要做一名具有高尚人格和良好道德的教师。同时，还要将爱国主义情感和民主法制精神贯穿教育教学中，用自己的言行去熏陶、感染和教育学生。

2. 认真学习有关法律法规，自觉做到依法执教

依法执教就是指教师要严格依据法律、法规履行教书育人的职责，即在所从事的教育教学活动中，严格遵守《中华人民共和国宪法》和其他相关法律、法规，使自己的教育教学活动法治化、规范化。具体内容包括：①教师的教育教学行为要在法律、法规所允许的范围内进行；②教师要善于利用法律手段来维护学校、自身和学生的合法权益。

首先要守法，要依法贯彻执行党和国家的路线、方针和政策，要依法贯彻落实教育教学的各项法律、法规，即严格遵守《中华人民共和国宪法》《中华人民共和国教育法》《中华人民共和国教师法》《中华人民共和国义务教育法》《中华人民共和国未成年人保护法》《中小学教师职业道德规范》《新时代中小学教师行为十项准则》等法律、法规，树立"依法执教"的理念，尊重学生，按照法律要求来从事教书育人工作，全面提高教育教学质量。

其次要依法维护学校、教师和学生的合法权益。这是教师依法执教的重要内容之一。要维护学校的合法权益，教师必须以主人翁的态度关心学校、爱护学校，自觉维护学校的合法权益，以保证完成国家交给的教书育人、培养合格人才、提高全民素质的使命。要维护教师的合法权益，这是教师完成教书育人任务的条件和保证。如果教师的合法权益受到侵害，必然会影响教师的工作、生活和情绪，会直接影响对国家合格人才的培养。要维护学生的合法权益，教师不但自己不能去侵犯学生的合法权益，而且要勇敢地同各种各样侵害学生权益的行为做斗争。学校、教师和学生的合法权益得到充分保证，是我们实施教育工作的基础。

3. 将爱国守法融于教育活动中

(1) 在教育教学中渗透爱国主义教育，培养学生的爱国精神。在日常教学中主要应通过学科渗透、主题教育或社会事件等形式，对学生进行民族自豪感和责任感教育，让学生理解爱国是每一个中国公民的神圣情感，它不是一个抽象的概念，而是有着具体的要求：既表现在国家安危、民族存亡的紧要关头能够挺身而出、舍生忘死，也表现在当他人的生命财产遇到危难的关键时刻能够见义勇为、扶危济困，还表现在日常生活中热爱学习、文明友善、乐于助人等。教师应引导学生把爱国之志转化为报国之行。

(2) 在教育教学中渗透法制教育，教会学生明辨是非。法制安全教育是对学生实施教育的重要内容之一，也是让青少年学生知法、守法，减少犯罪最有效的途径。教师要在日常教育教学中，通过各种教育形式，使学生知法、守法并学会用法，培养和提高其法律素质，形成良好的守法、用法和护法习惯，自觉树立法律权威。同时，要重视对学生进行法律情感的陶冶和法律行为习惯的培养，使学生养成较强的法制观念和良好的守法、用法行为习惯。

二、爱岗敬业

（一）爱岗敬业是教师职业的本质要求

爱岗敬业是由教师劳动的特点所决定的。与此同时，爱岗敬业是教师做好工作的感情基础。热爱是最好的老师，是人们行动的动力源泉。能热爱本职工作，感觉做好工作有无穷的乐趣，这种由衷的感情能驱动人们努力做好工作。教师对职业劳动投入的多寡和收到的教育效果，直接取决于教师对职业的热爱程度。

大教育家孔子从教40年，开我国古代私人讲学之先河，他的呕心沥血、以教为重的奉献精神成为历代教师的楷模。鲁迅先生这样描写他的教学生涯："在生活的路上，将血一滴一滴地滴过去，以饲别人，虽自觉渐渐瘦弱，也以为快活。"这就是"俯首甘为孺子牛"的奉献精神的生动写照。

教育活动是一种直接与受教育者进行情感交流和心灵沟通的活动。教师只有对教育事业充满热爱，对学生充满感情的教师，才能与学生进行积极的互动；学生只有感受到教师的热切关爱，才会对教师的教育产生强烈的认同感并接受。反之，如果心猿意马，不热爱教育工作，敷衍了事，则势必不能把教育工作做好，这既损害了双方的利益，又损害了受教育者的权利和社会的整体利益。正因如此，爱岗敬业、乐于奉献就成为教师道德中最基本的道德要求。

爱岗敬业还具有特殊的教育功能：①显性的教育功能，即教师在工作中做到爱岗敬业、乐于奉献，提升自己的教育素养，提高教育效果；②隐性的教育功能，即教师爱岗敬业的职业作风对学生具有潜移默化的影响，是学校重要的德育资源，对学生的影响更加深远持久。道德不是教来的，而是感染来的。"教育无小事，事事是教育；教师无小节，处处做楷模"。因此，教师爱岗敬业的职业精神，使教师不仅做"经师"，而且为"人师"。

人民教育家陶行知认为，小学教师之好坏，简直可以影响到国家的存亡和世道之治乱。杨昌济先生称教育者有"神圣之天职""扶危定倾，端赖于此"。正是这种"扶危定倾"的事业，培育了我国教师敬业奉献的精神。

（二）爱岗敬业的基本内涵

爱岗敬业是社会主义职业道德的基本规范之一。爱岗是对本职工作所产生的一种热爱情绪和高度负责的工作态度。国际21世纪教育委员会的报告《教育——财富蕴含其中》指出，人们要求教师既要有技能，更要有职业精神和奉献精神。没有爱就没有教育，没有责任就办不好教育。爱岗就是热爱教育事业，具体表现为热爱工作和热爱学生。敬业是指教师对国家教育发展和学生成长的使命感和责任感，爱岗和敬业既相互联系，又相互区别。从二者的联系来看，爱岗是敬业的前提，敬业是爱岗的体现。从二者的区别来看，爱岗更多是一种情感体验，敬业更多是一种态度和行为体现。二者相互联系，相互促进。

爱岗敬业的要求分为三个层面：忠诚于人民教育事业，志存高远，勤恳敬业，甘为人梯，乐于奉献，是教师应具有的精神状态，是教师爱岗敬业的前提和基础；对工作高度负责，认真备课上课，认真批改作业，认真辅导学生，是对教师工作所涉及内容的具体要求；不敷衍塞责是教师在教育工作中必备的工作态度。

(三) 爱岗敬业的践行要求

作为教师，要真正在教育劳动中自觉遵从爱岗敬业的职业道德规范，应在以下方面加以努力。

(1) 要忠诚人民教育事业，志存高远。教师如何看待自己所从事的职业，是否认同和追求岗位的社会价值，是职业道德观念的核心。如果一个教育工作者对自己从事的职业不认同，就不会有热爱和忠实于职业的敬业精神。忠诚于人民教育事业，就意味着教师要捧出一颗热爱祖国、热爱人民之心，心中牢记祖国和人民的嘱托，并要明确教师所肩负的重任。它要求教师要对教育事业有一种强烈的使命感和责任感，兢兢业业、恪尽职守、心无旁骛、专心致志地把教书育人的工作做好，以积极的态度去从事教育劳动。志存高远就是要追求远大的理想，追求卓越，获得教师职业上的成功。教师职业上的成功包括两个方面：①成就学生，让学生成才，让学生成人；②成就自己，在成就学生的过程中，提高自己的教育教学水平，著书立说，成名成家。教师的责任大如天，使命重如山，一个肩膀挑着学生的现在，一个肩膀挑着祖国的未来。没有对教育的忠诚之心，缺乏高远的教育理想就承担不了这份沉甸甸的责任。

(2) 要有甘为人梯、自觉提升的精神境界。教育工作只有在深刻理解教育事业地位和作用的基础上，才会产生对教育工作的真挚、深厚的感情，才会满腔热情地投身于教育事业。教师只有不断超越个人私利，提升精神境界，把教育事业视为为人民谋利益的事业，才能有甘为人梯的胸怀，把学生的成长发展和进步视为自己人生价值的体现。

广大人民教师辛勤工作在教育事业的园地，他们不图名，不图利，不图回报，默默无闻地教书育人，兢兢业业地培育人才。而那些成才、获得发展的学生，无一不是踩在老师的肩膀上，以老师为人梯向上攀登到人生高峰的。世界上获得诺贝尔奖的科学家、取得成就的文学家和艺术家们在谈到成功的诀窍时，无不认为老师的教育是成功的首要条件和因素。湖北大学的朱祖延教授在《教师述怀》中写道："不辞辛苦做人梯，在有生之年把自己全部知识和经验传授给学生。"这种无怨无悔、不求回报、甘为人梯的自我牺牲、无私奉献精神，应成为每一位教师的共同追求。

(3) 要勤业与精业，高度负责。教师的勤业与精业是教师对其职业价值的追求和具备崇高职业道德精神的重要表现。勤业表现为忠于职守，认真负责，执行规范，坚持不懈，积极进取，它是实现教师职业功能的基本保证。教师的工作不是轰轰烈烈的大事，但教育无小事，事事是教育。教师要认真负责地对待日常教育教学中的每一个环节，必须对自己的本职工作抱有高度的责任感，一丝不苟，尽职尽责。精业表现为业务熟练，精益求精，不断改进，是实现职业劳动最高效益的价值追求。勤业与精业是相辅相成的辩证统一。勤业是精业的前提，精业是勤业的必然，韩愈说："业精于勤，荒于嬉；行成于思，毁于随。"每一位教师，不论你的个人学历如何，也不论你的天赋如何，只要你肯花时间，勤钻研，善于拜师求教，总结经验教训，积累方法技巧，就有可能使自己的工作达到精益求精的境界，以精益求精的工作完成国家赋予的人才培养重托，这是一名教师对国家、对家庭、对学生高度负责的表现。

(4) 要勇于奉献，杜绝敷衍塞责。这是教师必备的工作态度，是对教师职业的道德规范的底线性要求，因为教师的敷衍塞责将对整个教育事业和学生的终身发展造成巨大的损失，有的损失甚至无法弥补。教师的敷衍塞责体现在两个方面。①教学上的敷衍塞责，如个别教师出工不出力，备课的时候只备教材，不备学生，没有尊重学生的主体性，不能体现新课改的精神；学生的作业主要看其答案的对与错，追求答案的标准性，忽视学生的创新观念，还有个别老师一本教案用几十年。②育人上的敷衍塞责，具体表现为事不关己高高挂起，多一事不如少一事，如个别教师认为管理学生是班主任、学生处的事情，与自己无关；个别教师不愿意当班主任，担心当班主任的工作任务太重、压力太大，不愿意承担育人的职责；个别教师只关注自己的小家庭，不关心学校及学生的发展，甚至不追求自己的专业发展，当一天和尚撞一天钟等。

一个具有积极工作态度的教师，应表现出对教育对象的热爱、尊重和关怀，对各项规章制度的充分理解和认真遵守，对教育劳动的积极投入和忘我奉献。教师爱岗敬业，尽职尽责，不敷衍塞责，就意味着付出得更多、更辛苦，但无数事实说明，这样的教师因问心无愧、胸怀坦荡而体验到的内心快乐和幸福，是常人难以体会到的。只有爱岗敬业的教师，才能在自己的平凡岗位上找寻到人生价值的依托和教育幸福的源泉。

第二节　关爱学生、尊重家长

教育是培养人的事业，教师是培养人的专门劳动者。如何对待所培养的对象，是教师这一行业一直探讨的话题。千百年来，对这一问题的思考和探索，衍生出一种崇高的教师职业道德，这就是关爱学生。随着社会的发展，这一道德要求已被视为当代教师应具备的职业品质。正如一位教育家所说，当教师必不可少的，甚至几乎是最主要的品质就是热爱儿童。同时，随着社会的发展，人们对家庭教育越来越重视，如何发挥家庭教育的作用，也直接决定着教育的成功与否。所以，关爱学生、尊重家长是新时期教师职业道德的基本规范之一。

一、关爱学生

关爱学生是师德的灵魂。亲其师，信其道。没有爱，就没有教育。教师必须关心、爱护全体学生，尊重学生人格，平等、公正地对待学生，对学生严慈相济，做学生的良师益友，保护学生安全，关心学生健康，维护学生权益。

(一) 关爱学生的重要意义

从根本上说，师生关系是人与人之间的关系，亦即教育者和受教育者之间的关系。教师的职责是教好学生。在教书育人的过程中，教师言传身教固然重要，但更重要的是师生双方在态度和情感方面的相互影响。只有"亲其师"，才能"信其道"。教师以爱对待学生，学生则对教师产生好感，这就是"爱的回流"，师生之间的互爱，形成了爱的"对流"。可见，关爱学生既是教育者高尚品德的自我表现和师生情感升华的体现，又是实现教育任务的重要手段和力量。

教师对学生的爱即师爱，表现为教师对学生的关心、给予、尊重、赏识和责任等，这种爱不仅是一种情感、一种态度，更是一种能力。

首先，师爱是教育的灵魂。爱在教育中处于核心地位，被视为教育的灵魂和本质。我国近代教育家夏丏尊先生认为，教育之没有情感、没有爱，如同池塘没有水；没有水，就不能称其池塘，没有爱就没有教育。教育是一门艺术，而且是一门非常特殊的艺术，因为它的对象是人，教育的有效方法之一就是关爱。古代大教育家孔子主张对学生施以仁爱，做到"诲人不倦"。法国自然主义教育家卢梭指出，热心可以弥补才能不足，而才能不能弥补热心。关爱学生是每位教师在日常教学中努力工作的原动力，也是保证教育工作顺利开展的根本条件。

其次，师爱是学生健康成长的需要。学生是有思想、有感情、有理想的活生生的人，渴望得到教师的爱护、关心和尊重是普遍而正常的心理。在学生的世界中，情感的需要占有特殊的重要地位。"感人心者，莫先乎于情"，教师要实现教书育人的光荣使命，就必须心中有爱。师爱对学生来说犹如阳光雨露，有利于学生在情感和心理上获得满足，真切体会到人与人之间的温情和友谊，养成健康向上的乐观性格。

热爱学生的老师最受欢迎。一项教育专项调查报告中得出结论，学生渴望的不仅仅是从老师那里获得知识，更重要的是渴望得到老师的关爱。喜欢渊博知识型老师的学生占30%，而喜欢具有师爱型的学生达到53%。学生们希望自己的老师温和、可亲，具有爱心，在他们心目中，一个富有爱心的班主任远比一个知识渊博的班主任更具教师的魅力。学生表示，对于有爱心的老师，他们会自觉尊重老师的劳动，十分愿意接近老师，希望与老师合作，把老师看成父母般的亲人。他们愿意向老师吐露内心世界，分享自己的喜怒哀乐。由此可见，师爱不仅是教育的需要，更是学生的需要。老师在教育过程中，无私地奉献这种师爱，是教育成功的关键。

再次，师爱是构建新型师生关系的基础。在学校人际关系中，师生关系是重要的组成部分，和谐师生关系的营造也是和谐校园建设的重要组成部分。现代教育倡导构建民主、平等、互动、合作型的师生关系，而师爱便是构建新型师生关系的情感基础。在师爱的基础上，教师可以在与学生交往互动、合作交流中，以及在与学生心灵碰撞、情感交融中，健全学生人格，完善学生个性。从哲学意义上讲，差异就是矛盾。师生间客观上存在的种种差异，必然造成师生间矛盾关系的形成，而师爱恰恰是解决或缓和这些矛盾的"良方"，是密切师生关系的重要纽带。在师爱的基础上，教师应注意倾听学生的感受，理解学生的想法，宽容学生的错误，而后引领学生的精神发展。

(二) 关爱学生的具体要求

关爱学生是教育的基础，没有对学生的爱就没有教育，这是每个教师应有的信念。关爱学生是教师的天职，那么教师应如何关爱学生呢？

(1) 关爱和了解学生。关爱学生首先意味着关心。教师之爱不仅是一种征服人的热情，也不仅是一种打动人的高尚情感，它更展现出一种主动性，即为教育事业尽心尽力，使学生健康成长。缺乏这种主动的关心，就不是爱，而有了这种爱的教师，必然会为学生的点滴进步而欣喜，为学生的失败而难过。他们会积极投身于教育教学，毫无保留地贡献出自己的精力、才能，总是力求找到最好的教学方法，进行创造性的教学。

关爱学生还需要了解学生。教师要了解每个学生的过去和现在，了解学生成长的家庭环境及经常接触的各种人和事，了解学生的优点、缺点，以及他们的内心世界。苏联教育学家赞科夫认为，了解儿童，了解他们的爱好和才能，了解他们的精神世界，了解他们的欢乐和忧愁，恐怕没有比这一点更重要的事了。每个学生都是有思想、有情感、有个性的活生生的人，一个教师如果对每个学生的实际情况心中不明，缺乏深入、全面的了解，那么，他不但不能从每个学生的实际情况出发，在思想上、学习上、生活上全面关心学生、爱护学生，而且也不能真正做好教育和教学工作。教师只有全面地了解学生，在教育学生的过程中努力挖掘、仔细发现学生的长处和闪光点，才能找到适合的教育切入点和启动点，充分调动学生的学习积极性。

因此，关爱学生，必须关心和了解学生，时刻把学生放在心上，经常主动与学生沟通交流，洞察学生的内心世界，全面地了解学生的学习、生活、思想、健康等情况，与学生建立起和谐、友爱的师生关系。一个热爱学生的老师，只有想方设法了解学生的一切，才能打开学生心灵的大门，找到适合学生个性特点的教育途径、方法，使师爱发挥出更大的作用。也只有真正地关心和了解学生，才能从实际出发，有的放矢地教育学生，取得良好的教育效果。

(2) 尊重和信任学生。教师之爱意味着尊重，教育成功的秘密在于尊重学生。没有尊重，爱就很容易沦为控制与占有。尊重包括尊重学生的人格，不讽刺、挖苦学生，也包括尊重学生的自主发展。尊重不是惧怕和敬畏，不是放纵和溺爱，它意味着要按照爱的对象的本来面目看待他，使之按其本性成长和发展，成就他的独特个性。每个学生都是独立的人，拥有独立的思维。因此，教师必须努力让自己的教育和教学适合学生的思想认识和规律，绝不能把自己的意志强加给学生，要尊重学生的人格、自尊心和正当的兴趣爱好，对学生多一些鼓励，少一些训斥，多一份肯定，少一份否定，多一点表扬，少一点批评。尊重学生就是最好的教育手段，一个懂得尊重学生的老师，才是一个合格的老师。

关爱学生也需要信任学生。应充分理解学生、信任学生、欣赏学生，呵护学生的创造潜能，切勿伤害学生的自尊心和自信心。有尊重才有理解，有理解才有信任，有了信任，教师才可能深入学生的内心世界，准确把握学生的心理状态，才能与学生进行心灵的沟通，才能收到良好的教育教学效果。尊重和信任学生，与学生建立起一种平等、民主与合作的关系，真诚地与学生交往，给学生以真诚的理解和帮助，这样才能成为学生心目中的良师益友。

(3) 严格要求学生。爱而不严不是真正的爱，严格要求也是师爱的一种重要表现。严格要求学生是指对学生认真地管理和教育，它是使学生的智慧和思想品德沿着正确的方向发展，成为合格的接班人的必备条件。没有要求就没有教育，没有教育也就没有要求。严格要求学生是指教师按照现行教育方针和教学大纲的要求，严格训练和教导每个学生。可见，严是有标准的严，是在一定范围内的严，是符合教育规律的严，是有利于学生德、智、体、美、劳等方面全面发展的严，而不是摧残学生身心健康的严。严格要求不是惩罚学生，而是严中有慈、严中有爱、严中有理、严中有方、严中有度，使学生对老师敬而爱之，而不是敬而畏之。

教师教育学生，必须是爱与严相结合，对学生的严格要求是出于真诚的爱。严以爱为基础，爱以严为前提，严、爱结合，爱而不纵，严而不凶。教师要掌握合理、适度的分寸，做到严慈相济、严中见爱。

(4) 公平对待学生。关爱学生就要公平对待每个学生，教师应公平、全面地关心和爱护每个学生。不论相貌、性格或性别差异，也不论学生优劣，教师都应一视同仁，不偏爱，不歧视。尤其在对待后进生、对待"不守规矩的学生"上，更应特别关心、爱护。

教师处事应公平合理，要杜绝成见，客观公正，以有利于学生全面发展。同时，教师一定要考虑到学生的差异是客观存在的，应该承认和尊重学生的差异，不能硬性地按照整齐划一的标准来评价、要求每个学生。这种差异要求教师创造适合不同学生健康成长的教育，而不是选择适合教育的学生。在教学中，教师们应分层施教，帮助学生在各自的基础上取得发展，针对不同层次学生的发展水平，提出不同层次的要求，使每个学生都能获得成功的喜悦。

总之，师爱是一种激励学生个性和谐发展的无可取代的教育力量。爱是春雨，能滋生万物；爱是桥梁，能沟通师生的心灵。有了爱，师生之间就能以诚相见、心心相印；没有爱，就没有真正的教育。关爱学生是教师道德规范的基本要求，是每个教师必备的，也是教师献身教育事业、搞好教育工作的原动力。

二、尊重家长

教师尊重家长即尊敬、敬重家长，这是新时期我国教师的一个重要职业道德规范。在教师的职业生涯中，最重要的人际关系对象是学生和家长，教师尊重家长，与家长团结协作,能够充分调动各种教育力量,形成强大的教育合力,共同培育社会主义现代化建设人才。

(一) 尊重家长的必要性

尊重家长的必要性体现在以下几个方面。

(1) 教师尊重家长是赢得家长尊重的前提。教师与家长之间的关系如何,直接影响学校与家庭能否形成合力,关系着对学生的教育培育质量。心理学的研究表明,人们都有这样一种心理倾向,即喜欢那些同样喜欢自己的人,尊敬那些同样尊敬自己的人,而不喜欢、不尊敬那些讨厌、歧视、疏远自己的人。"爱人者,人恒爱之"。作为新时代的教师,要处理好与家长之间的关系,首先要满足他们的尊重需要,只有这样,才能赢得家长的尊重和信任,才能保证两者在育人上的步调一致,才能密切配合、形成合力。

(2) 教师尊重家长是实现培育目标的重要条件。首先,教师尊重家长可以弥补学校教育之缺陷。学校和家庭是学生活动、学习和生活的主要场所。学校是按照一定的教育方针与培育目标,向学生传授科学文化知识、职业技能和社会行为规范的专门机构,在学生的身心发展中起主导作用。但学校教育也有它的局限性,可通过家庭教育来弥补,家长与子女之间的天然亲缘关系,也是家长对子女产生影响的重要因素。因此,教师要尊重家长、联系家长,充分利用家庭教育优势,这样有利于准确把握学生的思想、言行和学习状况,争取家长配合,共同教育学生。

(3) 教师尊重家长有利于教师工作的顺利开展。教师是连接学习教育与家庭教育的桥梁和纽带,他们可以使学校教育与家庭教育有机地统一起来,形成强大的教育合力。而且,在教师与家长的关系中,教师处于主动地位,起主导作用。如果教师不注意尊重家长,不争取家长的配合,也就谈不上主导作用。教师尊重家长具有三个方面的意义。①有利于信息沟通。教师尊重学生家长,可以使双边关系融洽、相互联系密切、沟通渠道畅通,可以使教师和家长在相互交流信息的过程中,对学生思想、学习和生活等方面的情况进行了解,从而对学生做出客观的评价和施以有效的教育。②有利于优化环境。一个人的成长要受到家庭、学校和社会三种因素的影响,其中,社会是大气候,家庭和学校是小环境,而且家庭和学校又是十分重要的、可塑造的环境,教师尊重家长,可使双方携起手来,同心协力,共同优化育人环境。③有利于互助互补。一般来说,教师和家长在职业和生活阅历、工作经验、思想水平、知识能力等方面存在差异,这种差异决定了彼此的交往具有互助互补性。

(二) 尊重家长,形成教育合力

为了协调好学校教育与家庭教育的关系,形成教育合力,教师和家长双方都要做出积极努力。

(1) 主动加强联系,谋求共同立场。家长的职业不同、素养不同,对子女的教育方法和重视程度也就不同,这就要求教师主动与家长取得联系,启发他们关心孩子的成长。教师主动与家长取得联系,可以体现出一种积极进取、团结协作的精神。在与家长交往中,教师的主动会促进双方的情感交流和相互理解,会促进许多矛盾得到化解,会促进教育合力的形成。

(2) 及时取得联系，谋求解决方案。教师及时与家长联系，共商教育良策能有效解决学生成长过程中的困难，促进学生健康发展，还能增进教师与家长思想、情感的交流。否则，如果教师对学生成长中的困难视而不见、听而不闻，不仅使学生感到困难重重，丧失前进的动力和信心，而且容易导致家长对教师不满，影响双方交流的顺利进行。教师要及时与家长取得联系，及时发现问题，与家长一起查找问题产生的根源，探索解决办法。

(3) 征求意见和建议，谋求支持、配合。任何老师，无论其具有多么丰富的实践经验和深厚的理论修养，都不可能把复杂的教育工作做得十全十美、不出差错。而且，随着民族素质的整体提高，家长的水平也在不断提高，他们的许多见解值得教师学习和借鉴。因此，教师要提高认识、博采众长，主动征求家长的意见，虚心听取他们的批评和建议，不断改进工作。这样做会拉近家长与教师的心理距离，使家长对教师由敬而远之到亲密无间，从而真心诚意地支持和配合教师工作，维护教师的威信。

(4) 尊重而不迁就，待人公正平等。尽管在教师与家长关系中，教师起主导作用，但他们在人格上是完全平等的，不存在尊卑、高低之别。因此，教师必须尊重家长的人格，尊重家长教育子女的正确观点和方式、方法。但尊重家长不等于迁就，对于正确的要支持，对于错误的要真诚纠正。教师要一视同仁，不要因为学生表现有好有坏而对待家长有善有恶。尊重别人是自尊的表现，也是得到别人尊重的前提。

(5) 教育学生尊重家长，提高父母威信。一个好老师，不仅要自己身体力行地尊重家长，而且要教育学生尊重自己的父母，特别要教育那些父母地位低、文化水平不高的学生尊重父母。一方面，学生接受教师这一思想后，能提高家长在学生心中的地位，提高家长的威信，使家长发挥更大的教育作用；另一方面，当家长看到自己的孩子在教师教育下健康成长，对自己又是那样尊敬时，心里会衷心地感谢教师，更加信任教师。这样便会自然而然地形成教育合力。

(6) 帮助家长转变观念，优化教育方法。教师有责任帮助家长明确教育目的，了解教育原则和方法，从而提高教育子女的水平，改变不适当的教育方式。教师帮助家长，首先，要帮助家长更新教育观念，树立教育子女的责任心。抚养和教育好子女是每一个家长应尽的义务。家长不仅要保证孩子的生活需要，还要有科学的教育观，主动与社会、学校密切配合，共同教育、培养孩子。其次，要帮助家长明确家庭教育应主要突出德育，家长应把培养孩子的高尚品格作为第一任务。再次，要帮助家长运用正确的教育方法，诸如教育孩子要从点滴做起，坚持正面教育和积极诱导，给孩子以理智的爱，对孩子的教育应有一定的计划及标准等。最后，教师在帮助家长时，一定要选择好机会，把握好分寸，态度要诚恳，说理要清楚彻底，设法让家长认识到教师所提的要求都是善意的、合理的、可接受的。

只有尊重家长，正确处理教师与学生家长的关系，才能赢得家长的尊重、理解与合作，使学校教育与家庭教育间建立和谐、有序的联系，从而共同实现培养学生的教育目标。

第三节　教书育人、为人师表

一、教书育人

教书育人是对教师这一特殊职业的专业要求。作为一名教师，不仅要传授文化专业知识，还要培养学生的道德品质。教师需要秉承要成才，先成人的理念，培养学生爱祖国、爱人民、爱劳动、爱科学，爱护公共财物的思想和行为，造就有理想、有道德、有纪律、有文化的一代新人。教师作为教书育人的主体，应该养成从我做起，从身边做起，从现在做起，从一点一滴做起的良好习惯，努力处理好教书与育人的关系，加强自身的修养，不断提高教书育人的能力和水平，实施素质教育，促使学生全面发展。

(一) 教书与育人的关系

1. 知识是载体，育人是根本

一位教育家曾指出，教学具有教育性。教书与育人在教学过程中具有本质联系，不存在无教学的教育和无教育的教学。教师应将教书与育人紧密结合起来。

首先，教学总是在一定的社会环境下，受社会政治经济状况的制约，教师必然带着一定的观点对学生施加影响。其次，教师所教的各种知识、各种教材本身就蕴含了丰富的思想教育内容，能对学生产生重要影响。再次，教师是一个具有一定思想观念的人，其言谈举止无一不对学生产生潜移默化的影响。最后，教学组织形式、教学方法等在影响学生的思维方式和学习方法的同时，还会对学生的思想行为产生影响。当前广泛推行的赏识教育，就不失为一种好的教育思想，在这种思想的指导下，教师所采取的教学方法、教学评价必然帮助学生树立战胜自我、超越自我的信心，形成活泼开朗、自信、争先、创新等良好的个人品质，从而适应飞速发展的信息化社会的要求。

2. 课程是桥梁，感情是纽带

教师自身的素养、教师的人格魅力、教师与学生的关系，将直接影响到对学生的教育。俗话说爱屋及乌，那些不但能胜任教学工作，而且与学生关系特别好的教师，学生会特别喜欢，学生会更加努力地学习，甚至非常认真地学习他以前不感兴趣或者感觉困难的学科。这样的教师唤起了学生的学习热情，拉近了师生情感上的距离，使学生带着强烈的求知欲投入学习，在情感高涨的气氛中进行智力活动。教学活动生动活泼，师生情感交融，相互感染，彼此都体验着教学的快乐、耕耘的喜悦。思想品质形成的过程正是教育者与受教育者之间情感交融与共鸣的过程。学生在教师积极诱导下带着丰富的情感进入教育情境，就会自觉地把教育情境中的一切要求转化为自觉的要求。这样的教学过程是学生学习科学文化知识的过程，更是激发学生健康情感，形成学生健全人格，塑造学生美好心灵的过程。

(二) 教书育人的素质要求

1. 知识系统，扎实有效

教师要做好教书育人的工作，必须要有完备的知识系统。教师的知识系统，一般包括：文化科学的基础知识，专业学科知识，教育科学和心理学知识。从知识形成的类型上说，有间接知识，也有直接经验。前者是从书本上学习来的知识，后者是教师在长期教学工作中不断探索而总结出的经验。

2. 遵循规律，方法得当

教书育人不是教书与育人内容的简单相加，教师必须全面贯彻教育方针，遵循教育教学规律，注重教育教学方法的选用，将学生培养成有理想、有道德、有文化、有纪律的社会主义事业接班人，教书育人需遵循的基本规律主要有以下几点。

1) 热爱学生与严格要求相统一的规律

教师与学生的关系是教育过程中最主要的关系，教师对学生的态度如何，教师如何处理师生之间的关系，是教师师德的重要内容。教师如果有了爱学生的道德情感、道德态度，教育中出现的许多矛盾就可以得到协调，教书育人的工作就能顺利进行。没有对学生的爱就谈不上对学生进行真正的教育。

自古以来，一切在事业上有所建树的教师都重视师生关系问题，都把热爱学生作为对教师的基本要求。我国古代著名的教育家孔子曾提出"有教无类"的主张，宋代大教育家胡瑗认为"视诸生如其子弟，诸生亦信爱如其父兄"。

在当今社会主义社会里，尊师爱生是新型师生关系的体现，教师热爱学生是需要加以肯定的一条教育原理，也是人民教师应具有的职业道德。教师的爱体现了国家的要求、社会的希望、人民的期望，既着眼于社会利益，又着眼于学生的长远利益，而无一己之私。教师的爱集中表现为诲人不倦，全面关心学生成长，力求使每个学生品德日趋高尚，知识不断丰富，更加聪明和健康，使他们造福于社会，造福于人类。

教师的教育对象是学生，教师关心爱护学生，把爱奉献给每位学生，有利于教育教学工作的顺利进行。教师关心爱护学生，首先要了解学生。学生是有理智，有情感，有个性的人。他们不仅有性别上的差异，还有家庭环境、文化背景、生活方式上的差异，有各自不同的生理心理特征和个性特点。如果教师不了解学生，就无法对他们进行关心爱护，也就谈不上进行有针对性的教育。因此，教师要通过与学生亲密交谈、家访及与其他老师沟通等形式，了解学生经常接触的人和事，了解学生的内心世界，帮助他们解决思想上、心理上的一些问题，使他们从烦恼和忧虑中解放出来，促使学生的个性得到充分发展。

其次，要严格要求学生。"玉不琢，不成器""没有规矩，不成方圆"。什么是严？严就是始终坚持合格人才的标准。正因为教师对学生爱得深切，所以要求才更加严格。严格要求也是爱的具体表现。严绝非冷酷无情，对学生提出生硬过分的要求，采取简单粗暴的做法，甚至动辄打骂或随意处置。学生的成长过程是短处和长处、缺点和优点之间对立统一的矛盾运动过程，教师的严格，在于坚持正确方向，不断创造条件努力促使学生向好的方面转化。青少年意志力薄弱，自制能力差，一切好的习惯都要在严格的训练中培养出来。如果爱而不严,是溺爱、偏爱,是放纵学生。因此,教师要从关心爱护学生的立场出发,提出学生力所能及的严格要求,做到严而有理,严而有成,严而有度,严而有方,严而有恒。

2) 知识教育与思想教育相统一的规律

有知识教育的地方就必定有一定的思想教育。学生在校学习期间,知识教育无疑非常重要,但更应重视知识教育和思想教育的统一。这是教育教学的一条基本规律。其基本的模式就是寓思想教育于知识教育之中。在当前新课程教学的理念中,特别要重视对价值观的引导。

教师在课堂教学中重视和坚持对学生进行价值引导,既是教师职业道德的要求,也是教书育人的本质体现,价值观引导不等于喊口号,也不同于一般意义上的思想政治教育。一些课程内容,如自然科学课程内容,不一定明显地表现为社会意识很强的价值观问题。这就需要教师一方面增强自身对价值的敏感性,真正理解和把握新课程标准中的"情感态度价值观"目标,吃透教材;另一方面要研究教和学的方法,不断改进教学。

教师对学生进行价值引导是教师教育机制与教师素质的综合体现。教师要根据不同的教学内容和不同的教学情境,选择贴近学生生活和实际的引导内容,完成社会外在价值要求向学生内在主体价值要求的转化。学生在教师引导的过程中,必须正视社会生活中存在的价值冲突,既不能视而不见或人为压制,也不能大惊小怪或一味夸大,而是要将学生面临的价值主体作为教育的重要资源,通过让学生主体认识社会文化的多元性,确立价值批判标准,从而选择实现和提高自我的现实途径。

3) 知识教育与能力培养相统一的规律

知识与能力是相辅相成的。获取知识以能力为条件,增强能力以知识为基础,二者循环往复,互为因果。因此,教师应重视发展学生智力,培养学生的能力,提高学生的综合素质。这就需要教师在教育教学活动中做到:①搞好基础知识和基础技能的双基教学,为培养和发展学生的能力奠定坚实的基础;②教师在学科课程知识教育过程中,要积极实行多种教学方法,培养学生的独立思考能力和创新意识,重视培养学生收集处理信息的能力、获取新知识的能力、分析和解决问题的能力,以及语言文字表达能力;③鼓励学生积极参与形式多样的课外实践活动,培养学生的团队协作精神和动手能力,培养学生欣赏美和创造美的能力,加强和改进学生生产劳动和实践教育,使其接触自然,了解社会,培养学生热爱劳动的习惯、艰苦奋斗的精神和较强的社会活动能力,开展形式多样的体育卫生活动,培养学生坚持体育锻炼的习惯,使其形成良好的卫生习惯和保持身体健康。

3. 探究出新,追求卓越

21世纪,国家的综合国力和国际竞争力越来越取决于教育发展、科学技术和知识创新水平。教育在综合国力的形成中处于基础地位,劳动者的素质、各类人才的数量和质量越来越决定国力的强弱。人才的培养要依靠教育,教师队伍素养的高低决定着教育事业的成败,决定着现代人才质量的优劣。因此,教师在教书育人工作中要勤于进取,勇于创新,精益求精追求卓越,这既是时代和教育发展对教师的迫切要求,也是为新世纪培养高素质劳动者和各类专门人才的重要保证。

为此，教师首先要勇于开拓创新，提高创新教育能力。教师必须强化创新意识，具备创新精神，有强烈的创造动机和创新欲望，有勤奋的工作精神和顽强的毅力，有充分的自信心和革新的胆魄。其次，教师要善于总结经验，不断提高教育教学能力和水平。总结经验，就是把感性认识上升到理性认识的过程。总结经验要以科学理论做指导，将总结经验的过程变为学习理论的过程，一个教师如果不想让自己停留在原有的水平上，就得重视经验的总结。教师要加强教育教学研究，争当现代教育教学专家。教育需要研究和思考，有研究的教育才能得到较好的发展，有研究的教师才可能成为出色、有成就的教师。积极参与教育科研，既是提高教师自身水平的需要，也是时代对教师提出的要求。

二、为人师表

案例

郝跃教授把立德树人作为毕生追求，长期奋斗在人才培养第一线，倾尽心血为国家培养集成电路领域创新型人才。在郝跃的培育和影响下，一批批学生将个人成长与国家发展紧密融合，很多毕业生成为行业翘楚和相关领域的领军人物。他本人被评为2021年全国教书育人楷模。

(一) 情操高尚，知荣明耻

我们知道古往今来无数史实证明，每当社会面临重大转型时，一个国家和一个民族，精神支柱的力量是不可缺少的，正确的荣辱观就是这一精神支柱的核心部分。社会主义的荣辱观是在新的历史条件下和社会形态中形成的，从性质上看，它反映了中国特色社会主义的基本特征和发展要求；从内容上看，它继承和发扬了传统荣辱观，充分体现了中华民族传统美德、优秀革命道德与时代精神的完美结合，具有中华民族传统美德的深厚根基。

伦理学的研究认为，荣辱观直接关乎人们是否具备道德自觉与法律自觉的基础。唯有树立和坚持社会主义荣辱观才能明辨是非真假、善恶丑美，形成维系社会和谐的精神纽带和道德风尚，才能使人们按照社会的发展要求，不断衡量和测定自己的行为，或坚持或改变，从而形成一种安定、有序、和谐的社会秩序。这既是形成良好社会风气的基石，也是落实科学发展观，构建和谐社会的坚实思想基础和必要条件。因此，教师应具备高尚的情操，确立社会主义荣辱观理应在弘扬和践行社会主义荣辱观方面走在前面，这是教师责无旁贷的使命。教师要提高树立社会主义荣辱观重要性的认识，不仅要培养学生立大志，还要引领他们树立正确的世界观、人生观和价值观，切实担负起国家与社会赋予的使命和重任。

(二) 严于律己，以身作则

在从事各种职业的人群中，教师是最需要自尊、率先垂范的群体之一，这是由教师的职业特点决定的。教师是教育人的人，面对的是特定的学生群体。学生是祖国的下一代，而教师，被学生视为知识的拥有者，是他们获得知识的源泉。学生热爱教师、崇拜教师。在他们看来，教师的话比父母的话更有权威性。因此，教师与学生不仅是从事着教与学两种活动的人群，而且是相互依赖、情感交融的统一体。

教师作为教育者，他们的学识品行、言谈举止都会对学生产生影响。所以每个教师，都要努力做到"学高为师，身正为范"。学生一方面是教师的教育对象，另一方面又是教师的监督者。如果我们面对无生命的物质对象有可能放松自律意识的话，那我们面对活生生的下一代生命时，就应该自我警惕、自我告诫、自我鞭策、自我提高。这就是为什么教师要严于律己，以身作则的原因。

教师对学生的教育方式是多种多样的，但总体来说，包括言传和身教两种基本方式，而身教重于言传，这是古今中外教育家公认的道理。孔子强调为教者必须"身正"；韩愈主张"以身立教"；叶圣陶说"身教最为贵，知行不可分"；马卡连科也指出，自身的行为在教育上具有决定意义。

教师要对学生起标榜示范作用，必须为人师表。教师无法在学生面前掩饰自己的缺点，其所有品质都会这样或那样地影响学生，因此教师应当认清自己的位置，时时处处为人师表，努力做到"言足以为人师，行足以为人范"。教师只有用自己的行为向学生具体形象地展示高尚的道德品质，以此证明言传内容的正确性和可行性，才能使学生获得正确的道德认识，激发积极的道德情感，形成坚定的道德信念和意志，产生高尚的道德行为，这是教师威信的源泉。

(三) 语言文明，仪表端庄

语言是社会生活中最普遍的交际工具，也是人们最常用的表达工具，每个人在日常生活中都要用语言来表达他所认识的事物，表述他的思想情感。在当今的信息社会中，语言仍然是人们信息沟通的重要工具，掌握好语言这个工具，对于教师来说无疑是十分重要的。教学过程是信息传递的过程，而信息传递的主要载体则是教师的语言。教师语言素养的优劣、口头表达能力的强弱，直接影响教师教育作用发挥的大小，以及教学效果的好坏，这就要求每位教师必须把加强语言修养，锻炼教学语言，提高语言表达艺术作为自觉的追求。为此，教师要从以下方面去努力。

(1) 语言要规范。教师语言规范反映在两个方面：首先，教师语言必须符合普通话的要求；其次，教师授课要尽量使用专业术语。专业术语是一定学科范围内的共同用语，运用它进行教学有利于交流，否则不但逻辑不严密，甚至可能出现误解和错误。当然有时也要处理好通俗语言和学科术语的关系。

(2) 语言要精练。教师要用最简洁的语言表达最丰富的内容，帮助学生在繁杂的知识结构中，总结出知识的主干部分，记住关键性内容，抓住重点，突破难点。

(3) 语言要准确。教师使用语言要确切清楚，不含糊，能准确地表达教学内容，清晰地传达思想感情。教师语言的准确性，直接影响教育教学的思想性和科学性，因此，言语要有客观依据，不能凭空想象，任意发挥，信口开河，甚至张冠李戴。否则，不仅不能很好地完成教学任务,还可能误人子弟,所以每位教师都要使自己的语言具有准确性,这是对教师教学语言的最基本要求。

(4) 语言要生动。一方面要使语言具有美感,抑扬顿挫,富于音韵美和节奏感,朗朗上口,让人听起来舒服,能引人思考、给人启迪。这样能增强学生的注意力,减少学生的疲劳感,使学生时刻处于最佳听课状态。另一方面要把抽象的概念具体化,深奥的道理形象化。教师可以借助成语、歇后语、典故等形象的事例讲解说明,实现如临其境、如见其人、如闻其声的语境,唤起学生丰富的联想,引导学生顺利地掌握知识。要做到语言生动,教师必须要有渊博的知识和丰富的词汇。

(5) 语言要纯洁。教师的育人职责要求教师的语言文明纯洁,切忌粗鲁污秽。教师要在自己的语言中表现出自己高尚的道德品质,禁忌一切低级、庸俗、下流的污言秽语,保持语言的纯洁性。教师在教育学生时,不能用刻薄蛮横的话语对学生进行讽刺挖苦、训斥奚落,否则不仅损害了自身的形象,还会给学生的心理带来创伤,不利于学生的健康成长,教师还应切忌讲假话、大话和空话。

教师的仪表能直接反映教师的道德全貌和审美情趣,对学生具有重要的德育价值。良好的仪表能获得学生的认同和敬重,糟糕的仪表会引起学生的反感,从而给教育教学带来一些不良影响。教师的仪表主要有以下三个方面的要求。

(1) 仪容要自然大方。在社会交流中,仪容可以表现一个人的文化层次和艺术修养。对于教师而言,一是要注重视觉形象塑造。教师出现在学生面前时,应该整洁大方,精神饱满、神采焕发、成熟向上,而不能精神萎靡,愁眉苦脸。男教师不能蓄长发,留胡须;女教师不能留长长的指甲,涂厚厚的脂粉。蓬头垢面、浓妆艳抹都与教师的职业不相称。二是要注意味觉形象塑造。一个教师如果带着满口的酒味进入课堂,势必引起学生的反感,从而影响正常的教学交流。

(2) 衣着要整洁美观。教师的穿着打扮要符合教师的职业特点、道德要求和审美标准。首先要整洁得体、朴实大方,服装搭配要色彩和谐,整体协调;其次要求美观素雅。教师是知识和教养的化身,如果教师穿上过分新奇艳丽的服饰,就会显得喧宾夺主。在课堂上,学生的注意力就会从教师所传授的知识转移到对教师衣着的评头论足上,从而影响教学效果。

(3) 举止要文明得体。教师在教书育人和日常生活中要注意自己的行为举止,做到谦虚礼貌,不卑不亢。教师的举止不仅要得体,还要体现出良好的道德文化修养。一个教师只有举止适度,行为端庄,才能受到学生的欢迎,为学生树立良好的身教形象。反之,会使学生憎恶,甚至对学生的行动起坏的引导作用。

第四节 乐教敬业、严谨笃学

乐教敬业、严谨笃学是我们社会主义师德文化体系中一个重要的内容,也是广大优秀教师在自己的职业道德生活中体现出的一种优良品质。

一、乐教敬业

如果从教师个体的道德品质来看,乐教敬业主要涉及三个方面:①情感,即热爱教育事业,热爱教师这一职业;②态度,即尊重自己的职业选择,尊重职业的规范和要求,重视职业的规范和要求,重视职业的社会意义的实现;③行为,即按照职业规范或要求行事,恪尽职守,承担自己应该承担的责任和义务,完成或实现工作任务。"乐教""敬业"互相联系、互相促进,构成教师职业道德品质的主要框架,是教师基本的或起码的道德规范。

(一) 乐教敬业的必要性

(1) 乐教敬业是教师职业的动力源泉。乐教敬业精神是教师自觉承担社会和国家所规定的教师义务的体现,有了这种精神,教师就能把教育这种平凡且艰苦的劳动当成光荣而充满趣味的工作对待。换句话说,乐教敬业精神是教师职业行为的巨大激励力量。

教育工作是辛苦的,教师每天都进行着大量平凡、琐碎的工作。日复一日,年复一年,备课、上课、批改作业、管理班级……重复性劳动单调而缺乏新鲜感、刺激感,而且,至少从目前来说,教师的社会地位和生活待遇相对来说还并不高。那么,是什么构成了无数教师兢兢业业、勤于奉献、淡泊名利、默默耕耘的内在动力呢?是什么使教师以苦为乐、甘于寂寞、勤勤恳恳、甘为人梯呢?正是教师对教育事业的热爱,乐教敬业的精神。乐教敬业的精神和思想观念使教师摒弃了庸俗的价值观,摆脱了世俗的偏见,义无反顾地投身于教育事业,忠于职守,以奉献为乐趣、为幸福。教师自然不会把教育活动视为一种苦差,他会因自己道德理想的体现或实现而感到兴奋、感到骄傲、感到幸福。也正是这样的精神和道德价值观,鼓舞着广大教师为国家、为民族培养了一批又一批人才。

教师在乐教敬业精神的推动下,会时时以教育者的标准严格要求自己,会不计较个人利益的得失,以他人利益、集体利益为重,主动、自觉、创造性地担负起教书育人的职责,全面履行教育义务。所以,师德修养的关键一环,就是培养乐教敬业的精神,它既是师德的核心和基础,又是促进教师不断改善的动力源泉。

(2) 乐教敬业是教师在岗位上有所作为的基本保障。教师在岗位上能否完成教育任务,能否取得工作成就,以及取得成就的大小,取决于诸多因素,如工作条件、工作环境(包括社会舆论的支持和工作气氛)、家长和社会的支持与配合、自己的学识修养等。而教师能否做到乐教敬业是决定其工作效绩的主要因素之一,更明确地说,只有乐教敬业的教师,才能够在岗位上有所作为。乐教敬业是教师对各种规范、要求的自觉认同和内化,是自觉承诺履行社会责任和社会义务的表现。只有乐教敬业,教师才能积极面对自身的社会责任和社会义务,接受教师规范,并以此指导自己的思想和行为。乐教敬业精神也可以影响社会各方对其的敬重和支持,使之为教师创造更好的工作条件、工作环境,理解教师的劳动价值,支持和配合教师的工作……这一切,无疑将有助于教师提高工作效率,巩固并不断发展教育成果。所以说,乐教敬业是教师有所作为的基本保障。

(3) 乐教敬业是教师自我完善的前提。教育是一种专业性很强的活动，对教师的素质有很高、很严格的要求。教师应该有丰富的学识、合理的知识结构和能力结构、高尚的道德情操、良好的心理素质……这些素质要求主要是依靠教师的自我教育、自我修养、自我完善来达到的。教师自我教育、自我修养、自我完善的动力，来自教师对教育活动的客观要求与自身素质水平之间矛盾的深刻认识，来自解决这一矛盾的不懈追求，来自深层次的乐教敬业精神。有了乐教敬业的精神，教师就能够对自身素质水平有一个理性的认识，并使之与教育事业、教育工作的客观要求不断接近，通过自身的不断完善和发展，为更好地完成教育任务提供保证。

(4) 乐教敬业是保持教师队伍稳定的基础。古人云："国将兴，必贵师而重傅；国将衰，必贱师而轻傅。"当今世界，一个国家或民族教育事业的发展状况，直接关系到国家、民族是否能够兴旺发达并立于不败之地。如果说发展教育事业关乎国家、民族的命运，那么能否保证教师队伍的稳定就是一个关键。因此，要加强师德教育，促使教师着力培养乐教敬业精神，培养广大教师的职业责任感、义务感、自豪感、荣誉感，只有当所有教师都培养与发展自己的乐教敬业精神，任劳任怨、奉献和忠诚于教书育人的大业时，教师队伍才能稳定发展。

(二) 乐教敬业精神的实践要求

作为一个师德规范，乐教敬业的基本导向是要求教师尽职尽责，履行自己的道德义务，完成教育任务。具体来说，主要包括以下几方面的要求。

(1) 教书育人，尽职尽责。教师的本职工作或基本职责就是教书育人。因此，教书育人也就成了乐教敬业者应当履行的基本道德义务。在教书育人这一基本职责当中，教书只有工具价值而无目的价值。或者说，教书只是一种手段，是育人的手段，而不是目的，育人是教书的目的所在。可以这样说，教师的基本职责就是为国家、社会培养人才，就是育人。教师的乐教敬业，实际上是对教书育人职责的肯定和认可，所以，要体现乐教敬业，必须从教书育人的要求出发，注意培养学生的思想品德，用优秀的成果教育学生、影响学生，保证他们全面、健康地发展。

(2) 学而不厌，诲人不倦。教书育人一事，看似简单，实则很难。要使一个自然人完成社会化，要把一个平常人造就成一个有用之才，并使之学会创造幸福、享受幸福，需要经过复杂的过程。与此同时，除了教师的培养之外，还有诸多因素影响人的发展，它们可能与教育导向一致，也可能和教育相悖逆。因此，教育过程具有长期性、复杂性，教师的任务非常艰巨。这就要求教师以锲而不舍的精神着力雕塑学生的心灵，引导学生自我发展、勤奋努力。"学而不厌，诲人不倦"，一方面要求教师严格要求自己，努力培养教书育人的责任感、使命感、兢兢业业、勤奋好学；另一方面要求教师执着追求教育目的的全面实现，以高度的奉献精神对待自己的利益得失和工作苦累，以不知疲惫的精神状态直面繁重的教育任务。同时，"诲人不倦"还要求教师正确理解和对待学生在发展过程中的错误、缺点和反复，在培养和教诲学生时表现出充分的耐心和坚强的毅力，正确理解和处理教育过程中的矛盾、问题和困难，百折不挠地肩负起培养"四有"新人的历史使命，而不是遇到一点挫折、遭受一点打击、碰到一点难题，便自暴自弃、灰心沮丧、退避畏缩。

(3) 认真工作，不敷衍塞责。培养和造就人不像制造一种物质产品那样有严格的"工序"规定，教育是一种全面的育人活动。因此，教师职业没有也不可能有严格、清晰的职责划分，不能说谁是教书的，谁是育人的，谁是专职管理的。每一个教育者都要为学生的健康成长负责，为民族和国家的未来负责，因此，每一个教育者都应当认真对待学校的全部工作，认真对待每一个学生，认真对待每一个哪怕是细枝末节的活动，不搪塞推托、不敷衍塞责、不马虎了事，要团结集体、精诚合作，共同做好教育工作。教育无小事，教师的乐教敬业精神在大多数情况下不是通过处理大是大非的问题来体现的，而往往是于小事上显风格，于细微处见精神。教师在对待具体细致甚至琐碎繁杂事物上的工作态度、工作方式，可以更全面、更深刻地反映其是否敬业，是否热爱本职工作。

(4) 勤奋钻研，科学施教。乐教敬业的一个基本要求，或爱岗敬业精神的一个具体表现是教师勤奋钻研、科学施教。教育活动有其客观规律，能否认识、理解和正确运用教育规律，直接关系到教师的工作效率。一个乐教敬业的教师，不会满足于仅仅依靠经验教育他人，他会着力于总结教育规律，发现真理，并按照教育规律的要求科学施教。无论是备课、上课，还是批改作业、管理班级，他都会将自己的教育行为置于科学认识的指导之下，在教育规律限定的范围内科学地进行计划、组织、实施，因材施教。从这里也可以看出，教师的敬业不单是对本职工作有一个积极的态度，还包含着探索科学、有效的教育方法，追求最优教育的效果的主体性要求。换句话说，教师的敬业作为一种道德选择，它体现着动机与效果统一的综合追求。

(5) 淡泊名利，育人为乐。由于教育工作清贫又艰苦，从业者奉献多而获取少，所以在公私义利关系方面最能检验和体现教师的敬业精神。毫无疑问，那些不求闻达、不慕名利、不谋富贵、甘为人梯、乐教敬业的教师具有崇高而伟大的敬业精神；相反，那些一事当前"私"字当头、斤斤计较、只关心个人名利得失、不肯奉献只问索取的人，是没有资格谈论敬业精神的。自古以来，人们就大力倡导广大教师乐教敬业的精神，鄙视那些利欲熏心却混迹于教师队伍的道貌岸然的"伪君子"。应该强调的是，在现代社会中，乐教敬业的师德规范不是要求为人师者"净尽人欲"，而是要人们通过辛勤的教育劳动谋取合理、正当的利益。反而观之，教育是关乎他人幸福、民族和国家利益的大事业，在它面前，他人利益和集体利益、国家利益当然是最重要的。所以，要求教师"淡泊名利"，以教育人才为乐，是合情合理的。而如果教师以追名逐利为乐趣，那么教育目的就无法实现，教育事业的发展就无从谈起。

二、严谨笃学

严谨笃学是指教师做事要严密谨慎，严格要求自己，专心好学，在知识和技能上不断积累，成为热爱学习、学会学习、终身学习的楷模。严谨笃学是教师为师之本，其基本内容包括潜心钻研业务，勇于探索创新，提高专业素养和教育教学水平；积极开展学术研究，秉持学术良知，恪守学术规范；树立终身学习的理念，拓宽知识视野，更新知识结构。严谨笃学要求教师勤奋学习，刻苦钻研，具备广博精深的知识结构。

(一) 严谨笃学是教师为师之本

1. 严谨笃学是时代发展对教师的根本要求

21世纪是科学技术迅速发展的时代。社会生产力的发展、综合国力的提高，以及生活方式的变化，在很大程度上取决于科学技术的运用和发展，人类社会开始迈向以知识和高科技为支撑的新的知识经济时代。在知识经济的发展中，世界的竞争主要以经济为基础，能否紧跟时代发展的步伐，培养出德、智、体、美、劳全面发展的社会主义的建设者和接班人，取决于教师的辛勤劳动，取决于教师的文化科学修养和专业知识水平，取决于教师的教育思想和教学艺术，以及教师的工作能力和思想道德素质。因此，严谨笃学是时代发展对教师的根本要求。

2. 严谨笃学是提高教师素质的根本要求

百年大计，教育为本；教育大计，教师为本。高素质的教师队伍，是对学生进行有效教育的前提和基础，是提高教育质量的根本，是提高民族素质的关键。教师的素质主要由思想政治素质、业务技能素质、身心素质等构成。思想政治素质体现了一个人理想信念方面的修养所达到的水平。业务技能素质主要指以教师特定专业为依据的、较为广博的知识积累，合理的知识技能结构，教师的教育教学能力和科学的教育教学方法。身体素质是指教师应具备的健康体格，全面发展的身体适应性，良好的卫生习惯与生活规律等。心理素质是指教师应具备的坚定的意志品质，稳定的情绪状态，广博的兴趣爱好，良好的性格特征，鲜明独特的人格力量。因此，每一个教师必须严谨笃学，追求新知识，掌握新技能，熟悉现代教育理论及相关学科与新兴学科知识。只有这样，教师才能交给学生必备的学科知识，启发学生的学习热情和兴趣，提高学生发现问题、解决问题的能力。

(二) 严谨笃学的具体内容

1. 潜心钻研业务，勇于探索创新

以传授知识、技能、经验为职业的人民教师，在现代科学技术迅速发展的今天，潜心钻研业务，努力学习新知识尤为重要。教师只有潜心钻研业务，刻苦学习，不断丰富自己的知识，才能胜任教书育人的工作。这就要求教师要有进行教育所需的扎实而丰富的基础知识和专业知识。教师要脚踏实地，刻苦钻研，精通自己所教学科的内容，还要博览群书，涉猎百科，具备各方面的知识才能。教师不但要熟练地掌握自己所教学科的知识，还要认真钻研教育学、心理学等教育理论，掌握教育规律，不断提高自己的专业素养和教育教学水平。教师要坚定理论与实际相结合的理念，既向书本学习，又向社会学习、向他人学习、向自己的学生学习。教师还要积极投身教育创新实践，积极探索教育教学规律，更新教育观念，改革教学内容、方法、手段，注重培育学生的主动精神，鼓励学生的创造性思维，努力培养适应社会主义现代化建设需要，具有创新精神和实践能力的一代新人。

2. 秉持学术良知，恪守学术规范

教师从事的是创造性工作，教师只有富有创新精神，才能培养出创新人才。因此，教师除了上好课，还必须做好科学研究，以科研促教学，因为如果没有从科学研究中吸取新知识，没有通过科学研究实现对本学科内容的深入探究，教师的教育教学水平是难以从根本上提高的。学术研究在高校的教育发展中有举足轻重的作用，高校教师除了承担教书育人的重要职责，进行学术研究也是一项重要工作，中小学教师也是学术研究中的一支重要力量。在学术研究工作中，教师要有尊重科学、实事求是的态度，坚持一丝不苟，确保研究数据准确，论证充分，逻辑严密；教师要遵守学术道德，弘扬科学精神，勇于探索，协同创新；教师要恪守学术规范，虚心学习，取人之长，正确使用他人的学术成果，反对在学术研究工作中弄虚作假、抄袭剽窃，侵占他人劳动成果的不端行为；教师要维护学术自由和学术尊严，诚实守信，力戒浮躁，坚决抵制学术失范和学术不端行为。只有这样，教师才能做出真学问。

3. 拓宽知识视野，更新知识结构

教师是人类文明的传承者。推动教育事业又好又快发展，培养高素质人才，教师是关键。教师是知识的重要传播者和创造者，在当今时代，要成为一名合格的人民教师，就必须不断学习，不断充实自己。知识是教师的从业资本，在教学活动中，教师要给学生提供学习指导，以自己的知识储备为基础进行创造性的知识传授工作。要使学生的知识不断丰富，不断更新，紧跟时代前进的步伐，教师仅凭职前教育阶段所学的东西是远远不够的，因为教师同样不能避免知识老化、观念陈旧等问题。因此，广大教师要崇尚科学精神，树立终身学习的理念，如饥似渴地学习新知识、新技能、新技术，拓宽知识视野，更新知识结构，不断提高教学质量和教书育人本领。教师不但要不断更新观念，拓宽知识面，完善知识结构，还要终身磨砺意志品质，积淀人文底蕴，提升整体素质，使自己始终跟上时代发展的步伐，成为学生学习的榜样。

(三) 严谨笃学的基本要求

1. 勤奋学习，刻苦钻研

勤奋学习、刻苦钻研是教师严谨笃学的基本要求。教师要想给学生一杯水，自己必须先有一桶水，这就要求教师具备广博的知识和广泛的兴趣，具备深厚的专业功底和独特的教学艺术。古今中外，凡是有建树的人，无一不是博学多才之士，无一不是勤奋好学之人。教师除了搞好教学外，还要抓紧一切时间，刻苦学习，不断充实自己。一个人在学生阶段获得的知识，仅是其知识总量的20%，这说明学无止境，教师不但需要自己有"一桶水"，而且需要不断地加入"新鲜的水"，这样才能在教学中及时反映所教学科的前沿研究状况，不断开阔学生的知识视野。作为教师，一要勤读书，二要勤思考，三要勤动笔，四要勤总结，孜孜不倦，勇于攀登，不断进取。

2. 广博精深，优化知识结构

教师要做到严谨笃学，要从本职工作的需要出发，在精通专业的基础上广泛涉猎相

关的社会科学、自然科学知识，建立合理的知识结构。教师要提高教学水平，首先要有广博的科学文化知识。教师要学习当代最新的自然科学、管理科学、人文科学、社会科学知识，要有心理学、教育学等方面的知识，要有一定的文学艺术知识，要有较高的审美情趣，还应具有现代文明人的其他的社会生活常识。现代社会，各学科相互渗透、高度综合，"博学"已成为教师胜任本职工作的重要标志之一。

严谨笃学要求教师具有扎实的知识基础。这种基础表现在对所讲授课程的整个理论体系、内在联系、重点、难点、知识点、发展的历史及其当前的研究现状等的熟练掌握。教师只有具备雄厚的专业知识，才能综合运用和分解这些知识，使学生易于理解和掌握。

严谨笃学要求教师掌握教育科学知识。教育科学知识是教师教书育人的工具，学习教育科学知识，就是掌握教育规律，解决"怎样教书"和"怎样育人"的问题。教育过程、教育对象、教育劳动都有其特殊的规律性，每个教师只有把握这种规律性，才能从必然走向自由，达到最佳的教育效果。教育科学知识是提高教育质量的保障。教师不仅要懂得"教什么"，还要懂得怎样才能"教得好"；教师不但要知道"怎样教"，更要知道指导学生"怎样学"。教师只有融会贯通地掌握教育科学理论，灵活自如地运用教育科学的基本原理，才能成为一名好教师。

严谨笃学要求教师优化知识结构。知识结构是求知过程中经过量变积累逐步形成的，这是一个从无序到有序，从低级到高级不断发展演进的过程。合理的知识结构不但有量的优势，更有质的优势，各不同学科知识间能相互协调配合。任何一门学科与其他学科都有密切联系，这种联系可以相互促进学科知识的掌握和充实。合理的知识结构应该是专业核心知识基础雄厚，相关知识广博，各知识点相互联系。

第五节　关心集体、团结协作

关心集体、团结协作是调节教师与教师、教师与学校领导等教育主体间相互关系的道德规范。教育是既需要分工又需要协作的事业，教师的教育活动必须围绕教育目标规定的培养人的整体性要求进行，人才的塑造离开教师集体的同心协力、共同劳动是无法实现的。学生的成长是由多方面因素形成的教育合力综合施加影响的效果。无论是"教书"还是"育人"，都不是哪一个人能完成的，需要学校各部门、各学科及各教师前后相续、上下配合、各方协作、共同努力，在竞争基础上进行团结协作。教师作为教育活动的组织者，应当对教育合力的形成、发展和优化发挥主导作用和调节作用。一名优秀的老师必须尽一切努力妥善处理好教师与教师、教师与家长、教师与社会各方面复杂的人际关系。这对教师的品德、素质和能力无疑都是一个很大的考验。为此，教师要弘扬集体主义精神，处处以发展教育事业、培养合格人才为重，关心集体，团结协作，努力培养开阔的胸怀和处理人际关系的艺术。

一、关心集体

教育实践表明，要办好一所学校，实行良好的学校教育，必须要有一个良好的教师集体。良好的教师集体会使教师产生强大的凝聚力，这是保证学校完成各项教育任务的必要条件，也是教师充分发挥聪明才智的保证。

(一) 关心集体的必要性

集体是指有共同利益关系的人们按一定的利益关系组织起来的联合体。教师生活和工作在学校这个集体中，教师与集体的关系，犹如一个人的细胞与机体的关系，每个细胞只有在机体中才能得以生存和发展。因为集体是个人生存和发展的条件，只有在集体中，个人的智慧和才华才能得以增强和发展；只有在集体中，大家相互协作，才能产生巨大力量，这样个人的才智才能得以发挥；只有在集体中，个人才能获得全面、自由的发展。

而一个学校的发展，关键在于教师之间的精诚协作，形成一个良好的教师集体，这不仅有益于学校的建设、教师团队的建设，更有利于学生的成长。学校教育任务的完成，关键因素是教师。不仅要使每个教师自身都具备较高的素质，更重要的是要建设一个团结的教师集体。苏联教育家马卡连柯有句名言："应该有这样的教师集体：有共同的见解，有共同的信念，彼此间相互帮助，彼此间没有猜忌，不追求学生对个人的爱戴。只有这样的集体，才能够教育儿童。"教育只能是教师集体的事业。集体事业就要发挥集体优势，注重整体效益，如果一个学校的全体成员能够目标一致、步伐一致、齐心协力、共同进步，就会形成一种势不可挡的力量。

(二) 关心集体的基本要求

教师集体是大家志同道合进行创造性合作的团体。在这里，每个教师都应该为集体的创造做出自己的贡献，每个人也会从集体的创造中吸取力量，丰富和发展自己。在教师群体中，每个教师的工作态度、工作能力、工作效益，可以通过比较、鉴别分出优劣，激励先进，督促后进。同时，教师也可以吸取别人的长处和经验来丰富和对照检验自己，达到互帮互学、共同提高的目的。

1. 处理好集体与个人的关系

教师的施教方式虽然是个体的，但它却是整个教育过程中的一道重要"工序"，也受其他"工序"的影响，进而也会影响整个教育过程的质量。因此，每个教师首先要尽职尽责，高质量地完成自己的教育教学工作，保证自己这道"工序"的高质量。同时，不能只看到个人工作的成果或过高评价自己的工作成绩而忽略相互间的协作，要摆正自己与集体的关系、单个"工序"与成果之间的关系。

2. 关心教师集体，维护集体荣誉

荣誉是一定社会对人们履行社会义务的道德行为的肯定和褒奖。只有忠实地履行自己对社会的义务，才能获得真正的荣誉。关心学校和集体的荣誉，实际上就是关心社会对自己学校和集体工作的评价，关心自己学校对教育事业和社会建设的贡献。集体荣誉是推动

教师履行道德义务的巨大精神力量，也是培养学生的重要手段。

二、团结协作

团结协作是社会进步的表现。现代教育是一种全新的开放式和立体化教育，是一个团结与分工协作的系统工程，要求每所学校、每个教师群体内部必须建立起一种团结协作、互相帮助的新型道德关系，这样才能优势互补，形成强大的教育合力，共同完成好教书育人的任务。因此，团结协作是实现教育目的的必要条件，也是调整教师之间关系的职业道德规范。

(一) 团结协作的意义

团结协作是指人们为了集中力量实现共同理想或任务而联合起来、相互支持、紧密合作。现代学校教育是一项系统工程，教师的劳动是社会劳动的一部分，是在人们的相互联系中进行的。要培养好一批人才，既需要学校教育、家庭教育和社会教育的配合，又需要学校内部各部门的通力合作，这样才能使学校的各项工作有秩序地进行。任何学校，离开了集体之间和同事之间的团结协作、相互帮助，其后果是不堪设想的。人才的培养需要集体的智慧和群体的合力。教师在学校与同事之间、领导之间的关系是一种平等互助的关系，其共同的目标是为社会主义现代化建设培养人才。因此，团结协作是教师处理人际关系的行为准则，是中外教育史上普遍关注和倡导的一种重要的教师职业道德规范。

(二) 团结协作的基本要求

团结协作是教师应当具备的职业道德，它是做好教育工作的重要保证。作为一名教师，要深刻理解团结协作的意义，搞好团结协作。

首先，要尊重别人。不论是对权威教师还是一般教师，或不同学科教师，都要平等相待，同样尊重，不可因人而异，厚此薄彼。唯我独尊、盛气凌人的态度是不可取的。

其次，要尊重别人的意见。教师在合作中难免有各自的观点和分歧，这就需要发扬民主作风，摒弃门户之见，虚心听取其他教师的意见，善于吸取别人的长处，勇于改正自己的错误，固执己见、一意孤行只会造成事与愿违的后果。

再次，要尊重别人的劳动。在合作中，要尊重和支持别人的劳动，把困难留给自己，把方便让给他人，不垄断资料，不封锁信息，主动为别人创造条件，同心协力，搞好教学。在成绩面前，争名夺利、斤斤计较、互不相让的态度是不可取的。

最后，新老教师之间要互相学习。一般来说，老教师教学经验比较丰富，工作态度踏实，值得新教师学习。新教师思想敏锐、朝气蓬勃、勇于创新、积极进取，这对老教师也有促进作用。所以，新教师要尊重老教师，虚心向老教师求教，使自己不断地成熟起来，老教师也应该爱护和关心新教师，注意学习他们的进取创新精神，使自己与时俱进。

总之，教师如果具有团队协作、互尊互学的品德，就能够做到严于律己，正确处理好各种人际关系，形成关系和谐、凝聚力强的教师群体，就会形成无形的教育力量。

第六节　淡泊名利、自尊自律

一、淡泊名利

淡泊名利是指教师在教育工作中不求名，不逐利，安贫乐教，无私奉献的职业风范。淡泊名利是教师的崇高美德，其基本内容包括教师要爱岗敬业，甘为人梯。教师要做到淡泊名利，就要热爱教育事业，具有献身教育的精神；要有高尚的道德品质，忠诚于人民教育事业。

(一) 淡泊名利是教师的高尚师德

淡泊名利是由教师职业的特性决定的。教师从事的是"太阳底下最光辉的职业"。要传道授业解惑，要教书育人，教师就不仅要有系统的专业知识，而且要有高尚的道德情操。在新的历史时期，必须充分认识人民教师的奉献精神，当年陶行知先生倡导的"捧着一颗心来，不带半根草去"的崇高精神应该得到弘扬。

(二) 淡泊名利是教师的职业风范

人民教师要热爱自己的职业和岗位，忠诚于党的教育事业。教师除了教书，还必须育人，教师要热爱学生，关心学生的健康成长，要深入了解学生。这就需要教师利用工作以外的时间，与学生交流谈心，与学生做朋友，帮助学生释疑解难，这种润物细无声的工作，其付出也是难以计量的。如果教师不能正确对待这种巨大付出而不计回报的问题，他就当不了好的教师。在人民教师队伍中，有千千万万这种淡泊名利、默默无闻的教育工作者，他们在教育工作岗位上辛苦耕耘，在春去秋来、暑去寒来的岁月中，染白了头发，最终默默无闻地走完了人生历程。这种淡泊名利、无私奉献的精神就是人民教师的职业特点和风范。

(三) 淡泊名利的基本要求

1. 教师要热爱教育事业，具有献身教育的精神

教师要淡泊名利，首先要热爱教育事业，具有献身教育的精神。教师只有热爱自己所从事的事业，时时刻刻把教育事业的利益放在首位，识大体，顾大局，才能不为权力、地位、名誉、金钱和其他物质利益所动摇，才能对自己高标准、严要求，兢兢业业地做好自己的本职工作，努力充实和完善自己，不断提高自己的政治素质、业务素质、品德素质、心理素质和能力素质，更好地为学生传道、授业、解惑。一个人只有深深地热爱他所从事的职业，才会努力为之奋斗，为之献身。教师的这种奉献精神就是以学生的健康成长为最大责任，甘为人梯，乐于牺牲。

2. 教师要有高尚的道德品质，忠诚人民教育事业

教师要做到淡泊名利，必须要有高尚的道德品质。个人道德品质的形成和发展，既受社会环境和社会物质条件的制约，又是个人在社会实践中通过主观努力而形成的。教师只有在复杂的社会环境中，自觉按照师德规范的要求，培养高尚的道德品质，才能坚持立场，出淤泥而不染，一身正气，两袖清风。人民教师在任何环境下，都要忠诚于人民的教育事业，全身心地投入教育事业。教师劳动充满艰辛和困难，教师要有敬业献身精神和对学生高度负责的态度。教师的工作任务是教书育人，要求教师不仅必须具有丰富的专业知识和技能，而且还必须具有崇高的道德品质，健康的生活情趣，健全的人格。教师要树立积极的人生态度，培养乐观向上的情绪，以献身教育事业为荣，以培养天下英才为乐；要做到虽身在陋室，粗茶淡饭，却因深深地热爱自己所从事的教育事业，而无怨无悔，甘为人梯，淡泊名利。

二、自尊自律

自尊自律是指教师以事业心、使命感、社会责任感为基础，承认和重视自我在社会中存在的价值，尊重自己的人格，并严格要求自己，自我管理，自我约束，能很好地规范自己的言行举止。自尊自律的基本内容包括教师要严于律己，为人师表；品清行洁，廉洁从教。自尊自律要求教师要注重道德修养，形成高尚的道德情操；要坚守大义，不取非法之利。

(一) 自尊自律反映了教师职业对教师的规范

教师的职业是教书育人，育人必须先育己。古往今来，教师一直承担着为学生传道、授业、解惑的重任。教师不仅是科学文化知识的传递者，也是社会文化、伦理道德、价值观念的传授者和示范者。教师劳动的示范性特点，决定了教师必须自尊自律，为人师表，用自己高尚的思想品行为学生做榜样和表率。孔子曾说，其身正，不令而行；其身不正，虽令不从。不能正其身，如正人何。陶行知先生一生倡导"以教人者教己"，他处处严格要求自己，自尊自律，以身示范。他身先士卒，亲自带领学生与反动派进行英勇斗争，以自己的模范言行和大无畏的英雄气概教育和鼓舞了广大学生，培养和造就了大批革命战士和优秀人才。他教育学生要以天下为己任。教师育人是以自己的高尚道德情操去塑造他人的灵魂。这种职业的特点决定了教师必须自尊自律，要有纯洁美好的心灵，要比其他从业人员具有更加高尚的道德情操。教师教书育人的职业特点，要求教师应该是一个自尊自律、自强自爱的人，应该是一位有知识、有能力、有高度事业心和责任感的人。要有好的学生，必须要有好的教师，教师只有自己言行正直高尚，才能以此感染、教育学生，达到育人的目的。

(二) 自尊自律是教师自我教育的一种形式，也是处理好师生关系的一种手段

教师自尊自律是教师自我教育的一种有效形式。每个教师都要接受教育，接受教育最

有效的方式是自我教育，因为任何形式的教育都是外在的，教育效果的显现要靠被教育者内在的因素，靠发自内心的不可替代的自我教育。教师作为知识文化的传播者，需要有丰富的知识、崇高的思想、文明的行为，所以，教师被誉为塑造人类灵魂的工程师。这就是说，教师肩负着知识传播和思想道德教育的历史使命。教师要不辱使命，无愧于自己的称号，就必须加强自我教育和自我修养，热爱教育事业；就必须努力学习，不断更新和丰富自己的知识，不断提高自己的教学技能和教学水平。同时，教师还必须遵守社会公德，遵纪守法。教师在待人接物、语言表达方面，都必须率先垂范，严格遵守社会公德和教师职业道德，这样才能树立教师高尚的职业形象。

教师自尊自律也是处理好师生关系的一种手段。教师与学生天天相处，以什么态度和方式教育学生，对学生健康成长至关重要，对学生的不文明举动或错误行为，教师是耐心启发教育，热情地帮助学生认识错误、改正错误，还是用不恰当的言语伤害学生，体罚或变相体罚学生，其教育效果是截然不同的。如果教师严于律己，从尊重学生、关爱学生出发，客观地处理问题，学生就会心悦诚服，信任教师。教师除了要具有渊博的知识、娴熟的教学技巧外，还必须具有为人谦和、礼貌待人、乐于助人、关爱学生、作风正派等品质。只有自尊自律、德才兼备的教师才可能取得学生的信任、尊敬和爱戴，成为学生心目中的典范和榜样，从而与学生建立起融洽的师生关系。

(三) 自尊自律的具体内容

1. 严于律己，为人师表

教师担负培养社会主义现代化事业的建设者和接班人的重任。在教书育人的过程中，教师自身的品德和言行对学生的健康成长具有重要影响，因此，教师必须自尊自律，严于律己，躬行自明，言行一致，表里如一，时时、事事、处处做学生的表率。教师要用自己的思想、品德、言行、仪表为学生做榜样。教师只有在行动上做学生的表率，用自己高尚的道德、渊博的知识、健康的人格、文明的举止、优雅的谈吐影响学生，熏陶学生，使学生潜移默化地接受教育，才能使学生健康成长。同时，教师通过自己的模范言行，把社会倡导的正确的价值观念、伦理道德和行为准则，形象、直观、生动地展现在学生面前，引导学生积极向上，使学生感到自己看到的、听到的是一致的，这有助于学生形成正确的认识和观念。在育人过程中，教师必须严于律己，以身作则，要求学生做到的，教师必须首先做到，严禁学生去做的，教师也要自觉回避。教师只有自尊自律和以身则，才能引导学生自觉践行社会规范和价值准则，矫正不良行为，实现知和行的辩证统一。

2. 品清行洁，廉洁从教

教师在自己的整个教学生涯中都要坚持清廉的操守，不进行有偿家教，不沾染社会上的贪、赌等恶习，始终以清廉纯洁的道德品行为学生和世人做出表率。唐代韩愈把"传道"作为教师的第一任务提出来。而教师要"传道"，自己就必须修身养性，自尊自律，具有能为"师表"的师道。确立"师道"，教师才能教人为直、为善、为美，才能使学生敬而学之。品清行洁是教师确立"师道"的重要内容。由于"师道"的示范性特征，教师的品德修养必须高尚纯洁。教师廉洁公正的美德，有利于培养学生的道德是非观念。

学生，特别是未成年的中小学生，教师的教育对于他们的世界观、人生观、价值观、道德观的形成起着关键性的作用。教师廉洁公正，学生能在其中感受到什么是高尚，什么是美，什么是善。教师廉洁公正也有利于培养学生无私奉献的品格。教师自尊自律，廉洁从教，无怨无悔地甘为学生的"人梯"，为祖国的教育事业淡泊名利，甘守清贫。这种高尚的人格对学生具有巨大的感召力，能够影响他们逐步树立为祖国、为社会、为人类无私奉献的高尚品质。

(四) 自尊自律的基本要求

1. 注重道德修养，树立高尚的道德情操

情操是指人的情感和操守，是人们思想观念、情趣爱好、品行操行的总称。高尚的道德情操是教师优秀道德品质的主要标志，也是教师应有的重要师德风范。因此，教师必须注重道德修养，严于律己，陶冶崇高的道德情操。教师要树立高尚的道德情操和形成良好的职业道德，必须发展良好的道德情感，这样，教师才能自觉遵守教师职业道德。这就要求教师必须认真学习马克思主义理论，树立正确的世界观、人生观、价值观，培养高尚的道德品质。这样教师才能以平和的心态看待自己的职业和地位，处之坦然，对工作充满热情。

2. 坚守大义，不取非法之利

教师要自尊自律，还要坚守大义，树立正确的义利观。教师要树立大义为先，私利居次，个人利益服从民族、国家利益的观念。教师在任何时候都要坚守大义，不能舍义取利，要以廉洁的实际行动来实现大义。教师只有树立正确的义利观，对贪、占、贿等丑行鄙弃，避而远之，久而久之养成廉洁的自觉性，才能抗腐蚀、拒贿赂、远利诱，不为非义之利所动，不取不义之财。教师廉洁自律必须从点滴小事做起，不取丝毫非法不义之财。教师廉洁自律作风的养成还要持之以恒。教师自尊自律最难能可贵的就是一辈子清廉自守，不论外界条件如何变化，不论有多少困难和诱惑，都能持大义而不移，始终如一。

• 思考与练习 •

1. 怎样理解教书育人对教师素质的要求？
2. 为人师表需要我们从哪些方面去努力？
3. 简述教师终身学习的重要性。

第九章 教师职业道德范畴

·本章学习目标·

了解教师职业理想；掌握教师义务；理解教师职业良心；理解教师职业公正；理解教师职业幸福。

第一节 教师职业理想

一、教师职业理想的含义

所谓教师职业理想，是指教师个体对教师职业的向往和追求，它既包括对将来所从事的教师职业的追求，又包括对做一个什么样的理想教师的追求。

教师的职业理想是伴随着教师职业出现而产生的，教师崇高的职业理想来源于坚定的职业信念，是在对教育的历史使命、教育事业的伟大意义深刻理解的基础上产生的一种从事教育事业的志向、抱负和追求。从古至今，人类赋予教师许多美誉，如"教师是人类文明的传承者""教师是人类灵魂的工程师""教师是太阳底下最光辉的职业""教师是真的种子、善的信使、美的旗帜"，等等。这些美誉对教师坚定职业信念，追求职业理想起到了十分重要的作用，教师职业理想具有个体差异性、发展性和很强的时代特征。

二、教师职业理想的作用

理想是前进的方向，是心中的目标。职业理想是职业素质的重要组成部分，有了崇高的职业理想才能产生良好的职业行为，人生发展的目标是通过职业理想来确立，并最终通过职业理想来实现的。托尔斯泰曾说过："理想是指路的明灯，没有理想就没有坚定的方向。"教师的教育教学工作也不例外。教师的职业理想是其献身教育工作的根本动力，无论是对整个教育事业还是对教师本人，都具有十分重要的意义。

(一) 教师的职业理想是其教育工作的根本动力

教师要忠诚于人民的教育事业，首先要有崇高的职业理想，有很强的工作主动性和积极性。实践证明，教师只有树立崇高的职业理想，才能以饱满的热情、乐观的人生态度和高度的社会责任感去兢兢业业地从事教育事业；才能够在工作中勤奋踏实，努力探索；才能认真备课、讲课，用心总结教学方法，刻苦钻研和掌握教学规律，真心、真诚地关心和爱护学生，做到"静下心来教书，潜下心来育人"。没有对教育事业的正确理解，就不可能产生对教育事业的热爱，也就失去了从前教育事业的根本动力，尤其是在实践中遇到困难和阻力时，如果没有职业理想的支撑，人就会心灰意冷、丧失斗志。教师的职业虽然是平凡的，但有崇高职业理想的人为之而努力奋斗所创造的光辉业绩、所产生的深远影响往往是其他职业难以企及的。

(二) 教师的职业理想是实现教师自我价值的精神动力

教师是"太阳底下最光辉的职业"。孔子一生致力于教育事业，千古流芳，在中华民族的历史长河中永放光辉。陶行知不留恋国外优越的生活，脱去西装，穿上草鞋，开展乡村教育运动，其献身现代乡村教育的宝贵精神一直为当今教师所推崇。宋庆龄称陶行知为"万世师表"，郭沫若称"两千年前孔夫子，两千年后陶行知"。

教师崇高的职业理想无论是对社会主义、对学生还是对教师本人，都具有极其重要的教育价值。有了崇高的理想，教师的职业劳动就具备了不同于一般职业劳动的独特性；教师的职业劳动就不仅仅是"为举家谋柴米油盐"的谋生手段，更是实现社会价值和主体价值的永恒追求。

三、做一个有职业理想的教师

做有职业理想的教师，必须注意处理好两大关系。

(1) 要把个人志愿与社会需要结合起来。我们不否认个人志愿在职业选择中的重要作用，但要强调把个人志愿与社会需要结合起来、统一起来。一个教师确立诸如"我要教育好我的学生，使他们成为科学家""我能成为教育家""我能成为特级教师""我能成为教学专家"等职业理想时，本身就包括了教师职业的社会价值和教师本人的主体价值追求。教师在职业实践过程中用这样的职业理想要求自己，有利于遵守职业规范和职业道德，形成始终如一的职业行为。

(2) 要正确看待苦与乐。"干教育亦苦亦累亦潇洒"，教师职业艰苦且清贫。教师似春蚕，"春蚕到死丝方尽"；似蜡烛，"照亮别人，燃烧自己"。教师职业充实而幸福。有人认为，作为教师至少有三重收获：①收获各类人才；②收获学生真挚的感情；③收获创造性劳动成果。可见，只要教师把这份平凡的工作看作一个宏大的世界，耐得住清贫，甘于奉献，就一定能够体会为人师的乐趣。陶行知先生说得好："教师的奉献精神就是以为服务学生为最高目的，以培养青少年成才为最大责任，不计报酬，淡泊名利，乐于奉献，不重索取的以教为荣、以教报国的精神。""捧着一颗心来，不带半根草去"是对教师奉献精神的最好诠释。

> **案 例**
>
> 2009年，黄大年同志毅然放弃国外优越条件回到祖国，刻苦钻研、勇于创新，取得了一系列重大科技成果，填补了多项国内技术空白。2017年1月8日，黄大年同志不幸因病去世，年仅58岁。黄大年同志逝世后，习近平总书记对黄大年同志的先进事迹做出重要指示，中共中央追授他为"全国优秀共产党员"，中宣部追授他为"时代楷模"，教育部等部门分别追授他"全国优秀教师""杰出科学家""至诚报国 归侨楷模""全国五一劳动奖章"等荣誉称号。

第二节　教师义务

一、教师义务的含义

所谓教师义务，是指教师在教育实践中所表现出来的对社会、集体、学生应当承担的职责，以及自己应该做的事情。它具有两方面的含义：一方面是社会对教师在履行职业义务时提出的道德总要求；另一方面是指教师自己意识到社会对教师提出的各种道德要求的合理性，从而自觉地把遵循教师职业道德原则、规范及要求看作自己对社会、对教育劳动应尽的责任。

教师义务有其自身的职业特点。

首先，这是教师职业道德要求教师绝对服从的、应当做的事情，存在着"道德命令"的因素。义务中不仅包括个人对社会的义务，也包含着个人对自己的义务。教师只有具有强烈而坚定的自觉责任感，才会产生一种迫使自己忠实地履行义务的要求。这就是需要教师首先懂得教师义务的具体内容，明白履行义务的重大意义。

其次，教师义务是教师的一种社会属性。它使教师往往渴求并善于用对社会教育事业有益或有害的观点来评价自己的行为。把个人需求与现实可能性加以对比，服从社会教育事业的根本利益，进而使教师更有意识地深刻认识自己的义务并加以履行，合理地把握自己的教育工作权利和义务。

最后，教师义务是社会用以调节教师教育行为的手段。由此看来，在社会主义条件下，培养广大人民教师认识和自觉履行教育义务，提高教师道德水平是非常重要的。

二、教师义务确立的社会基础

在教育活动过程中，教师为什么要履行教育义务，以及为什么是这样的义务而不是那样的义务？这不由哪些人随心所欲任意规定，也不源于教师个人内心的"善良愿望"或"绝对命令"，它源于社会主义教育劳动中特定的利益和道德关系，具有客观的基础和特定的内容。

(1) 教师义务源于现实社会教育劳动内在关系的客观要求。教师在社会分工中担负教育和培养下一代的任务，把教师对社会应负有的使命、责任、义务确定下来，而教师个人在教育劳动实践中理解、认同了这些概念，把握了这种使命、责任，这样就形成了教师义务范畴。教师义务，根源于现实的教育劳动人际关系，来源于社会教育事业的利益和社会分工的要求。教师在教育劳动过程中怎样教，怎样处理各种关系，怎样对待学生并把他们培养成为什么样的人，并不是可以完全受个人的意志和心理特征支配的，而是有着社会需要的客观规定性。教师的劳动，直接涉及和影响社会利益、教师集体利益、学生利益和教师个人利益。教师履行义务，为学生、教师集体和社会整体尽自己的职责，完成自己应当完成的使命和任务。教师义务这一范畴，又是社会教育劳动中内在利益和道德关系，以及个人道德活动方式的"有意识的表达"。

(2) 教师义务的内容是由社会教师职业道德的原则和规范决定的。义务所包含的社会内容，随着历史时代的发展而发展变化。各个社会或阶级，总是把实现其利益和要求的道德原则和规范确定为当时人们应尽的义务。在社会主义社会中，教师职业道德原则是社会主义教育事业根本利益和教育规律对教师职业活动特殊要求的科学概括和反映。教师义务范畴所包含的社会内容，是由社会主义教师职业道德的原则、规范的要求所决定的，是与整个社会主义事业的发展要求相一致的。不过，教师义务的社会内容与教师职业道德原则和规范的内容又有所不同。教师义务内容是教师理解和认识客观道德要求后，在自觉承担自己的使命、任务的基础上，形成一种内在信念和道德责任感，把"外在要求"深刻地转化为"内在需求"，从而更深刻、更准确、更自觉地把握社会对教师的道德要求，更好地指导教师的教育教学活动。

(3) 教师义务的意义体现在教育劳动及其社会价值中。义务本身是否有价值及价值的大小最终也完全是由它所具有的社会意义来确定的。教师正是在认识其所从事的教育劳动的崇高社会意义中，对教师的义务有了更深刻的认识，培养起高度自觉的责任感和情感意识。同样，教师对学生、对祖国和对人民教育事业的赤诚之心，来自在教育工作过程中对所培养的一代代青少年健康成长而产生的成就感的体验和认识，当然，也与教师在自己教育劳动实践及接受道德教育的过程中提高自我道德觉悟分不开。教师为了履行自己的义务和实现个人的社会价值，就要倾注于人民的教育事业，善于完成"教书育人"的光荣使命，教师自觉履行义务就会达到教育目标，其劳动就具有重大的社会意义，其也会从中更深刻地认识、理解教师的义务。

三、教师义务的作用

在教师职业劳动中，履行教师义务是遵守教师职业道德原则和规范的具体体现，对于提高教师工作责任感、使命感，培养高尚的师德品质，选择正确的教育行为都有着极其重要的意义。

(1) 教师认真履行教师义务，可以减少和协调教育活动中的矛盾和冲突，有利于提高教师的责任感，保证各项教育教学工作的顺利推进。教师工作既有大量显性的、可以量化的工作，也有不少隐性的、难以量化的事情，因此很难以硬性指标来考核。也正因如此，教师工作被人们形象地称为"良心活儿"。由于种种原因，教师在备课、讲课、批改作业、组织学生活动，以及协调各方面关系解决工作中的一些问题方面有着较大的自由度，如果教师只屈从于自己的"自然愿望"，在上述方面尽量地少投入时间和精力，就会形成与教育事业、学生发展的要求相悖的"冲突情势"。这种情势如果不能及时解决，久而久之，不仅会影响工作任务的完成，也会使教师本人处于一种紧张的人际关系和内心压力之中。一个严格履行教师义务的教师，会时时以学生、集体和社会的利益为重，正确处理各种矛盾，教师只有自觉履行教师义务，才能减少和协调教育工作中的矛盾，促进教育教学工作的顺利开展。

(2) 教师自觉履行教师义务，有利于在教育工作中自觉进行"道德综合判断"，选择正确的教育行为。教师义务是社会向教师提出的道德要求总和，而不是解决具体利益矛盾的道德要求。例如，教师在与学生交往中，有的学生出于对教师的信任，把心中的"小秘密"告诉了教师，教师本应遵守保密原则，为学生履行保密义务，以维护学生的自尊和隐私。但是，如果遇上重大问题，需要告诉学生家长，教师就会处于"两难"的境地。此时，是继续为学生保密，还是告知家长共同担负起教育的职责？这就需要教师从教师义务的高度分析利害、权衡利弊、进行道德上的综合判断，选择最有利于学生和社会利益的教育行为。所以，教师义务在规范教师遵守各种师德要求中起着进行综合判断的重要作用，以便在相互矛盾的情况下，做出最合理的行为选择。

(3) 教师积极履行教师义务，有利于在教学工作中培养高尚的道德品质。苏霍姆林斯基曾经说过："恪守义务可以使人变得更高尚，教育者的任务，就在于使义务感成为自律这个极其重要品质的核心，缺少了这个品质，学校就是不可想象的。"教师高尚的道德品质作为他内在的一种信念意识和外在的品质表现，不是与生俱来的，而是在现实的社会生活和长期的教育教学实践中逐步形成的。一方面，教师义务是社会对教育工作者的职业道德要求，其对教师的职业行为起着导向和约束作用。任何一位选择了教师职业的人，都必须履行自己的教育义务，按照教师的职业道德要求选择自己的教育行为。另一方面，教师在遵章行事的教育教学活动中，不断体验和认识到履行教师义务的必要性和重大社会意义，经过反复实践、体验越来越自觉自愿地去履行义务，从而把社会对教师的客观要求转化为教师自身的内在需求，形成一种高度自觉的责任感和使命感，促使自身道德觉悟逐步得到升华。

(4) 教师道德义务的确立有助于培养学生的义务意识，在任何社会，义务的践行和存在都是社会和个人存在的前提。教育的重要任务之一就在于向教育对象展示义务履行的必要性，培养学生的义务意识。教师在教学工作中对自身义务积极地、严格地恪守和践行，对学生的最大影响不仅仅是使其获得直接帮助，更是通过教师对自身义务的严格履行，为学生树立最好的榜样，使学生确立道德上的信心及自觉履行义务的责任感，从而使受教育者成为一名能够恪守义务并在道德上负责的人。

四、教师义务感的培养

伦理学家石里克说过："比起一个人怎样才被认为是该负责任的这个问题来，还有一个重要得多的问题，那就是他自己怎样才会感到自己该负责任。"因此，讨论教师义务问题的重点应当是义务感的培养。教师既应该在教育中做师德要求做的事情，还应当努力采取适宜的方式做这一事情。因此，教师义务的履行不仅与师德建设本身有关，也与教师的教育艺术密切相关。教师要培养良好的义务感需要做以下几方面主观上的努力。

(1) 努力培养自己的义务认知水平。但凡教育义务践行得彻底的教育者，都会有较高的义务认知水平。中国历史上一直流传着孟母三迁和曾参杀彘教育子女的故事。实际上，孟母和曾参严格履行义务的一个重要原因是他们有较高的义务认知水平。虽然拥有关于义务的知识并不一定会直接导致及时或合适的道德行动，但是对义务的认知，尤其是结合了情感体验的真正的认知，肯定会对教师义务感的增强和教师义务的实践有十分积极的意义。

(2) 努力提升自己的教育事业意识水平。要对教师义务有较高的认知水平，一个重要的条件就是要有较高的教育事业意识水平。教育义务感不可能孤立地存在于主体的价值结构中。当教师有较强的教育事业意识时，就会很自然地认为教育义务是理所当然的事情，并严格执行。而当教师对教育事业本身毫无热情时，任何义务的认知和教育都可能达到增强教育义务感的预期目标。

(3) 实现教育义务意识向教育良心的转化。教育义务意识还只是一种以道德认知为主的道德意识，仅仅有道德认知，义务感还处于较低的水平。要有真正的义务感，道德义务主体还必须实现教育义务意识向良心的转化。

> **案例**
>
> 病床上的坚守
>
> 北京市某中学已故的数学教师孙某，于2006年患上膀胱癌，他完全可以静养治病，但一直到2016年，他仍旧担任了该校第四届实验班的班主任。十年里，他几次住院多次手术，但他从没有放弃过对学生的义务和责任，即便在病重住院的日子里，他仍念念不忘学生，经常在病床上为学生讲课，遇到一些大夫和素不相识的家长带着孩子向他求教，他也从不拒绝，常常一讲就是一两个小时。在孙老师言传身教的影响下，他的学生都有强烈的社会责任感和不断进取的拼搏精神。

第三节 教师职业良心

良心是与公正、仁慈和幸福等概念有密切关系的概念。良心以公正与仁慈为基本了解教师良心的内涵准则，又对公正与仁慈原则的落实有支持作用。良心无论是对社会的健康发展还是对个体的道德生活，都有极大的意义。教师的职业良心是教育工作的重要动力和调节机制所在，对教师的专业发展、职业成就和道德境界的提升均具有重要的价值与意义。教育良心是教师职业道德的重要范畴。

一、教师职业良心的含义

教师的职业良心可以表现在教育工作的每一个环节中。其主要的内涵，我们认为有这样四个方面：恪尽职守、自觉工作、爱护学生、团结执教。

1. 恪尽职守

"恪尽职守"实际上就是一种工作责任和纪律的要求。教育工作中的"恪尽职守"，重要内涵主要包括两条。第一条是从职业规范上说的，教师的良心要求教师应当遵守工作纪律，按照社会和教育事业对教师的要求尽职尽责，如认真备课、上课，遵守工作时间及其他工作规范等。第二条是从教育效果上说的，职业良心要求教师不能误人子弟，全力取得最佳教育效果。做不到这两条的教师就是某种意义上的玩忽职守，就会受到职业良心的谴责。

2. 自觉工作

"自觉工作"的要求是由教师的劳动特点决定的。首先，教师的教学行为具有个体和自由的特性。"慎独"的美德十分重要，因为教师的工作大多数情况下都是无人监督的。虽然教师会面对教育对象，但由于学生的未成熟性，由于师生关系的不对等性，学生往往也没有全面监督教师工作及其质量的能力。其次，教师的工作在一定意义上是没有边界和限度的。例如，教师不仅要完成校内的工作，还应当与家长、社区等方面建立教育联系，这一联系需要教师投入大量的精力。怎样才算践行了使命，我们无法明确界定。又例如，"教"无止境，除了基本的工作外，怎样做才算完成了教师的任务，也完全由教师主观决定。所以，教师能不能自觉要求自己是教师工作成败或效能高低的决定因素。教师必须有自觉工作的良心。

3. 爱护学生

"爱护学生"是教师的天职。教师对学生的爱护有其职业上的特点，这就是他必须对教育对象的成长负责。教师对学生的爱不同于一般的亲朋之爱，主要表现在为学生"传道、授业、解惑"上。教育家赞可夫说得好，不能把教师对儿童的爱仅仅理解为用慈祥的、关注的态度对待他们。这种态度当然是需要的，但是对学生的爱，首先应当表现在教师毫无保留地贡献出自己的精力、才能和知识，以便在对自己学生的教学和教育上，在他们的精神成长上，取得最好的成果。因此，教师对儿童的爱应当同合理的要求相结合。此外，教师对学生发展中存在的这样或那样的问题，不能够采取放任的态度，并且，教师在纠正学生的缺点时又必须充分考虑到不能挫伤他们的学习积极性，抑制他们的个性发展。

4. 团结执教

"团结执教"也是教师良心要求的重要组成部分。教师的劳动从其活动过程来看具有明显的个体性，但教育效果的取得却是集体性的。学生的人格成长、学生的知识及心智水平的提高都是教师群体合力劳动的产物，所以教师的同侪关系不仅是一般的同事关系，而且是一种职业道德的本质要求。教师同事关系方面的良心不仅是一般人际关系方面的良心，而且是职业良心的直接构成部分。所以，"应当有这样的教师群体：有共同的见解，有共同的信念，彼此间相互帮助，彼此间没有猜忌，不追求学生对个人的爱戴。只有这样的集体才能够教育儿童"。

教师良心的上述四个方面，分别反映了教师与社会、教师与自身、教师与学生，以及教师与同事之间的道德关系。这四个方面的联系是，它们共同反映了教师对教育事业的责任和义务等。教师的良心与教育事业有必然的联系。

二、教师职业良心的特点

教师职业良心与其他职业良心相比，有以下两个主要特点。

1. 层次性高

所谓层次性高，是指由于教师劳动的崇高性质，以及教师本人往往对这一崇高的职业及其要求有较高的自觉，所以教师良心在境界上高于一般的职业良心。具体表现是：①现代教师经过职前教育和继续教育，都有较高的对于教育道德义务的自觉性；②教育良心的调整范围广泛，要求较高。我们知道，许多其他职业道德规范允许的行为，教师未必认为合适。如着装，社会人士可以着时装，而教师的服装却必须庄重、大方，相对保守。又如教师的言谈举止，必须力求反映较高的文化和道德修养，否则就不足以垂范学生。教师只有合乎这些职业道德的要求，才能心安理得。教育家加里宁曾说过，为了真正地进行教育，不仅要很好地熟悉自己的业务，而且要有纯洁的灵魂。虽然教师也是普通人，但职业良心却时时提醒教师为人师表所必需的较高修养要求。这是教师良心的重要特质。

2. 教育性强

所谓教育性强，是指教师良心的榜样作用和判断教育良心的最终标准是看良心是否真正符合教育事业的要求。对于教师良心的榜样或教育作用无须更多说明。我们这里重点说明一下教育良心的标准问题。良心往往处于直觉状态，即使是理智状态下，良心也仍然具有较多的情感抉择的特性。同时，良心本身仅仅是作为主体对道德义务的一种自觉而存在的，落实良心要求的行为方式是多种多样的。因此，良心本身及其落实的方式都是需要在良心之外寻找最终的检验标准。检验教师良心的最终标准是看良心所做的判断是否有利于对学生的教育。例如，教师面对非常顽皮的学生容易产生惩罚的念头；有的教师还会"凭良心"采取饮鸩止渴的体罚方式。体罚显然不利于教育对象的身心发展，也不利于教育目标的实现。

三、教师职业良心的意义

教师职业良心的意义主要体现在以下两个维度上。

(一) 职业良心对教育工作质量的促进作用

教师的职业良心对教育行为的调控作用表现在教育过程的全部环节。在教育工作开始之前，教师的良心会行使对准备采取的教育行为的"预审权"。教师的良心会问教师自己"这样的行为合适吗""这样的行为有益于学生的成长吗""他会受到伤害吗"，等等。在实际教育过程中，教师的良心则会努力行使"监察权"，它会提问教师："预期的行为有应有的效果吗？"如果没有，良心会引导教师采取措施上的调整。教育活动结束，良心会行使"鉴定权"。教育良心对特定教育行为或褒或贬，教师也就或者自豪，或者忏悔。教师良心因此就成为教师职业道德和职业技能水平提高的最好导师或学校。

(二) 职业良心对于教师的精神意义

教师的职业良心实际意味着一种自我评价机制的存在。在实际生活中，教师常常会遇到社会、学校、同事甚至学生的不公正对待，会面临许多矛盾。教师的职业良心一方面抚慰自己，对自己的职业生活做出公正的评判；另一方面则要求教师即使遇到较大的委屈，也能够按照职业良心的指示行事，做到所谓"事业为重"。所以，教师的职业良心是教师精神人格的保护神，是教师鞠躬尽瘁、积极耕耘的重要精神支柱之一。

四、如何做一名有良心的教师

不同的教师往往会有不同的教育良心，有的对教育使命和责任的理解透彻，良心的水平及对教育行为的调节水平较高；有的则水平较低。所以，讲教师的良心不可不讲如何成为一名有良心的教师。我们知道，教师的良心难免会受到社会、群体、学生及教师个人等多重因素的影响。一个道德水平较高的社会，自然对每一位社会成员的职业道德提供涵养上的环境和舆论上的保证，从而有利于教师良心的形成。教师的同侪群体对个体教育良心的形成作用更为直接。同时，教育对象(学生)也会以舆论的形式影响教师良心的修养。由于教育活动的特殊性，教师劳动的意义必须在教育对象身上才能获得，所以学生的尊敬、赞扬或蔑视、批评对教师的道德良心会起非常大的影响作用。

当然，教师不能仅仅被动地接受情境的影响，还应当主动地体验这一情境中的价值、义务因素并加以内化。所有的良心，包括教师良心的形成受社会生活及群体的影响，更受自身修养的制约。这首先是因为良心是一种"自律性"的心理现象，离开主体自身的自觉认知和情感体验的道德良心是无从谈起的。所以，教师在知、情、意、信、行等方面应不断进行自我修养，从而提升自身的道德良心。

(1) 从"知"的角度而言，就是不断提高自己的教育责任和使命等意识。教师必须从认知和理性上认识到教育工作的神圣性和光辉性，必须认识到自身的教育行为会全方位地影响学生的学业发展和道德成长。

(2) 从"情"的角度而言，就是要不断加强自己的职业道德情感的涵养，爱其所当爱，恨其所应恨。教师在情感方面要热爱自己的学生，热爱教育事业。这种爱是一种深沉的、持久的爱，而不是短暂的、昙花一现的爱。

(3) 从"意"的角度而言，教师应该培养自身的道德意志力，以应对各种道德挑战。当道德良心受到挑战时，意志力是最关键的因素。正如苏霍姆林斯基所说，压抑自己良心的声音，这是很危险的事情。如果你养成一种对某件事情毫不在乎的习惯，那么你很快就会对任何事情都满不在乎。

(4) 从"信"的角度而言，教师应当不断提升自身的职业理想和职业信仰，做一名有道德信仰的教师。只有一个有自己的道德理想和人生理想，并对自己这一理想负责的教师，才会有较高的道德或良心的境界，教育良心的作用才会更明显，水平更高。

(5) 从"行"的角度而言，教师还应当不断地基于道德良心来开展教育工作，在行为中磨炼自身的良心和意志。正如我们所看到的，知、情、意、信等方面的道德修养，使教师在道德认知、道德情感、道德意志及道德信念等方面获得了稳定的提升。

第四节　教师职业公正

一、教师职业公正的含义

教师职业公正实际上就是要在以师生关系为基础的人际关系处理上实现某种公平。教师应当对得起自己，所以必须对自己公正，这包括对教师自尊、荣誉及合理的经济利益等合法权益的要求和维护。在自尊、荣誉及其他利益的处理上，教师的同侪关系也必须保持适当的"度"，这是一种同侪公正。

教师对学生公正的主要含义是在教育活动中对学生持民主与尊重的态度；对不同性别、年龄、出身、智力、个性、相貌及关系密切程度不同的学生能够做到一视同仁、同等对待，不以个人的私利和好恶做标准。我们可以将这一公正称之为对象性公正。平等地对待自己的学生实际上也就是教育学中常说的要树立正确的师生观。从伦理学的角度看，教师要公正地对待学生，首先要真正尊重和信赖学生。

二、教师职业公正的特性

1. 教师职业公正的教育性

教师职业公正的特点首先是与其职业特征联系在一起的。教师职业公正的首要特点是教育性，这里的教育性主要包括两个方面：①公正行为的教育示范性；②公正调整的人际关系主要是师生关系或以师生关系为基础，体现在教育活动之中。教育劳动的特点之一是教育主体与教育手段的同一性。教师如果不能在自己周围建立起公正的人际关系，尤其是在师生关系中缺乏公正的内容，就是在行不公正的身教。由于师生关系和教师职业的上述特殊性，教师的不公正往往是最不能饶恕的。

2. 教师职业公正的实质性

教师职业公正的实质性是指教师职业公正具有相当大的灵活性，着眼于实际或实质意义上的公正，而不完全拘泥于形式上的公正。这一点实际上也可以算作教师职业公正教育性的一部分。比如同样都给了五分，对于一些通过努力已经进步到接近五分水平的同学来说，一方面由于他实际上还没有做到100%或与最好的同学一样好，给他五分似乎不公正；但另一方面，正是这样的五分使他看到了学习的进步和希望，实质上教师在这里并非对他实行了不公正的偏爱。又比如，对于同一种错误的批评，有时候教师对优等生的批评会比对后进生的批评要严厉。这是因为在一定条件下，后进生更需要对其自尊的爱护，而优等生则更需要使之清醒的提醒，这种形式上的不公正实质上却是公正的。因为实际上教师对这两类学生的爱是完全相同的，不同的仅仅是教师根据其对学生的了解和教育规律所采取的具体措施的差异。

3. 教师职业公正的自觉性

教师是一种对自己的工作有较高职业意识的社会角色，这一方面是因为教育活动本身是一种具有目的性的活动；另一方面是因为现代社会所有的教师都是经过职业上的专门训练的。教育活动自觉性的重要标志是教师对自己职业道德及其重要性的了解。学校、教室等教育情境也常常会有道德上的文化暗示，所以与其他社会阶层相比，教师在进入岗位之前和之后，都会有较高的职业道德自觉意识和修养动力。教师职业道德自觉意识的内涵中当然也包括教师对教育职业公正原则的自觉意识。

除了教育主体的自觉性之外，教师职业公正的自觉还表现在教育事业本身的正向价值属性上。教育总是教人从善，从善本身为教师职业公正所需要满足的价值依赖性提供了先天条件。换言之，符合教育根本目标的举动本身具有公正或正义的特质；公正是教育本有、应有的内涵。

三、教师职业公正的意义

1. 有利于良好教育环境的形成

教师能够对人对己做到公正是十分必要的。因为公正处理家长和社会有关方面的关系，会有利于形成较好的学校教育外部环境；公正对待同事、领导，则有利于协调不同的教育职能，形成教育集体的良好心理氛围，从而形成教书育人的学校教育内部环境；公正地对待学生是教师职业公正的重点，这种公正有利于直接的教育、教学环境的形成。比如在实际教育活动中，我们常常看到，由于教师对优秀学生的偏爱和对所谓差生或后进生的忽视或其他不公正对待，后进生出于一种反抗心理，往往会强化其"捣乱"的倾向，其结果当然是教育教学秩序的混乱，最终不利于教育活动的顺利开展。

2. 有利于教师威信的提高

公正是人格的脊梁。孔子说："其身正，不令而行；其身不正，虽令不从。"这句话虽然是对从政者说的，但对教师同样适用。教师既是教育者，也是教育活动的设计和管理者。如果教师的行为是不公正的，那么除了同行、领导的舆论、谴责，以及制度的制约之外，最主要的是影响教师的威信。上海师范大学曾对4 500名学生进行过一次调查，结果有84%的被试者认为"公正"是"教师工作重要的职业品质"，92%的被试者认为"偏私和不公正"是"最不能原谅的教师品质缺陷"。由于学生对教师公正品质的期望很高，所以教师公正与否十分影响其在学生心目中的形象。一个没有威信或威信不高的教师注定会成为一个成就不高的教师。

3. 有利于学生学习积极性的发挥

教师职业公正对学生学习积极性的发挥十分重要。这一重要性体现在两个方面，一个是对学生个体；另一个是对学生集体。对个体而言，教师公正是学生学习积极性的源泉之一。例如，教师对优等生的偏爱和对后进生的忽视或其他不公正对待，既不利于优等生的成长，又不利于后进生积极性的发挥。对前者的溺爱会助长其骄傲和浮躁的情绪，使其丧失不断进步的动力；对后者的忽视更会损伤学生的自尊，打击其本来就可能不高的学习积极性。对于学生集体来说，不公正的教师行为会人为地造成学生集体的分裂，其结果当然是集体生活和集体建设的动力减退，集体对学生个体在德育和智育诸方面的教育性降低。

4. 有利于学生的道德成长

由于公正本身就是道德教育的重要内涵，所以教师职业公正本身直接构成德育的内容。教师要让学生选择公正的生活准则，他自己就必须首先做到为人处世的公正无私。同时在学生的心目中，教师往往是公正、无私、善良、正义的代表，他们对教师有非常美好的期待。这一美好的期待体现在教师与他们的交往中做到公正办事时，他们会感觉到公正的美好和必要，从而奠定他们在未来社会生活中努力追求道德公正的心理基础。反之，当他们原本有着美好期待的老师不能公正无私时，不仅会伤害他们对于老师的美好情感，而且会让他们怀疑显性道德教育课程所教授的公正本身的合理性，从而妨碍他们的健康成长。正如夸美纽斯所说，除了智者，任何人都不能使别人成为有智慧的人；除了能言善辩者外，任何人都不能使别人成为能言善辩者。所以我们也完全可以说，除了践行公正者，任何人都不能使别人成为公正的人。

5. 有利于社会公正的实现

首先，教师的职业公正是社会公正的重要组成部分。教师职业公正直接从属于社会公正。比如在招生、评价等问题上，能否公正对待一切对象就是一个直接、宏观的社会公正问题。有些公正形态虽然属于微观问题，但也是社会公正的一部分。例如，课堂上的公正虽然涉及的不过几十个人，但它一样属于社会公正的组成部分。如果考虑到几十个学生可能联系到的人群，则这一公正涉及的面会更广。其次，根据杜威的观点，学校是社会的雏形，因此教师职业公正是社会公正的起点。如果学生在学校生活中不能感受到应有的公正存在，那么学生将很难建立起公正的信念，最终会不利于社会公正的实现，所以教师能否公正关系到社会公正能否实现及其实现程度。

四、如何做一名公正的教师

教师职业公正在一定意义上讲只是一个十分抽象的道德原则，怎样才能做到教育公正是一个既关系到教师，又关系到教育体制的课题；也是一个既关系到教师的道德素养，又关系到其教育素养和技能等方面问题的复杂课题。我们这里主要是从教师的修养角度看这一问题的，从这一角度看，要真正践行教师职业公正是很不容易的。例如，教师的职业公正在主观上会受到教师自身情绪好坏的影响，在客观上会受到问题的情境性等因素的影响。要做到教师职业公正，实属不易。以下列举教师在实现教师职业公正目标上应当注意的几个方面。

1. 自觉加强人生修养

公正对于教师而言，就是一个适当地对人对己的问题。对人对己的公正要求教师首先要有宽阔的胸怀和高度的使命感，同时还必须有一定的自制力和抵制压力坚持公正的勇气。公正看起来是一个很容易实现的道德原则，但实际上没有深刻领悟教育意义或使命感，没有无私奉献的情怀，不具有较高人生境界者，是很难完全实现公正原则的。公正的含义之中，"公平"与"正直"是有一些细微差别的。前者指对人对己都应当一碗水端平，而后者则指一个人疾恶如仇、刚正不阿的品质。一个自私或有偏见的教师很难做到教育公正，一个明哲保身、不能坚持真理的教师也很难做到真正的教师职业公正。要实现教师职业公正，首先要求教师成为一个公正的人，所以教师的道德和心性修养十分重要。

2. 提高教育素养

教师职业公正是要在教育实践中落实的，例如，形式上的教师职业公正和实质上的教师职业公正的矛盾怎样解决，就不仅仅是一个道德原则的选择问题，它实际上主要是寻找这一原则的实现方式的问题。所以，教师职业公正的实现，需要教师有较高的教育素养。

> **案例**
>
> 一位教师在监考时发现一个学生抄袭了一道一分的题目。事后，老师在这个学生的试卷上打分为"100-1"。这位学生接到试卷后非常惭愧，立即找到老师，承认错误，要求老师将100分改回99分。老师听后，在他的试卷上批了一个"99+1"，并对他说："知错就改就行，以后要特别注意，这一分是对你能认识和改正错误的奖励。"

教师职业公正得以真正落实与教师高超的教育技能这一教育素养分不开。所以教育公正从某种意义上说，就是对一般教育原则的另外一种论证与说明。此外，教师职业公正的落实在许多方面都与教育管理的素养联系在一起。我们说过，教师公正具有制度化的性质，所以教师还应努力在教育教学管理上加强修养，努力在自己的周围创造一个良好的公正气氛，努力实现真正的公正。

3. 正确看待惩戒教育

惩戒教育在一定条件下是有意义的。惩戒权一直是教师的职业权力和工具。现代社会由于人道主义倾向的不断强化，也由于儿童权利保护的立法不断加强，行使惩戒权已经越来越困难，教师应当抵制无条件否定惩戒的教育意义的倾向。当然毋庸讳言，惩罚的确是一种消极的教育措施。除了要注意努力做到公正惩罚外，我们还必须尽量控制使用惩罚的方式，如何控制惩罚的度本身也涉及教师职业公正原则。滥用惩罚同样是不公正的表现，所以惩罚的度如何把握、惩罚的公正怎样落实，都是教师要努力探索的课题。

4. 做到公正与仁慈相结合

教师职业公正是一个历史的范畴。在古代社会或带有较浓厚的等级社会、专制社会痕迹的社会中，人格上的不平等使教师的"有教无类"之类的教育理念往往成为一句空话。现代社会是一个以民主、平等为特征的社会，如今，教师职业公正是社会公正的一部分，同时社会公正也为实现教师职业公正创造了良好的社会条件。教育工作者应当通过自己的努力不断促进教师职业公正的实现。

> **案例**
>
> **班级座位怎样排**
>
> 以前有个同事说："我当班主任，只要能把座位排好，就感觉没什么事了。"这句话说得有些夸张，但足见班主任排座位之难。
>
> 作为班主任，我也是俗人一个，难免受一些情况左右。但有一条一直是我的底线，那就是不按成绩排座位。有人问，那你有什么好办法？当老师的都知道这里面的头痛之处。其实没有绝对的好办法，只要本着对学生有益，关心孩子成长，尊重孩子人格，哪种办法都可以，下面介绍一下我常用的一个方法——组团座位法。
>
> 班里五十几个人，我就按男女比例、学生性格及入学成绩等诸多因素，把全班同学分成8个组。每组6～7人，他们坐到一起，组内协调搭配，坐在教室成8个方阵，

> 交作业和值日都在一起，班内按组轮流出黑板报，进行常规管理，开展各项活动，并按常规纳入考核评比，每周两个优秀组，一个进步组。每两周8个方阵以"公转和自转"(如向前又向左、向后又向右)结合的方式调整座位。总体来说，小组大多很团结，学生很欢迎这种方式，尤其是每个月的评比，他们都很在意、很激动，评比激发了他们的小集体主义精神，又进而激发了他们的大集体主义精神。

第五节　教师职业幸福

一、教师职业幸福的含义

1. 幸福与人生的本质

理解幸福首先要区别幸福和幸福感。幸福是人的目的性自由实现时的一种主体生存状态，幸福感则是对这一主体生存状态的主观感受。无论幸福还是幸福感，都以人的目的性及其自由实现为基础。因此，如果我们想要对幸福范畴有一个正确的理解，就必须首先对人及人生的本质属性有一个更深入的理解。

> 人虽来自物，却能超越于一切物之上，人是生命存在，却又超越了生命的局限。人就是这样一种仿佛来自两个世界、生活在两个天地，既近于禽兽又类于天使，身上充满了"二律背反"式矛盾，既"是其所是"而同时又"是其所不是"的那种存在。
> ——高清海《人就是"人"》

正如高清海教授所言，人的生命充满了生理生命与超越生命的"二律背反"。失去生理生命，人作为肉体不复存在，人生及其目的就无所托付。但是，生理生命只是人生的必要条件而非充要条件。由于人从本质上来讲是一种精神性或价值性的存在，所以失去超越生命的特质，只顾眼前和肉体存活的"人"实际上不是真正的具有自由意志的人，其生命历程自然也不属于真正的人生。

2. 幸福与快乐

对幸福的正确理解要与对一个相关概念即快乐的理解结合起来。幸福与快乐非常相似，都是人的主观愉悦状态。实际上，"快乐"一词也可以包括精神上的愉悦，因而也可以包括幸福在内，但是它主要的内涵仍然是感官上的愉快状态，它主要是一种感性的体验。相反，幸福则包含着显著的理性内容，它并不单纯是一种感性或者感官的体验。因此，幸福与快乐有着非常大的区别，而这一区别对于道德生活来说意义重大。

幸福与快乐的首要区别在于是否具有目的性、意义性或价值性。幸福是生活目的的实现，也可以说，幸福就是生活的目的本身。快乐则不然，生活离不开快乐，却不以快乐为最终目的。这是因为感官快乐只是生理欲求的满足，本身无所谓对错或善恶，它的对错或善恶需要另找标准去判断。比如人饿了就要吃饭，吃饭是人存在的条件，本身无所谓对错或善恶。吃饭方式的对错或善恶尚需另找标准去衡量。显然，一种尚需别的事物去说明的东西是不足以做人的本质和人之为人的生活目的的，它永远都只具有工具的意义。

幸福与快乐的第二点区别在于主体感受上的无限和有限。幸福感具有无限性，它是个体意识到自己践行了"天命"(为人的使命)时的愉悦状态。所以行动之前有憧憬的幸福，行动之中有崇高的愉悦，行动之后有永远的欣慰，比如一个教师在他认真而且成功的从教过程中的幸福感。首先，教师在走进一个新的班级时会有一种即将践行使命的愉悦，他知道会有一批新面孔在等着他，仿佛一批种子在等待播种。其次，整个从教过程中他都会有一种幸福感，因为他的劳动目标在一天天实现，他常常会有"喜看稻菽千重浪"的愉悦。最后，当他的教学任务完成以后，他仍然有永远的愉悦。这不仅指教育对象以后的发展或发展的前景使他高兴，而是仅仅回忆起他的从教过程本身就足以使他具有幸福的感觉。实际上任何自由实现目的的活动都会产生这种超越时空的无限性幸福。而快乐则不然，快乐具有"消费性"。所谓消费性指的是快乐过程随欲望的满足而消失的特性。对饥渴状态的解除会带来饮食的快乐，但是这一快乐会逐步递减，并最终消失，从而后走向反面——饮食过度不仅不快，而且有害。所以快乐本身具有非常大的时空有限性。有限性既是无目的性或无价值性的结果，也是其原因。也就是说，正是因为它的极其有限，才不可能作为生活的目标。

幸福与快乐的第三点区别在于有无对于牺牲的超越性。幸福具有享用性。幸福高于快乐，同时幸福也超越了牺牲，"幸福的行动必定免除了或者说自由于各种计较——无论是自私的还是无私的计较"，所以伦理生活的至境同审美生活的至境在最后总是自然融通的。幸福的非牺牲性不是说人没有付出，而是说人的付出早已出于人之为人的本心，从而免除了利害计较，得也罢失也罢，并不在他的活动目的或价值关心的范围。这一点我们只要看一看那些饥肠辘辘的母亲却能幸福地看着自己的孩子吃完最后一块面包之类的例证即可。教师的幸福也正是这样一种超越于个人得失的幸福，在现实生活中也往往是乐于"牺牲"的教师才能获得更多的幸福。

幸福与快乐还有一点区别是幸福具有更强烈、更持久的成就与动力特质。人之所以能在生活中克服千难万险，最根本在于人有其精神动力或精神支柱。幸福与快乐相比，都具有动机色彩，但前者对人的推动更恒久，力度更强。原因在于快乐与生物性需要的满足相联系，而幸福与对真、善、美、圣等价值追求的超越性需要的满足相联系。幸福即人本质的实现。追求幸福是信徒对神性的追求，是政治信仰者为社会理想的献身行为，也是日常生活中免于计较或超越物质牺牲的痛苦而付出的种种饱含自由意志的努力。所以，人生的主题就是幸福的追求，而幸福获得本身就是一种成就。稍纵即逝或消费性的感官上的快乐显然不可能使主体获得成就感，相反它只会有大火烧完之后的灰烬感与虚无感。

幸福与快乐也许远不止上述几点区别，但有一点可以肯定的是，理解幸福区别于快乐对于正确认识幸福概念本身至关重要。

二、教师的幸福及其特征

教师的幸福也称教育幸福,是指教师在自己的教育工作中自由实现自身职业理想的一种教育主体生存状态。对自己生存状态的意义的体会构成教师的幸福感,教师的幸福有以下几个主要特点。

1. 教师幸福的精神性

教师幸福的精神性首先表现为劳动及其报酬的精神性。这里并不是反对给教师改善生活待遇,也不是说教师只有苦没有乐。而是说在物质待遇既定的情况下,教师生活有恬淡人生、超脱潇洒——或者说有"雅"的一面。教师的报酬实际上也的确不止于物质生活。学生的道德成长、学业进步,对社会做出贡献,都是教师生命意义的证明。师生之间在课业授受和道德人生上的精神交流、情感融通都是别的职业难以得到的享受。教师主体只有充分认识这一精神性质才能发现包围自己的人生诗意。

2. 教师幸福的关系性

教师幸福的特点之一就是关系性或给予性与被给予性,这一特征的表现有二。①学校教育中教师的使命是给予而非索取。这只要对比一下一般的"师徒"关系与"师生关系"在性质上的区别即可。前者希望倾其所有、无条件地教育学生。作为"人梯",所有的教师都希望自己的学生有卓越的表现——最好能够超过自己。而无论是教授武功的师父,还是教授手工艺方面的师父,总是要在教授一些内容的同时,保留一些绝活的秘密,非嫡亲者不予传授——这是他们保护自己生存的一种方式。②教育劳动的成果必须建立在交流之上,必须通过对方才能肯定自身——即教师的幸福是被给予的。教师只有全身心地将自己对学生的热爱给予学生,才能建立真正的"主体际性",才能进行有效的工作。教师也只有通过富于热情和智慧的给予才能从自己的教育对象身上看到自己的劳动成果,进而实现精神享用——体验幸福。当然被给予也包括直接来自自己学生的积极反馈,来自自己学生对教师的爱与付出的回馈。

3. 教师幸福的集体性

教育劳动的特点之一是他的集体幸福与个人幸福的统一的集体性质。任何教育成果都是教师集体劳动的结果,也是学生集体劳动的结果。因此,教师的幸福及其体验既具有一般幸福所具有的个体性,更具有集体的性质。一般说来,教师在教育工作中至少直接存在这样四种合作关系,即教师个体与学生个体之间、教师个体与教师集体之间、教师个体与学生集体之间、教师集体与学生集体之间的合作关系。一个优秀的学生,我们可以说是某某老师的学生,也可以说是某某学校、某某班级的学生。因此,教师的幸福既具有合作性和共享性,也具有超越性。共享性是指属于一个集体的成员都可以享用同一个幸福;超越性是指教师由于劳动的集体性质,必然具有与人积极合作而不是恶性竞争的特点。因此,教师的幸福建立在超越个人打算或个体利益计较的基础之上，教师的劳动与幸福都具有境界上相对崇高的特征。

4. 教师幸福的无限性

教师的幸福具有效果上的无限性，这表现在时间和空间两个维度上。时间上教师的幸福是无限的。教师对学生在人格与课业上的影响具有终身性质，通过学生，教师的劳动与生生不息的人类文明联系在一起。因此，教师所收获的幸福也是超越时间性质的。一个教师即使退休了，或者停止了教师职业生涯，也丝毫不妨碍其学生对他的永远尊敬，更不影响他本人对所从事过的这一事业的美好回忆。教师幸福的无限性与教师劳动的精神性、给予性有密切联系。

三、如何做一名幸福的教师

幸福和主体自身的能力与创造有很大关系，而教师的幸福与教师的能力与创造也紧密相连。因此，做一名幸福的教师，不仅需要一定的客观条件，更为重要的是需要一系列的主观条件，从而可以更好地实现教育幸福。

首先，教师要充分认识自己的职业意义，同时提升自己的道德水平和人生境界。教师要了解自身职业的神圣性，理解教师职业的荣耀性，换言之，没有教育事业神圣性体验的人，无法体会教师的幸福。因此，教师要不断地提升对自身职业神圣性的认识，理解自身肩负的教育使命。同时，教师也必须在职业工作中不断提升自己的道德水平和人生境界。一个没有较高精神追求的教师、一个缺乏起码道德水平的教育工作者极有可能沉溺于感官生活，习惯于病态的幸福，从而失去对真正幸福的感受力和创造力。优秀的教师总能让自己超越感官快乐的享受，进入理性与道德境界，承担教师的职业使命。只有这样的教师，才能真正获得教育的幸福；也只有这样的教师，才配享有教育的幸福。

其次，教师应当具有良好的知识结构。这一知识结构主要包括本体性知识、背景性知识和条件性知识三类。本体性知识是指教师所教科目的学科专业知识；背景性知识实际上是教师应有的综合性文化涵养；条件性知识是指教育学、心理学知识，包括对教学过程规律性的认识，对教育对象的了解，等等。在我国，随着教育事业的发展，教师的本体性知识已经渐渐不是最主要的问题。相关研究也表明，教师的本体性知识与学生的学习成绩之间不存在统计上的高相关。因此，制约教师成功的知识瓶颈主要是文化性(背景性)知识和条件性知识。我们知道，教育家的知识不同于科学家的知识的一个重要特征是，前者是一种重新组织起来易为学生接受的知识。一些心理学家认为它应是"文化化"和"生活化"的知识。没有对学生及其学习机制的切实了解，没有民族和世界文化的整体支撑，就不能将学术语言生活化，这样的教师即便能够从事教育教学工作，也只是一个枯燥乏味、没有成效的教师；这样的教师，"学生听其课味如嚼蜡，躲其课不以为害，评其课嗤之以鼻"。失败的教师当然是不能收获幸福的。

再次，教师必须具有高超的教育能力。这里的教育能力是教育劳动的实践能力，韩进之教授认为，教育能力包括教学能力，语言表达能力，注意分配能力，思维的系统性、逻辑性和创造性，以及教育想象能力。林崇德教授将其概括为"教师的自我监控能力"，包括对教育活动的计划安排，对这一活动的监察、评价、反馈，以及对教育过程的调节和矫正能力。林崇德教授还认为，"优秀教师=教育过程+反思"。我们知道，教育活动的特点是一种心心相印的交流活动。教育过程中充满变数，因此，教育不仅是一个严谨的知识传授过程，也是一个充满灵活性、创造性的艺术过程。没有包括自我监控能力在内的实际工作能力的教师，不会收获教育的成功，更不会体验到教育的幸福。

最后，教师还应当具有审美的素养。幸福能力从某种程度而言是一种对主体自由的审美能力，幸福感就是一种生活的美感。因此，缺乏美感的人也一定缺乏幸福感。要想收获幸福，教师既要有较高的精神境界、创造性的教育能力，还应当具有对教育活动过程及教、学双方的审美能力。这一审美能力既是乐教、乐学的中介环节，也是进一步激发创造性的重要因素。教师应当自觉掌握教育的审美评价尺度，学会以审美的心态看教育、看学生、看自己。审美是发现幸福、创造幸福的重要法宝，也正是我们近年来不断呼吁建立教育活动第三标准(即审美标准)的重要原因。

· 思考与练习 ·

1. 教师义务的含义是什么？
2. 教师义务在教育教学过程中有何作用？
3. 结合你对未来的职业期待，谈谈如何拥有并享受教师职业幸福。

第十章　具体情境中的教师职业道德要求

· 本章学习目标 ·

掌握教学活动中的职业道德要求；理解学术研究中的职业道德要求；掌握师生关系中的职业道德要求；理解家校关系中的职业道德要求；理解教师集体中的职业道德要求；掌握学校行政管理工作中的职业道德要求。

第一节　教学活动中的职业道德要求

教师在教学过程中的道德行为如何，关系到教学过程能否顺利进行，进而影响教学的效果和培养目标的实现。因此，教师必须严格遵守教学过程中的道德要求。教学过程中的教师道德要求是教师在教学过程中应当遵循的行为准则，是教师道德原则和规范在教学过程中的具体体现和补充。

一、教学活动的道德意义

教学能够促进人的发展，延续人的生命。因此，教学作为人类的一种活动，在其教学理念、方式手段及程序途径上应该是合乎道德的，至少在道德上是可以接受的。教学活动能够体现教师的道德水平和境界，反映教师的良好素质。

(一) 教学工作是促进学生全面发展的基本途径

学生在教学活动中有着强烈的理论追求和敏感的道德体验，他们热切希望课堂能洋溢清新的空气，学校能充满创造的活力，教师是可亲可敬的师长，学习能为他们自由发展插上翅膀。教师要在教学活动中回应学生的伦理期待，在教学相长中和学生共同进行智慧与情感、人格与意志的激荡共振，完成铸造新人的教学理念。

(二) 对待教学的态度体现教师的道德水平

"师者，所以传道授业解惑也"。也就是说，教师的职责有三方面内容，即以传道为主旨，授业为效果，解惑为手段。教师通过教育教学活动，培养全面发展的学生，为社会造就有用的人才。教师对待教学的态度与学校培养目标的实现和学生的健康成长有着密切的联系。教师严谨治学，善于钻研，勤于进取，学识渊博，热忱教学，精心施教，才能培养出优秀的学生；教师若治学马虎，不思进取，不肯钻研，不学无术，教学敷衍，玩忽职守，必然误人子弟，损害教育事业。因此，教师对待教学工作的态度是一个重要的职业道德问题。

在中外教育史上，人们总是把教师对待教学劳动和科学文化知识的态度看成教师职业道德的重要问题。我国古代教育家孔子认为，教师要学而不厌，诲人不倦。随着社会的发展和教育的变革，教学模式有了较大的发展与变化，对教师的知识素质和教学能力的要求越来越高，对提高基础教育的教学质量的呼声也越来越高。

(三) 做好教学工作是教师良好素质的展现

曾有学者提出教育的三本护照理论，他认为未来的人都应手握三本教育"护照"或"证书"，即三个方面的造诣和素质准备：一本是学术性的，一本是职业性的，还有一本是证明一个人的事业心和进取精神的。对于教师而言，学术性的素质就是科学文化知识；职业性的素质就是某一领域的专业知识及从事教学活动必备的知识和能力；第三方面则是教师的思想道德素质。学术性素质和职业性素质一起构成了教师的业务素质。教师的业务素质和思想道德素质在其整体结构中占据重要地位。这是因为，教师的业务、思想道德素质和教学活动有着直接的相关性。没有工作本领就不能做好工作，没有特定的专业素质就不可能顺利完成教学任务，尤其是专业性很强的学科教学工作。而且，课堂教育质量的好坏，学生素质发展水平的高低，在教学的其他条件基本相同的条件下，最终是由教师的业务素质和思想道德素质所决定的。

二、教学工作中的具体道德要求

从教学关系中的师生互为主体的特点看，学生主体意识的觉醒和提升离不开教师主导作用的发挥。教师在师生关系中处于相对优势地位，可以运用自己所掌握的知识对学生进行指导和教育，利用自身的资源对学生的行为和思想施加影响。教学活动的实践向教师提供了客观的伦理要求。教师只有使自己拥有高尚的品德、科学的理念、优良的知识和能力修养、创造性的精神修养，才能满足学生的客观要求。

(一) 提升教师的伦理精神，确立教师的道德责任感和师表人格

教师进入课堂，必须意识到教师与学生之间不仅仅是知识传授与接受的关系，而更应该是道德关系。

教学从本质上说是一种需要有高度的责任感、使命感的活动。教学道德的实现离不开教学责任这一前提条件。全面关心学生的成长，提高学生的素质，这是教师对自身责任认识的深化，也是社会对教学提出的明确要求。教师只有深刻认识到自己肩负的特殊责任和神圣的历史使命，才能以高度负责的态度去切实履行教学要求，遵循教学道德，在教学活动中以自己崇高的品质、全面的素质、向善的行为来影响学生。

道德责任感是以良心为基础的。教师良心是教师对社会伦理和道德责任的自觉要求，在教学过程中起着巨大的作用，贯穿教学过程的各个阶段，成为教师隐蔽却最有力量的调节器。教师良心是教师个人的自觉道德选择、内心体察和成熟的思想。

道德责任感也是由人格赋予的。教师要以高起点塑造自身完美的师表人格。"高起点"是指教师对伦理价值目标要有高要求。教师师表人格的塑造要立足于人的最高境界，在现实中表现出"高人一等"的品质超越。教师劳动具有精神享用和师表特征。教师在教学中的无穷乐趣和满足感、成就感，使他自觉自愿地追求完美的师表人格，获取师表人格的升华和人生价值的永存。

(二) 确立科学的教学理念，拓宽教学追求新视野

教师应该具有与时代要求相一致的教学理念，并以此作为自己教学行为的基本理性支点。教学理念是指教师在对教学工作本质理解基础上形成的关于教学的观念和理性信念。有没有科学的教学理念，是专业教师与其他人员的重要差别，也是教师专业素养的重要方面。教学理念是影响教师成长的深层次心理活动，它决定了教师的教学行为，是教师不断成长、发展的支撑性品质。教师的教学理念具体包括教学价值观、目标观、学生观、课堂观等。

(三) 形成合理的知识结构，创造教学的理想境界

为适应教育的未来发展，从"三个面向"和全面实施素质教育的要求出发，教师的知识结构应具有复合性，应超越单纯的"学科知识+教育学知识"模式，代之以全面的、更符合职业要求的知识结构。教师知识的理想结构应包括三个层面：一般的、较广阔的科学素养和人文素养，以及当代重要的工具性学科的知识与技能(如外语、计算机知识与技能)构成基础层；承担教学任务的课程中应具备的知识与技能构成核心层；认识教育对象、开展教育活动的教育科学知识与技能是第三个层面。三个层面的知识相互支撑，有机结合，它们的整合力量作用于教育实践和教师的成长，将体现为教师教育行为的科学性和艺术性，体现为教师精神生活的丰富性和发展性。显然，合理的知识结构是教师教育工作成功的保证，是创造理想的教学境界的基础。

(四) 提高教学专业能力，全面提高教学成效

教师能否把自己掌握的专业知识和技能有效地传授给学生，能否把自己的科学文化素养转化为对学生的教育力量，能否把教育理论学习的成果应用于教育的科学实践，关键还在于教师是否具备较强的专业能力，即顺利完成教育教学任务所必需的本领。教学专业能

力是由教育教学工作的特殊要求所决定的，它是一个由若干层次的要素构成的复合体。其中，观察力、记忆力、想象力、思维力等一般能力是基础；从事教育教学工作必备的特殊能力是教学专业能力的主体，包括职业性的语言表达能力、组织能力、处理教学内容的能力、观察和研究学生的能力、操作教学流程的能力等。教师的教学专业能力水平和教育教学成效有着极为显著的相关性，因此是教师业务素质优劣最为显著的表征。

(五) 增强教学改革中的道德意识，适应当前教学发展和进步的道德选择

教学改革是教学发展的永恒主题。教学改革，不管是教学组织形式、方法的改革，还是教学模式、教学过程的改革，都必须把道德价值作为改革的参照系和目标追求。只有这样，教学改革才能确保改革的先进性、合理性、正当性，才能成为真正有价值的改革。

第二节　学术研究中的职业道德要求

学术研究工作是一种创造性的劳动，是教师提高学识水平，有效进行教育教学，不断提高教育教学质量的重要条件。学术研究中的职业道德要求是教师道德的重要组成部分，是教师在学术研究活动中调节各种关系的行为准则，制约着教师科研精神的创立，影响教师科研能力的形成，是道德研究的重要课题。

一、追求真理，献身科学

追求真理与献身科学是教师学术研究活动的基本要求，也是教师学术研究道德的基本内容。科学的意义在于求真，科学研究是追求真理、探索真理、揭示真理、捍卫真理的过程，这就要求从事科学研究的人首先是一个坚持真理而且坚持不懈追求真理的人。献身科学与造福人类是学术道德的总的指导思想，认识世界与追求真理是科研工作者的天职。追求真理也是教育工作者道德的基本特征，是由教师的社会责任和劳动的特殊性所决定的。教师不仅要用学识育人，更要用人格育人。追求真理与献身科学是一种高尚的人格，是人生价值观的重要组成部分，也是广大科研工作者科研行为的精神支撑和动力源泉。

追求真理与献身科学作为学术道德的基本要求，大致由以下部分组成：①要有掌握科学的强烈愿望和追求真理的献身精神，把追求真理与献身科学作为崇高目的，这种强烈愿望和献身精神，不建立在个人名利和虚荣心之上，而建立在对祖国、对人民的忠诚和高度责任感之上；②要刻苦钻研并力求掌握科学知识，并自觉地运用科学真理与社会实践，将科学真理束之高阁是不能造福于社会和人民的，只有把自己掌握的科学真理运用于自己从事的工作和劳动中，才能真正地给人民、给社会带来福利；③要敢于和善于同一切愚昧和谬误做斗争，科学真理的发展不仅要以社会实践作为基础，而且要以克服和消除愚昧和谬误作为条件，在同谬误的斗争中，科学越是毫无顾忌和大公无私，它就越符合社会的利益和期望，也越利于培养学生的科学素质。

二、勇于探索，严谨求实

勇于探索的进取精神，是一切学问发展的必要条件。科研工作要探索和发现新的知识领域和劳动规律，要求教师在科研活动中要有对科学知识的强烈求知欲望，勇于探索的精神，刻苦钻研，勤奋好学，开拓创新，努力提高教育科研水平，创造新的科研成果。阿基米德一生都在不停探索，即便他已功成名就，仍然不停演算，质疑自己的探索成果。

严谨求实是科学的内在要求，是治学的最基本的态度和道德规范。做科学研究的人必须严谨治学、求真务实，踏踏实实做人，认认真真做学问，来不得半点马虎和懈怠。一位科学家曾在回答学生的问题时说："我回答不出你的问题，因为我自己还没有看过教科书的那一章，不过你明天来的时候，我已经看过了，或许能够回答你。"科学工作者必须把自己亲自得到的实验数据视为至高无上的权威，绝不允许为了个人的需要而对数据加以"修饰"，更不允许为了自己的利益沽名钓誉而胡编乱造数据，必须严谨求实，做到严密谨慎，严格细致。

勇于探索与严谨求实是教育工作者对社会负责、对学生负责的具体表现。教师的责任是通过自己的教育教学工作，把系统的知识传授给学生，发展学生的智力，培养他们的能力，使之成为有理想、有道德、有文化、有纪律的一代新人。教师勇于探索与严谨求实的行为和精神，不仅可以提高自己的学识，丰富教学内容，提高教学质量，培育人才，而且具有重要的示范作用。

三、端正学风，科研诚信

一个真正的学者，意味着淡泊名利、甘于寂寞、刻苦钻研、学风端正、科研诚信。在当前形势下，学风不正、诚信缺失已经成为制约教育全面、协调、可持续发展的一颗毒瘤，学术腐败和造假问题已经引起国家教育主管部门的高度重视。

随着经济社会环境的变化，学风浮躁、学术不端等行为频繁出现，教师必须加强科学道德和学风建设。对此，除了要抓好教育制度和监督外，还需要每一个科研工作者加强个人修养，自觉坚持良好的科学规范，践行良好的学风。具体而言，应做到以下两点。

(1) 要有正气。要有一颗敬畏学术的心，要加强社会责任感、人文关怀和心灵体验，沉下心来做真的学问，真做学问。优良的学风是一种刻苦严谨、奋发向上的人文氛围，是一种至善至美、追求卓越的价值追求，更是一种崇尚真理、实事求是的精神状态。

(2) 要诚信。要在科研活动中坚持诚实、信任、公正、尊重和责任等根本价值观念。科研诚信涉及两个不同层面的问题：①反对科研不端行为(伪造、篡改和剽窃)，同时重视和治理科研中的不当行为；②遵守一般科研活动的行为规范准则，以及与科学研究相关的规章制度和行为指南，恪守科学道德准则和行为规范。

四、谦虚谨慎，大胆创新

科研必须谦虚，但谦虚绝对不是保守。在开展科研工作的过程中，每个人的作用和贡献是不同的，但往往缺一不可。因此，我们既要有实事求是的态度，又要有大公无私的精神；既要看到自己的成绩，又要尊重他人的劳动，做到谦虚谨慎、公正无私。

科研必须创新，但创新不是狂妄。因此，科学的创新必然同迷信、错误、传统观念和习惯认知发生矛盾，科学工作者有时还会承担一定的风险，付出一定的代价，每个科学工作者为了科学的发展和进步，都应该有创新的勇气和谦虚的态度，实事求是地开展工作。

第三节　师生关系中的职业道德要求

师生关系是学校中最重要的人际关系。教师和学生的关系是否和谐，关系到整个学校各项教育活动能否正常进行和成效的高低。充分认识师生关系在教育中的意义，对师生关系中道德层面的矛盾进行深入而正确的分析，并适度地调节，将对教育过程的各个环节产生重要的作用。

一、师生关系在教育中的意义

建立良好的师生关系，是对教师的基本要求。协调师生关系，对于教育过程具有重要的现实意义。

(一) 师生关系在思想道德教育中的意义

古人云："故安其学而亲其师，乐其友而信其道。"友好的师生关系是思想道德教育获得成效的保证。思想道德教育的过程是师生之间伴随着主体思想、理论、观念灌输的不断交流的过程。其中，既有各种信息的发出和反馈，又有情感的相互交流。师生的友好互动构成了教育、教学的氛围和背景，有利于在师生关系之间形成"知识场"与"心理场"。为了晓之以理，必须做到动之以情。情感之弦是人本有的一种心理积淀，调动人本有的心理能量来促成心理的共鸣反应，就会大大提升教育的效果。教师作为教育者，在师生交往中应随时注意和调节双方的心理距离，既要有教师的尊严，又要努力形成自身的凝聚力和向心力。这要求教师必须对学生有至诚至爱的真挚情感和态度，以引起学生的理性认同和情感共鸣，从而水到渠成地获得理想的教育效果。

(二) 师生关系在课程教学中的意义

良好的师生关系是进行正常教学活动、提高教学效率的保证，和谐的师生关系是课程教学中一种无形的推动力。它不仅能给学生创设宽松愉悦的学习氛围，充分调动学生学习的热情，而且能让教师得到学生真诚友好的配合，从而使课程教学高效率地进行。在课程教学中，必须注意师生平等。教师和学生在人格上和真理面前是平等的。教师要充分相信每个学生都具有发展的潜力；教学必须面向全体学生，创设公平、公正的学习情境，让每个学生有机会体验成功。有了良好的教学氛围，就会使学生产生自信心和责任感，就会自觉、努力，严格要求自己。另外，在信息时代，"文化反哺"现象十分明显，教学相长尤为重要。在课程教学中，教师可以从学生那里获得书本上没有的知识和体会，恰当地扮演自己的角色，从而获得教学相长的效果。

(三) 师生关系在制度管理中的意义

良好的师生关系是制度管理取得成效的保障，制度是学校各项工作和活动的行为规范。学校各项管理都会涉及教师和学生，在学校的大部分管理活动中，教师是管理者，学生是被管理者。师生之间的这种关系，是一种教师对学生实施教育、教学、指导等过程中发生的管理和被管理的行政关系。在教师和学生的管理关系中，要使管理活动取得良好的成效，师生关系的好坏起着决定性作用。没有学生的积极配合，学校管理是无法获得成功的。在师生关系紧张、情绪对立、心理抵触的情况下，学校的管理活动很难取得理想的结果。

二、师生关系中的主要道德要求

(一) 热爱学生，严格要求

首先，要热爱学生。热爱学生是教师道德要求中重要的道德规范，是教育活动有效开展的前提，也是师生关系的基本道德要求。因此，作为管理主体的教师，必须要有一颗热爱学生的心，这是管理学生最基本的道德要求。只有热爱学生，教师才能设身处地地理解学生，才能了解学生各方面的情况，才能有的放矢、热情主动地引导和帮助学生，才能真心诚意地尊重学生，才能发挥管理的育人作用，影响学生的精神世界。

其次，要严格要求学生。严格要求学生正是热爱学生的具体体现，在管理中应该将爱与严结合起来，要科学地爱、理智地爱，要慈严相济、严中有爱。严格要求学生是一门学问。随心所欲，严格无边，不仅不会对学生的进步、成长起到有利的作用，甚至还会使学生产生逆反心理，产生对教师的抵触情绪，激化师生间的矛盾。严而有理、严而有度、严而有方才是实现良好师生关系的有效途径。

(二) 尊重学生，平等信任

尊重学生、保护学生和发展学生的自尊心，是师生关系中重要的道德要求。希望得到别人的尊重是每个人的普遍需要。青少年学生由于生理、心理的发展，知识的增多，交往面的扩大，自我意识的增强，尤其希望教师、家长及周边的人能够信任他们、尊重他们，这种自尊心往往会成为学生成长的内在动力。教师在管理学生的过程中，尤其要注意尊重学生，否则学生就会失去信心，甚至悲观失望，这必然影响管理和教育的效果。

信任是教育和管理的基石。信任是一种力量，彼此信任才能使彼此的关系更加牢固，不论什么原因，如果对学生不能持信任的态度，如果没有让学生感到教师对自己的信任，教育和管理不仅没有正效应，反而会激起学生的反抗心理，最终使教育和管理一败涂地。教师充分相信学生，学生才会相信教师，真正平等有效的沟通才会开始，真正的教育和管理也才会开始。

(三) 宽容学生，欣赏学生

宽容是学生心理健康发展的良药，处于成长中的学生，寻求人格独立与身心发展不健全的矛盾尤为突出，出现错误在所难免。对此，教师不能一味严格要求，甚至付之以惩罚，要讲求方式方法，宽容学生。

宽容是教师的一种风范，它可以折射出教师教书育人的艺术与良好的文化涵养。教师需要吸收多方面的营养，需要时常将视线集中在完善自己的精神建构和心理素质上。教师要学会宽容，宽容学生的错误和过失，宽容学生一时没有取得很大的进步，要用长者的成熟理解学生成长的稚嫩。当然，宽容不可饶恕的丧尽天良的人，则是放纵。所以，宽容本身也是生活的一门学问。宽容不仅是一种方法和手段，更是一种精神，它包含着理解和原谅、坚强和力量。宽容是一种美德，而对学生宽容不仅是一种美德，还是一种教育管理艺术。

欣赏是最成功的教育方式之一。欣赏可以帮助学生找到自信，可以使学生悦纳自己。对一些普通的学生甚至是"差生"的欣赏，实际上是一种发掘闪光点的过程。每个人都有自己的闪光点，之所以很多人没有机会展示，是因为它们都被表面不怎么优秀的成绩所掩盖了，如果教师看到学生的闪光点，这些闪光点就可能成为可以燎原的星星之火，学生的一生则可能因此而改变。宽容与欣赏既是帮助后进生扬长避短的良方，也是建立和谐师生关系的妙法。

(四) 慎用惩戒，拒绝体罚

惩戒是教育不可或缺的组成部分。惩戒是从关心、爱护学生的角度出发，为了学生的健康发展，在尊重学生人格和不伤害其身心健康的基础上，依据有关规定对学生采取的一种否定性评价和强制性纠正措施，目的在于使学生认识到自己的过失并改正。

目前，学校普遍提倡"赏识"鼓励教育，这是新时期学生观、教育观发生的重大变化。这是我国教育可喜可贺的进步，但提倡鼓励并不是忽视或者抛弃惩戒。反之，应该更重视惩戒和赏识或激励的综合应用，因为只有奖励和惩戒一起，才能构成完整的教育方法和评价体系。适当的惩戒也是管理的有效途径，也是真正爱护学生、尊重学生的表现。

教师要拒绝体罚。现实中，惩戒和体罚常常被人混为一谈。其实，我们在此所说的惩戒和体罚是明显不同的，惩戒是以不损害学生的身心健康为前提的，体罚则必然对学生的身心健康造成伤害。在教育管理中，体罚是不科学的、不民主的、有害的教育方法，应坚决反对体罚，慎用惩戒。

第四节　家校关系中的职业道德要求

学校和家庭是青少年成长过程中最重要的环境。家校关系是教师在教育劳动中面临的又一重要关系，它对教师教育劳动的成败有着重要影响。因此，家校关系一直被学校列为教育的重要方面。

一、家校沟通与合作的基础

教师和家长作为两种不同的社会角色，两者之间并不存在必然的联系，学生(孩子)是他们之间的桥梁，使两者之间产生了必然的联系。这种联系在学生接受教师直接的教育教学期间是始终存在的，是不以教师和家长的意志为转移的。教师和家长这两个互不相干的社会角色因为学生(孩子)走到了一起。因此，从一般的意义上说，两者之间在根本利益和教育目标上是一致的。

教师和学生家长在根本利益上的一致性具体表现在以下方面：①在政治上，教师和学生家长作为国家的公民，他们的政治和法律地位是平等的，只是由于社会分工不同，才扮演了不同的社会角色，承担着不同的社会责任；②在经济上，他们都是社会生产资料的共同所有者，在社会大生产过程中是相互合作的伙伴，有联系密切的利益关系；③在文化教育上，教师和学生家长都是在同一种文化传统和教育制度下成长起来的，对学校教育的认识有着相似的现实基础。

教师和学生家长在教育目标上，更具有内在的一致性。这种教育目标的一致性或共同性主要表现在以下四个方面。

(1) 思想品德培养上的一致性。青少年学生的思想品德不是先天固有的，也不是自发形成的，而是在学校、家庭和社会各方面的综合影响下，通过他们个人的实践活动形成和发展起来的。教师和学生家长都殷切期望学生形成良好的思想品德，为此他们共同负有教育的责任。他们将根据国家和社会的需要，向学生灌输正确的政治思想意识，用高尚的道德情操熏陶学生，防止、克服社会上不良思想和行为的影响，帮助学生在思想上、政治上健康成长。

(2) 知识才能培养上的一致性。社会需要造就一代掌握现代文化科学知识和技能，能够适应各行各业建设需要的合格的劳动者和各类专门人才。学校教育和社会实践锻炼，让学生掌握系统的文化科学知识，掌握必要的基本技能，发展他们的智力与能力，这是教师和学生家长共同承担的社会责任。教师和学生家长都希望学生成绩优异、知识丰富、本领高强，并以此为荣。

(3) 身体素质和良好生活习惯培养上的一致性。青少年学生正处于生理发育逐步成熟的过程，是否具有良好的生活习惯和健康的体魄，既关系到他们能否健康成长、顺利完成学业，又关系到他们今后能否担负起国家建设的重任。因此，保证学生有足够的营养、卫生保健设施，以及良好的学习条件和生活条件，引导学生养成良好的生活习惯，也是教师和学生家长的共同心愿。

(4) 审美情趣培养上的一致性。培养学生具有正确的审美观和鉴赏能力，是全面发展教育的必要组成部分。随着社会的发展，广大教师和学生家长日益认识到培养学生正确的审美情趣的重要性，并逐步加大了在学生审美情趣培养上的投入。

总之，在教育目标上，教师和家长存在着高度的一致性。对于教师而言，他们希望学生得到良好的教育，并给予必要的投入。学生家长也会对孩子的成长给予高度的关注和积极的配合。这种教师和学生家长在根本利益和教育目标上的一致性，决定了两者之间存在着建立良好关系的客观基础。

二、家校关系的道德调适

反观历史，自从学校问世以来，家庭同学校的关系问题始终是人们关注的问题。在现代，由于家庭和学校双方的职能都发生了种种变化，家校关系问题更为引人注目。家校关系的调适有多种角度，下面将从伦理关系的层面分析道德调适的可能。

(一) 家庭和学校具有不同的教育职能

当前，家庭教育科学化已成为社会普遍关注的问题，而父母教育又是家庭教育科学化的基础。父母教育的任务需要学校和社会来共同承担。从学校所承担的社会角色和责任而言，学校应当扮演主动和主要的角色。目前，我国依托各级学校举办的"家长学校"，基本承担了父母教育的任务，其在普及教育学知识的过程中发挥了积极作用。家庭和学校分别作为一种社会组织，在培养青少年的过程中所承担的教育职能应该是有明显区别的。前者主要是自我教育，以个别的方式进行；后者是以智育为主体的给予教育，以集体的方式进行。可见，学校教育的优点也正是它的缺点，但是学校教育的缺点可以由家庭教育来弥补。

家庭作为人降生后归属的第一个社会群体，能使儿童初步掌握母语，形成生活习惯，自然地接受爱和主动地去爱，从而奠定人格与个体社会化的初步基础。因此，家庭应该成为孩子道德教育的基地、心理关怀的港湾。家庭关系虽然也属于社会关系，但这种社会关系属于人与人之间最自然的关系。如果学校教育和家庭教育各司其职，青少年的成长将保持一种和谐的平衡。青少年在集体教育中所承受的压力，可以在家庭生活中得到自然的释放，而学校教育又可有效地促进青少年的社会化进程。

(二) 建立学校与家庭平等合作的伦理关系

学校和家庭由于学生(孩子)这个中介、桥梁、纽带走到了一起，两者之间构成了一种不以任何一方的意志为转移的客观关系。对这种关系的准确把握，或者使两者在关系中进行准确的定位，对于教师与家长的和谐相处是十分重要的。

一般认为，在师生交往中，应该以教师为主导，学生为主体。那么，教师在与学生家长相处时，是否也应该占主体地位？实际上，教师与学生家长有着相同的教育对象、共同的愿望、一致的社会责任。面对学生(孩子)，教师和学生家长作为教育者，所肩负的责任是同等重要的，不存在谁轻谁重、谁主谁次的区别。因此，教师和学生家长的关系是一种合作关系，是一种为了使学生(孩子)成才而确立的相互协作关系。

现代教育科学告诉我们，教师和学生家长必须建立起正常、和谐的合作关系、伙伴关系，反之则会使双方配合不当，非但不能增添教育的力量，而且还会使双方力量相互抵消，甚至起相反的作用。对此，教师应该有足够的认识，注意在和学生家长的交往中建立一种平等合作的教育伦理关系。

要建立平等合作的伦理关系，教师首先要树立正确的"家长观"。正确的"家长观"的核心，就是双方关系的平等性。在教育修养方面，教师有时确实比家长高一些，但这也不是绝对的。特别是随着我国人口中接受高等教育的比例快速上升和教育学知识的普及，学生家长的知识层次和教育修养也在不断提高。这一变化在我国的大中城市表现得尤为突出。同时，教师和学生家长都是社会的职业劳动者，都具有一定的社会地位，人格上是平等的，不存在领导与被领导、支配与被支配的关系。因此，不管是主观上还是客观上，教师和家长在人格上是完全平等的。由此也决定了教师和家长的关系具有以下一些基本特点：①教师除了道德上的威望，对学生的家长无任何权利可言；②由于教育学生是教师不争的社会责任，因此教师要和所教学生的家长建立合理的伦理关系，不管学生家长的社会背景如何；③在交往的过程中，教师要以主动协调的态度促进与家长平等合作伦理关系的形成，因为教育的主动权掌握在教师手中。

这种平等合作的关系，表现为双方社会地位的平等性、双方联系交往的互尊性和双方在教育过程中的配合性。学校和教师在家校关系的指导观念上要实现三个转变：①要从把家长放在从属地位，转变为以学校为指导、以家长为主体的双向合作关系，家长在家校关系中要由被动转变为主动；②要从学校、教师单向的居高临下的指导，转变为教师、家长双向的互动、相互学习，教师在家校关系中由绝对权威转变为相对权威；③要从单纯从学校和教师出发要求家长配合的社会性目的，转变为从孩子出发的个性教育目的。

(三) 教师应尊重学生家长

在与人交往时应该尊重对方，这是对一般社会成员普通的、起码的要求，也是衡量一个人社会化程度的标志之一。学生家长是教师在教育学生过程中不可缺少的合作者，教师必须给予他们应有的尊重。这既是社会对教师的一般要求，也是教育伦理基于教育劳动的特点对教师的特殊要求。

1. 当教育过程中发生困难时，教师要耐心和克制

一般来说，教育活动比较顺利时，教师和学生家长发生矛盾的可能比较小。因为在这种状况下，一般较少发生教师不尊重学生家长的情况。而当学生犯错误时，尤其是当学生反复犯同一错误或相似的错误，教育过程不是很顺利时，教师如果不注意控制自己的情绪，就很容易发生不尊重家长的言行，从而导致家长对教师心生怨意，甚至导致两者间发生矛盾冲突。遇到此类情况时，教师为避免自己的不当言行给家长带来伤害，应该在以下

方面多加注意。

(1) 要反思学生所犯的"错误"是一种错误，还是学生心理需求的自然表露，或者是学生身心发展过程中的正常现象。

(2) 要探讨学生犯错误的原因究竟是什么。在有的情况下，错误是学生犯的，但原因可能不在学生本人，而是在其他同学，或者在家庭和社会，甚至在教师。只有找准了学生犯错的原因，才能有效地纠正和杜绝学生的错误。

(3) 即使是由于学生本人的原因犯了不小的错误甚至是严重的错误，也不能将学生犯的错归咎于家长。在这种情况下，教师应格外注意自身的言行，以免由于自己对学生家长的不尊重造成不愉快。

2. 教师要虚心听取学生家长意见

教师要虚心听取学生家长意见，并要对正确的意见积极地采取行动，这是教师职业道德对教师的要求，也有利于教师教育及教学质量的提高。其中的原因主要包括以下两个方面。

(1) 家长与孩子朝夕相处，即使孩子上学，也有将近三分之二的时间在家里度过，家长对孩子的爱好、兴趣、性格、脾气了如指掌。而孩子的言谈举止在家中表现得最自然、真切。因此一般来说，家长能真实地反映学生在校外的情况，教师要虚心听取家长的意见和建议。

(2) 学生家长的知识层次在不断提高，很多家长也比较注意教育学知识的进修和教育学修养的提高。因此，学生家长对教师的教育教学往往能提出一些到位的意见和建议，教师如能虚心地加以听取并吸收，对学校教育肯定是大有裨益的。从这层意义上看，教师应该听取学生家长的意见。虽然在时间上，教师工作比较辛苦，抽不出更多的时间去了解学生家长的看法；在心理上，教师亦不是很愿意听到家长的批评意见；在价值观上，教师都想努力体现自身在教育事业中的价值，不想自己被"抹黑"，但由于教育的需要，教师要虔诚而耐心地倾听家长的意见。教师这样做，不仅不会影响教师在家长心目中的威信，反而会密切两者之间的关系。

3. 教师必须一视同仁地对待每一位家长

教师一视同仁地对待每一位家长，是教育公正的必要延伸。教师必须爱所有的学生，不仅要爱那些学习成绩优秀、听从自己教导的学生，也要爱那些学习成绩差、喜欢调皮捣蛋的学生，并倾其全力做好转化工作，这是教育公正原则对教师的要求。教师还应意识到，正像教师不能随意淘汰差生一样，教师也无权拒绝和任何一位家长合作。现代学校教育是以班级为基本教学单位的，师生相互之间一般没有选择余地，这就使教师对家长一般也没有选择余地。所以教师不仅不应该拒绝和学生家长合作，还应该主动协调他们的关系，充分发挥他们在教育学生活动中的作用和积极性。一般来说，作为教师，他们对优秀学生的家长和素质比较高的家长较为尊重。事实上，教师和这样的家长也比较容易沟通。但对那些暂时处于后进状态的家长和素质不是很高的学生家长，教师往往缺乏应有的尊重，也缺乏主动沟通的意识，这种状况是不符合教师职业道德要求的。至于个别教师对具有一定身份、社会地位比较高的学生家长表现出过分的热情，而对贫困学生的家长则爱理不理，甚至冷眼相待，则更为教师职业道德所不容。教师职业道德要求教师一视同仁地对待每位家长，不论家长的素质、身份和社会地位究竟如何。

(四) 教师要提高沟通的能力

教师与家长是否有良好的沟通，在很大程度上还取决于教师的沟通能力，而这种沟通能力是需要培养的。目前，在我国的教师教育课程体系中，并未见到相应的培训内容。德国的教师教育培训中，"与家长的关系"和"教学原理""教育原理""学校法规"一起构成教育理论培训的重要内容之一。而学习"与家长的关系"的关键是学会怎样与家长和谐相处，达到密切合作培养儿童的目的。具体要求有三项：①教师要热爱学生，了解学生的家庭情景、家庭的教育状况及家长作为教育者的任务；②通过宣传教育使家长们获得有关教育的主导政策和以教育学、心理学为主的知识，提高家长进行教育活动的能力；③充分依靠家长的知识、能力和经验，为家庭和学校教育，特别是课外活动提供支持。其研究的内容十分具体，有"怎样召开家长会""怎样进行家访""怎样与家长交谈"等。学校应通过家长委员会、教师家长理事会、班级的教师家长委员会等组织，沟通家校关系。

我国的教师教育，迫切需要加强对教师沟通能力的培养。例如，在与家长的具体沟通过程中，首先，要创造与家长对话的良好氛围，学会倾听家长对孩子情况的分析，这是尊重家长的基本表现；以理解的态度评价学生家长的意见，有利于沟通家校双方的教育理念；以建议的方式对家长提出要求，共商"家"事，将提高学校对家庭教育指导的有效性。其次，要与学生家长建立经常而认真的联系，改变学生犯错后才与家长联系的做法。再次，在与家长讨论学生问题时，不妨先评价学生的优点，再指出孩子存在的问题。这样既能让家长看到教育孩子的艰巨性，也能使家长增强教育孩子的信心。在家长会上不告状、不点名、不批评，以保护家长的自尊心，学生的问题与家长个别交流为好。家长会也要改变教师讲、家长听、学生等着挨批的陈旧模式。许多老师创造了诸如交流、对话讨论、展示(学生成长历程)、专家报告、联谊、参观游览等多种方式，使家长会真正成为家校合作的有效平台，成为沟通学生、家长和教师感情的渠道。当三者都乐意相会的时候，学校和家庭才会有真诚和有效的交流。

第五节　教师集体中的职业道德要求

和其他形式的劳动相比，教育劳动是建立在集体协作基础之上的教师个体的脑力劳动。由于教师集体是各个不同个体的组合，从哲学的意义上来讲差异就是矛盾，因此矛盾在教师集体中是客观存在的。为了构建和谐的教师集体，从而为教育劳动的有效进行提供必要的条件，就必须从道德的视角认识和调节好教师集体中的各类人际关系。

一、教师集体在教育中的意义

作为教育劳动的必要形式，教师集体对于教育活动具有极为重要的意义。这一重要的意义主要由以下原因决定。

(一) 教师劳动的形式决定了教师集体在教育中的意义

教师劳动是建立在集体协作基础之上的个体脑力劳动。诚然，教育劳动首先表现为个体教师个体活动，各个教师是学校教育活动的承担者，但这种劳动依然以集体协作为基础，其集体性主要表现以下两个方面：①对学生进行教育的任务是由从事德智体美劳等各门课程教学的教师承担的；②无论在哪一所学校，其所有教师都是作为一个整体对学生产生各种影响的，这种影响同样也是一种教育。上述两个方面所表现出来的教育劳动的集体性，表明了教师集体对教育劳动的重要意义。同样，这种教育劳动的集体性，决定了教师集体中各成员之间的相互依赖性。教师的劳动绩效，要通过学生的塑造得以体现；而学生是否能形成理想的教育素质，和各个教师之间的相互配合也不无关系。这种教师集体中各个成员之间的相互依存性，决定了在教师集体中确立和谐人际关系的重要性。

(二) 教育劳动本身的复杂性决定了教师集体在教育中的意义

教育劳动具有复杂性的特点。这种复杂性主要表现在教育过程的复杂性和教育对象的复杂性。首先，教育劳动的过程，是一个运用智力进行学习、消化、积累、传递和转换知识的过程，是一个既运用知识技能又运用思想觉悟和道德意识的复杂过程。其次，从教育劳动的对象来看，在教育过程中，教师要使学生形成高尚的思想品德，需要对其进行诸如知识传授、情感激励、意志磨炼、信念确立及行为习惯养成等方面的复杂工作，由于每个学生的具体情况不同，教师就更需要做到具体问题具体分析。同时，教育劳动是在开放的环境中进行的，学生在接受教师教育的同时还会受到环境因素的影响，家庭环境和社会环境都会对学生的成长起到重要的作用。特别是在家庭环境、社会环境对学生产生的影响与学校教育不一致时，往往会抵消学校教育的影响，从而增加学校教育的难度，使教师教育劳动更为复杂。此外，在教育劳动过程中，学生不仅是劳动的对象、教育的客体，而且可以通过自我教育的形式转化为教育的主体。教育劳动对象的这种双重特性，也使得教育过程更为复杂。教育劳动过程的复杂性，固然要求教师个体必须潜心探究学生的心智特点及接受规律，以实现教育劳动的良好效益。因此，教育劳动的复杂性特点更需要教师集体共同努力，要求在教师集体中广开言路、集思广益，发挥教师集体的聪明才智。

(三) 教师个体的局限性决定了教师集体在教育中的意义

教师集体是由个人组成的，教育劳动也是通过各个教师个人的具体活动进行的。因此，教师个体在教育劳动中具有逻辑起点的意义。要提高教育劳动的效益，必须首先致力于教师个体素质的提升。然而，就教育者个人而言，不管其具有多少渊博的专业知识和深刻的理性认识，也不管其教育实践经验如何丰富，由于其年龄、经历、知识、专业背景、思维方式、心理素质等方面的局限，当他面对具有差异性和发展变化性的学生时，即使他十分注重学习以提高自身素质，也难免会存在认识上的失误和实践能力的局限性。这就需要借助教师集体中其他成员的优势弥补不足。

(四) 教师集体的固有特点决定了教师集体在教育中的意义

广大的教育工作者是教育事业的推动力量。众多教育者组成的集体中往往卧虎藏龙，他们各自的人生阅历和实践经验，认识问题的不同视角，处理问题的独特方式，将起到优势互补的作用。教师集体的这一特点，决定了教师集体在教育工作中具有极为重要的意义。首先，教师集体是人才高密度积聚之地，这为教师的发展提供了良好的背景和高层的平台。其次，教师集体对于其个体而言是一种积极的支持力量。在教师的教育劳动过程中，每个人经过努力都可能取得不俗的成绩，也可能会遇到挫折和困难，这些对于教育者来说都是极为正常的。不过，当教师面对这种情况时，他们需要获得一种支持性的力量。对此，只有教师集体能够担此重任。

教师集体对于教师个体的重要意义，实际上是集体对于个体意义的具体表现。叶圣陶曾指出，教育工作不是一个人所能搞好的，需要全体教师的共同努力，教育工作者一定要能够与志向相同的人合作。即使是一个伟大的天才，离开集体也是微不足道的，无所作为的。理论和实践都证明，教师只有把个人置于集体之中，并与集体融为一体，其聪明才智才能得到发挥。

二、教师集体关系的道德调节

教师集体中客观存在的人际矛盾，需要通过各种有效的手段加以消解和调节。从道德的视角而言，由于和谐的教师集体的确立必须以教师之间的相互尊重为前提，所以必须对广大教师提出尊重同事这一道德要求；又由于教师集体应该是一个充满活力的集体，而这种活力又源自教师之间的相互协作和友好竞争，所以必须对广大教师提出团结协作、开展有益的工作竞争的道德要求。

(一) 尊重同事

尊重同事作为一种道德规范，其目的在于调整教育劳动中教师和同事之间的关系。首先，要尊重同事价值选择的权利。和其他职业劳动者相比，教师往往思想比较深刻，对问题有独到的见解和价值观，他们遇事往往有自己的价值选择。作为同事，应该充分尊重他人的这种权利。其次，要尊重同事的个性特点。教师较高的知识层次和所从事的教育劳动的个体性质，决定了他们比其他职业劳动者更具有个性。这种个性对于学校的事业发展极为可贵，是学校充满活力的重要原因之一。教师缺乏个性或者个性受到压抑，则不仅教师难以充分实现其价值，整个学校也难有生机，从而必将失去发展的后劲。最后，要尊重同事对不同问题的看法和意见。学术讨论出现意见不一致的现象在教师职业生涯中时有发生，对事不对人，对学术认真，而在私下不因观点不一致而对同事进行人身攻击是教师应有的美德。

(二) 团结协作，开展有益的工作竞争

尽管教师集体中各成员之间的价值目标是一致的，不存在根本利益的冲突，但是这并不等于各个教师在利益的获取上没有时间的先后之分，也没有量的多寡之别。事实上，由于社会经济发展水平所限，也由于社会发展的大背景和教育事业发展的内在规律，教师之间在利益的实现上会存在差异。这自然就导致了教师之间在利益实现方面的相互竞争。因此，广大教师既应关心集体、尊重同事，又应认识到相互之间竞争的意义和必要性，并以合乎社会伦理要求的手段积极参与竞争。

从道德价值评价的角度来看，在教师集体中开展有益竞争有利于推进学校教育事业的发展和激励教师个体的奋发向上。因此，这种竞争从其效果或后果而言是符合道德的。但是，各个教师抱着何种动机、采取何种手段参与竞争，却有道德和不道德之分。因此，在这里有必要提出，以道德的手段参与教师集体中的竞争这一要求。

1. 竞争的手段必须符合道德

虽然从最终意义而言，教师集体中竞争的结果是各个成员的共同提高，但就个人而言，他所追求的目标是在最终结果上强于他人。这一点在道德价值上是无可指责的，但是，为达到强于他人的这一结果，其所采用的手段必须是符合道德的。

2. 妥善处理好教师集体中竞争和协作的关系

教师集体的活力发展首先在于竞争机制机理下教师主观能动性的发挥，同样离不开教师集体良好的协作氛围，甚至可以这样说，良好的协作氛围是开展良好竞争的必要条件。没有良好的协作氛围，教师之间的竞争就可能背离社会基本的伦理价值体系，最终会导致对教师个体和教师集体都极为不利的后果。因此，应该将能否和他人进行有效协作作为竞争道德的内在要求。这不仅是形成一个充满活力和凝聚力的教师集体所需的，也是由目前学校教师集体中的协作道德现状所决定的。

3. 教师要有开拓进取、敢于创新的精神

开拓进取、敢于创新是处于社会转型时期的职业劳动者应有的素质，而这对于教师而言，则有更为重要的意义：①当前的学校教育和我们所处的社会一样，正处在改革的进程之中；②学校是培养新型劳动者的场所，而伴随着社会的变化发展，当今学生也具有和以往的学生许多不同的特点；③学校是研究的重要基地，而科学研究作为一种对未知世界的探索活动，所需要的正是这种开拓进取、敢于创新的精神。总之，学校教师如果只是一味地照着前人的经验去做，便没有突破、没有创新，教育事业和科学技术就无法发展，社会也就难以大步前进。从这一意义上讲，开拓进取、敢于创新应是教师必须履行的道德使命。

第六节　学校行政管理工作中的职业道德要求

学校行政管理工作与教职工个体和群体，以及学生个体和群体的利益息息相关，对师生的发展具有重要意义。21世纪的学校行政管理主要从制度、技术和行为的视角进行，其间所产生的伦理问题要求人们必须从道德的角度进行反思和调适。

一、学校行政管理工作对师生发展的意义

在学校行政管理工作中，如果没有建立健全的规章制度，没有合理的组织结构，学校的管理就会流于无序。但学校行政管理仅有完善的规章制度、合理的组织结构等，也并非就能够提高管理效率。其实，学校行政管理的最高境界是人本管理。所谓人本管理就是"以人为本"的管理思想，是指在管理活动中把人作为管理的核心，把人作为管理的重要对象和管理的重要资源，尊重人的价值，全面开发人的潜能，以谋求人的全面自由发展为最终目的的管理。在学校行政管理工作中，实施人本管理对师生的发展具有重要意义。

(一) 有利于调动师生的积极性

生命有限，智慧无穷，人们通常潜藏着巨大的才智和能力。管理的任务在于如何最大限度地调动人们的积极性，释放其潜藏的能量，让人们以极大的热情和创造力投身于事业和学习之中。实施人本管理，学校方针政策的制定、计划的实施都要以人为基点，一切管理活动都要围绕人展开；师生要有机会参与学校的各项工作，参与政策的制定，自由民主地发表意见，体现其主人翁地位和主体意识。这样就可以充分调动他们的积极性和主动性，使他们以最佳的状态投入教育教学和学习。

(二) 有利于增强团体凝聚力

学校组织本身是一个生命体，组织中的每一个人不过是这个有机生命体中的一部分。所以，管理不仅要研究每一成员的积极性、创造力和素质，还要研究整个组织的凝聚力与向心力，形成整体的强大合力。以人为本的学校行政管理，应重视协调个人与他人、个人与群体之间的关系。和谐的人际关系有利于提高管理效率，减少矛盾与冲突；有利于增强合力与向心力，增强以人为中心的管理思想，从内心激发每位教师、学生的归属感。这是管理理论的巨大进步，也是人性化管理理论的核心思想。

(三) 有利于师生良好道德品质的形成

人本管理其实可以最大限度地发掘师生的情感和矫正其心理、行为，因为实施人本管理是以师生的人格得到充分尊重为前提的。师生不再是消极接受管理的个体或群体，而是积极参与管理的，具有主人地位的个体或群体。他们感情世界里的渴望、困惑等，都有机会外化出来并得到合理的保护，都可以在平等的交流中实现情感的交流，得到必要的支

持、理解和同情，而不至于无端受到斥责。这样，师生的心扉就会打开。另外，人本管理强调的是在管理中以人为本，发扬人道主义和人文精神，充分尊重被管理者的人格。这就从根本上保证了被管理者的自尊心和人格尊严不受侵害。管理者针对被管理者的心理及行为问题，对他们动之以情、晓之以理、喻之以义，以帮助他们回到正确的感情和理性的轨道上来，使他们克服不健康的心理，改正不良的行为。无数教育教学的个案证明，教育过程中的强压也好，惩罚也好，不仅不是矫正师生心理和行为问题的最好方法，反而会导致部分师生产生逆反心理和偏激行为。其实，教师和学生良好的品质和心理素质，只有在人性化的氛围中才能健康地发展起来。

二、学校行政管理伦理化的实现路径

学校行政管理伦理化，是现代社会对各级学校选择管理者的基本愿望和要求。他要求现代学校管理者，应具备以人为本的管理理念，建立民主参与式的管理体制，以及注重提高自身道德和营造良好的育人环境。

(一) 树立以人为本的管理理念

在现代学校行政管理中，最重要的管理理念是"人本管理"。"人本管理"即以人为中心的管理，它突出人在管理中的地位，重视人的社会、心理因素在管理中的作用。具体说来，就是重视教师的参与意识和创造意识，注重满足他们的社会和情感方面的需要。人本管理的管理理念在于依靠个人，管理任务在于开发人的潜能，管理宗旨在于尊重每一个人，终极目的在于人的可持续发展及全面发展。

1. 人本教育观

在学校行政管理的所有要素中，对教师的管理是第一要素，是学校行政管理的核心。对教师的管理应体现在关注教师的人性和发展上。

教育的本质含义在于"关注生命、撼动心灵"，以教育的理想去实现理想的教育。未来教育负载着人们殷切的期望，要实现理想的教育，教师是载体。一个不合格的教师，对于教师队伍或教师群体来说可能是百分之一，但对于一个班级的学生来讲却是百分之百。因此，点亮教师这个群体中的每位教师的光辉，是学校行政管理的首要使命。可以借鉴某些学校的做法：首先，要激发教师对真、善、美的追求，强化其教育者的意识；其次，要关注教师的发展，使教师得到培训和提高。

对于学生，人本教育观主张应把学生的权利还给他们，呼吁保障学生自由选择课程的权利、质疑问题的权利、自主发展的权利、获得高质量后勤服务的权利等。学生也是人，而且应该是发展的人、完善的人。他们具有独特的思想感情，有自己的思想个性、与他人平等的人格，有自己的需要、愿望、尊严，有人格受保护和获取尊严的权利。学校行政管理应该让学生得到幸福、快乐，以及平衡的发展，应该让学生热爱学校生活，并在他们所取得的成绩中获得愉悦感，应该鼓励他们按照自己的方式自由地发展。

2. 主体意识的唤醒

教师主体意识是否强烈，有赖于校长是否具有强烈的民主意识。现在大多数学校实行校长负责制，校长掌握着人事权和财权等，涉及职工的切身利益，职工往往对校长产生敬畏感，如果校长缺乏民主意识，相当多的教师就会认为学校的事是校长的事，与己无关，这样的校长吃力不讨好。教师是知识分子，有强烈的自尊心和自信心。他们迫切希望能以主人翁的身份参与学校重大问题的研究，愿意执行"民主研究决定"的决议。教师的这种情感是正当的，应当予以满足。只要教师真正感到自己是学校的主人，就会产生主人翁的责任感，为学校分忧解难。为此，校长必须把学校的各种问题交由教师讨论，越是重大的问题越要保持尽量大的透明度，让教师人人参与民主决策，形成人人都是决策者又是执行者的良好的民主管理局面。

3. 精神激励的管理方法

按照马斯洛的需求层次理论，人的最高需要是自我实现的需要。师生群体是一个具有较高文化素质和道德素质的特殊社会群体。他们中的每一个人对事物的认识都具有其独特的判断能力，难以接受命令式的管理。他们在需要物质刺激的同时，更需要精神鼓励，从而满足自己内心的情感需求。因此，学校行政管理者要注重情感激励、目标激励及榜样激励等精神激励的管理方法。

(二) 建立民主参与式的管理体制

为实现以人为本的学校行政管理，提高学校行政管理的运作效率，应提倡建立民主参与式的管理体制。

1. 教职工代表大会自身的建设

我国目前大多数学校实行的是校党委领导下的校长负责制。教职工代表大会(以下简称"教代会")是党委领导下的校长负责制的重要组成部分。《中华人民共和国教师法》第七条明确规定，教师享有对学校教育教学、管理工作和教育行政部门的工作提出意见和建议，通过教职工代表大会或其他形式，参与学校的民主管理的权利。充分发挥教代会的作用，是做好学校行政管理的关键，因为它有以下功能：①能让教师当家做主，对领导实行有效的监督；②有利于发挥教师集体的智慧，提高领导决策的质量，减少决策的失误，确保决策得到有效实施；③有利于教师在参与民主管理的过程中进行自我教育和自我管理。

加强教代会的自身建设，要做到以下几点：①要进一步提高对教代会制度的认识；②要加强教代会的组织建设和思想建设；③要切实抓好教代会的制度建设；④要注重调查研究和信息对称，不搞形式主义。

2. 校务委员会的组建

教育是一项系统工程，需要社会、学校、家庭等各方面的相互配合。在学校与社会联系越来越密切的今天，社会和家庭等各方面不仅是教育服务的资助者和接受者，而且应当是共同管理学校事务的合作者。学校应组建由多方人士构成的校务委员会，对学校重大事务和校长工作进行监督,以促进学校工作透明度的提高。这样可以提高教师和学生的民主意识。

3. 学校管理制度的人文关怀

制度管理是改变管理者的无序状态和"头疼医头,脚疼医脚"的管理局面,提高管理效率的一种重要手段。在学校的行政管理中,通过制度管理可以约束和规范师生和员工的行为有法可依,有章可循。运用制度管理来进行有效的管理,应做到以下几点。

1) 创建具有人文关怀的规章制度

学校管理制度必须符合道德伦理,必须具有人文关怀。教师工作的原动力在于他们的主观内驱力和精神境界。因此,学校行政管理者应当以尊重人、激励人、关爱人、发展人为前提,学校在创建规章制度时,应考虑教师和学生的需要,体现人文关怀。

2) 执行规章制度应做到情与法的统一

法犹如人的骨架,情犹如人的血脉。离开法的学校行政管理,学校将陷入瘫痪、流于无序。离开情的学校行政管理,学校将缺少动力发展的源泉。情与法相结合、刚柔相济才是现代学校行政管理之道。所以作为学校行政管理者,应注重情与法相结合的管理之道。

(三) 学校领导者素质的修炼

以校长为首的学校行政管理者,在学校行政管理中发挥着核心作用,其不仅是学校办学方向的引导者、教育方针政策的贯彻者、学校运转的组织者,而且是人际关系的协调者、学校师生员工信念的影响者。鉴于校长承担着重要职能和责任,校长必须具备胜任此职务需具备的素质。校长务必重视自身素质的修炼,把学问进步和修炼人品结合起来,既做学问、抓管理,更重人格修养,养成良好的德行素养和人文素养。这样的校长所管理的学校,才能真正成为激发人、培育人、发展人的乐土。

1. 政治素养的修炼

以校长为首的行政管理者应当具备良好的政治素养。首先,应树立忠诚党的教育事业的政治信念和具有忠实执行国家教育方针的政治品质,教育师生员工树立马克思主义世界观和人生观;其次,要在国家教育方针、政策的引导下,树立正确的办学思想。如果以校长为首的行政管理者具有清晰正确的办学思想,学校就会从根本上找准位置、把握特色、明确战略、顺利发展。总之,一所学校办学理念的形成离不开以校长为首的行政管理者良好的政治素质。

2. 教育教学管理素养的修炼

教学质量是一所学校的生命,对教师教学的帮助与指导,是校长义不容辞的责任。作为校长,必须既懂教育,又会管理。校长要有教育教学研究的能力,这就要求校长必须拥有一定的专业知识,必须参与教学实践,具备相当的教学研究能力。然后,在此基础上运用教育学、心理学的基本原则和规律,从本校实际出发,组织教师研究教育改革的动态,大胆探索教育教学改革的新路子。此外,校长还需具备管理能力,包括决策能力、统揽全局能力、激励用人能力、协调能力及应变能力。校长要有战略观念,变事务长为战略指挥家，变经验管理为科学管理。优秀的校长不仅能高瞻远瞩，统揽全局，进行系统指挥，而且能承上启下，协调左右，实施目标控制；不仅能礼贤下士，集思广益，贯彻民主治校的原则，而且能巧妙组合，善于应用科学的管理方法有效地激发群体智慧和能量。总而言之，优秀的校长善于通盘考虑各种管理要素、各个管理环节使学校行政管理做到人尽其才、财尽其力、物尽其用、时尽其效，实现学校工作整体的最优化。

3. 道德素养的修炼

学校行政管理者的道德品质，是学校行政管理者在学校行政管理教学实践中，通过自身的道德行为表现出来的一定的觉悟水平和道德修养状况。学校行政管理者作为全校师生员工的带头人，其道德品质应是师生员工全体道德品质的集中体现。因此，作为学校行政管理者，校长应以德正己。校长良好的个人品德，比言语教育和规章制度管理具有更强的心灵渗透力。校长要公正正直，严于律己，言行一致，宽厚待人。处理问题时，校长必须本着公正、公平、公开的原则，不分交往亲疏，不计个人恩怨，不分彼此，一视同仁。在用人问题上，校长要任人唯贤，思贤若渴，用人之长，容人之短，让真正有才华的教职工有用武之地；对待师生员工应既严格要求，又处事宽容，留有余地。在个性心理修养上，校长应忠厚、仁义、正直、谦虚、胸怀坦荡，作风民主，遇事开诚布公，充分讨论，大事讲原则，小事讲风格。学术上、认识上的问题，要经过实践达成共识，创造一个宽容和谐的心理氛围。这样才能集思广益，办好学校。所以，今天的校长，要正确对待自己手中的权力，加强自律，用以身示范的道德力量影响自己周围的干部和群众，从而做到以德聚人、以德感人、以德影响和激励人。

总之，只要相信领导者既重视学问进步又重视人品修炼，既重视文化修养又重视道德修养，就将产生真正的领导力量和教育力量，为学校培养和发展人才创造一片真正的乐土。

(四) 营造良好的育人环境

这里的环境包括硬环境和软环境两类。对于学校而言，硬环境指学校的建筑设施、设备、绿化、美化等外显的东西；软环境指学校的校风校训、校纪校规、文化氛围，员工的价值取向、道德信念等内在的东西。校园环境作为一种无声的力量，潜移默化地给学校成员的行为带来影响，并且这种影响力会相当持久。营造一个充满关爱、尊重、信任、富有人情味的环境，有利于增强学校的凝聚力、向心力和战斗力，有利于调动师生的主动性、积极性和创造性，从而为实现学校的目标而共同奋斗。如果没有良好的校园文化环境，无论学校行政管理者的管理才能有多高、管理体制有多健全、管理制度有多完善，学校行政管理目标的实现都将成为空谈。目前，一般认为良好的育人环境主要受校园文化建设的影响。校园文化建设是由学校物质文化建设、制度文化建设和精神文化建设三方面组成的。

1. 学校物质文化建设

学校物质文化建设是指学校建设、学校设施、学校标识、校园绿化等方面的建设。这些既是学校开展教育教学活动的物质基础，又是塑造优良校园文化的物质基础。学校物质文化建设，应紧紧围绕以学生发展为本的思想，安排整体格局，使学校的一砖一石都具有内涵，一草一木都有情，要让学校的每一个角落都会"说话"。校园绿化应做到净化、绿化、美化、知识化。学校领导在环境布置上应精心构思、深思熟虑，充分发挥环境的育人功能，营造浓郁的人文氛围。

> **案例**
>
> 某市中学形成了自己独特的校园环境，著名画家、书法家题写在校园雕塑上的"爱国、科学、人文"几个大字，突出显示了学校的办学理念；雕塑为学校增添了一道风景，烘托了校园文化氛围，留给学生的是无限的遐想。考虑到环境对人的熏陶作用，学校还在教学楼和实验楼等墙面上悬挂名人画像，以及学生自己的绘画、书法和临摹作品，以此来激励和鞭策广大学生。这样的校园环境具有良好的育人功能。

2. 学校制度文化建设

学校制度文化建设是校园文化建设的重要组成部分。学校制度文化建设包括两点。①一些组织文化机构的设置，如设立党团组织、学生会、运动队及各类学生社团或各类文艺团体等。这些都是校园文化建设的主要依靠力量，他们是校园文化建设的组织保证，很多相关的文化活动都是通过这些组织机构实施的。②一些规章制度的制定，主要是指学校的各项规章制度在形成、发展和完善过程中所形成的文化管理氛围，以及它所起的作用。

3. 学校精神文化建设

校园精神文化建设是校园文化建设的核心内容，也是校园文化的最高层次。它主要包括校园历史传统和被全体师生员工认同的共同文化观念、价值观念、生活观念等意识形态，是一个学校本质、个性、精神面貌的集中反映。校园精神文化又被称为"学校精神"，并具体体现在校风、教风、学风和学校人际关系建设上。

(1) 校风建设。校风建设实际上就是校园精神的塑造，校风作为构成教育环境的独特的因素，体现着一个学校的精神风貌。在校风体现形式上，校风主要表现在校训、校歌、校徽和校旗上。好的校风具有深刻"强制性"的感染力，使不符合环境气氛要求的心理和行为时刻感受到一种无形的压力，使每一位校园人的集体感受日趋巩固和扩展，形成集体成员心理特性最协调的心理相容状态；好的校风具有对学校成员内在动力的激发作用，催人奋进；好的校风对学校成员的心理发展具有保护作用，对不良的心理倾向和行为具有强大的抵御力量，有效地排除各种不良心理和行为的侵蚀和干扰。

(2) 教风建设。教风是教师在长期教育实践活动中形成的教育教学的特点、作风和风格，是教师道德品质、文化知识水平、教育理论、技能等素质的综合表现。要抓好校风建设首先必须抓好教风建设(包括工作作风建设)，因为学校是育人的场所，是人才的摇篮，而教师是人才的培养者，理应在"三育人"(即管理育人、教书育人、服务育人)的过程中发挥主力军的作用。只有在干部职工中树立起实事求是、艰苦奋斗、勤政廉政、团结协作、高效严谨、服务周到、细心耐心的工作作风，以及在教师中树立起为人师表、教书育人、治学严谨、认真负责、耐心细致、开拓进取的教风，才能引导和促进勤奋学习、积极向上、严谨求实、尊师重教、遵纪守法、举止文明的优良学风的形成。总之，没有良好的工作作风和教风就难以形成良好的学风。

(3) 学风建设。学风是指学生集体在学习过程中表现出来的治学态度和方法，是学生在长期学习过程中形成的学习习惯、生活习惯、卫生习惯、行为习惯等方面的表现。优良学风和校风、教风一样，对学校教育教学质量的提高，对学生人格品质的发展和完善，对培养学生成为德、智、体、美、劳全面发展的接班人，都有重要意义。

(4) 学校人际关系建设。学校人际关系包括学校领导之间的关系、学校领导与教职工之间的关系、教师之间的关系、教师与学生之间的关系、学生与学生之间的关系。良好的学校人际关系有助于广大师生员工达到密切合作，形成一个团结统一的集体，更好地发挥整体效应。

·思考与练习·

1. 教师集体在教师个体发展过程中的意义何在？
2. 试述教师在处理家校关系中的注意事项。
3. 结合实际，谈谈教师如何在教学中更好地遵循教师道德要求。

第十一章 教师职业道德修养及高素质专业化教师队伍的建设

· 本章学习目标 ·

了解教师道德修养与道德内化；掌握教师职业道德修养的内容；理解教师提高职业道德修养的原则、途径和方法。

第一节 教师道德修养与道德内化

道德修养是教师个体道德实践的重要形式。一定社会或阶级对教师的道德要求必须通过教师的道德修养才能内化为教师的道德品质，从而实现教师道德对教育、教学活动的反作用。

一、教师道德修养的含义及特点

"修养"是一个含义广泛的概念，主要指人们在政治、道德、学术、艺术等方面所进行的勤奋学习和涵养锻炼，以及经过长期培养所达到的一种能力和境界。一定的社会道德要求成为行为者内心的"当然之则"，个体道德品质的培养和道德境界的提高，不仅要依靠社会道德教育，而且有赖于行为主体在道德自我教育基础上的自我道德修养。

(一) 教师道德修养的含义

重视道德修养是中国文化的基本价值取向。在儒家看来，人生修养主要就是道德修养，即"修身"。要实现人生的最高理想，造就道德上的完美人格，修身是最根本的手段和途径，舍此之外，别无他路。"古之欲明明德于天下者，先治其国；欲治其国者，先齐其家；欲齐其家者，先修其身，欲修其身者，先正其心；欲正其心者，先诚其意；欲诚其意者，先致其知。致知在格物，物格而后知至，知至而后意诚，意诚而后心正，心正而后身修，身修而后家齐，家齐而后国治，国治而后天下平。自天子以至于庶人，壹是皆以修身为本。"在儒家看来，国家治理和自我完善是统一的。格物、致知、诚意是向自我内心世界挖掘，而齐家、治国、平天下是向外部世界用力，修身是内心和外部世界的分界点，也是由内心通向外界、由外界转向内心的结合点。修身是始点，是归宿，一切从修身开始。

所谓道德修养，是指个人自觉地按一定社会或阶级的道德要求在道德意识和行为上所进行的自我改造和磨炼活动，以及经过长期锻炼所形成的道德情操和道德品质。具体来说，它包括以下几个方面的含义：①道德修养的目的是培养自己履行一定社会或阶级的道德要求的能力，使自己的行为更加符合一定社会或阶级的道德要求；②道德修养的过程是一个塑造和改变自己的道德面貌的过程，任何人的道德面貌都不是生来就有的，也不是自发产生的，而是道德主体按照一定标准自我塑造的结果，主体通过道德理论学习与实践锻炼，其识别善恶的能力、选择行为的能力、道德评价的能力会达到一个相应的境界，由此便会具备一种相应的道德修养；③道德修养包括两个方面的内容，一是为了使自己的道德达到一定水平而进行的自我教育和锻炼活动，这是道德修养的动态部分，二是经过自我教育或锻炼所达到的道德境界，这是对道德修养的静态考察，道德修养的动态与静态是联系在一起的，动中有静，静中有动，相互包含，不可分割；④道德修养是道德行为主体在实践基础上的自觉思想斗争过程，"自己跟自己打官司"是道德修养的一个根本性特点，在这个过程中，"原告"是修养者所选择的用以改造和塑造自身人格的一定的道德原则和道德规范，"被告"则是其反面，即自身人格中存在的道德上的不足和弱点，提起诉讼的"检察官"和依法审判的"法官"，都是修养者自己。因此，道德修养主体的自觉性和主动性，是道德修养达到一定境界的主观前提。

(二) 教师道德修养的特点

教师道德修养的特点集中表现在以下三个方面。

1. 自觉性

师德修养贵在自觉，严于律己是提高自我道德素质的关键。师德修养是一个非常复杂艰苦的磨炼自身的过程，这个过程离不开教师的自身觉悟。教师道德修养是一个自我认识、自我教育、自我充实和提高的过程，在这个过程中，必要的外部条件和影响虽然是不可缺少的，但最终取决于个人有没有高度的自觉性。没有自觉性，道德修养就是欺人之谈，只有具备修养的自觉性，才能产生高度的修养热情，形成坚韧不拔的意志，把自我修养看成一种必要的享受，而不是一种负担和压力。

2. 持久性

教师道德内容的社会性和可变性决定了教师道德修养的持久性。社会不是固定不变的，社会的发展变化要求教师的道德必须适应社会发展的需要，与时俱进，完善自身，这是一个无止境的过程。教师道德修养的过程是道德认识、道德情感、道德信念、道德意志、道德行为习惯互相联系、互相促进的过程，教师道德修养的目的是形成稳定的道德行为习惯，完善人格，这绝不是一蹴而就的事情。良好的师德修养绝不是朝夕之功，而是长期自觉磨炼的结果。

3. 实践性

一方面，教师的道德修养只有在具体的、现实的教育教学的道德实践中才能得以提高，离开了道德实践，道德修养永远只是纸上谈兵；另一方面，教师的道德修养对学生具有现实价值，学生的优秀品质主要靠教师的高尚德行来熏陶，学生的理想要靠教师的崇高信念来启迪，教师本身具有高尚的道德、信念、情感、意志和行为，对学生的世界观、人生观、审美观的形成和完善起着潜移默化的塑造作用。苏霍姆林斯基认为，教师成为学生道德上的指路人，并不在于他时时刻刻都在讲大道理，而在于他对人的态度，能为人表率，在于他有一定高度的道德水平。可见，教师的道德实践具有两重性，自身师德的修养离不开教学实践，同时，这种师德修养具有潜移默化的巨大作用，对于塑造和完善学生的灵魂起着其他社会实践活动所无法代替的、特殊的巨大作用。

(三) 完善的教师道德修养对于学生成长的意义

完善的教师道德修养会形成一种闪光的魅力，具有巨大的感染力、号召力和影响力，是一种隐性的力量，是"润物细无声"的感染力量。它吸引着学生去极力模仿，对学生思想品德、知识能力的发展及个性品质的形成具有重要的作用。

1. 示范作用

教师是用自己的思想、学识和言行，通过榜样示范的方式直接影响学生，而学生又都具有"向师性"和"模仿性"的特点。与学生朝夕相处、教书育人的老师自然是学生模仿和学习的对象，教师光明磊落、纯洁高尚的道德人格对学生来说无疑具有显著的示范作用。亲其师才能信其道，教师的人格魅力会使学生因为喜欢一位老师而喜欢一门功课，一个被学生喜欢的教师，其教育效果总是超出一般教师。"学高为师，身正为范"，榜样的力量是无穷的，教师人格魅力的示范作用是不言而喻的。

2. 激励作用

尊重和热爱学生是教师职业道德的核心，具有完善道德修养的教师能让其尊重、理解、关怀、信任如阳光一样照耀在每一位学生的身上，使学生倍感亲切和温暖，从而产生心灵的和谐共振。学生自然会产生"皮格马利翁"效应，从而牢固树立起教师是学生心目中的"精神领袖"这一高尚、可亲的形象；学生自然会自愿接受约束，不断增强自我教育、自我修养的主动性和自觉性，从而促进学生的自我发展、自我提高。

3. 熏陶作用

孔子曾说："与善人居，如入芝兰之室，久而不闻其香，即与之化矣。与不善人居，如入鲍鱼之肆，久而不闻其臭，亦与之化矣。"从一定意义上说，人是环境的产物。环境的感染力是非常强的，环境塑造了人，塑造了人的思考方式。个人所有的行为，如我们走路的方式，我们咳嗽的方式，我们拿茶杯的方式，我们对音乐、文学、娱乐和服饰的爱好，等等，从某种程度上来说，都是环境的产物。不仅如此，个人的思想境界的高低、人生目标的大小、生活态度的性质，都会在一定程度上受到所处环境的影响。教师的道德修养及其所表现出来的道德行为，是构成学生人格发展、道德成长环境的重要因素。学生能在教师高尚道德修养的熏陶下，渐趋同化，从而养成高尚的道德情操。

> **案例**
>
> 2000年下学期,张万波第一次担任毕业班的班主任,第一次接触初三的数学课教学。那时班上有一个成绩优异的学生因家境困难打算辍学,张万波第一次到这名学生家里家访时,被眼前所见触动了:在道路一边有两间泥土堆砌而成的房屋,屋内家具杂乱地摆放着。他给该名学生做了一顿饭,当晚住在家里和他促膝长谈。之后张万波才知道,自父母离异后,这名学生再也没吃上一顿像样的饭菜。返回校园后,张万波每月都给该名学生生活费。2001年,这名学生考入本县重点高中。也就是从那一年开始,越来越多当地的老百姓认识了这个小个子数学老师——张万波。
>
> 扎根乡村学校,张万波逐步探索出适合农村中学的教学模式,发表在中小学名师精品课程系列丛书《修炼——寻找教师职业的幸福》和《骨干教师成长案例与精彩课堂实录》中;主持研究的课题《初中数学纠错本有效性的研究》在县、市都取得了一定的成效;获得了2021年"全国教书育人楷模"的荣誉。

二、教师道德内化

教师道德修养的过程,也就是教师道德内化的过程。孔子曾经说过,为仁由己。一个教师能否成为一个优秀的教师,成为学生的道德楷模,关键在于其是否能够通过道德修养实现教师道德的内化。

(一) 教师道德内化的意义

教师道德在没有转化为个体道德之前,只是作为一种他律性规范存在,并不能够真正实现其规范教师道德行为、调节教师道德关系的作用。只有实现了教师道德内化,才能完成教师道德由他律到自律的升华,实现教师道德的规范作用。

1. 教师道德内化完成了教师道德由他律到自律的升华

教师职业道德由他律向自律发展,需要将教师职业道德内化为教师个体道德。教师道德内化,使教师职业道德要求内化为教师个体内心准则,体现在教师个体的道德行为中,并提高教师个体的道德境界,这才能作为教师个体行为的价值取向,实现教师职业道德的社会功能。没有从教师职业道德要求到教师个体道德的内化,就无法实现从他律到自律的发展,教师职业道德规范的作用也就无从谈起。

2. 教师道德内化实现了教师道德的规范作用

教师道德在内化为个体道德之前只是作为一种社会职业道德规范存在。道德规范和法律规范不同,它没有也不可能有专门的执行机关。道德规范只有依靠道德行为主体的自律,并通过道德行为主体的自主性道德选择活动,才能发挥其规范主体行为、调节社会关系的作用。教师道德内化使教师道德由外在的职业道德规范转化为内在的教师道德品质,并由此成为教师道德行为及其选择的内在依据。也正是通过教师道德内化,教师道德原则和规范才成为教师的内在道德需求,才得以发挥规范教师行为、调节教师道德关系的作用。

3. 教师道德内化达到了培养新一代教师的道德目的

新一代教师的成长不仅包含着其业务能力的提高，更需要其教师道德的完善，"学高为师，身正为范"，高尚的教师道德是一名合格教师的必要条件。一方面，对任何一名新教师而言，教师道德规范都是一种既定的外部存在，是社会或阶级对教师的道德要求。当一名新教师通过加强道德教育和道德修养，在道德实践的基础上认识、了解、认同、内化这些规范之后，他才能具有一名合格教师所应当具备的道德品质，并由此在道德上成为一名合格的新教师。另一方面，社会对教师的道德要求处在不断变化之中，新的教师道德规范要被教师认识、了解、认同，也必须有一个内化的过程。通过教师道德内化，新的教师道德规范为教师所掌握，成为教师道德品质的有机组成部分，由此完成了教师道德品质的更新。

(二) 教师道德内化的三个阶段

教师道德内化的过程与教师道德品质的形成过程相联系，一般经历如下三个阶段。

1. 服从阶段

在这个阶段，教师对教师道德规范与原则的认识和把握相对较浅，教师道德规范和原则只是外在地存在于教师的职业生活中，教师虽在一定社会道德舆论的监督之下，也能遵守相应的教师道德，但不能自觉地遵守。在这个阶段，教师道德内化处于服从阶段，教师道德发展水平处于他律阶段，教师尚没有获得道德自由。

2. 同化阶段

在这个阶段，教师对其遵守的道德规范已经有较为深入的了解，并产生了认同感。教师对相应教师道德规范的遵守已不再完全依赖于外部舆论的监督，而是在许多情况下出于主体的自觉。在这个阶段，教师道德内化处于同化阶段，教师道德发展水平处于他律与自律相结合的阶段，教师已经部分地获得了道德自由。

3. 内化阶段

在这个阶段，教师对其应遵守的道德规范已经有了本质上的认识和把握，并成为其内在品质的有机组成部分。其对相应教师道德规范的遵守已完全不需要外部的监督，而是出于主体的自觉。在这个阶段，教师道德已完成其内化的过程，教师道德发展也达到了自律的水平，教师已完全获得道德自由。

教师道德内化还应当注意以下几个方面。

(1) 教师道德内化是一个永无止境的过程。新的教师道德在不断产生，个人的道德品质在不断变化，这就需要教师不断地在道德上完善自己。

(2) 教师道德内化的程度并不与教龄的长短成正比，而是与个人的道德修养的程度成正比。一个疏于道德修养的教师，教龄再长，其道德内化也不会达到很高的水平。年轻教师只要持之以恒地进行道德修养，其道德内化也会达到较高的境界，也同样能获得道德上的自由。

> **案 例**
>
> **小林老师的苦恼**
>
> 　　我叫小林，是一名中学教师，从教十多年了，应该懂得教育规律，且已过而立之年，按说不会年轻气盛了。可是，我仍然容易发脾气，见不得学生调皮捣蛋，发现那些行为不端的学生，我心中的无名之火就会不自觉地蹿上来。我知道应该宽容，也一直学习克制自己的情绪，但是，看见那些上课说话、做小动作或者睡觉、不认真做练习的学生，我心里就不舒服。教师的职业本能要求我必须管教他们，一句两句我还能保持语气平静，再说就忍不住发脾气了，事后又很后悔，我知道发火既伤了别人，又伤了自己。这一回，一个姓江的同学上课玩女生的发夹，我几次用眼光示意他，他都视而不见，我忍不住吼了起来，且将发夹抓过来狠狠地摔在地上。哪知他竟然站了起来，大声说我不该摔东西，扬言要我赔。我更生气了，呵斥他滚出去，见他站着不动，我就上前去扯他，非要将他推出教室不可。事后，我也觉得不该动怒，可当时那种情景，我就是控制不住自己。对于学生的不良表现，我不可能视而不见、不闻不问，也许这是教师责任心的体现，应该没有什么不对吧？问题是碰到学生有不良的行为，我就容易心态不平静，愤怒的情绪就会发泄出来。

第二节　教师职业道德修养的内容

　　教师职业道德修养的内容主要包括提高道德认识，培养道德情感；坚定道德信念，磨炼道德意志；规范道德行为，养成道德习惯等几个方面。此外，加强教师职业道德修养还需要保持心理健康，克服职业倦怠，以及正确进行教师职业生涯规划。

一、提高道德认识，培养道德情感

(一) 提高道德认识

　　教师职业道德认识是指教师对职业道德理论、规范和要求的理解和掌握。从知与行的关系来看，认识是行动的先导。荀子曾说，知明而行无过。对于一名教师来说，提高职业道德认识是进行师德修养的起点和前提，是教师职业道德要求内化的首要环节。提高教师职业道德认识，主要包括以下三个方面。

1. 对教师职业道德价值的认识

　　教师职业道德修养的关键在于自觉性，对教师职业道德价值的认识是教师自觉加强师德修养的前提。一名教师只有深刻认识到自己所从事职业的重要性和特殊性，认识到提高师德修养对今后有序开展教育工作的意义和价值，才有可能将外在的教师道德要求变成自己内在的需要和自觉的道德行为。

2. 对教师职业道德规范的认识

师德修养不是一个盲目、自发的过程，而是一个有目的、自觉的过程。作为一名教师，加强师德修养，首先要学习和理解教师职业道德的内涵和基本原则，熟悉和掌握教师职业道德的基本规范和范畴，全面了解学校和社会对教师的基本师德要求，这是师德认识的主要内容。

3. 提高对教师职业道德的评价判断能力

提高教师职业道德认识，不仅要掌握职业道德的理论、规范和要求，从道理上懂得是非、美丑、善恶、荣辱，还要在实际教育活动中分清上述各种界限，提高教师职业道德的判断力。道德评价判断是指运用已掌握的道德规范和标准对自己和他人的行为进行道德分析、评价、判断的活动，是道德认识的具体化过程。教师职业道德评价判断的能力，是教师运用师德规范对自己和其他教师的行为进行善恶判断的能力。教师在职业道德评价判断的过程中，可以巩固和加深对职业道德的认识，促进道德信念的形成。提高教师对教师职业道德的评价判断能力，有利于教师在复杂多变的环境下做出符合师德规范要求的正确道德判断和行为选择，有利于增强教师道德自律和自我提高的意识及能力。

(二) 培养道德情感

教师职业道德情感是教育工作者根据一定的教师职业道德观念，在处理相互关系、评价某种行为时所产生的内心体验。教师职业道德情感是以职业道德认识为基础，在长期的教育活动中逐步形成的。师德情感是一个潜移默化的过程，教师要产生明显的情感体验，必须经过较长时间的努力。因此，师德情感的培养比师德认识的提高更为复杂，但也更加稳定。师德情感一旦形成，便成为推动教师献身教育事业的一股强大动力，促使教师能够几十年如一日，教书育人，兢兢业业，诲人不倦。教师职业道德情感是教师积极工作、勇于开拓进取的内在动力，是教师培养优秀道德品质、保持高尚道德行为的重要精神动力。

教师培养道德情感应从以下几个方面入手。

1. 对教育事业的追求

教师应充分认识到自己所从事的职业是崇高而伟大的事业，它关系到人才的培养和国民素质的提高，更关系到一个民族的振兴和国家的富强。教师只有培养这种道德情感，才能把自己的命运与前途和国家教育事业紧密联系在一起，才能做到默默无闻、献身教育。一个不热爱教育，对教师职业不感兴趣的人，一旦从事教育工作，必将误人子弟。

2. 对学生的热爱

教师对学生的热爱和关心是教师对教育事业热爱的具体体现，也是师德情感中最重要的内容。热爱一个学生就等于塑造一个学生，而放弃一个学生则无异于毁掉一个学生。爱是教育行为的内在动因，爱是教育人的基础。对教育对象的理解、认识与爱是教师职业道德的核心之一。因此，一位好的老师应该既懂得尊重学生，使学生充满自信、昂首挺胸，又懂得通过尊重学生的言传身教教育学生尊重他人。严而有理、爱而有度、严爱相济，以心换心，用爱传爱，师爱就一定能用其神奇而伟大的力量影响学生，改变世界。

3. 对同事的尊重

教育工作是一项庞大的系统工程，教师个体很难独立完成对学生全面教育的任务。这就需要加强同事之间的友谊，团结协作，相互尊重，形成教育合力。

4. 自尊感、责任感、荣誉感

教师的自尊感是一种由自我评价所引起的情感体验，教师渴望自己的劳动得到社会的承认和尊重，表现为自重、自爱、自立、自信、自强、自主等多方面。自尊要求教师维护声誉，保持良好的道德形象，自觉按照教师职业道德要求规范自己，不做任何有损教师形象的事。

教师的责任感是教师对学生、对社会、对他人应承担的义务和应履行的职责的内心体验。教师的责任感主要表现在自觉对学生负责、对家长负责、对学校负责、对社会负责。责任感是一种高尚的职业情感，是做好教育工作的巨大动力。这种情感可使教师在没有任何外在压力、无人监督、无人知晓的情况下，也能凭自己的责任心，自觉地去履行教书育人的职责。

荣誉是教师在履行自己的职责，对社会做出贡献后得到的评价。意识到自己的社会价值并感到由衷的愉快，这就是荣誉感。教师的荣誉感就像推进器，能促使教师认真履行职业道德的义务，发扬拼搏精神，为培养合格的新人贡献出自己的力量。

二、坚定道德信念，磨炼道德意志

(一) 坚定道德信念

教师职业道德信念是教师对职业理想、职业人格、职业原则、职业规范坚定不移的信仰，是深刻的师德认识、炽热的师德情感和顽强的师德意志的统一，是把师德认识转变为师德行为的中间媒介和内驱力。教师职业道德信念决定着教师行为的方向性、目的性，也影响着师德水平和师德内化的程度，具有稳定性、持久性和一贯性等特点。

(二) 磨炼道德意志

教师职业道德意志是教师在履行道德义务过程中，自觉地克服困难并做出行为抉择的毅力和坚持精神。它是在形成一定师德认识和师德情感的基础上，调节教师道德行为的重要精神力量。教师所从事的培养人的事业，是一项极为光荣而艰巨的任务。在这个过程中，教师不仅要付出辛勤的劳动，有时甚至还要做出某些牺牲，而且会遇到来自外界的各种阻力和障碍，如现实条件的制约、错误舆论的影响、亲朋好友的埋怨等。这就需要教师有顽强的毅力和坚持不懈的精神，以及不断履行师德的顽强意志。

教师职业道德意志主要表现在道德行为的自觉性、坚毅性、果断性和自制性。

1. 自觉性

自觉性是指对行为目的有明确而深刻的认识，并使个人的行为完全符合正确目的的意志品质。它要求教师对自己从事的事业有明确而深刻的认识和坚定的信念，积极自觉地献身于教育事业。教师在行为上如果偏离了教育目的，就要及时自觉调整；如果出现外界干扰，无论干扰来自何方或力量有多大，教师都必须有能力抵制和加以排除。

2. 坚毅性

坚毅性就是在行动中坚持目标，百折不挠地克服困难的品质。教师面对复杂的教育环境，经常会遇到意想不到的困难和干扰，此时，教师必须以超常的勇气和毅力去克服一切阻力，实现教育目的。

3. 果断性

果断性是指在紧急情况下，教师内心经过复杂、剧烈的思想斗争，当即做出适当的道德决定，取得理想的效果。教育活动的特点要求教师必须具备随机决断的能力，即面对突发事件能果断决策，它是教师发挥高度创造性的表现。但果断不是武断和轻率，果断是建立在正确认识的基础上的决断，它要求全面考虑活动的目的和条件，能预知行动的后果，并有承担风险和责任的心理准备。

4. 自制性

自制性就是善于支配自己言行的意志品质。坚定的自制力是教师对自己的职业道德需要、动机、情感、行动的控制和调节能力。当客观现实诱发不利于实现教育目的的情绪冲动时，教师要能控制自己的情绪，冷静地把握言行和分寸。现实生活中，总有个别教师在面对"恨铁不成钢"的学生时，会产生一种不能控制的激动情绪，给学生造成心理伤害。教师自制力越强，其行为越带有理性。教师应做到：不因失败而精神萎靡，不因意外情况而变化，不因教育行为受阻而悲观失望。教师在任何情况下都应理智地控制自己的情绪和言行。

三、规范道德行为，养成道德习惯

教师职业道德行为和习惯是指教师在职业道德认识、情感、信念的支配下，在教育活动中对他人、集体、社会做出的可以观察到的客观反应及所采取的实际行动，即在职业道德意识支配下表现出来的有利或有害于教育事业及他人、集体和社会方面的行为。

教师职业道德行为和习惯属于道德品质的外部状态，它是教师个体道德品质的具体表现。在师德品质的构成要素中，师德认识、师德情感、师德意志、师德信念均属道德意识范畴，它们的作用在于指导和影响师德行为的抉择。但是教师职业道德修养如果仅仅停留在师德意识修养上，不用实际行动去履行道德义务，这种师德修养就不是知行统一的职业道德修养。职业道德行为和习惯的养成是职业道德品质形成的关键。教师只有在实践中贯彻道德原则和规范，并且始终坚持下去，经过长期的锤炼，使其成为个人良好的行为习惯，道德品质才算达到了比较完善的程度。

教师良好的职业道德行为和习惯会对学生起到表率作用，尤其对于小学生来说，他们缺乏分析能力，善于模仿，教师的表率作用更为重要。身教重于言传，无声的"身教"，恰似丝丝细雨，"随风潜入夜，润物细无声"。

四、保持心理健康，克服职业倦怠

(一) 保持心理健康

教育部《中小学心理健康教育指导纲要》指出，加强师资队伍建设是搞好心理健康教育工作的关键……要重视教师心理健康教育工作。各级教育行政部门要把教师心理健康教育作为教师职业道德教育的一个方面，为教师学习心理健康教育知识提供必要的条件。要关心教师的工作、学习和生活，从实际出发，采取切实可行的措施，减轻教师的精神紧张和心理压力，使他们学会心理调适，增强应对能力，有效地提高心理健康水平。由此可见，国家已把教师心理健康教育作为教师职业道德教育的一个方面。

1. 教师心理健康的标准

具体而言，一个心理健康的教师应该具备以下主要特点：
(1) 具有良好的职业态度；
(2) 具有爱心和良好的表达能力；
(3) 具有开朗、乐观、积极向上的健康情绪；
(4) 始终保持一颗童心；
(5) 富有同情心和耐心；
(6) 具有良好的人际关系。

2. 教师心理健康问题的表现

(1) 社会适应不良。青年教师中有相当一部分人对教师角色、学校人际关系、工作方式、生活环境等方面存在诸多不适应，从而产生压抑、偏激或悲观失望等不良情绪。

(2) 人际关系紧张。一些教师不善于处理复杂的人际关系，不能与学生、同事、领导融洽相处，不是与同行发生纷争，就是与学生产生对立，或者与领导发生冲突，久而久之便形成孤独、无助、郁闷、焦虑、自卑等不良情绪。

(3) 情绪不稳定。由于种种主客观原因，个别教师常处于情绪低落、心境不佳的状态，不能调节和控制自己的不良情绪，甚至恣意发泄，借题发挥，造成人际关系恶化。这种人际关系的恶化反过来又刺激不良情绪的滋生与蔓延，以至于形成恶性循环，使他们长期处于紧张、焦虑和忧郁的状态。

(4) 心理失衡。个别教师在工作、学习、生活中不能处理好理想和现实的矛盾，遇到挫折易产生强烈的心理失衡，并诱发不良情绪，如嫉妒、自卑、妄想、愤懑、抑郁等，有的还出现思维不灵活、反应迟钝、记忆力衰退等心理机能的失调。

(5) 不良的个性特征。某些不良的个性特征也是心理不健康的表现，如心胸狭窄、意志脆弱、过于争强好胜、以个人为中心、自我封闭、过于敏感等。

3. 教师心理健康问题产生的主要原因

综合起来，导致教师心理健康问题的因素主要有如下几个方面。
(1) 受教师职业特点的影响和教师职业特殊性的影响。教师职业本身有其特殊性，主要表现在教育对象的多样性，要求教师有多维度的心理取向；教育工作的示范性，要求教师加强自我形象的塑造；教育内容的广泛性，要求教师博大精深，不断完善自己的知识结构；教育任务的复杂性，要求教师有较强的心理调节与适应能力。因此，做一个合格、称职的教师难度大、要求高，教师生怕背上"误人子弟"的罪名。这些在无形之中增加了教师的心理负担与压力，极有可能造成教师的心理健康问题比一般人要严重。

(2) 受社会和家长对教师的期望值增高的影响。现在社会和家长对教师的期望值日益增高，但同时对教师工作的理解程度并不高。学生成绩不理想、厌学，以及出现不良行为，往往都怪罪老师，这些状况易于激发教师的不良情绪，形成不良心态。此外，心理学家认为，从许多方面看教师是一个相当孤独的职业，整天与学生在一起工作，与其他的成年人相对隔离，在日复一日、年复一年的教学过程中更多的是独自面对自己的问题。这种职业特点本身有可能诱发心理健康问题。

(3) 受扮演多重角色的影响。教师工作的性质决定了教师要扮演多重角色，教师是知识的传授者、学生活动的管理者，对学生负有教育管理的责任；教师是学生父母的代理人，在一定时间内要照料学生；教师是学生的朋友，是学生的心理治疗者，需要与学生平等地交流思想和感情；教师又是人际关系的交往者，除需要与其他教师、学生家长、学校领导打交道外，还要在家庭中充当各种角色，为人父，为人母，为人子，为人女，会遇到各种家庭矛盾，常常是左右为难，应接不暇。多方位的角色转换容易造成教师的心理矛盾和冲突，造成教师的心理健康问题。

(4) 工作繁重，压力过大。教师不仅是太阳底下最光辉的职业，也是压力最大的职业之一。许多关于教师心理的研究表明，教师的心理健康状况与心理压力关系密切。

与从事其他职业的人员相比较，教师的工作不能简单地用8小时来衡量。教师每天的工作任务很繁重，除了上课外，还包括备课、批改作业、个别辅导、家访、不断处理学生问题，还有各种教研会、行政会等，教师真正留给自己的时间很少。许多教师常常夜以继日地完成备课及管理等工作。

(5) 福利待遇"不尽如人意"，心理安全感不足。我国中小学义务教育阶段新的一轮调资已经实施，可以说义务教育阶段教师的工资、待遇得到了提高。但由于地区的差别，社会提供给教师的工资待遇、社会地位还"不尽如人意"，在教师心理上形成了一种潜在的压力。新的竞聘制度带来的岗位竞争日趋激烈，也使不少处于弱势地位的教师不适应，长期处于难以摆脱甚至时时被强化的心理压力之中。

此外，不合理的比较方式也会造成心理上的负面影响，个别教师在报酬、地位方面，总爱与比自己高的人比，生活水平上总爱横向比而不爱纵向比，越比越悲观、失望、憋气、不平，不合理比较的结果是平添了许多苦恼。

(6) 教师自我心理调控能力不足。个别教师缺乏心理学知识和自我心理调节能力，心理问题得不到及时排解，不良情绪长期得不到释放，导致不良情绪突破心理承受的极限而爆发。

4. 教师心理健康的维护与保持

教师的心理健康受复杂的因素影响，但一个优秀的教师绝不应让自己一直处于压力之中，以至于身心俱损，影响工作和生活。教师的心理健康问题，除教育行政部门、学校领导及社会有关方面应高度重视外，教师本身也应重视心理健康的自我维护与保持，并在以下几个方面做出努力。

(1) 树立正确的教育观和价值观。教师要保持自身心理健康，就要正视自己所处的客观环境和周围现实，确立正确的职业观和教育观，科学的人生观和价值观，树立崇高的职业理想，淡泊名利，用乐观进取的人生态度看待生活。在教师生涯中，要处理好个人与社会现实之间的关系，正确对待人生道路上的矛盾冲突，正确对待教学实践中的成功与不足，走出"自我"的封闭圈，通过劳动创造为社会和他人做出贡献，努力把自我价值实现的过程与社会价值实现的过程统一起来，在积极为社会和他人做贡献中实现自我价值，更好地迎接未来社会的挑战。

(2) 形成正确的自我认知。自我意识是指人对自己和自己周围关系的一种认识，是影响心理健康的重要心理因素。人对自我的认识能自觉地调节心理需求和相应的行为。符合客观实际的自我意识，有利于个体心理保持正常状态，增进心理健康；反之，则会引起心理和行为失常。教师要维护自身的心理健康，必须实事求是地正确认识自我，客观评价自我，承认、接受现实的自我，不宜自我期望值过高，过于追求"完美"。教师要根据社会和时代的需要，塑造出理想的自我，完善个性，有效地控制自我的心理和行为，排除内心干扰，自觉接受社会道德的约束。

(3) 善于交往，改进教育人际关系。人不可能离开社会、离开人群而独立生存，与人交往是个体社会化的必经之路，人际交往具有心理感染、满足精神需要、维护心理健康之功能。教师应主动搞好和学生、同事、领导、家长的正常人际关系，消除隔阂，相互理解，缩短彼此间的心理距离。在人际交往中，要注意交往风度，光明磊落，严于律己，宽以待人，坦诚相见；要尊重、关心他人，乐于助人；要善于沟通感情，交流信息，采取宽容的态度去对待别人，多看别人的长处，求大同存小异；要将自己和谐地融于学生之中、融于教师群体之中、融于社会之中，保持健康的心理。

(4) 调理情绪，保持心理平衡。教师要维护自身的心理健康，就要陶冶情操、锻炼意志，主动自觉地调控情绪。教师应学会运用积极的心理防御机制与科学的调适方法，逐步做到从容地应对生活中的各种不良刺激，以预防心理障碍乃至心理疾病的产生。要善用理智控制法、合理宣泄法、注意转移法、艺术升华法、自我暗示法、自我安慰法等方法，调节不良情绪；保持幽默，笑口常开，常以欢乐促健康；正确对待并战胜挫折，认真、冷静、客观地分析产生挫折的主客观原因，采用积极的自我防卫方式和心理调控方法，减轻挫折感，尽快摆脱挫折情境，化消极因素为积极因素，保持心理健康。

(5) 科学用脑，强身健体。教师要维护自身的心理健康必须科学用脑，自觉讲究用脑卫生和用脑艺术，有效挖掘自己的智能潜力。特别要注意不要用脑过度，工作一定时间后要有短暂的休息，动静结合、劳逸相间，让大脑的工作、休息符合生理规律。此外，应避免用脑过分单调，在学习、工作时采取"转换法"，变换学习或工作内容，让大脑细胞在工作过程中"轮休"。

教师维护自身的心理健康应养成锻炼身体的习惯，增强体质，"每天锻炼一小时，幸福生活一辈子",为心理健康提供基本条件；应妥善安排生活,合理支配时间,讲究工作方法,选择最佳工作心境,使工作、学习、生活紧张而有秩序,规律而有节奏。

(二) 克服职业倦怠

有的教师在从业多年以后有这样的感觉：从教之初的豪情壮志逐渐消失了,安于现状、平淡无为、得过且过的想法增多了,个别教师甚至出现了放弃教师职业的消极想法。这就是教师出现职业倦怠的表现。

所谓职业倦怠,一般是指"失败、筋疲力尽或因过度消耗精力、资源而变得枯竭",是一种压力长期积累而造成的更严重的紧张状态。教师职业倦怠定义为：由于教师长期工作在有压力的情况下,由工作中持续的疲劳及与他人相处中的各种矛盾、冲突而引起的挫折感加剧,最终导致的一种在情绪、认知、行为等方面表现出筋疲力尽、麻木不仁的高度精神疲劳和紧张状态。

1. 教师职业倦怠的表现症状

(1) 身心疲惫。疲劳是职业倦怠的典型症状。职业倦怠的教师由于长期处于疲劳状态而得不到恢复,常会表现出身体能量被过度耗尽、持续的精力不济、头疼、神经衰弱、失眠等身心疲劳症状。职业倦怠并非仅仅由身体劳累所致,其关键是来自心理的疲乏。一个人长期从事某种职业,在日复一日、年复一年的机械重复工作中,渐渐会产生一种疲惫困乏乃至厌倦的心理,总是难以提起兴致、打起精神,只是倚仗着一种"惯性"来工作,全无主动性、创造性可言。这就是职业倦怠的典型表现。

(2) 认知枯竭。职业倦怠的教师空虚感明显,感到自己的知识无法满足工作需要,尤其是难以胜任一些变化性的工作。不能适应知识的更新和不断变化的教学要求,怀疑自己,感到无能和失败,产生自我谴责。一旦自责成为一种习惯,也就说明倦怠的程度较重了。

(3) 情绪消极。职业倦怠的教师会感到情感资源被极度耗尽,甚至已经干涸,工作满意度低,对工作的热忱与奉献减少,对学生缺乏包容心和支持,不能忍受学生在教室里的捣乱行为,甚至表现出焦虑、压抑、苦闷、厌倦、怨恨、冷漠等消极情绪。消极情绪一旦形成而不能调整,便会对工作失去热情,而抱着无所谓的态度。

(4) 成就感降低。职业倦怠的教师价值观和信念会突然改变,个人成就感、评价自我的意义和价值倾向会降低,会认为工作是一项枯燥乏味且机械重复的烦琐事务,工作信心不足,从而无心投入。

2. 教师职业倦怠的危害

教师职业倦怠对教师个体、学校教学工作,以及社会各方面都将带来消极的影响,教师个体、教育事业、整个社会都将因此付出相当大的代价。

(1) 对教师自身的影响。职业倦怠不仅会导致教师产生各种生理疾病,影响教师的心理健康,而且不利于教师在职业生涯方面的发展,甚至严重影响教师的生活质量。

(2) 对学生和教学工作的影响。教师职业倦怠会导致其教学品质低劣。产生职业倦怠的教师对学生缺乏同情心,工作投入和参与变少,对学生违反课堂纪律没有耐心,课堂准备不充分，创造性低。教师的倦怠会导致教师对工作的信心和热情减少，师资流失现象日益严重。

(3) 社会方面的影响。教师职业倦怠使教师与学生、教师与教师、教师和领导、教师和家长之间的人际关系受损，不利于人才的培养。

3. 导致教师职业倦怠的原因

造成教师职业倦怠的原因有客观、主观两个方面。客观原因主要涉及职业、学校和社会三个方面，主观原因主要指教师的个人因素。从本质上看，职业倦怠是由于个体对自身工作的付出与得到的回报之间不平衡的认知而导致的心理与行为上的消极反映。

(1) 职业因素。教师工作时间长，压力大。教师的工作时间应该遵循正常的劳动制度，但是在实际的工作中，教师的工作时间远远超过了法律规定的劳动时间。很多教师工作一天下来会有疲劳感，如果经过休息有所恢复属于正常现象。但是，有的教师长期有这种表现，而且休息之后没有好转，若长期处于疲劳状态而得不到恢复，就会处于身心俱疲状态。

教师的工作较其他行业来说是一个复杂性更大、职业压力更大的工作，虽然面对的学生会不同，但是教学内容却不会有大的变化，因此，教学工作内容具有高重复性。教师如何能够在既有知识的基础上创造性地进行教学，是需要教师的创造性思维的，这需要花费大量的时间和精力。在长期的教学过程中，教师如果感受不到新意，则很容易感到枯燥乏味，没有成就感。这种体验容易导致教师的职业倦怠。

(2) 学生因素。学生因素对教师职业倦怠有显著的影响。众多研究发现，学生问题是导致教师职业倦怠的较强压力源。这一时期的青少年脆弱、敏感、逆反心理严重，加之某些不良的家庭教养方式和家长过高的期望，都会给教师的教育教学工作带来巨大的压力。对于教师而言，不断地激发学生的学习兴趣远比其他工作更易让人感到疲倦，管理学生的困难已经成为教师职业压力和倦怠的主要因素。

工作评价的单一性与工作对象的高度差异性之间存在矛盾。教师的工作对象是成长中的个体，他们看上去年龄相当、身心发展相似，但实际上学生的知识储备程度、心智发展水平、兴趣和个性特点差异很大。如果仅用考试成绩这个唯一受社会认同的指标来评价教师工作，那么教师注定要付出比其他职业更多的时间和精力来用于教育和教学，从而导致时间、体力和精力的透支。而且，学生作为具有独立思想和人格的个体，始终处于发展变化的过程中，即便教师能够付出巨大的劳动因材施教，学生在兴趣、态度、价值观等方面的改变也是缓慢和难以准确评价的。有些时候，学生所发生的改变与教师所付出的努力也并不一定成正比。教育教学效果的不确定性，使教师的付出和回报之间产生了明显的不平衡，因此，教师的职业倦怠进一步加强。

期望与现实存在差距。教育教学工作是一个长期的过程，取得的成果也需要一定的时间才能显现出来，而且，教学过程是教师与学生共同完成的过程。这些因素共同导致教师的成功具有不确定性，职业成就感不像其他职业那么明显，所以才会造成理想与现实的冲突，期望与现实的差距。

(3) 个人因素。教师个体的认知偏差与个体的人格特征也是导致职业倦怠的因素。同样环境下同样工作量的两位教师，一位兴致勃勃，而另一位却可能精疲力竭，原因即在于此。研究表明，某些不良的人格特征，如不现实的理想和期望、自信心降低、对自己的优缺点缺乏准确认识和客观评价等都很容易使人产生职业倦怠。那些富有理想和热情洋溢的教师，以及执着地为实现理想而努力工作的教师，也容易产生职业倦怠。因为这些教师对工作过分投入，希望通过自己的努力来提高教学质量，实现自己的价值，但当他们觉得自己对工作的投入与从工作中的所得不匹配时，就可能产生职业倦怠。

(4) 学校因素。教育实践表明，学校中缺乏一种良好的组织氛围与教师的职业倦怠有着重要的关系。

(5) 社会因素。家长过高的期望给教师的教育教学工作带来了巨大的压力。家长对子女有望子成龙、望女成凤的愿望是可以理解的，但个别家长常常忙于工作或生意，在子女教育问题上往往疏于管理和沟通，或是直接采用"棍棒教育"，一旦子女出现成绩不佳或有其他不良行为时，大多怪罪于教师的教育不当。可见，家长过高的期望难免给教师的教育教学工作带来巨大的压力。

新课改给教师的工作带来新的压力。近几年来，随着新课改的实行，人们原本认为教育改革能够减少教师的压力，然而，新课改似乎在一定程度上增加了教师的压力。在大力推进课程改革过程中，许多新的思想观念也猛烈地冲击着广大教师，他们在实施新课标的过程中遇到了许多新问题、新矛盾，产生了新的压力。内心原有的对职业的认识与新近提出的新要求产生了矛盾，引起了抗拒的心理。如果不能正确认识和积极适应，则必然产生消极情绪。

随着社会的发展，人们的价值观念多元化，给人以更多的自由去选择自己的人生。于是，在选择中伴随着各种各样的焦虑与痛苦，使情绪发生波动，加上现实生活条件的不理想，使教师心理波动较大，易出现职业倦怠。

4. 教师职业倦怠的控制和缓解

教师职业倦怠不仅仅是一种状态，也是一种长期累积与发展的过程。要有效地控制和缓解教师的职业倦怠，就需要个体、学校、社会等各方面采取和谐一致的措施。概括地说，主要包括以下三个方面。

(1) 教师的努力。解决职业倦怠离不开个体的努力，教师应对职业倦怠持积极的态度，以便尽快解决问题。要正确认识职业倦怠，意识到职业倦怠并不是一生中只发生一次的现象，它可能一次又一次地潜入我们的生活。我们应该识别职业倦怠的症状，并在危害产生之前进行调整，以便恢复平衡。

加强自身修养，坚定教师职业道德信念和理想。首先，坚定教师职业道德信念和理想是职业倦怠的最好解毒剂。坚定正确的教育观念和积极的教师信念，培养教师对学生无私的、理智的爱与宽容精神对于预防教师职业倦怠是至关重要的。其次，反思是一个预防教师职业倦怠的有效方法。

培养良好的个性特征。改变自己不良的人格特征，提高自我调节能力，以积极的态度和策略应对可能遇到的压力。教师经历的职业压力是产生倦怠的重要前提条件，因此，教师要时刻关注自己所面临的压力，在遇到压力事件时尽快进行调整。教师的教学工作具有复杂而多变的性质,这就使教师要经历许多意想不到的事。

教师要学会正确认知和评价自己,明白自己也是一个平凡的人,会有七情六欲、喜怒哀乐;了解自己的优点和缺点,做一个真实的人;正确评价自己的能力和教育教学效果,从而积极对待理想与现实的差距,积极对待自己的工作付出与回报之间的关系,以最大限度地减少不适应的心理。

学会疏导情绪。人的基本情绪包括快乐、喜爱、惊讶、厌恶、羞愧、愤怒、悲伤等。教师面对压力和挫折的不良情绪主要表现为容易激动、愤怒,常常压抑苦闷、情感减退等,这些不良情绪会影响教师的正常表现、人际关系和身体健康。

培养健康的生活方式。实践表明,广泛的兴趣、多交朋友、适当的锻炼、合理的饮食和休息等都能减轻压力,提高生活和工作的质量,从而有效预防和缓解职业倦怠。

(2) 学校的支持。教师的职业倦怠是在学校的管理和组织环境下形成的,因此,改善学校的管理和组织环境就成为解决教师职业倦怠问题的重要内容。

改进学校的管理。一要赋予教师更多的学校决策和管理的参与权。应充分体现以教师为本的思想,克服"家长式""一言堂"的管理制度,让教师参与学校的决策和管理,从而使教师具有更强的责任感与归属感。二要制定合理的教师评价制度。一种合理的教师评价制度,不仅仅是对教师成绩的肯定,对教师劳动的尊重,关键是在很大程度上提高了教师的工作积极性,使整个学校呈现出先进更先进、后进赶先进的良好局面。而不合理的教师评价制度,则可能打击教师的工作积极性,犹如在教师的心上泼了一盆冷水,从工作中体验不到成就感的教师很容易形成职业倦怠。

营造良好的组织氛围。一是安排合适的工作量,严格作息制度。教师的职业倦怠与工作压力有直接关系,因此,校方在教师工作量的安排上,既要考虑专业对口、教师的适应能力,又要考虑量的合理性。二是经常倾听教师的意见和建议。学校各级管理人员尤其是校长应把工作重心下移,经常性地深入教师群体,了解教师的意见和建议,并提出切实可行的整改措施。三是开展校内教育教学研讨活动,解决教师工作上的困惑。面对新课改如何加强素质教育和创新教学,面对新时期学生中出现厌学等一些不良行为如何进行教育等,学校应经常性地开展校内研讨活动,促进教师相互探讨、相互交流、相互学习,提高教师解决困惑的能力。四是开展各种文体活动帮助教师释放压力。

提高教师的师德水平,促进教师的成长。教师若道德高尚,在工作中有理想、有向往、有追求,就会有明确的奋斗目标,事业心、责任心就会很强,工作的动力就会很大,在工作中就会情绪饱满、乐观,不容易感染不良情绪;反之,教师若道德水平不高,在工作中没有理想、没有向往、没有追求,就会没有明确的奋斗目标,工作的动力就会变小,容易产生不良情绪。

教师的成就感提高有利于防止职业倦怠,而教师的成就感与教师的专业能力是分不开的。作为教师必须具有一定的专业素质、专业能力和专业知识,仅仅停留在现有的水平上是不够的,教师的专业水平和专业技能需要不断提升。学校应开展系列培训和实践活动,鼓励教师参加继续教育和各种在职进修活动,帮助教师正确进行教师职业生涯规划,从而促进教师专业水平和专业技能的不断提升。

(3) 社会的支持。教师职业被人们寄予很高的社会期望，教师承担着培养未来接班人的重任。担当如此重要的任务，责任感、使命感、义务感便油然而生。这一方面是动力，另一方面也是压力。要使这种压力保持在适当的水平，从而缓解高压力带来的职业倦怠，社会的支持非常重要。首先，要形成尊师重教的社会氛围；其次，高质量的培训是缓解教师职业倦怠的重要途径。

五、正确进行教师职业生涯规划

有些教师感觉自己整天在忙忙碌碌，可是几年下来，却没有什么收获，反而迷失了追求的目标。也有个别教师对于自己要达到什么目标、通过几个阶段达到自己的目标、现在自己处于什么阶段等问题，脑子里往往是模糊的，不清楚的，有的甚至从来就没有这样考虑过。其表现在工作上，就是听从领导安排，以完成任务为目标，没有多少自己的追求，态度比较被动；当工作不满意时，往往归因于外部的环境制约，认为自己尽了力，没有办法克服困难。职业生涯规划正是解决教师行为盲目性的好方法。

所谓教师职业生涯规划，是指教师根据自身的现实条件与发展潜力、外界机遇与制约因素，确定自己的职业发展方向、职业发展目标，制订发展计划、学习计划，以及实现职业生涯目标的具体行动方案。

(一) 教师职业生涯规划的作用

1. 对教师个人的作用

(1) 有利于帮助教师确定职业发展目标，制订行动计划，有效地实现自我价值。有着明确的职业发展目标可以激励他们积极创造条件，充分挖掘和最大限度地发挥自己的潜能，鞭策个人努力工作，有条不紊地完成计划目标，增加成功的可能性，从而有效地实现个人的自我价值和社会价值。

(2) 有利于促进教师自身的提升，不断适应现代社会发展的需要。现代社会知识更新速度加快，科技水平突飞猛进，全球性的网络使得知识来源多渠道化，教育理念不断创新。这就要求教师要与时俱进，更新教育理念，更新知识结构，扩大知识领域，不断地学习现代教育技术，运用现代化的教育教学手段提高教学工作效率。因此，加强教师的职业生涯规划，促使教师不断提升自身能力尤为重要。

(3) 有利于帮助教师克服职业倦怠，提高成就感、幸福感和满意度。当教师对自己的职业发展有自己的设想，并能按照这个设想完成自己的发展目标时，他们就会有很高的成就感、幸福感和满意度，从而能更有效地投入工作，这有利于克服教师的职业倦怠。

2. 对学校的作用

教师一旦进入某校任教后，他的职业生涯规划就不再是他个人的事情，学校会积极地参与这一过程。学校通过对教师职业生涯的管理，不仅能保证教师的需要，而且能使学校的人力资源得到有效开发。

职业生涯管理能使教师的个人兴趣与特长受到学校的重视,提高教师工作的积极性,合理挖掘教师的潜能,有效开发学校的人才资源。同样,学校在了解教师的职业兴趣,以及他们对成长与发展的方向的要求后,会结合学校发展的需要,合理地指导教师进行职业生涯规划,增强学校的人力资源管理,使学校更适合社会发展和变革的需要。

(二) 教师进行职业生涯规划的基本步骤

1. 充分的自我认识

教师职业生涯规划从自我认识(或自我评价)开始,了解自己是教师职业生涯规划的首要步骤。只有充分认识自我,才能确定职业生涯的方向和路线,合理设定职业生涯目标。自我认识包括对自己的兴趣、爱好、特长、性格、学识、技能、智商、情商,以及组织管理、协调、活动能力等的认识或评价。

2. 了解教师职业生涯的发展阶段

近年来,许多学者致力于教师职业生涯发展的研究,提出了一些理论。美国学者费斯勒将教师职业生涯分为八个时期:职前期、入职初期、能力建构期、热情成长期、职业挫折期、职业稳定期、职业消退期、职业离岗期。这八个时期与我国教师的职业生涯发展基本吻合。

(1) 职前期。这是教师特定职业角色的准备阶段,即教师的培养时期,主要指师范院校学习阶段。从师范生角色过渡到教师角色有一个重要的环节,这就是教育实习阶段。学生在教育实习阶段不断弥补不足来完善自己,促使自己不断朝着理想教师的目标迈进。

(2) 入职初期。入职初期指教师受聘于某所学校的最初几年。青年教师刚刚步入学校时,拥有的书本知识较多,实践经验缺乏,从总体上说专业化水平还比较低。此时,他们关注自己在陌生环境中能否生存,关注自己能否适应或者胜任学校的教育教学工作。因此,这一阶段他们要拜师学习,逐渐熟悉备课、上课、辅导、批改作业、考试测验等教学常规性工作;要通过课堂教学,不断地把教学知识转化为教学能力,从而在三尺讲台上"立住脚"。

(3) 能力建构期。在这个阶段,教师练就了教学基本功,如教师的"二字一话一机"(粉笔字、钢笔字、普通话、计算机)等一般基本功;备课、上课、批改作业、辅导、测验等常规基本功;处理重点、难点等课堂教学基本功;分析和了解学生、管理学生的基本功。教师在此过程中形成了过硬的基本功,具备了独立的教育实践能力,成为胜任学科教学的教师。这个阶段的教师容易接受新观念,积极参与各种培训和教学研讨活动。这一阶段的工作富有挑战性,教师渴望提高自己各方面的业绩。

(4) 热情成长期。这个阶段的教师在能力水平稳定以后,热情不断高涨,并能持续不断地追求自我实现。他们不仅能够愉快地胜任教学,而且能够准确地分析学生,班级管理比较自如,自我成就感不断增强。这个阶段教师的主要特征是充满热情,工作积极主动,不断充实、丰富教学方法,有高度的工作义务感,拥有较高的工作满意度。

(5) 职业挫折期。这个时期的典型特征是教师对教育教学的高期望落空，教师的职业满意度和工作热情明显下降。不少教师随着工作满足感的减弱和自我成就感的降低，开始对自己为什么从事教育工作提出疑问，并产生了工作动力危机，通常将这一时期称为"职业倦怠期"。这一时期的教师往往感觉到，他们难以从日复一日的教育教学工作中获得乐趣，经常有力不从心之感。尽管这种挫折感大多出现在职业生涯的中期，但当教师长期处在各种社会压力和教育矛盾中，不能有效应对和调适时，就会产生自我挫折感。

(6) 职业稳定期。这个阶段是教师职业生涯的高原期，缺乏激情和挑战性是这一时期的突出特点。这一阶段的教师满足于已有的经验和技能，就此裹足不前。工作上维持现状，缺乏激情，抱有"做一天和尚撞一天钟"的态度，只求无过，不求有功。

(7) 职业消退期。这个阶段是教师准备离开教学岗位前的低潮时期。不同教师在这一阶段的表现是不同的。有些教师回顾过去，满面春风，满心喜悦，他们曾经有过辉煌的教学成绩，有着美好的回忆，期待着功成身退，享受退休后的自由与洒脱。另有一些教师，因一事无成，苦楚忧虑，有着离开教学岗位的失落感，也有未能成就事业的牢骚、抱怨和忧郁。这个时期也许是几年，也许是几个月或几周。

(8) 职业离岗期。这个阶段是教师离开教学生涯以后的一段时期。在这一阶段，教师要学会适应离岗的现实，在兴趣、家庭、社会活动和工作方面寻找新的满足源和支撑点，学会利用教师的技能和专业知识继续自己的职业后生涯。

3. 分析成长环境

分析成长环境是教师为了解环境的特点，分析对自己成长有哪些有利的方面或者不利的方面，以便确定自己的职业目标和成长的方法。所分析的环境应包括以下几个方面。

(1) 社会环境。分析个人处在一个什么样的时代；当代的政治、经济、社会、科技、文化有什么样的特点，这些特点对我们的职业和工作提出了哪些要求，提供了什么样的有利条件，提出了哪些挑战，给自己的工作和发展带来了什么机遇；本地区的社会环境有什么特点，对自己的工作和发展有什么样的影响等。

(2) 学校环境。分析所在的学校是一个什么类型和水平的学校，它有哪些有利条件和不利条件，它给自己的工作和发展带来什么样的影响，自己是否充分利用有利条件，自己能否克服和避免不利条件；学校的物质环境、人际关系环境、信息环境如何等。

(3) 自己的家庭环境。分析原生家庭是什么家庭，它给自己的成长带来了什么样的影响；配偶对自己的工作是否支持；家庭的经济条件和文化氛围对自己的工作与发展有什么样的影响；自己能否克服不利影响等。

4. 确定职业生涯发展方向和路线

在确定教师职业后，还必须思考自己的发展方向和路线问题，即走行政路线，向行政方面发展，还是走专业技术路线，向专业方面发展等。发展路线不同，对其技能要求也就不同。

5. 设定职业生涯目标

教师职业生涯目标是个长期目标，它可以分解为多个近期目标，只有通过逐步实现近期目标,才能够实现长期目标。大目标分解成小目标,才可以轻松地完成目标。有些老师不愿制定职业生涯规划,因为他们害怕做出具体的决定,选定一个目标,就意味着放弃追求其他目标的机会,而且他们害怕假如达不到目标,会对其自我理想造成打击。

职业生涯目标包括工作或职称、职位目标,教学科研目标,学历、学位进修目标等。如某位刚刚踏入小学的青年教师设定如下工作目标:1年~3年目标为合格教师;3年~5年目标为优秀教师;5年~7年目标为教学能手;7年~9年目标为特色教师;9年~12年目标为特长教师。

6. 制订行动计划与措施

职业生涯目标设定后,接下来就是制订实施计划(包括阶段的划分及步骤的安排),通过实际行动达成目标。这里所指的行动,是指落实目标的具体措施。

7. 评估与完善

影响职业生涯规划的因素很多,有的因素是可以预测的,而有的因素却难以预测。在将职业生涯规划逐步变成现实的过程中,在很多情况下,理论上可行的,实践中未必可行。另外,还有许多自己不能完全把握的东西也会干扰计划的实施,在这种情况下,还需要根据具体情况灵活地应对。因此,要使制定的职业生涯规划行之有效,就需要不断对其评估与修订。

> **案例**
>
> 我国著名小学教育专家、被誉为"小学教育界的梅兰芳"的斯霞老师立志终身做小学老师。她多次放弃跳槽和升官机会,始终坚持做小学老师。怀着对教师工作、对学生的爱,她几十年如一日,勤奋耕耘在小学语文教师岗位上。在长达68年的教学实践中,形成了一套比较完整的教育教学思想,特别是"字不离词、词不离句、随课文分散识字"的语文识字教学经验和爱心教育理念,对我国小学教育产生了深远影响。她先后荣获江苏省劳动英雄、全国劳动模范、全国三八红旗手等多项荣誉称号,并当选为第三、五、六、七届全国人大代表。

第三节 教师提高职业道德修养的原则、途径和方法

高水平的教师职业道德修养是教师化解各类教育教学矛盾、建立良好师生关系、顺利完成教学任务、实现教育目标的道德保障。教师职业道德修养建立在教师对一定教师道德原则、规范和范畴的正确认识基础上,教师自觉进行自我道德教育和提高,并由此形成相应的道德品质。教师道德规范体系为教师提高职业道德修养提供了价值标准和行为尺度,只有通过提高职业道德修养才能够提高教师的道德品质,并最终实现对教师道德行为的规范作用。

一、教师提高职业道德修养的原则

1. 知与行统一

"知"是指对教师道德的认识及其在这一基础上所形成的观念等,这是提高师德修养的前提。"行"是指行为,即教师把职业道德的理论知识付诸行动,这是提高师德修养的目的。

坚持知与行统一的原则,就是要把学习道德理论、提高道德认识同自己的行动统一起来,使理论与实践相结合。教师在提高师德修养过程中更要注重品德实践,自觉培养道德行为习惯,真正成为道德高尚者。总之,只有坚持知与行的统一,才能真正提高师德修养。

2. 动机与效果统一

所谓"动机",就是趋向于一定目的的主观意向和愿望。它是意识到了的行为动因,即激励人们行动的主观原因。所谓"效果",就是人们行动所产生的客观结果和后果,它是人的行为的客观记录。

坚持动机与效果的统一,教师要不断进行道德理论和知识的学习,加深对师德修养意义和作用的理解,不断增强提高修养的动力;同时要善于通过各种方式把良好的道德动机转化为实际行动,在动机与效果的统一上实现师德境界的升华,既重视动机,又重视效果,不做"说话的巨人,行动的矮子"。在动机和效果的统一上对自己提出比较全面的要求,是提高师德修养过程中必须坚持的原则。

3. 自律与他律结合

"自律"即自我控制,是指教师依靠发自内心的信念对自己教育行为的选择和调节,自觉主动地内化道德的有关原则、规范和要求,并自觉地付诸行动。"他律"是指教师在接受职业道德的有关原则、规范和要求的过程中,其意志受到外在因素的干扰和驱使,凭借外在动力对行为进行的调节和控制。

自律和他律的关系,实质上就是内因和外因的关系。他律是教师提高职业道德修养的外在动力,外因是事物变化发展的外部力量,任何离开他律直接通向自律的修养都是不现实的、不客观的。外在舆论压力、外在的监督力量等往往对个人的道德行为产生约束作用,久而久之,一些道德要求会逐渐由被动型接受转化为主动型消化。他律要求教师主动接受各种师德教育,提高师德认识,陶冶师德情感,锻炼师德意识,规范师德行为。教师要主动接受社会和舆论的监督,自觉依靠各种制度、纪律等外在压力来规范自己、约束自己。自律是教师提高职业道德修养的内在动力,内因是事物发展的动力,是事物变化的根据。自律依靠自身的内心信念来实现,这种内心信念是促使教师自觉提高修养的动因,在师德修养中,教师自身的内因——内心信念是起决定作用的因素。一个教师只有真正懂得了师德要求的重要性,只有发自内心地对人民教师道德义务真诚信服和具有强烈的责任感,才会在教育实践中恪守人民教师的道德要求,并会由于自己在教育活动中履行了某种道德义务而感到一种精神上的愉悦和满足,形成一种信念和意志,从而在今后的教育工作中勇于坚持这种行为。有了内在的师德信念,教师一旦发现自己的行为不合乎师德要求,即使没有受到别人的指责和舆论的批评，也会受到自己"良心"的责备，感到羞愧不安，对自己的行为做出自我批评，从而纠正错误的行为，尽力避免在今后再发生类似的事。因此，自律是师德修养的内在基础，是任何其他力量都不能代替的。

总之，教师提高职业道德修养既要用外在因素进行自我约束，又要必须发挥主观能动性，做到自律和他律的结合。

4. 继承与创新结合

中华民族历来十分重视道德修养，从倡导"克己""养心""慎独"到强调"诚意""正心""修身""齐家"，自古及今，一代又一代甘于默默奉献的教师总是以自己高尚的德行，为学生做出表率，服务于社会。

如今，面对现代社会的巨大变迁，传统精神受到现代观念的巨大挑战，当代教师仍然要不断地继承和弘扬先哲师德的优秀传统，汲取我国几千年优秀的教育文明成果。但是，在世界经济全球化、世界格局多极化的发展趋势下，随着知识经济的到来和科技迅猛发展，特别是网络信息技术的普及与发展，现阶段的教师还应具备创新精神和科学精神，做到创新与继承同行。

二、新时期教师提高职业道德修养的途径与方法

在新的历史时期，教师既要借鉴传统的提高职业道德修养的方法，又要结合新的时代特征，争做好老师。怎样的老师才是好老师？习近平总书记提出了四条标准，即要有理想信念、要有道德情操、要有扎实学识、要有仁爱之心。习近平总书记在北京市八一学校与教师座谈时，还提出了四个"引路人"，即广大教师要做学生锤炼品格的引路人，做学生学习知识的引路人，做学生创新思维的引路人，做学生奉献祖国的引路人。习近平总书记在全国高校思想政治工作会议上强调，高校教师要努力成为先进思想文化的传播者，党执政的坚定支持者，更好担起学生健康成长指导者和引路人的责任。习近平总书记的这些讲话不仅明确提出了优秀教师的基本要求与条件，也为教师的培养和专业成长指明了方向。

1. 坚定理想信念

理想信念是一个人的精神动力和行动指南。教师牢固树立中国特色社会主义理想信念，是教书育人的基本要求。古语云："其身不正，何以正人。"教师的理想信念、思想观念，乃至一言一行，都对学生有着强烈的示范性，其影响广泛而深远。"给人一杯水，自己要有一桶水。"要让学生树立中国特色社会主义理想信念，教师首先要主动学习、深入研究，自觉加深对共同理想信念的认同，加强对中国特色社会主义理论体系的学习领悟，用中国特色社会主义理想信念充实自己。教师要做理想信念教育的传播者，不断创新教育方法，以符合学生个性特征的方式，感召、引导学生学习并认同中国特色社会主义理想信念。点燃学生心中对美好梦想的追求、对真善美的向往，特别是在事关大是大非和政治原则的问题上，要站稳立场、善于引导，帮助学生澄清模糊认识、明辨是非，成长为理想信念坚定的优秀人才。身教胜于言教，要让学生真正认同共同理想信念，最有效的方式莫过于教师身体力行、做出榜样。

2. 培养良好道德情操

在培养良好道德情操过程中，教师要注意把学习与实践结合起来。这里所谈的学习和实践是指教师职业道德修养的学习和实践。所谓学习，是指教师为了提高自身师德水平，通过多种途径和方式，广泛汲取丰富的理论知识，并注意学习历史上和现实生活中道德高尚的人，以全面提高自己。所谓实践，是指教师为了提高道德认知水平，检验和评价自身的师德状况所进行的各种活动。教师加强师德修养必须从理论学习入手，同时要注意投身实践，并把学习与实践有机结合起来，这样才能达到提高修养的目的和效果。

教师在提高师德修养过程中，要坚持学习与实践相结合，这对于提高师德水平有着重要的作用，原因有以下两方面。一方面，学习与实践结合是提高师德水平的根本途径。要提高师德水平，如果不学习，不掌握一定的理论，个人修养只能局限在个人实践的狭小范围内，而修养就缺乏深厚的理论基础、思想基础和文化基础，师德修养既不能持久，也不能深化，容易陷入盲目性。只有通过学习与实践相结合，才能不断提高理论修养，掌握师德修养的规律，深刻认识师德要求的必然性。如果离开道德活动的实践，就无从认识人们的道德关系，无法辨别自己道德行为上的偏颇和道德意识方面的不足，就成了无源之水、无本之木。只有在道德实践中获得源源不断的精神财富，进行自我教育、自我提高，才能逐步形成崇高的教师师德。另一方面，学习与实践相结合是提高师德水平的有效方法。教师要提高师德水平，不通过学习，仅凭"良心发现"，凭感觉，凭经验，难以获得有关客观世界、主观世界规律和理论的知识。即使在一段时间内，在某一方面表现出有修养，也只是暂时的、低层次的、不深刻的。这种有限的知识难以指导教师的道德实践活动，使其难以进行全面的、科学的自我评价。因此，教师只有通过学习与实践结合才能提高自身的师德水平。再者，学习与实践相结合对教师而言可操作性较强。教师可以结合自己的教育实践，利用便利而丰富的教育资源，广泛吸纳各种理论和文化知识，有重点、有针对性地进行道德理论的学习，并在自己的教育实践中去体验、感悟、检验和评价学习状况，以巩固学习效果。

总之，培养良好道德情操，关键在于实践。它是检验师德修养的标准，是推动师德修养水平不断提高的动力，也是教师提高师德修养的目的和归宿。培养良好道德情操是一个复杂而长期的过程，教师只有把学习与实践结合起来，才能更好地履行师德规范要求，实现教育劳动价值；才能更好地衡量自己的师德水平，使自己不断向善求真，自我提高，自我完善。

3. 掌握扎实学识

扎实学识是教师安身立命之本，是教师育人的前提和基础。现在网络技术、大数据技术等快速发展，学生的知识来源不仅仅在课堂，也可通过各类网站、线上资源等学习。因此，这就对教师提出了更高的要求，教师不仅要有扎实的知识功底，过硬的教学能力，勤勉的教学态度，科学的教学方法，还要能指导学生实践，培养学生实践能力、劳动精神和创新意识。教师不能仅仅是"传道、授业、解惑"的"师者"，还需要是"终身学习"的"学者"。终身学习是21世纪的生存概念，是教师适应职业发展和自身发展的必由之路。在任何教育体制下，教师总是充当着引领者的角色，教师的品行、内涵，代表着社会的文明程度。教师是人类永恒的职业，但社会对教师从业资格的选择并非永恒不变，时代对教师的要求越来越高。教师良好的素质并非与生俱来，而是要通过学校教育、继续教育即终身教育才能获得。因此，教师必须树立终身学习的理念，拓宽知识视野，更新知识结构，潜心钻研业务，勇于探索创新，不断提高专业素养和教育教学水平。学生往往可以原谅老师严厉刻板，但不能原谅老师学识浅薄。"水之积也不厚，则其负大舟也无力。"知识储备不足、视野不够，教学中必然捉襟见肘，更谈不上游刃有余。陶行知先生说的"出世便是破蒙，进棺材才算毕业"，也是在要求老师始终处于学习状态，站在知识发展前沿，刻苦钻研、严谨笃学，不断充实、拓展、提高自己。

4. 具有仁爱之心

习近平总书记在与北京师范大学师生代表座谈时说："老师在学生心目中具有重要位置，老师无意间的一句话，可能造就一个天才，也可能毁灭一个天才。好老师一定要平等对待每一个学生，尊重学生的个性，理解学生的情感，包容学生的缺点和不足，善于发现每一个学生的长处和闪光点，让所有学生都成长为有用之才。"

教师要有仁爱之心，就是要有大爱、有包容心，一视同仁地关心学生成长，关心学生的生活、学习、实践等。教师必须仁爱，把仁爱扎根在内心深处，贯穿整个教育事业，用爱培养爱，让学生成才、有爱心。但仁爱不是溺爱，是严管和厚爱的结合。"严管"出发点是爱，是为学生立规矩、守规矩，走正途、守正道；"厚爱"则是"严管"的基础，做学生的知心朋友，关心学生的生活、学习，关注学生成长，帮助学生排忧解惑。

> **案例**
>
> 李红霞从教27年来，始终坚守在思政课堂第一线，创新思政教学方式，以党建带团建、带队建，打造了幼小初高"四阶梯"育人理念、课程体系、活动体系衔接的"三衔接"思政教育模式。她实施创新人才培养模式改革，形成了"四自主•四环节"新模式。她倾情教育扶贫，7年来坚持深入山区送教，带领团队累计送教送培17.75万课时，惠及6县31乡镇5万多个家庭，学校因此获评"全国脱贫攻坚先进集体"。她热心慈善，将第三届明远教育奖的10万元奖金全部捐给山区学校。李红霞曾获河北省五一劳动奖章、河北省三八红旗手、河北省学校思想政治教育先进工作者等荣誉。

> **案例**
>
> 强巴次仁从拉萨师范高等专科学校毕业后，21年来扎根边疆教书育人岗位，不计得失、任劳任怨、默默奉献。他坚持以仁爱育人，对学习困难学生，进行无条件耐心细致的辅导；对家庭困难学生，送医送鞋送衣，像对待自己的孩子一样呵护每一个学生，把爱传递给每一个学生。他高度重视教职工思想政治素质提升，坚持每周进行集体学习，不断提高教师思想政治素质和业务能力，推进全校教师争做敬业、业精、爱生、自律的优秀教师。强巴次仁曾获2021年全国教书育人楷模、全国模范教师、西藏自治区优秀教师等荣誉。

思考与练习

1. 教师道德修养有什么特征?
2. 教师道德内化有什么意义?
3. 试述教师职业道德修养的内容。
4. 试述教师提高职业道德修养的方法。

参考文献

[1] 教育部课题组. 深入学习习近平关于教育的重要论述[M]. 北京：人民出版社，2019.
[2] 李晓燕. 教育法学[M]. 北京：高等教育出版社，2006.
[3] 沈宗灵. 法理学[M]. 4版. 北京：北京大学出版社，2014.
[4] 杨挺. 高等教育法规[M]. 重庆：西南师范大学出版社，2020.
[5] 许映建，陈玉祥. 教师职业道德与教育法规教程(慕课版)[M]. 南京：南京大学出版社，2021.
[6] 苏艳霞. 教育政策与法规[M]. 北京：北京师范大学出版社，2016.
[7] 杨颖秀. 教育法学[M]. 4版. 北京：中国人民大学出版社，2019.
[8] 周小虎. 学前教育政策与法规[M]. 上海：华东师范大学出版社，2018.
[9] 余中根. 小学教育政策与法规[M]. 北京：教育科学出版社，2013.
[10] 陶行知著，陈彬编. 优秀教师的自我修养[M]. 长沙：湖南人民出版社，2021.
[11] 杨汉平. 教师与学校权益法律保护[M]. 北京：西苑出版社，2001.
[12] 檀传宝. 教师职业道德[M]. 北京：北京师范大学出版社，2015.
[13] 金忠明. 教师教育的历史、理论与实践[M]. 上海：上海教育出版社，2008.
[14] 陈时见，王远，李培彤. 教师教育研究[M]. 福州：福建教育出版社，2021.
[15] 王录平. 教师专业伦理失范的法律规制研究[M]. 北京：经济科学出版社，2018.
[16] 郭娅玲. 德育与班级管理[M]. 长沙：湖南师范大学出版社，2015.
[17] 袁春芬，金东. 师德铸师魂：幼儿园教师师德教育手册[M]. 北京：中国农业出版社，2020.
[18] 钱焕琦. 教师职业道德[M]. 4版. 上海：华东师范大学出版社，2020.
[19] 张燕婴. 论语[M]. 北京：中华书局，2006.
[20] 陶行知著，陈彬编. 教育的本质[M]. 长沙：湖南人民出版社，2019.
[21] 黄蓉生. 教师职业道德新论[M]. 北京：人民教育出版社，2014.
[22] 段文阁，赵昆. 教师职业道德[M]. 济南：山东人民出版社，2012.